INVENTAIRE
Y² 3366

I0089382

Y²

3366

PAUL DE KOCK

LA

PRAIRIE AUX COQUELICOTS

ÉDITION ILLUSTRÉE DE VIGNETTES

PRIX : 1 Fr. 60 Centimes

PARIS
VICTOR BENOIST ET Cᵉ, EDITEURS, RUE GIT-LE-CŒUR, 10, A PARIS.
Ancienne Maison CHARLIEU et HUILLERY

Y²

Y²

3366

VICTOR BENOIST ET Cⁱᵉ — EDITION ILLUSTREE — 10, RUE GIT-LE-CŒUR, 10

PAUL DE KOCK

ROMANS ILLUSTRÉS

LA

PRAIRIE AUX COQUELICOTS

PAR CH: PAUL DE KOCK

BIBLIOTHÈQUE R. F. IMPRIMÉS

DÉPOT LÉGAL 7736

CHAPITRE QUI N'EN EST PAS UN.

UNE PETITE CAUSERIE EN PASSANT.

Est-ce qu'il ne vous est pas arrivé quelquefois, chère lectrice, ou cher lecteur... mais non, décidément, j'aime mieux chère lectrice, j'ai toujours préféré la conversation des dames à celle des hommes... Vous allez dire que je ne suis pas dégoûté. Je n'entends pourtant pas affirmer par là que les hommes ne savent pas causer; il y en a de fort aimables, de très-spirituels, tout le monde sait cela; mais généralement il leur est difficile d'être amusants sans être méchants, moqueurs, et c'est dommage. Je sais bien que c'est l'usage, ici-bas, de se moquer les uns des autres; mais enfin, si l'on voulait de temps à autre essayer d'être bon, on ne s'en trouverait peut-être pas plus mal.

Je reviens aux dames : je ne prétends pas non plus dire qu'elles ne se déchirent et ne se dénigrent jamais entre elles... Si j'avançais cela on ne me croirait pas; mais dans la manière dont elles se moquent les unes des autres, il y a une certaine façon plus piquante, plus originale. Elles ne vont pas franchement et rudement au but comme les hommes; elles tournent comme l'abeille autour de la fleur qu'elles veulent piquer; ainsi elles ne vous diront pas :

— Ah ! que madame une telle était mal coiffée à la soirée d'hier !

Elles vous diront :

— Avez-vous vu, hier, madame une telle ?... elle, qui est ordinairement assez bien coiffée, avez-vous remarqué cette touffe de fleurs qui lui tombait sur le front ? elle ressemblait à l'âne de ma laitière, le dimanche des Rameaux... Peut-on se laisser attifer ainsi ! Ah ! vraiment cela me fait de la peine pour elle.

Mais, pardon, il me semble que ce n'est point pour vous conter cela que j'avais entamé cette conversation; je reviens à ce que je voulais vous dire.

Vous devez avoir rencontré quelquefois de ces personnes que vous connaissez fort peu, dont quelquefois même vous avez oublié le nom comme la figure, et qui vous arrêtent dans la rue en poussant un cri de surprise et vous dérangent de vos affaires pour vous dire des choses qu'elles pensent vous être fort agréables, comme par exemple :

— Comment ! vous voilà ?... Ah ! je n'en reviens pas !

— Et qu'y a-t-il donc de si extraordinaire dans notre rencontre ?

— Mais il y a au moins deux ans que je ne vous ai vu !

— C'est possible. Quand on ne fréquente pas les mêmes réunions, il n'est pas rare, à Paris, d'être plusieurs années sans se rencontrer.

— Vous avez été malade, n'est-ce pas ?

— Mais non ; au contraire, je me suis toujours bien porté.

— Vous avez le fond des yeux jaune, pourtant.

— C'est probablement le plaisir que j'éprouve à vous voir qui leur donne cette couleur-là.

— Et votre goutte ?

— Elle me laisse tranquille depuis que je bois de l'eau de goudron... c'est un remède que les médecins m'avaient pas encore indiqué pour la goutte... et auquel il est probable qu'ils ne croiront guère... Mais j'engage beaucoup les goutteux à en essayer, d'autant plus que si cela ne leur fait pas de bien, cela ne peut pas leur faire de mal.

— Ah ! l'eau de goudron !... quelle plaisanterie !

— Libre à vous d'en rire, mais cela ne m'empêchera pas d'en boire.

— Mais on m'avait dit que vous étiez mort ?

— Dame ! vous voyez qu'on vous avait trompé.

— Ah ! c'est singulier...

— Vous trouvez que c'est singulier que je ne sois pas mort... ; cela a l'air de vous contrarier ?

— Oh ! par exemple... bien au contraire... mais c'est ennuyant d'être comme cela la dupe de ces faiseurs de canards... on n'ose plus croire à aucune nouvelle.

— Je vous assure que je me mets bien à votre place, et je suis maintenant très-contrarié de n'être pas mort, puisqu'alors vous n'auriez pas été dupe d'un canard, je tâcherai qu'il n'en soit plus ainsi lorsque nous nous rencontrerons.

La personne nous quitte vexée, parce qu'elle s'aperçoit que vous vous moquez d'elle ; franchement, ne trouvez-vous pas qu'elle le méritait un peu ?

Il y a une certaine pâtissière chez laquelle j'entrais quelquefois (j'ai toujours eu un faible pour les boutiques de pâtisseries)... Celle-là, ayant été quelque temps sans me voir, me fit un jour le même compliment que la personne ci-dessus. Je lui certifiai qu'on l'avait trompée ; elle voulut bien me croire, et la chose se termina ainsi. Mais ayant encore mis un plus long intervalle à retourner dans sa boutique, lorsque j'y entrai, un soir, la pâtissière, qui était seule dans son comptoir, poussa un cri de surprise en me voyant.

— Qu'avez-vous donc ? lui dis-je.

— Mais on m'avait encore bien assuré que vous étiez mort il y a six mois.

Cette fois, comme je trouvais que cette dame y mettait de l'entêtement, je pris un air grave, je tâchai de me faire une voix caverneuse, et je lui répondis bien sérieusement :

Mais en effet, on vous avait pas trompée, madame, j'étais mort à cette époque ; mais comme j'ai l'habitude de revenir, me voilà de nouveau.

La pâtissière devint verdâtre, j'eus beaucoup de peine à lui faire trouver la monnaie d'une pauvre malheureuse pièce de vingt sous. Je crois bien qu'elle aurait été enchantée de me voir partir sans payer, pour être plus vite débarrassée de ma présence. Pauvre pâtissière... qui me prend pour un fantôme ! Je ne suis pas retourné depuis dans sa boutique ; je crains, la première fois qu'elle me verra, qu'elle ne s'évanouisse sur ses brioches.

Seconde série des personnes aimables : ce sont toujours des gens que vous connaissez fort peu, quelquefois pas du tout, mais qui se prétendent de vos amis, parce que, dans un café, ils vous auront passé le journal.

— Eh ! bonjour, mon cher ami ! je suis bien content de vous rencontrer.

— Monsieur... assurément... (Vous cherchez dans votre mémoire le nom de ce cher ami que vous ne reconnaissez pas, et vous ne le trouvez pas plus que le souvenir de sa figure. Vous le laissez parler, espérant qu'il vous dira peut-être d'où il vous connaît ; mais il s'en gardera bien, il ne le sait pas lui-même.)

— Et vous vous portez toujours bien ?

— Mais oui...

— Vous avez une mine superbe : parole d'honneur, vous rajeunissez...

— Merci... vous êtes bien honnête...

— Vous ne travaillez plus maintenant... vous vous reposez ?

— Je vous demande bien pardon, je travaille toujours, je n'ai même jamais cessé d'écrire ; un nouveau roman de moi a paru encore dernièrement.

— A bah ! Comment ! vous travaillez encore ? vous m'étonnez !

— Vous sentez la moutarde qui vous monte au nez, vous avez bien envie de dire à ce monsieur :

— Vous êtes un âne, un vieux pot ! votre étonnement est malhonnête et sot ! Fichez-moi la paix et passez votre chemin.

Mais, après tout, comme les sots sont ici-bas en majorité, vous réfléchissez qu'il faut prendre les hommes comme ils sont, et vous répondez à celui-ci :

— Pourquoi donc êtes-vous si étonné que je travaille encore ? Est-ce que cela vous fait du chagrin ?

— Moi ! non certainement... mais c'est parce que...

— Parce que voilà quarante ans que je fais des romans, que, dans les arts et pour les gens qui se sont fait un nom, quarante ans en paraissent quatre-vingts... On donne un siècle d'âge à un auteur dont on parle depuis quarante ans... on, en donne un demi à une écrivain que l'on applaudira depuis vingt-cinq ans, ou bien on voudra se renseigner dans les biographies, qui, en général, ne disent jamais la vérité.

Puisque je viens de vous parler de biographie, cela me rappelle un assez long article fait sur moi, et qui a paru, il y a quelque temps, dans un très journal qui n'est pas quotidien. Cet article, écrit par un homme auquel je reconnais beaucoup de talent et d'esprit, mais un penchant insurmontable pour la raillerie, n'était pas positivement une biographie, cependant cela en avait bien les allures. L'auteur, après avoir dit son opinion sur mes ouvrages, voulait me faire connaître dans ma vie privée et donnait même des détails sur mon logement à Paris ; mais c'est là qu'il faisait fausse route, parlant de choses qu'il n'avait certes pas bien vues, car il n'est venu chez moi qu'une seule fois, dans le milieu de l'été ; j'habite alors la campagne, et quand je viens par hasard à Paris, il est fort rare que j'ouvre mes persiennes, ne me souciant pas de laisser entrer le soleil : c'est probablement ce dernier jour qui est cause que ce monsieur n'a vu dans mon salon que des gravures dans des cadres de bois, tandis que je n'en ai pas une seule ; mon salon, en revanche, contient un grand nombre de tableaux : la plupart sont des souvenirs d'amitié que je dois à MM. Court, Mallebranche, Boisselier, Páris, Raymond, Eustache Lorsay, Belin, Justin, Ouvrié, Worms, Maricot, Gallier, Fontaine, Raverat, Thévenin, Schlésky, etc., etc. Il ne me reste pas de place pour la plus petite gravure, et d'ailleurs je n'en mettrais pas avec des tableaux, non est hic locus. La description du reste de mon logement n'est pas plus exacte.

Passant ensuite à ma maison de campagne de Romainville, où j'ai un petit théâtre au milieu d'un bois, mon critique dit que c'est là que je fais essayer les pièces que je donne ensuite à Paris ; il fait encore erreur : jamais nous n'avons joué à Romainville que des pièces déjà représentées à Paris, et pas plus les miennes que d'autres. Nous avons inauguré le théâtre avec la Forêt périlleuse, dont je ne crois pas être l'auteur.

A propos de mes pièces, l'article dit encore que si mes romans sont gais, en revanche mes pièces de théâtre sont froides et languissantes. En vérité, je suis tenté de croire que M** n'a pas plus vu mes pièces que des gravures dans mon salon. Il ne m'appartient pas certes d'en faire l'éloge, mais le Garde-Malade, le Muletier, le Tourlourou, le Caporal et la Payse, la Femme, le Mari et l'Amant, les Bains à domicile, le Commis et la Grisette, Un de plus, Moustache, la Jolie fille du faubourg, les Fumeurs, la Bohémienne de Paris, les Bayadères de Pithiviers, Ni jamais ni toujours, Un Bal de grisettes, etc., etc., ont toutes dépassé cent représentations, plusieurs même les ont doublées ; il est rare que ce soit le sort des ouvrages que le public trouve froids et languissants.

Tout ceci, je le sais, intéresse fort peu le lecteur ; mais je cause si rarement avec lui, qu'il m'excusera de saisir cette occasion pour répondre quelques mots à ceux qui parlent de moi.

Je reviens à ma conversation avec ce monsieur... mon ami que je ne connais pas, et qui me dit des choses si spirituelles.

— Monsieur, lui dis-je, j'ai écrit mon premier roman à dix-sept ans... ce qui me prouve que j'avais une véritable vocation : si cela vous contrarie que je fasse encore des romans, vous n'êtes nullement obligé de les lire.

— Mais au contraire, j'aime beaucoup vos ouvrages, seulement je ne les vois jamais annoncer... les journaux n'en parlent pas.

— Ceci est un peu de la faute de mes éditeurs : ces messieurs prétendent qu'ils n'ont pas besoin de faire faire des annonces, de la réclame, du puff enfin, pour vendre mes romans. C'est peut-être très-flatteur pour moi, mais, cependant, je vous avoue que je ne méprise nullement la réclame. Dans un siècle où elle est si largement exploitée, il ne faut pas en faire fi. Enfin si mes libraires voulaient bien se donner la peine de l'employer un peu, je ne serais pas exposé à rencontrer parfois des personnes qui, comme vous, me disent : « — Eh bien, vous ne faites donc plus rien ! » A propos, monsieur mon cher ami, vous seriez bien aimable de me dire votre nom ?

— Pardien ! mais vous ne connaissez que moi ! je suis X...

— Ah bah ! vous seriez M. X... Eh bien, je suis enchanté de le savoir, car voilà la première fois que j'entends prononcer votre nom.

Troisième série de gens aimables : il s'agit ici des personnes qui vous écrivent ; vous ne les connaissez pas ; elles ne vous ont jamais vu ; mais elles se figurent apparemment parce que vous faites des romans, que l'on a le droit d'établir une correspondance avec vous. Toutes ces personnes-là ne manquent pas de vous demander une réponse ; eh ! grand Dieu !... où en serait-on s'il fallait répondre à toutes ces missives !... quelle agréable occupation !... L'on vous mande que votre dernier roman lui a beaucoup plu, mais qu'il n'y a pas assez de farces dedans, il trouve que je deviens trop sage ; l'autre m'écrit que j'ai eu tort de faire mon héroïne brune, et que les blondes seules sont susceptibles de faire de nombreuses conquêtes. Celle-là me fait savoir que son portier s'appelle Perdreau, et que cela ferait fort bien dans un roman. Celle-ci m'offre de me fournir des sujets pleins d'intérêt, ou bien elle a fait un ouvrage qu'elle m'enverra si je veux le retoucher. Franchement, de telles balivernes méritent-elles une réponse ? Il y a certainement des personnes fort aimables qui ont la bonté de m'écrire des choses très-gracieuses ; mais il en est aussi qui croient devoir m'adresser des critiques dans un style de halle. Il y a encore de ces personnes qui tâchent de piquer ma curiosité et emploient mille moyens pour obtenir une réponse. Pourquoi ne pas dire franchement : « Monsieur, cela me ferait plaisir de posséder un autographe de vous... » ce serait bien plus simple et... je ne répondrais pas davantage.

Mais surtout que l'on se garde bien de m'envoyer aucun manuscrit, je ne les reçois pas.

« Vous me donnerez seulement votre avis, » m'écrit-on.

J'en suis bien fâché, mais je sais à quoi l'on s'expose, en consentant à lire les manuscrits ; lorsque vous l'avez rendu à l'auteur, il ne manque pas, plus tard, de trouver qu'on lui a volé ses situations. Nous ne voulons pas qu'on puisse nous accuser de cela, et, nous ne recevons ni ne lisons aucun manuscrit... c'est tout bénéfice.

J'ai remarqué aussi que les lettres les plus niaises, les plus... bêtes ! tranchons le mot, coûtaient toujours plus cher que les autres, parce qu'elles venaient de plus loin. Jadis, j'avais la simplicité de les recevoir, je ne suis plus si dupe ! Je déclare donc aux personnes qui tiennent à ce que leurs lettres me parviennent, qu'il faut, avant tout, qu'elles aient soin de les affranchir. Cette mesure est de rigueur ; mon concierge refusera toute lettre à mon adresse, si elle n'est point affranchie.

Excusez, chère lectrice, ou cher lecteur, ce long bavardage, mais j'étais bien aise de vous dire ces quelques mots en passant ; j'espère que vous me pardonnerez, vu la rareté du fait ; car je n'ai pas pour habitude de parler de moi, et de venir tout à coup, comme quelques-uns de mes confrères, montrer mon nez au milieu d'une situation intéressante, ce qui, à mon avis, ôte l'illusion aux lecteurs ; et l'illusion, en toutes choses, est ce qu'il faut toujours tâcher de conserver. Elle s'en va d'elle-même assez tôt.

Sur ce, n'ayant plus rien d'intéressant à vous dire, en supposant toutefois que ce qui précède vous ait paru intéressant... je vous prie d'agréer mes hommages et mes très-sincères salutations (1).

<hr/>

(1) Ce chapitre a été écrit par Ch. Paul de Kock en 1866 ; l'aimable romancier est mort en 1871. (Note de l'éditeur.)

I

UN SALON. — PORTRAITS D'APRÈS-NATURE.

— Comment l'aimez-vous, madame ?...

— Comment je l'aime !... mais, monsieur, pourquoi vous adressez-vous à moi plutôt qu'à mademoiselle ?

— Madame, je me suis déjà adressé à mademoiselle, qui m'a répondu ; et maintenant c'est à votre tour.

— Vraiment. Ah ! mademoiselle a répondu. Qu'est-ce qu'elle vous a dit ? je n'ai pas entendu.

Une grande demoiselle, sèche, maigre, et qui se tient raide comme un échalas, dit en tournant son cou de cigogne vers la dame qui vient de parler :

— Madame, j'ai répondu que je l'aimais dans le lointain.

— Dans le lointain !... quel est donc le mot... je l'ai oublié...

— Ah ! madame Burgrave, vous êtes cruelle, vous oubliez toujours le mot choisi. Comment voulez-vous que je le dise à présent... M. Mignonnet entendra ; il est au milieu de nous.

Ces mots ont été dits par la maîtresse de la maison, dame de trente-six ans, qui s'en donne vingt-neuf, et qui est fort résolue à n'en avoir jamais davantage. Mais comme cette dame a été fort bien, comme elle a encore les yeux très-brillants, la bouche fraîche, les dents irréprochables et une belle tournure ; quoique, depuis quelques années, l'accroissement de l'embonpoint ait fait du tort à la finesse de sa taille, on peut ranger madame Bouffi de Nogent dans le nombre des jolies femmes et lui pardonner cette erreur de date ; erreur si commune chez le beau sexe et même chez le vilain.

La personne à qui la maîtresse de la maison vient de s'adresser est bien plus âgée que madame Bouffi et n'a jamais été aussi jolie ; ce qui ne l'empêche pas de se croire encore très-bien, très-jeune et très-capable de faire des conquêtes : madame Burgrave a quarante-cinq ans bien sonnés. C'est une blonde qui a pu être passable à vingt ans, et dont le plus grand mérite a toujours été une peau fort blanche et des cheveux qui frisaient tout naturellement. Mais ses yeux bleus ont toujours été petits, sa bouche grande, ses dents mal rangées et son nez en pied de marmite. Avec toutes ces imperfections, une dame peut fort bien faire encore de nombreuses conquêtes, d'autant plus que ce n'est pas ordinairement la perfection qui en fait le plus. Ce qui attire, ce qui charme, ce qui attache, c'est l'expression de la physionomie : ceux-ci la désirent gaie, ceux-là mélancolique, les uns cherchent dans les yeux de l'esprit, de la malice, les autres y veulent trouver de la douceur, de la tendresse. Chacun à son goût, et c'est fort heureux que nous n'ayons pas tous le même. On sera généralement d'accord pour rendre justice à une femme qui sera régulièrement belle, mais tous les hommes ne deviendront pas amoureux d'une belle beauté-là. On a vu des laiderons faire des conquêtes, des passions même, et retenir dans leurs chaînes des hommes qui jusque-là avaient été volages !... Pourquoi ? Ah !... Parce que.

Madame Burgrave manquait justement de physionomie, cela ne l'avait pas empêchée de plaire lorsqu'elle était jeune ; tous les hommes ne tiennent pas à l'expression des traits, il y en a beaucoup qui se contentent du matériel, et une femme de vingt ans qui est blanche, grasse et a des cheveux blonds qui frisent, offre déjà un matériel assez satisfaisant. Mais en prenant des années, cette dame avait perdu sa fraîcheur ; quand on a plus que ce qui s'appelle la beauté du diable, cela ne résiste pas au temps ; ce qui prouve que ce que l'on nomme la beauté du diable est de longue durée ; ceci doit faire réfléchir les dames qui seraient tentées de faire quelque commerce avec lui.

Heureusement pour cette beauté du diable, M. Burgrave, gros entrepreneur qui ne tenait ni à l'esprit, ni à la physionomie, l'avait épousée avant qu'elle eût comme ces roses dont toutes les feuilles tombent lorsqu'on y touche. Devenue la femme d'un homme riche, Rosalvina, c'est le petit nom de cette dame qui, étant demoiselle, ne s'appelait que Rose tout simplement, mais qui, en se mariant, avait jugé convenable d'allonger son nom, changement auquel son mari n'avait jamais pu s'accoutumer ; Rosalvina, disons-nous, avait pu se livrer à son penchant bien prononcé pour la coquetterie. Et comme M. Burgrave n'était nullement jaloux, sa femme s'était, dit-on, passé quelques petits caprices galants. Elle avait le cœur extrêmement tendre, et la vue d'un joli garçon lui causait toujours une émotion agréable.

Mais depuis quelque temps, madame Burgrave s'émotionnait en vain; on ne lui faisait plus la cour, et ses petites mines enfantines ne faisaient naître chez les jeunes gens qu'une envie de rire, qu'ils n'avaient pas toujours le talent de dissimuler. Désœuvrée de ce côté, Rosalvina, qui autrefois avait été fort aise que son mari ne fût point jaloux, trouvait maintenant ridicule qu'il ne s'occupât pas d'elle, et faisait son possible pour le faire passer dans le monde pour un Othello, capable de se porter à des violences, s'il le voyait causer trop souvent avec le même monsieur.

Ce pauvre M. Burgrave, qui avait cinquante-six ans, et mettait tout son bonheur à faire sa partie de billard et à rester longtemps à table, ne se doutait pas que son épouse cherchait à lui faire la réputation d'un tyran; mais comme, avec sa grosse face réjouie et enluminée, il n'en avait nullement la mine, madame perdait ses peines, et quand on disait à M. Burgrave :

—Vous êtes donc jaloux de votre femme, vous? vous l'empêchez donc de sortir seule?

Il se mettait à rire et répondait :

— Faites-moi donc le plaisir d'emmener ma femme promener depuis le matin jusqu'au soir, et vous verrez si je suis de mauvaise humeur.

On jouait à des petits jeux dans le salon de M. Bouffi de Nogent, mais on y jouait aussi au whist et aux échecs; le salon était assez grand pour que chacun pût faire sa partie sans que l'on fût gêné.

Le maître de la maison est un homme qui approche de la cinquantaine, mais qui est encore assez bien et toujours mis avec élégance, sans pourtant singer les prétentions d'un jeune homme : il a une figure ronde, le teint frais et coloré, le regard fin et tant soit peu railleur; il sourit souvent, il a presque toujours l'air gracieux en vous parlant; mais on a remarqué qu'il conservait aussi cet air-là lorsqu'il avait quelque chose de désagréable à dire, et que même alors son sourire avait une expression plus sardonique.

M. Bouffi avait le parler lent, mielleux, il s'écoutait, et bien qu'il fût quelquefois assez longtemps pour trouver le mot technique qui devait donner de la force à sa phrase, il paraissait toujours extrêmement content de lui et ne doutait pas que ses auditeurs ne fussent émerveillés de son éloquence. Ce monsieur avait donc beaucoup de prétentions, que quelquefois il essayait de cacher sous un air de bonhomie qui n'allait pas du tout à l'expression de son visage. Persuadé qu'il était plus fin que tout le monde, il ne se donnait souvent pas la peine de discuter avec les gens qu'il trouvait trop inférieurs à lui. Mais aussi, il ne perdait pas un mot de quelqu'un de quelqu'un qu'il pensait pouvoir un jour lui être utile; alors il pesait ses moindres paroles, ses yeux écoutaient au moins autant que ses oreilles, il cherchait à lire dans votre pensée pour savoir si elle était d'accord avec vos discours.

M. Bouffi fait la banque, on le dit fort riche; quelques personnes croient qu'il veut le paraître plus qu'il ne l'est réellement pour donner de la confiance à ses clients; d'autres, qui l'ont connu il y a vingt ans, prétendent qu'alors il n'était qu'un petit courtier en marchandise sans le sou, et que, pour placer les articles qu'on le chargeait de vendre, il avait été jusqu'à battre de la caisse sur la place publique en province, faisant ainsi de la réclame à la manière des saltimbanques.

Mais que peut-on trouver de surprenant à ce qu'un homme fasse sa fortune en vingt ans, surtout s'il a été jusqu'à table la caisse pour arriver plus vite? Aujourd'hui il ne faut pas tant d'années pour s'enrichir; les fortunes se font et se défont en très-peu de temps. Ce que l'on a de certain, c'est que M. Bouffi aime beaucoup l'argent, qu'il est rempli de vanité et d'orgueil et que depuis quelques années il a ajouté au nom de Bouffi celui de : de Nogent. Comme ce monsieur n'est pas noble, on présume que c'est le nom de l'endroit où il est né qu'il a jugé à propos de joindre à sa signature, et quelques-unes de ses connaissances ont dit : Mais alors, est-ce Bouffi de Nogent-sur-Marne ou de Nogent-sur-Seine?

M. et madame Bouffi vivent comme les personnes du grand monde; chacun a son appartement. Du reste, madame ne sort guère sans monsieur; elle a un abord froid, sévère même, avec les personnes qu'elle ne connaît pas; elle n'aime pas que devant elle on dise des plaisanteries un peu décolletées, alors elle se pince la bouche et fronce les sourcils; cette dame a la réputation d'être bégueule... Pensez-vous que d'après cela on doive lui donner le prix de vertu?... Moi, je ne m'y fierais pas.

J'ai toujours vu les femmes honnêtes, les bonnes mères de famille, ne pas craindre de rire lorsqu'on chantait devant elle une gaudriole; mais celles qui alors se pincent les lèvres et font la grimace... Ah ! prenez garde! ce sont des Tartufes femelles.

Le jeudi était le jour de réception de M. Bouffi. Ce soir-là il avait beaucoup de monde; nous n'entreprendrons pas de vous faire le portrait de tous les personnages qui sont dans son salon; nous nous bornerons à quelques types assez originaux.

D'abord M. Bichonneau, un gros rouge, trapu, à la figure de Silène, dont les petits yeux, cachés sous d'énormes sourcils, brillent comme ceux d'une souris. C'est un rentier célibataire, qui n'a jamais fait autre chose que de chercher à deviner le côté faible des personnes de sa connaissance, afin de pouvoir ensuite les flatter dans leur penchant, et par là se mettre bien dans leurs papiers, puis se faire inviter à dîner : ceci est le but vers lequel ont tendu presque toutes les actions de sa vie... dîner gratis; et cependant ce monsieur, qui a sept ou huit mille francs de revenu, et point de femme, point d'enfants, aurait bien le moyen de se payer à dîner; mais chez lui, c'est autant habitude et goût que mesure d'économie, bien que cette dernière raison y soit aussi prise en grande considération. Si, pendant le mois, M. Bichonneau a été forcé de dîner cinq fois à ses frais, il est triste et trouve que la société devient maussade, qu'on ne sait plus bien vivre comme autrefois. Il est inutile d'ajouter que M. Bichonneau est excessivement gourmand; ce défaut est presque une qualité chez un homme qui a passé sa vie à dîner en ville; ajoutons qu'il est grand connaisseur en vins, qu'il ne prendra jamais un cru pour un autre, ni du vin nouveau pour du vieux. Ce talent lui a fait souvent avoir des invitations, c'est un expert comme gourmet et gourmand. Il n'a jamais voulu se marier, parce qu'un homme marié est bien moins souvent invité à dîner qu'un garçon, et que dans son ménage il aurait fallu partager son dîner avec sa femme... Ce dernier motif l'a tout à fait décidé à rester garçon.

Là-bas, dans cette partie du salon où l'on joue aux échecs, ce petit vieux, sec, jaune, fort laid de figure, ce qui ne l'empêche pas d'avoir l'air assez prétentieux, et qui se dandine sans cesse et ricane presque continuellement à chaque coup des joueurs, comme s'il se moquait de la manière dont ils ont joué, c'est M. Grangeville, un propriétaire qui fait damner ses locataires. Il a contracté l'habitude de critiquer tout ce qu'il voit, tout ce qu'on fait, et souvent tout ce que l'on dit. Ce monsieur ne croit point aux talents, aux succès; il blâme ce qu'on loue; il n'accorde de mérite à personne, puis enfin, finit toujours par sortir de sa poche un joli bilboquet, en acajou, dont il joue avec une adresse merveilleuse, et après avoir joué quelques coups, s'écrie :

— Envoyez-moi donc vos auteurs, vos peintres, vos compositeurs!... Je les défie tous au bilboquet.

Si quelqu'un se permet de lui dire :

— Mais, monsieur, on peut faire une jolie comédie, un fort beau tableau, et ne pas savoir jouer au bilboquet;

Il répondra :

— Non, monsieur : le bilboquet exige une main sûre, de l'adresse, de l'attention, de la précision, du coup d'œil, de l'équilibre, de l'habileté. Comment voulez-vous qu'on fasse quelque chose de bien, lorsqu'on manque de tout cela?

Un jeune homme, fort joli garçon, mais qui le sait trop, est penché sur le fauteuil occupé par une jeune dame mariée depuis peu de temps, qui est encore tout étonnée d'être dame, qui n'ose pas parler en société, qui rougit dès qu'on lui adresse la parole et cherche toujours des yeux son mari qu'elle semble avoir peur de perdre. Le beau gandin, placé derrière elle, lui adresse de ces galanteries banales auxquelles une femme spirituelle trouve parfois moyen de répondre. Mais la nouvelle mariée n'écoute guère et se contente de dire à chaque instant :

— Où donc est mon mari?... je ne vois pas mon mari.

Le gandin, dépité de son peu de succès, se dirige vers madame Burgrave, en se disant :

— J'aime encore mieux un soleil qui se couche qu'une éclipse totale.

Enfin, auprès de M. Bouffi, debout contre la cheminée, se tenait un monsieur encore jeune, fort bel homme, l'air distingué, physionomie très-mobile, un peu tranchant dans la conversation, mais ayant de très-bonnes manières, et d'une politesse de bonne compagnie. C'est un ancien avoué nommé Grébois; il est fort bien avec M. Bouffi, et d'un respect outré avec madame, qui affecte de conserver toujours avec lui un ton cérémonieux. Pourquoi?

II

UN QUIPROQUO. — NOUVELLES FIGURES.

On jouait à ce jeu qui consiste à choisir un mot qu'une personne doit deviner d'après les réponses des personnes auxquelles elle adresse ces trois questions : Comment l'aimez-vous ? Où le placez-vous ? Qu'en faites-vous ?

Il y a des personnes qui trouvent moyen de montrer de l'esprit dans ces jeux prétendus innocents. Ordinairement ils sont abandonnés à la jeunesse, qui aime beaucoup tous les jeux qui obligent à donner des gages et qui prend un grand plaisir dans certaines pénitences qui ne sont pas toujours innocentes... tant s'en faut. Mais il y a encore des salons où les personnes raisonnables ne dédaignent pas de se mêler aux petits jeux; les cartes n'ont point d'attrait pour tout le monde, les jeunes femmes jouent peu, et lorsqu'on ne danse pas, il faut bien faire quelque chose.

Madame Burgrave se mêlait toujours aux petits jeux; elle affectait de détester les cartes, comme si cela n'était pas de son âge; mais le fait est qu'elle n'avait jamais pu apprendre aucun jeu, excepté la bataille. Elle n'était guère plus forte aux jeux innocents, et nous avons vu qu'elle était même embarrassée lorsqu'il s'agissait seulement de répondre à : Comment l'aimez-vous ?

M. Mignonnet, un employé au Trésor, assez aimable et toujours habile pour deviner les mots donnés, restait devant la dame blonde frisée, lui répétant :

— Voyons, madame, comment l'aimez-vous ? Je ne m'en irai pas que vous n'ayez répondu à ma question.

— Mon Dieu, monsieur Mignonnet, que vous êtes cruel !... je n'étais pas préparée... je n'étais plus au jeu... je suis si distraite; d'ailleurs j'ai oublié le mot choisi...

— Mademoiselle Desmoulins, veuillez dire le mot à madame... je vais m'éloigner... je vais aller bien loin...

La grande demoiselle, qui ressemble à une asperge, se penche vers madame Burgrave et lui glisse dans l'oreille : Orage !

— Fort bien !... merci... je le sais ! dit madame Burgrave, qui a entendu fromage ; et elle ajoute :

— Ah ! je comprends votre réponse à présent ! vous l'aimez dans le lointain... moi aussi... car je n'aime pas à le sentir.

M. Mignonnet revient dans le cercle et retourne se placer devant madame Burgrave en lui disant :

— Savez-vous le mot maintenant, madame ?

— Oui, monsieur, oui : oh ! je suis prête à vous répondre.

— Eh bien ! comment l'aimez-vous alors ?

— A la crème, monsieur, et pas autrement.

L'employé du Trésor semble fort intrigué, il se gratte le front en murmurant : A la crème !... je n'y suis plus du tout. Et toutes les personnes qui jouent au petit jeu, se regardent aussi d'un air étonné, comme pour se dire : Comprenez-vous ? moi pas !...

M. Mignonnet, ayant achevé sa tournée, passe à la seconde question : Où le placez-vous ? et lorsqu'il arrive à madame Burgrave, celle-ci lui répond avec beaucoup d'aplomb :

— Dans un dessert.

Le monsieur pousse encore un gémissement en s'écriant :

— Je n'y suis plus... les réponses de madame me déroutent toujours... Je croyais bien avoir deviné... à présent j'en suis à cent lieues !... Dans un dessert... c'est peut-être désert que vous avez voulu dire... comme cela j'y serais.

— Par exemple ! il est bien question de désert ! Je vous ai dit dessert... sur une table si vous l'aimez mieux.

— C'est inconcevable comme vous me déroutez.

— Tant mieux.

— Mais il faudra que vous m'expliquiez vos réponses !

— Oh ! ce ne sera pas difficile !...

— Enfin, la dernière question dissipera peut-être les ténèbres qui m'environnent.

M. Mignonnet recommence sa tournée en disant : Qu'en faites-vous ? et lorsqu'il s'adresse à madame Burgrave, celle-ci lui répond :

— Ma foi ! je le mange !

Alors ce monsieur frappe du pied en s'écriant :

— Oh ! par exemple ! ce n'est pas possible ! vous ne mangez pas un orage ! et le mot est orage, j'en suis certain...

— Oui, oui, vous avez deviné, lui dit-on de tous côtés.

— Comment ! orage ! mais pas du tout, dit la grosse dame blonde ; le mot est fromage. Du moins c'est cela que j'ai entendu.

Alors tout le monde se met à rire, et la méprise de cette dame amuse beaucoup plus longtemps que le jeu par lui-même. Madame Burgrave offre de donner un gage ; mais madame Bouffi prétend que ce n'est pas la peine et qu'il n'y en aurait pas assez. En ce moment, l'arrivée de nouveaux personnages met fin à ce jeu et attire l'attention générale.

Le monsieur qui entre le premier dans le salon est un grand homme encore jeune, mis avec élégance et qui affecte un laisser-aller, une aisance, qui ne sont pas toujours de bon ton ; mais il est très-lié avec M. Bouffi, avec lequel il fait beaucoup des affaires, ou plutôt auquel il procure des affaires, car par lui-même ce monsieur n'est que le courtier de ceux qui opèrent. On le nomme Floquart ; il fait beaucoup d'embarras, de bruit, de train, d'esbrouffe enfin; il est partout : au bois, au concert, au théâtre ; il ne manque pas une première représentation, et il a bien soin de n'arriver que lorsque la pièce est commencée afin de déranger tout le monde pour arriver à sa stalle et de faire sensation. Il connaît tout Paris, toutes les célébrités surtout; il tutoie les acteurs et laisse à entendre qu'il a été l'amant de toutes les actrices; il parle très-haut, offre ses services à chacun, mène grand train, joue gros jeu et n'a cependant ni rentes ni propriété. De quoi vit-il... il y a comme cela, à Paris, beaucoup d'existences problématiques, qui commencent par des festins, des soupers, des fêtes, et qui finissent à Clichy ou plus loin encore.

Cependant M. Floquart faisait quelques affaires; s'il ne jouait pas à la Bourse, il tâchait d'y faire jouer les autres, et tout cela pouvait lui faire attraper de l'argent.

Au total, et comme en société on ne tient que toujours à connaître le revers de la médaille, pour les uns Floquart était un homme charmant; pour les autres, c'est un blagueur; mais il a de l'esprit et parfois de la gaieté; il n'est pas joli garçon, mais il a de la physionomie; il ne vous regarde jamais en face, mais il vous examine et vous juge fort bien en dessous.

M. Bouffi paraît avoir une grande amitié pour M. Floquart, il ne peut point se passer de lui : est-ce amitié réelle, est-ce intérêt, parce que son cher Floquart lui amène des clients? Ce qu'il y a de certain, c'est que lorsqu'il est deux jours sans le voir, il s'en inquiète et envoie demander s'il n'est point malade.

Quand on est là dans une maison, il est tout simple de s'y présenter sans cérémonie, mais cette fois M. Floquart n'est pas seul. Il amène un monsieur qui a fort bonne façon, une figure régulière, de beaux traits, mais l'air extrêmement sérieux. C'est un homme grand, mince, qui peut avoir de trente-six à quarante ans.

M. Floquart prend son monsieur par la main, et le mène devant M. Bouffi, en disant :

— Mon cher de Nogent, vous me permettez de vous présenter M. Duvalloir, qui vient de faire le tour du monde... ce qui ne l'empêche pas d'être Français comme nous ; mais quand on a été trois ou quatre ans éloigné de Paris, il est bien rare, en y revenant, d'y retrouver toutes ses connaissances... Voilà pourquoi cela qu'il faut commencer par en faire des nouvelles. J'ai dit à M. Duvalloir : Je vais vous présenter chez un de mes bons amis... un de nos banquiers les plus solides... vous avez des fonds à placer, des maisons à vendre, d'autres à acheter, il vous trouvera tout cela et je m'y emploierai aussi... je pense donc que la connaissance ne peut être que fort agréable pour l'un comme pour l'autre.

M. Bouffi accueille très-bien ce monsieur qui a des fonds à placer. Après un échange de politesses, Floquart prend encore son nouveau venu par la main et le conduit à la maîtresse de la maison en disant :

— Mon cher monsieur Duvalloir, voilà madame de Nogent ; je n'ai pas besoin de vous dire que c'est une femme charmante, cela se voit... mais je me permettrai d'ajouter qu'elle est aussi aimable que belle... c'est promettre beaucoup, mais madame ne me fera pas mentir.

Le monsieur présenté fait un profond salut à madame Bouffi, qui lui adresse quelques mots obligeants accompagnés d'un gracieux sourire.

Pendant cette présentation, M. Grébois n'a pas quitté des yeux madame Bouffi, et il s'est mordu les lèvres en voyant le sourire qu'elle adresse à l'étranger.

— Il est fort bien ce monsieur, dit madame Burgrave en s'adressant à M. Mignonnet, qui lui répond :

— Prenez garde, il va vous voler votre cœur...

— Ah! fi! y a longtemps qu'on ne me vole plus rien! D'ailleurs M. Burgrave ne lui permettrait pas de m'approcher... il est si jaloux!...

— Vraiment!... il aurait ce défaut... vous m'étonnez.

— Parce qu'il cache son jeu; mais lorsqu'il me voit causer quelque temps avec un monsieur, il devient cramoisi.

— C'est drôle... Cependant, en ce moment, il me voit causer avec vous et il ne me paraît pas plus rouge qu'à l'ordinaire.

— Oh! mais vous, est-ce que vous comptez...

— Merci, bien obligé! Ah! je ne compte pas, moi! je suis donc considéré comme un zéro?

— Ce n'est pas cela que je veux dire, mais M. Burgrave sait fort bien que vous ne vous occupez pas de moi... vous êtes trop pris ailleurs.

— Vraiment! qui est-ce qui vous a dit cela?

— Est-ce que tout ne se sait pas... mais vous donnez dans les grisettes, vous; ah! fi!... je ne vous en fais pas mon compliment! un homme du monde, aller avec des filles de boutique, des ouvrières!... c'est honteux.

— Vous trouveriez bien plus convenable que je fisse la cour à des femmes mariées, n'est-ce pas?

— Qu'il est méchant! est-ce qu'il n'y a dans le monde que des femmes mariées?

— Dame!... pour faire la cour, à moins de s'adresser aux demoiselles... mais cela ne me va pas, séduire une jeune fille!... oh! non, pas de ça... j'aime mieux m'encanailler avec des grisettes...

— Mais il y a encore des veuves... des dames très-libres de leurs actions...

— Oh! celles-là sont toujours retenues d'avance... il faut prendre son tour... faire queue comme pour une pièce en vogue, et quand on arrive au bureau... il n'y a plus de place...

— Taisez-vous! vous êtes un monstre!... Mon mari nous regarde... éloignez-vous... j'aurai une scène ce soir.

— Mais non, mais non... votre mari cause avec M. Bichonneau... Je gage que celui-ci lui parle de son adresse au billard pour se faire inviter à dîner.

— Mon mari devient cramoisi!... vous me perdez, monsieur Mignonnet! allez-vous-en.

L'employé du Trésor s'éloigne en riant et en se disant:

— Pauvre dame! elle voudrait bien que quelqu'un voulût la perdre... elle est à moitié folle!... Mais voilà le monde... dans un salon où la société est nombreuse, les unes cherchent à faire des conquêtes, les autres à cacher leurs intrigues... Cela se passe ici comme ailleurs.

— Eh bien, que fait-on? à quoi joue-t-on ici? demande M. Floquart en se promenant dans le salon. Oh! je ne parle pas pour les joueurs de whist... ceux-là sont immobiles à leur poste... et pour jusqu'à la fin de la soirée. La maison s'écroulerait, qu'ils resteraient à leur place, en disant: Nous avons le *trick*; mais de ce côté... où il y a des dames... ce n'est point un jeu sérieux que l'on aime... et surtout un jeu silencieux!...

— Ah! je vous conseille de parler du silence des joueurs de *whist*, dit M. Grangeville. Ces messieurs ne sont pas une minute sans crier, sans adresser des reproches à leur partner. Si ce mot *whist* veut dire en anglais silence, je trouve ce jeu très-mal nommé.

— Nous avions commencé des petits jeux, dit madame Bouffi à M. Floquart; mais nous ne demandons pas mieux que de faire autre chose...

Puis, s'adressant à la personne qu'on vient de lui présenter, elle ajoute:

— Je voudrais savoir quel jeu peut être agréable à monsieur?

— Madame, je vous en supplie, ne vous occupez pas de moi, répond le nouveau venu en s'inclinant; du reste, tous les jeux me sont familiers... je fais tout ce qu'on veut!...

— Il a un fort beau profil, ce monsieur, murmure Rosalvina Burgrave, en s'adressant cette fois à une jeune dame près d'elle, et celle-ci lui répond:

— Oui; mais il a l'air bien grave, bien sérieux...

— Je ne déteste pas les airs sérieux...

— Je voudrais bien savoir ce qu'elle déteste à présent en fait d'hommes, dit tout bas M. Mignonnet, à moins que ce ne soit son mari...

— Voyons! il faut faire quelque chose qui occupe tout le monde, dit le grand Floquard.

— Et qui n'empêche pas de causer, répond madame Bouffi.

— Cela va sans dire... Empêcher les dames de causer, ce serait une tyrannie.

— Et une grande privation pour nous, dit M. Grébois en se rapprochant des dames.

— Voilà une grande table... je vais vous tailler un petit *macao*... vingt-et-un, lansquenet... je varierai...

— Ah! monsieur; je ne connais pas tout cela, moi! s'écrie madame Burgrave; je ne sais aucun jeu de cartes...

— Madame, je vous certifie que vous saurez ceux-là tout de suite, c'est simple comme deux et deux font quatre.

— Mais je ne sais pas! deux et deux font quatre.

— Tenez, mettez-vous à côté de M. Duvalloir, il vous guidera...

— Ah! oui... ah! comme cela, je veux bien... si monsieur a la bonté de prendre cette peine.

Le monsieur qui a l'air sérieux répond quelques mots polis, et Rosalvina s'empresse de s'asseoir et de lui montrer une chaise à côté d'elle, où ce monsieur va s'asseoir sans avoir l'air plus gai.

M. Grangeville, auquel on offre une place à la table de *macao*, refuse et tire son bilboquet de sa poche en disant:

— J'aime mieux ceci.

— Voyons, mesdames, dit M. Floquart, faites votre jeu... Je préviens que je tiens tout ce qu'on veut...

— Oh! mais nous ne voulons pas jouer cher, nous!

— Vous jouerez ce qui vous fera plaisir, et ces messieurs aussi. Je commence par un jeu très-simple, afin d'être agréable à madame Burgrave... rouge ou noir... mettez devant vous.

La tendre Rosalvina se tourne vers le monsieur qui est près d'elle, en lui disant:

— Qu'est-ce que c'est que cela, rouge ou noir? je ne connais pas ce jeu-là.

— Mon Dieu! madame, c'est très-simple. Vous dites quelle couleur vous demandez... puis, vous attendez que le banquier retourne la carte, et si vous avez deviné juste, il vous paye ce que vous avez mis devant vous...

— Ah! fort bien, mille remercîments, je comprends. Je mets cinq sous.

M. Floquart arrive à madame Burgrave et lui dit:

— Quelle couleur voulez-vous, belle dame? Après avoir réfléchi assez longtemps, Rosalvina répond:

— Bleu!

Tout le monde se met à rire. M. Duvalloir dit à sa voisine:

— Il n'y a que rouge ou noir.

— Ah!... vraiment... je n'aime pas ces couleurs-là, moi.

Le banquier, qui veut poursuivre son jeu, répète sa question:

— Voyons, madame, quelle couleur voulez-vous?

Madame Burgrave hésite encore, puis répond:

— Eh bien!... jaune...

Floquart aux éclats et retourne la carte en disant:

— Elle est rouge, vous avez perdu; mais une autre fois, je veux bien ne point vous prendre votre argent...

— Ah!... voyez-vous! on me triche! s'écrie madame Burgrave.

— Mais vous voyez bien que non, puisque je vous laisse votre enjeu!...

— Ah! monsieur! décidément je ne comprends pas ce jeu-là!... Un autre, monsieur, un autre, s'il vous plaît!

Après avoir fini la tournée, le banquier dit:

— Autre chose, puisque madame Burgrave le désire... nous allons faire un tour de *sympathie* et *antipathie*... Faites votre jeu...

— Oh! sympathie! cela doit être charmant; ce jeu-là... je suis sûre que j'y jouerai bien... Monsieur, ayez la bonté de me l'expliquer.

— Madame, le banquier vous présente deux cartes sans les retourner; vous dites ce que vous désirez: si les deux cartes sont de la même couleur, c'est sympathie; si l'une est rouge et l'autre noire, c'est antipathie, et vous gagnez si vous avez deviné juste... voilà tout...

— Merci, monsieur. Oh! je suis sûre que je jouerai très-bien à ce jeu-là... Je mets dix sous devant moi.

M. Floquart arrive à madame Burgrave et tire deux cartes de son paquet en lui disant:

— Que demandez-vous, madame?... sympathie ou antipathie?

— Oh!... je veux sentiment... sensibilité... attraction...

— Je présume que cela veut dire sympathie; tout cela.

— Oui... oui... l'un vers l'autre... ce qui nous pousse, ce qui nous entraîne...

Tout le monde a peine à ne point éclater de rire, mais M. Floquart a retourné les deux cartes, qui sont de la même couleur. Il paye madame Burgrave en lui disant :

— Vous avez gagné.

— Ah! j'en étais sûre... je savais bien que je serais très-forte à ce jeu là !... Oh! la sympathie !...

— C'est le lien des âmes! dit M. Mignonnet en riant : il y a une chanson là-dessus.

Cependant M. Burgrave, qui s'était placé devant le joueur de bilboquet, accourt vers sa femme en disant :

— M. Grangeville vient de le mettre trois fois de suite par la pointe...

— C'est bien, monsieur, c'est bien, répond Rosalvina ; tâchez d'apprendre à en faire autant.

III

LA MAISON AUX SYCOMORES.

M. Floquart a changé de jeu ; il essaye un lansquenet au grand regret de madame Burgrave, qui voudrait continuer le même jeu et ne cesse de s'écrier :

— Ah! sympathie... je vous en prie... C'est si joli, ce jeu-là !... pourquoi donc ne pas le continuer ? Je le joue très-bien... n'est-ce pas, monsieur ?

— Oui, oui, fort bien, répond d'un air distrait le monsieur présenté, qui cependant, ne paraissant pas enchanté de servir de conseil à cette dame, quitte sa place pour s'approcher de M. Bouffi.

Le banquier s'empresse d'aller à lui et engage le premier la conversation.

— Vous avez une maison à vendre, monsieur? est-elle dans Paris?

— Non, monsieur, malheureusement, car elle aurait une bien autre valeur. Elle est située à Montagny-sur-Oise, petit village un peu au-dessus d'Ermenonville... entre Ermenonville et Senlis. C'est à douze lieues de Paris à peu près.

— Avez-vous un chemin de fer?

— Pas jusque-là tout à fait... mais la station est à une petite lieue environ.

— Diable! c'est encore loin... il faut avoir sa voiture alors... Enfin, n'importe ; est-ce grand?

— Mais oui, la maison est belle, spacieuse... dix chambres de maître, écurie, remise, ce qu'il faut avoir à la campagne. Le jardin a six arpents, puis il y a un petit parc qui en a dix environ... et tout cela entouré de murs en fort bon état.

— Avez-vous de l'eau?

— Un vaste bassin dans le jardin, une pièce d'eau dans le parc.

— Et la maison est-elle meublée?

— Très-bien meublée... rien ne manque... Il y a jusqu'à du linge, car je n'ai rien emporté quand je l'ai quittée, il y a... trois ans et demi à peu près.

— Et vous voulez vendre cela ?...

— Ma foi, je ne sais... il me semble que de cinquante à soixante mille francs, ce n'est pas trop cher... cela me revient à peu près au double de cette somme, en comptant l'ameublement... Les jardins sont charmants, bien ornés... j'y ai dépensé beaucoup d'argent...

— Je vous crois ; mais vous savez, quand on vend, ce n'est plus de valeur tout cela... Enfin nous ferons pour le mieux. Il y a quelqu'un pour montrer la maison ?

— Certainement, un jardinier-concierge.

— Et encore une question : Cette maison a-t-elle un nom dans le pays ? Vous savez, dans les campagnes on en donne presque toujours un aux belles propriétés, et cela séduit ceux qui achètent.

— On appelle ma campagne la *Maison aux sycomores*, parce qu'il y a un grand cordon de ces arbres des deux côtés du bâtiment.

— La *Maison aux sycomores*! murmure M. Bouffi en souriant... Oh! mais voilà un fort beau nom... très-ronflant! C'est comme un titre de mélodrame... Je veux avoir tout cela en note... Quand mon petit neveu sera monté, il écrira tous ces détails sous votre

dictée... Il est encore occupé en bas dans mes bureaux ; mais il ne va pas tarder à venir... Et vous avez aussi des fonds à placer, à ce que vient de dire Floquart...

— J'ai deux cent cinquante mille francs, que j'ai touchés dans mon voyage... et encore à peu près autant à recouvrer ici...

En entendant cette énumération de la fortune de ce monsieur, la physionomie de M. Bouffi devient de plus en plus gracieuse, il fait une profonde inclination de tête en répondant :

— Diable! diable!... mais c'est fort beau tout cela... c'est une fortune!... Nous vous prendrons vos fonds à cinq, si cela vous convient, mais pas plus... car moi, je ne suis pas de ces banquiers qui promettent plus qu'ils ne peuvent tenir... puis qui disparaissent ensuite avec le sac... Je ne veux pas aller en Belgique, moi... je me trouve bien à Paris, et je m'y tiens.

— Vous avez raison, monsieur... mais nous nous entendrons fort bien. Un intérêt légal me suffit... Ensuite j'achèterai peut-être une maison à Paris... je ne sais pas encore...

— J'en ai une dans la rue du Temple...

— Oui... ce n'est pas ce quartier-là que je veux habiter.

— Ah! pardon... au sujet de votre domaine aux sycomores, j'ai oublié de vous demander quelque chose... C'est une futilité... un enfantillage ! mais il y a des gens qui tiennent avant tout à cela, et qui n'achèteraient pas une campagne si cela manquait... Avez-vous un billard dans votre maison ?

— Oui... oui... Oh! il y a un billard qui était tout neuf et très-bon même...

— Un billard ! qui est-ce qui parle de jouer au billard ? s'écrie le mari de Rosalvina, qui a entendu le dernier mot de cette conversation, et quitte aussitôt M. Grangeville et son bilboquet.

— Vous voulez jouer au billard, messieurs ?

— Non, mon cher monsieur Burgrave ; je demandais à monsieur s'il en avait un dans la propriété qu'il veut vendre...

— Ah! monsieur veut vendre une propriété... et il y a un billard ?

— Oui, monsieur.

— Avec des blouses... C'est que, voyez-vous, ne me parlez pas de vos nouveaux billards sans blouses... c'est pitoyable. Alors ce n'est plus le jeu de billard, c'est tout bêtement le carambolage ; vous supprimez de même le bloqué, le doublé... tout ce qui faisait le charme du billard, et qui n'empêchait pas le carambolage... Je le répète, alors ce n'est plus jouer au billard, c'est jouer aux caramboles, voilà tout... Il faut dire : J'ai chez moi un jeu de caramboles, mais non pas un billard... Et la poule, messieurs, la poule ! il n'y a plus moyen de la faire si vous n'avez pas de blouses !... Cependant, lorsque vous êtes beaucoup de monde, vous ne pouvez jouer au billard que la poule... Vous voyez bien que j'ai raison : un billard sans blouses est un triste meuble. Je crois que j'aimerais alors autant jouer au bilboquet, comme ce monsieur qu'il y est si fort !

On a laissé M. Burgrave débiter sa tirade sur le billard ; M. Duvalloir se contente de répondre :

— Monsieur, il y a des blouses à mon billard ; seulement, je crois qu'elles sont bouchées.

— Bouchées... mais il faut les faire déboucher... Votre campagne est-elle loin d'ici ?

— A douze lieues... au-dessus d'Ermenonville.

— Ah! diable! c'est un peu loin... c'est dommage... j'aurais été déboucher vos blouses... N'importe, j'aime à me promener ; vous nommez l'endroit ?

— Montagny-sur-Oise, vous demanderez la Maison aux sycomores ; tout le monde vous l'indiquera.

— Bon... fort bien, j'irai voir votre billard.

— Mon cher monsieur Bouffi, c'est bien fâcheux que vous n'ayez pas un billard chez vous... cela manque...

— C'est la place qui me manque... mais je vous promets que j'en aurai un ; je prendrai une des pièces d'en bas, dans mes bureaux... mes commis se serreront un peu, voilà tout...

— Ah! bravo !... D'ailleurs, à la rigueur, vos commis pourraient, le matin, écrire sur le billard ; ça leur ferait un superbe bureau.

— Je craindrais qu'ils n'oubliassent d'écrire dessus.

La porte du salon vient de s'entr'ouvrir : un tout jeune homme est entré doucement, sans faire de bruit, puis s'est pour ainsi dire glissé dans la société, saluant chacun bien poliment ; il est ainsi parvenu jusqu'au maître de la maison.

C'est un fort joli garçon, qui a près de vingt ans, mais qui en

D'où afre fous c'te zaucisse? rébondez... — Page 14.

paraît tout au plus dix-sept. Ses cheveux sont d'un blond cendré et laissent voir un front haut, qui promet de l'esprit... Cependant il ne faut pas toujours s'y fier, il y a des fronts menteurs comme le reste. De grands yeux bleus, bien doux, et qu'il tient fort souvent baissés, une bouche agréable, un visage ovale, le teint un peu pâle... il vaudrait peut-être mieux dire : peu de teint ; enfin un ensemble qui annonce une personne délicate, douce et timide : tel est Oswald, le neveu de M. Bouffi. Ajoutons encore qu'il est d'une taille moyenne, mais svelte, bien fait, et qu'il paraîtrait encore mieux s'il se tenait bien droit ; mais devant son oncle et sa tante, il a tellement l'habitude de s'incliner, de baisser la tête, d'avoir enfin l'air d'un écolier devant son précepteur, que cela lui a fait contracter une mauvaise tenue qui le rapetisse d'un pouce au moins.

A la mort de son frère qui était marin, M. Bouffi a recueilli chez lui son neveu, qui n'avait que onze ans. Il a pris soin de son éducation, en ayant l'attention de faire sonner bien haut qu'il servait de père à un orphelin, qu'il dépensait beaucoup d'argent pour le faire élever, enfin qu'il faisait une très-belle action ; et comme cela ne contrariait personne que ce monsieur se fît une réputation de bienfaiteur, on voulait bien le regarder comme un homme fort charitable, bien qu'il n'y ait rien que de très-naturel à prendre soin d'un pauvre petit garçon dont on est l'oncle, quand il est devenu orphelin.

Ce que M. Bouffi ne fit pas sonner si haut, c'est que, dès que son neveu eut une jolie écriture, et qu'il sut bien calculer et connaître les opérations des changes, il le mit dans ses bureaux, où il le fit travailler plus qu'aucun autre de ses commis, car la plupart des commis ne revenaient que rarement travailler le soir, tandis que pour le petit Oswald il n'y avait point de relâche ; tous les soirs, excepté le dimanche, il redescendait après son dîner dans les bureaux et travaillait jusqu'à neuf heures et même plus tard quand la besogne pressait.

Le petit neveu, depuis près de quatre ans, remplaçait donc, non pas un commis, mais au moins deux commis ; il était devenu un

sujet précieux, calculant fort bien, connaissant les opérations des changes avec toutes les places de l'Europe, sachant la tenue des livres, et en état de faire la correspondance. Un tel commis méritait de forts appointements ; mais comme M. Bouffi était son oncle, il ne lui en donnait pas. A la vérité, il le logeait dans une petite chambre à tabatière, située dans les combles de la maison, il l'habillait et le nourrissait. Mais le jeune Oswald était très-sobre, sa toilette bien modeste, et en faisant monter tout cela l'un dans l'autre à quinze cents francs, c'est compter fort largement. Cependant le petit neveu faisait au moins la besogne d'un employé de trois mille francs. Voilà comment M. Bouffi était bon et bienfaisant : il y a beaucoup de gens qui sont généreux de la même manière... ce serait à dégoûter de la reconnaissance.... mais comme elle est très-rare, cela se balance.

Le jeune Oswald n'en était pas moins persuadé qu'il devait tout à son oncle, aussi était-il près de lui et de sa tante soumis comme un esclave ; il obéissait sans murmurer aux ordres qu'il recevait d'eux et ne se plaignait jamais du travail qu'on lui faisait faire. Les aimait-il tendrement ? ceci est une autre question. Quant à moi, je ne crois pas que l'on puisse aimer les gens que l'on craint... les opinions sont libres.

— Mon oncle, toute la correspondance est copiée, dit le jeune Oswald à M. Bouffi.

— C'est bien, Oswald : vous allez passer dans mon cabinet avec monsieur, vous écrirez tous les renseignements qu'il vous donnera sur une propriété à vendre, et les fonds dont il veut disposer... c'est l'affaire de quelques minutes. Monsieur Duvalloir, voulez-vous bien passer un instant dans mon cabinet ?.... c'est tout à côté.

Le petit neveu s'est incliné et quitte le salon avec l'étranger.

— Eh bien ! où va donc le gentil petit neveu ? s'écrie madame Burgrave : à peine entré dans le salon, le voilà qui s'en va !... Oh ! mais c'est que je l'aime beaucoup, moi ; il est si doux... c'est une fille en garçon.

— Consolez-vous, madame, Oswald va revenir, dit M. Bouffi en

Voilà mon cochon qui me présente les deux petits bancs... — Page 20.

souriant. Il est allé écrire quelques renseignements sous la dictée de M. Duvalloir.

— Ah ! ce monsieur qui m'apprenait le jeu ? il a une figure à la romaine.

— Je lui trouve un air bien grave, moi, à ce monsieur, dit M. Grébois.

— C'est plutôt un air mélancolique, dit madame Bouffi.

— Ah ! vous trouvez, madame... c'est peut-être pour se rendre intéressant...

— Il n'a pas besoin de cela pour être intéressant, dit le banquier. C'est un homme qui peut disposer de cinq à six cent mille francs... peut-être plus.

— Oh ! mais c'est beau cela !

— Est-il marié ? s'écrie madame Burgrave.

Cette question, toute simple cependant, fait rire dans la bouche de la grosse dame blonde, et M. Burgrave, qui l'a entendue, s'écrie :

— Eh bien, que vous importe, Rose ? est-ce que vous voulez être bigame ?

— Monsieur, d'abord je vous ai défendu de m'appeler Rose... je ne répondrai plus à ce nom-là !

— C'est cependant celui qu'on vous donnait lorsque vous étiez demoiselle.

— C'est possible ; mais depuis que je ne suis plus demoiselle, j'ai bien pu donner de l'extension à mon nom. Je demande si ce monsieur est marié, il me semble que c'est une question naturelle... que tout le monde peut faire... je sais bien que je ne suis pas veuve... mon Dieu ! je le sais bien !

Ces derniers mots sont dits avec une expression peu flatteuse pour M. Burgrave. M. Bouffi répond :

— Ma foi, madame, je n'ai pas songé à adresser à ce monsieur la question que vous me faites... il y a si peu de temps que j'ai l'avantage de le connaître... mais Floquart doit savoir cela... Floquart, savez-vous si M. Duvalloir est marié ?

Floquart qui, petit à petit, a fait monter le jeu au lansquenet, répond :

— Il y a soixante francs à faire... voyons, fait-on le tout; si on ne veut pas y arriver, je retirerai...

— Diable !.... soixante francs, mais ces dames jouent gros jeu !

— C'est qu'il y a des messieurs qui sont aussi de la partie...

— Je mets deux francs, dit madame Burgrave, quoique je ne connaisse pas ce jeu.

— C'est toujours un commencement, dit M. Floquart en souriant.

Mais l'ancien avoué, M. Grébois, s'approche de la table en disant :

— Banco !

— Ah ! très-bien, à la bonne heure !... Madame, vous pouvez retirer vos deux francs.

— Pourquoi donc cela, monsieur ?

— Parce que monsieur fait banco...

— Je ne comprends pas, monsieur...

— Raison de plus, madame.

— Comment... raison de plus ?

Le banquier retourne les cartes ; il perd. M. Grébois prend tout l'argent qui est sur la table et la grosse dame frisée s'écrie :

— Eh bien... et moi... je dois avoir gagné... puisque le banquier perd.

— Mais on vous a rendu votre mise, madame.

— Mais j'ai dit que je jouais deux francs !... tout le monde a pu l'entendre.

M. Floquart, qui a quitté la table de jeu, s'approche de M. Bouffi et lui dit à demi-voix :

— Mon cher ami, votre madame Burgrave est vraiment insoutenable au jeu... vous ne vous figurez pas toutes les bêtises qu'elle y a faites et dites.

— Si fait... je l'en crois parfaitement capable...

— M. Duvalloir n'a pu y tenir... elle l'avait accaparé... il a abandonné la place...

— A propos de ce monsieur, il est fort riche d'après le peu qu'il m'a dit... six cent mille francs à placer... et il a probablement d'autres valeurs...

— Oh! oui, il est fort riche... c'est une connaissance qui ne vous sera pas nuisible, mon cher...

— Il est certain que ce n'est qu'avec l'argent qu'on peut gagner de l'argent... et que ce petit monsieur-là... d'où lui vient sa fortune?

— Ah! je vous trouve charmant... d'où lui vient sa fortune!... est-ce que je sais... d'ailleurs il n'y a pas longtemps que je le connais, ce monsieur; je me suis trouvé plusieurs fois avec lui chez Véfour; tout en dînant, nous avons causé... Je vis bien que c'était un homme qui ne regardait pas à la dépense... vous savez que j'ai... je faire ta richesse... c'est un aimant qui m'attire... il revient de faire un long voyage, il avait des fonds en Amérique... au Brésil... il croyait assez que ce petit armateur... il ne savait quel emploi faire de ses fonds... « Pardieu! lui ai-je dit, je suis intimement avec un des premiers banquiers de Paris, M. Bouffi de Nogent... vous ferez faire sa connaissance... » il n'a pas mieux demandé et je vous l'ai amené. C'est gentil de ma part!... mais j'aurai mon courtage...

— Soyez tranquille, nous nous arrangerons toujours bien; Madame Burgrave demandait tout à l'heure si ce monsieur est marié?

— Cela ne m'étonne pas de sa part: j'ai remarqué que les gens bêtes sont toujours très curieux. Je ne pense pas que M. Durville soit marié; il me disait pas chez le traiteur s'il avait un ménage, mais je n'en sais pas plus.

IV

QUESTION INDISCRÈTE.

La personne dont on s'entretenait rentre dans le salon avec le petit neveu. M. Bouffi s'empresse d'aller causer avec l'étranger, Floquart propose une bouillotte qui est acceptée. Madame Burgrave, qui est de fort mauvaise humeur, parce qu'on ne lui a pas donné les deux francs qu'elle avait voulu mettre au lansquenet, va se placer devant le petit monsieur maigre qui joue encore au bilboquet, et qui lui dit:

— Ah! vous y venez enfin... vous comprenez que voilà le jeu le plus joli... Et puis on n'y perd pas son argent...

— C'est vrai, monsieur, moi, j'ai perdu ce que j'aurais dû gagner... On m'a triché, j'en suis sûr! on a profité de ce que je ne connais pas tous ces jeux-là...

— Madame, voilà ce qui ne vous arrivera jamais au bilboquet... Tenez, regardez... ça y est.

— Oh! vous êtes fort adroit, monsieur; voulez-vous me permettre d'essayer si je pourrai le mettre aussi par la pointe?

M. Grangeville s'empresse de présenter son joujou à Rosalvina, qui commence à le tenir bien droit, puis fait tourner sa bille pour que la corde garde son point de départ. Mais le petit monsieur s'écrie:

— Oh! ce n'est pas cela, madame! vous avez de mauvais principes! si donc! il ne faut jamais faire tourner la corde ni lancer sa bille verticalement... ce sont les maladroits qui jouent ainsi.

— Comment donc faut-il faire, monsieur?

— Tenez, madame, passez-moi le bilboquet et regardez-moi. Voyez, j'arrondis le coup, je lance ma boule en avant, de façon à ce qu'elle fasse le demi-tour dans l'espace, puis elle revient me présenter son ouverture et... voyez... ça y est.

— C'est vrai! oh! je saisis, monsieur, je comprends... j'ai bien vu comment vous avez fait... je vais faire tout comme vous, vous allez voir.

La grosse dame reprend le bilboquet, se met en face de son professeur et envoie la boule dans le nez de celui-ci. Le petit monsieur pousse un cri, qui attire l'attention de toute la société.

— Qu'y a-t-il donc? demande madame Bouffi.

— Ce n'est rien, dit madame Burgrave, c'est moi qui apprends à jouer au bilboquet.

— Mais, madame, je ne vous ai pas dit de m'envoyer la boule dans le nez...

— Monsieur, c'est votre faute; vous vous êtes trop avancé... sans votre nez je mettais la pointe dedans... je vais recommencer...

— Non, madame, non, c'est inutile... j'en ai assez comme cela.

M. Grangeville, reprenant son bilboquet qu'il fourre dans sa poche, quitte le salon en tenant son mouchoir sur sa figure et en marronnant entre ses dents.

— Que ce monsieur est peu galant! s'écrie madame Burgrave; il emporte son bilboquet lorsque je commençais à m'exercer... Vous ne feriez pas cela, vous, jeune homme, j'en suis sûre; vous êtes trop bien élevé, trop poli, pour vous conduire ainsi.

Ces paroles étaient adressées au petit neveu du maître de la maison qui s'était, probablement sans intention, placé à côté de madame Burgrave. Oswald baisse les yeux et incline la tête en répondant:

— Ah! madame! certainement; si j'avais un bilboquet, j'irais vous le chercher bien vite, mais je n'en ai pas.

— Vous êtes monté bien tard, ce soir, jeune Oswald; pourquoi donc vous êtes-vous fait-il si tard dans les bureaux? Il me semble que les jours qu'il reçoit, vous pourriez venir vous mêler à la société.

— Oh! madame! il y avait de la besogne pressée... Et puis, je ne suis pas utile en société, moi, je ne sais rien faire...

— Eh bien, on cause avec les dames, cela forme, cela donne l'habitude du monde.

— Mon oncle veut, avant tout, que les comptes soient au courant.

— Il est sévère avec vous, votre oncle, n'est-ce pas? Et votre tante aussi. Elle vous parle toujours comme à un employé; je n'aime pas cela.

— Oh! madame! je n'ai pas à me plaindre d'eux... Je dois beaucoup de reconnaissance à mon oncle, qui a pris soin de moi, pauvre orphelin.

— Oui, oui, oui!... Mon Dieu, vous êtes son neveu après tout, et puisqu'ils n'ont pas d'enfant, vous leur en tenez lieu... c'est-à-dire que vous leur tenez lieu de commis.

— Je tâche de reconnaître de mon mieux ce qu'on a fait pour moi.

— Qu'avez-vous été faire tout à l'heure avec ce monsieur qui a été amené ce soir ici par ce grand Floquart? Ah! en voilà un que je déteste!... il m'a fait perdre deux francs à son jeu... mais il me revaudra cela...

— Madame, j'ai été écrire, sous la dictée de ce monsieur, les détails concernant la propriété qu'il veut vendre... nommée la Maison aux sycomores. Il y a un beau jardin, un parc, une pièce d'eau... cela doit être bien joli...

— La Maison aux sycomores!... oh! ce doit être une délicieuse habitation!... quel nom romantique! Il y a donc des sycomores dans la maison?

— Madame... je présume qu'ils sont dans le jardin...

— Oui, c'est ce que je voulais dire.

— Ce monsieur est fort riche à ce qu'il paraît, car il a au moins plus de cinq cent mille francs à placer... il ne sait pas encore comment employer ses fonds.

— Comment il est si riche que cela, et il vend une propriété qui s'appelle la Maison aux sycomores!... C'est donc dans un vilain pays?

— Oh! non, madame, c'est dans un pays charmant au contraire, près de Morfontaine, d'Ermenonville... Ermenonville, où est le tombeau de Jean-Jacques, dans l'île des Peupliers.

— Jean-Jacques... Ah! oui, un grand écrivain qui s'habillait en Turc... c'est donc là cette propriété est dans ce pays?

— À douze lieues d'ici, je connais, moi, des personnes qui avaient aussi une propriété près de là... Elles disent que c'est un séjour ravissant.

— Mais alors pourquoi ce monsieur, qui ne sait que faire de ses fonds, vend-il une propriété qui s'appelle la Maison aux sycomores... lui en avez-vous demandé la raison?

Le jeune Oswald sourit en répondant:

— Oh! non, madame; ça ne me regarde pas.

M. Burgrave s'approche en ce moment de sa femme pour lui dire:

— Ma chère amie, Bichonneau dîne demain avec nous.

Rosalvina hausse les épaules, en murmurant:

— En vérité, monsieur, vous ne savez faire que des bêtises!

— Comment des bêtises... parce que j'ai invité Bichonneau? Mais il est très-aimable; nous avons causé billard toute la soirée...

— Ah! c'est cela!... vous avez causé billard... alors c'est un homme charmant ! Votre Bichonneau est un pique-assiette ; c'est comme cela, monsieur...

— Taisez-vous donc, Rose ; on pourrait vous entendre.

— Je vous ai défendu de m'appeler Rose ! Je ne répondrai plus à ce hom-là.

M. Burgrave s'éloigne de sa femme d'un air très-vexé. En ce moment M. Duvalloir vient de quitter la table de bouillotte, où il a perdu de bonne grâce quelques napoléons, et il se trouve près de madame Bouffi qui s'empresse de l'inviter à s'asseoir près d'elle en lui disant :

— Vous n'avez pas été heureux au jeu, monsieur ?

— Oh ! madame !... j'ai perdu fort peu de chose,... d'ailleurs le jeu est une chance à courir... bonne pour les uns, elle doit être mauvaise pour les autres... le principal est que cela amuse...

— Avez-vous joué dans vos voyages ?

— Presque partout ; modérément en Angleterre, peu en Espagne, beaucoup en Allemagne, énormément en Amérique !... J'ai vu qu'en tous lieux les hommes demandent au jeu des distractions, des émotions et souvent des ressources !... Ils obtiennent les deux premières choses, rarement la dernière. En général, le jeu ne favorise que ceux qui n'ont pas besoin de l'être... le proverbe est vrai ; l'eau va toujours à la rivière.

— Et vous revenez vous fixer en France, monsieur ?

— Mais... bien probablement, madame... à moins que les circonstances n'en ordonnent autrement... car peut-on jamais répondre de l'avenir ! les projets qui semblaient les mieux assurés, les plans qui étaient établis sur les bases les plus naturelles, sont quelquefois détruits, anéantis par des événements inattendus... Alors tout change autour de nous... le bonheur que nous avions rêvé est souvent perdu... il faut se créer une existence... mais on n'ose plus se forger un autre avenir.

M. Duvalloir a dit ces dernières paroles d'un ton si profondément pénétré, que l'épouse du banquier en est impressionnée ; elle regarde ce monsieur avec plus d'attention et remarque qu'en effet il a de beaux traits, des yeux bruns bien fendus, un front haut et fier, une bouche bien garnie et des cheveux très-noirs, bien que parmi quelques-uns on aperçoive déjà de ces petits filets argentés qui se glissent d'abord sournoisement sous les autres, puis finissent par prendre toute la place.

Mais cette belle figure avait alors une profonde expression de tristesse, qui ne pouvait manquer d'inspirer de l'intérêt à une dame qui avait été trop bien elle-même, pour ne point apprécier la beauté chez les autres. Madame Bouffi répondit donc avec sa voix la plus douce... les dames ont ordinairement plusieurs voix qu'elles emploient suivant les circonstances :

— Monsieur, vous venez de parler des événements qui changent parfois tout le calme d'une existence, avec un accent si persuasif, que l'on croirait presque que vous avez été vous-même frappé de coups inattendus... j'aime à croire qu'il n'en est rien, ou que du moins vous avez su triompher et vous montrer plus fort que les événements.

M. Duvalloir hésite un moment, puis répond avec un sourire forcé :

— Madame, je me rappelle avoir vu dans ma jeunesse une pièce dans laquelle le principal personnage disait : Quand on n'est pas content, il faut être philosophe ! mais ces sentences-là, qui sont bonnes dans un vaudeville, ont rarement cours dans la vie.

M. Grébois, qui vient de remplacer M. Duvalloir à la bouillotte, jette de fréquents coups d'œil du côté de madame Bouffi ; la conversation qu'elle tient avec l'étranger semble le préoccuper beaucoup ; son jeu s'en ressent, et le maître de la maison, placé près de lui, s'écrie à chaque instant :

— Eh bien, Grébois, à vous à parler... à quoi pensez-vous donc ? Floquart fait son tout... vous empêchez l'argent de s'engager.

— Ah ! pardon... mais si fait, j'ai dit que je passais... Ah ! mais non, je me trompe, je ne passe pas... je tiens au contraire.

— Tant pis !... il est trop tard ! grand Floquart ; vous avez dit que vous passiez, on ne revient plus. Cela vous apprendra à faire attention ; il n'y a rien d'affreux comme de jouer la bouillotte avec des gens qui ne sont pas à leur jeu.

Heureusement pour M. Grébois, madame Burgrave se charge d'interrompre l'entretien qui le contrariait. Elle vient couper une phrase à madame Bouffi, en disant à M. Duvalloir :

— Monsieur, je viens d'apprendre que vous aviez une propriété à vendre à la campagne... dans un pays délicieux... près d'Erme-

nonville... où est le tombeau de Jean-Jacques... je crois... de Jean-Jacques qui a fait la Nouvelle Héloïse ! je ne connais que cela de lui... mais cela me suffit... O Dieu !... Saint-Preux... Héloïse... Abeilard !... c'est admirable !... Et votre propriété se nomme la Maison aux sycomores ?

— Oui, madame, on la désigne ainsi dans le pays...

— Quel nom distingué !... Rien que pour le nom j'aimerais à l'habiter... Et vous avez le tombeau de Jean-Jacques dans votre domaine ?

— Non, madame, puisqu'il est à Ermenonville. À une lieue de ma campagne qui est à Montagny.

— Montagny... c'est encore gentil cela... je préférerais Montigny à cause de la charmante actrice du Gymnase... mais enfin Montagny n'est pas mal... Et vous avez une forêt de sycomores autour de votre maison ?

— Une forêt ! ce serait beaucoup trop dire, madame ; il y a seulement une double allée de chaque côté.

— Tout cela doit être ravissant !... Et une pièce d'eau, un parc ?

— Un petit parc. En général, la propriété contient tout ce que l'on peut désirer à la campagne.

— Eh bien alors, monsieur, pourquoi donc vendez-vous cette charmante maison ? ce n'est pas pour avoir de l'argent, puisqu'on assure que l'on ne savez que faire du vôtre.

À cette question, faite aussi brusquement, M. Duvalloir se trouble, sa physionomie se contracte, ses sourcils se froncent ; il lance sur la questionneuse un regard courroucé, puis lui répond au bout d'un moment :

— Madame, pourriez-vous me dire quel âge vous avez ?

Madame Burgrave reste interdite, stupéfaite ; cette demande la bouleverse au point qu'elle peut à peine balbutier :

— Comment, monsieur, l'âge que j'ai ? Mais à propos de quoi me demandez-vous cela ?... Qu'est-ce que cela signifie ?... Est-ce qu'on demande jamais à une dame l'âge qu'elle a ?... fi donc !... je trouve votre question fort déplacée, monsieur...

— J'ai la même opinion de la vôtre, madame, et voilà pourquoi je tenais à savoir si vous étiez encore d'âge à commettre des étourderies.

Madame Burgrave est d'autant plus vexée que des rires étouffés ou mal retenus se sont fait entendre dans tous les coins du salon, à la question par laquelle M. Duvalloir a répondu à cette dame. Elle promène autour d'elle des regards pleins de dépit, en disant :

— Mais, mon Dieu, quelle question avais-je donc faite qui eût rien d'extraordinaire... je demande à ce monsieur pourquoi il veut vendre sa maison... tous les jours cela se demande... On peut vouloir vendre parce que l'air est mauvais, parce que le pays est malsain, parce que les paysans sont méchants et voleurs, les voisins insupportables... Je sais bien que, dans ce cas-là, on ne le dirait pas aux personnes qui ont envie d'acheter, mais je ne me présente pas pour acheter... la cause et voilà tout... ce n'était donc pas une raison pour me faire, à moi, une question que je prends qualifier de sang-gênant !

Pendant que Rosalvina épanche sa colère, M. Duvalloir a pris congé de madame Bouffi et a quitté le salon. En remarquant qu'il s'est allé, la dame frisée dit :

— Ah ! il a bien fait de partir, ce monsieur, car je ne sais pas jusqu'où j'aurais pu me porter... je lui aurais envoyé M. Burgrave avec sa carte...

— Comment, Rose ! quelle carte ? Tu as perdu une carte ? demande l'époux de Rosalvina qui, en causant billard avec M. Bichonneau, n'a point entendu ce qui a causé la colère de sa femme.

— En vérité, monsieur, vous n'entendez rien de ce qui se dit... Si on insultait votre femme, n'est-ce pas votre devoir de la défendre ?...

— Voyons, ma chère madame Burgrave, dit la maîtresse de la maison ; il me semble que vous vous mettez en colère pour quelque chose qui n'en vaut pas la peine. Ce monsieur a trouvé indiscrète la question que vous lui adressiez. Elle l'était un peu en effet... nous voyons ce soir pour la première fois, M. Duvalloir, et vous voulez qu'il vous confie pour quelle raison il vend sa maison de campagne... Je suis persuadée que mon mari ne lui a pas demandé cela.

— Non, sans doute... Il veut vendre sa maison, c'est son affaire... je n'ai pas le droit de lui en demander le motif ni besoin de le savoir pour la faire vendre.

— Mon Dieu ! monsieur, ma question ne méritait pas toute la

fureur qu'elle a causée à ce monsieur... car il m'a jeté un regard...
je n'ai jamais vu un si vilain regard! Et moi qui trouvais ce monsieur si bien! où donc avais-je les yeux?... mais il est affreux cet
homme... il a quelque chose de sinistre!...

— Il est certain, dit M. Grébois, que lorsque madame a demandé à ce monsieur pourquoi il vendait sa maison, cela lui a
causé une émotion, un trouble... remarquable...

— Ah! je suis bien heureuse que M. Grébois ait remarqué cela,
au moins il est de mon avis... Oh! certainement cette Maison aux
sycomores... cela n'annonce rien de bon... je n'en voudrais pas
pour rien de cette propriété-là...

— Mais, ma chère amie, il paraît qu'il a un excellent billard
dans sa maison; j'avais dit à ce monsieur que j'irais la visiter...
je comptais déboucher les blouses pour l'essayer.

— Par exemple, monsieur!... Voilà qui serait joli! Aller déboucher quelque chose chez ce monsieur qui m'a demandé l'âge que
j'avais!... C'est un impertinent... voilà mon opinion sur lui...
je vous défends de lui déboucher la moindre chose.

M. Burgrave ne répond rien et bientôt il est emmené par sa
femme. La colère de la tendre Rosalvina a beaucoup amusé la
société, qui ne tarde pas à prendre congé.

M. Mignonnet, avant de partir, ne manque pas de dire au petit neveu:

— Que ceci vous serve de leçon, jeune homme; il ne faut jamais blesser une femme dans son amour-propre, car elle change-
rait pour vous du noir au blanc. Celle-ci trouvait ce monsieur
charmant, intéressant, distingué... Maintenant elle le traite horriblement! Mais aussi il lui a demandé son âge! Oh! quelle faute!
à moins qu'il ne l'ait fait exprès.

V

UNE MAISON DE LA RUE DU TEMPLE.

Il est sept heures du matin, et quoique l'on soit au huit avril,
c'est-à-dire au printemps, le temps est froid et dur; il ne neige
pas, mais il bruine; un petit brouillard tombe, qui mouille et pénètre plus que la neige la plus forte, et rend le chemin mauvais
pour les chevaux et pour les piétons.

Entrons dans une maison de la rue du Temple, située presque
en face le marché du Temple. Cette maison n'est pas considérable, elle n'a que trois fenêtres de façade, une boutique de charcutier en bas, puis une allée pour entrée, un escalier au fond de
l'allée, éclairé par une petite cour de dix pieds carrés, qui n'é-
claire pas beaucoup, parce qu'elle se trouve entourée de murailles
qui vont jusqu'au cinquième. Vous jugez quel jour peut pénétrer
dans cette espèce d'oubliettes; mais autrefois dans Paris on ne
bâtissait guère autrement, et la plupart des maisons n'avaient ni
jour, ni air, ni propreté... On avait soin aussi de mettre l'entrée
de la cave dans le milieu de l'allée; il fallait lever une trappe
pour trouver l'escalier et descendre chercher son vin. On laissait
la trappe ouverte tant qu'on avait affaire dans la cave; s'il entrait
alors quelqu'un dans la maison, comme l'allée était fort sombre
et que l'on ne regarde pas toujours à ses pieds, on tombait dans
le trou de la cave et quelquefois sur la personne qui remontait
avec son vin, ce qui faisait coup double... Mon Dieu! que c'était
donc joli les maisons du vieux Paris!...

Grâce au ciel, leur nombre diminue tous les jours, mais il y en
a encore... Oh! rassurez-vous, amateurs de vieux murs noirs,
d'escaliers sales, de rampes humides et de chambres malsaines, il
y a encore dans Paris des reliefs du bon vieux temps.

La maison dans laquelle nous vous faisons entrer avait quatre
étages et des mansardes. Quant au portier, il n'y en avait pas;
encore une coutume de l'ancien temps; les portiers étaient regardés comme un luxe permis seulement aux grandes maisons,
aux hôtels. Alors, voyez comme c'était commode, vous entriez
dans une maison où logeait une personne que vous cherchiez, mais
vous ne saviez pas à quel étage, et vous étiez obligé d'aller caril-
lonner à toutes les portes... C'était aussi agréable pour vous que
pour les habitants de la maison.

Ici, le premier étage était habité en totalité par le charcutier
d'en bas, et il avait en outre au fond de la cour une espèce de
cuisine dans laquelle il fabriquait ses saucisses, boudins, et faisait
enfin une grande quantité de cochonneries... Je me trompe! j'ai
voulu dire cochonnaille.

Au second étage, sur le devant, qui se composait de trois petites
pièces, logeait madame Rennecart avec sa nièce. Cette dame était
la principale locataire de la maison, mais elle était complètement
sourde, ce qui rendait assez difficiles les rapports que l'on désirait
avoir avec elle. A la vérité sa nièce Virginie entendait fort bien et
pouvait servir de truchement près de sa tante; mais la petite
nièce partait tous les jours à huit heures du matin, pour aller
travailler dans un magasin de lingerie, et elle ne rentrait qu'à
neuf heures du soir. Il était donc assez difficile de la trouver avec
sa tante, hormis les dimanches et jours de fête.

Au même étage, sur le derrière, demeurait un vieux garçon,
employé dans une maison de commerce.

Au troisième, le devant et le derrière étaient entièrement occu-
pés par une famille juive : mari, femme, six enfants, deux chats
et une perruche. Il était rare que l'on fût un moment dans la
journée sans entendre brailler un des petits descendants d'Israël;
quand ce n'était pas l'un, c'était l'autre. S'ils criaient, c'était bien
pure méchanceté de leur part; car les juifs, qui aiment beaucoup
les enfants, et trouvent qu'ils n'en ont jamais de trop, n'ont pas
pour habitude de les traiter avec sévérité, bien au contraire; mais
les enfants gâtés sont ordinairement ceux qui crient le plus. Le
chef de la famille faisait le commerce... Trouvez-moi un juif qui
ne fasse pas le commerce... Sa femme s'occupait de soigner et nettoyer ses enfants, ce qui n'était pas une petite besogne. L'aîné
ayant neuf ans, vous pouvez deviner à peu près l'âge des autres.
La bonne faisait la cuisine, les commissions, portait des paquets
et battait les chats, qui s'oubliaient dans l'appartement ou allaient
voler à la cuisine. La perruche, qui avait été longtemps chez un
vieux militaire, lequel n'avait laissé que cela pour héritage à
son neveu, criait depuis le matin jusqu'au soir : Portez... armes!
Porrr... tez armes! Présentez... armes!...

Au quatrième étage, le logement de devant est habité par un
artiste musicien, qui joue de la clarinette à l'orchestre d'un théâtre de drames, et donne des leçons lorsque ses répétitions lui en
laissent le loisir. Le petit appartement situé sur la cour est loué
à une jeune dame qui l'habite seule, ne sort presque jamais, ne
reçoit personne et semble, autant que possible, éviter la rencontre
des autres habitants de la maison.

Cette dame, que l'on appelle madame Huberty, est cependant
fort bien de figure, d'une jolie taille, et sa tournure est élégante,
bien qu'elle se mette assez simplement; il y a chez les femmes
une manière de porter leur toilette qui fait vite deviner à quelle
classe de la société elles appartiennent.

Lorsque quelque locataire curieux dit à madame Rennecart :

— Mais qu'est-ce qu'elle fait donc cette dame du quatrième qui
ne parle à personne ?

La vieille sourde répond (lorsqu'elle a pu entendre à l'aide de
son cornet) :

— Madame Huberty? elle ne fait rien.

— Elle a donc des rentes ?

— Dame! probablement. Après tout, qu'est-ce que cela vous
fait? Il est difficile d'être plus tranquille; on ne dira pas qu'elle
fait du bruit, qu'elle reçoit trop de monde... Il est impossible de
mener une vie plus sage... et, depuis quinze mois qu'elle loge
dans la maison, elle n'a rien changé dans ses habitudes.

— Plus sage!... plus sage!... est-ce qu'on sait? Dans une
maison où il n'y a pas de portier, où chaque habitant a sa clef,
on peut rentrer, sortir et recevoir du monde la nuit tout à son
aise.

— Eh bien, écoutez : tenez-vous toute la nuit dans l'allée, contre
la porte; vous servirez de portier, et comme cela vous saurez si
cette dame sort ou reçoit du monde la nuit.

Cette réponse mettait presque toujours fin aux questions du
locataire.

Dans les mansardes de la maison, il y avait des greniers servant
de débarras et seulement deux chambres habitables, l'une sur le
devant et l'autre sur la cour. La première était louée à une ouvreuse de loges, madame Putiphar, qui dans la journée louait des
livres dans une espèce d'échoppe au Temple. Cette dame avait sa
chambre presque entièrement meublée avec des petits bancs qui
lui servaient de rayons pour mettre les bouquins qui ne tenaient
pas dans son échoppe. Enfin, dans la chambre sur la cour, logeait
un ouvrier fondeur, jeune encore, qui était régulièrement gris
tous les lundis, mais chantait tout le long de la semaine et tout
le long de l'escalier lorsqu'il rentrait ou descendait de chez lui;

mais il sortait ordinairement dès sept heures du matin et ne rentrait que pour se coucher.

Voilà quel était le personnel de cette maison dont madame Rennecart était depuis trois ans principale locataire. Cette dame avait cinquante-cinq ans; elle était née de parents aisés, elle avait reçu de l'éducation et avait épousé un négociant; mais celui-ci n'avait pas été heureux dans ses entreprises, et il était mort ne laissant à sa veuve qu'une petite rente de neuf cent cinquante francs, à peine de quoi subsister. Mais alors madame Rennecart avait encore son frère, qui, resté veuf avec deux enfants, avait une assez jolie fortune, et avait pris sa sœur avec lui, dans une charmante propriété qu'il possédait aux environs de Paris. Malheureusement la manie des spéculations vint aussi s'emparer de M. Bermont, ancien militaire, qui ne s'entendait nullement aux affaires. Il voulut refaire une fortune à sa sœur et y engagea la sienne. Peut-être s'en serait-il tiré en conservant quelque chose, si la mort n'était venue le frapper inopinément à quarante-huit ans, sans qu'il pût mettre ordre à ses affaires. Alors des créanciers, des associés, des employés se présentèrent; on fit vendre la propriété de M. Bermont: la pauvre sœur, madame Rennecart, n'entendait rien aux affaires; elle espérait cependant sauver quelques débris de la fortune de son frère pour élever deux enfants qu'il laissait. Elle fut encore trompée dans cette espérance: les créanciers, les gens de loi, les chargés d'affaires prirent tout et prétendirent qu'il n'y avait que juste de quoi les rembourser. Il ne resta rien aux enfants de M. Bermont que leur bonne tante avec ses neuf cents francs de rente... C'était bien peu de chose pour élever deux enfants!...

Mais, au milieu de tous ces coups du sort, madame Rennecart avait toujours conservé son caractère gai, courageux et philosophe, de ces caractères que les malheurs trouvent toujours debout, fermes et disant: — « Quand je me désolerai, il n'en sera ni plus ni moins! » C'est un bien beau présent du ciel qu'un tel caractère; c'est souvent préférable à la fortune, car cela peut en braver les revers.

Madame Rennecart était venue à Paris avec sa nièce et son neveu, Horace et Virginie. Le jeune Horace avait déjà seize ans lors de la mort de son père, et heureusement pour lui son éducation était fort avancée, parce qu'il avait été écolier studieux; mais sa sœur était plus jeune que lui de quatre ans et demi, et la pauvre petite savait encore bien peu de chose.

La bonne tante tâcha de faire face à tout, en se mettant elle-même au travail, en brodant, en faisant du linge. Elle devint un peu sourde, mais cela ne l'empêchait pas de travailler. Depuis deux ans, elle l'était devenue tout à fait, cela ne lui ôtait rien de son courage et de sa gaieté.

Une vieille connaissance lui avait fait avoir depuis trois ans la gérance de la maison que nous venons de décrire. Le bénéfice net était pour la principale locataire d'être logée gratis. C'était beaucoup pour madame Rennecart; aussi avait-elle accepté avec joie cette position. Ne sortant jamais de chez elle, les personnes qui voulaient louer, venaient certaines de la trouver. Depuis quelque temps, grâce au bruit que faisaient les garçons charcutiers en fabriquant leurs saucisses ou leur fromage d'Italie, grâce aux cris incessants des enfants de M. *Machabée*, au bavardage du perroquet, aux miaulements des chats, à la clarinette de l'artiste du troisième, au chant de l'ouvrier fondeur et aux imprécations de l'ouvreuse de loges, loueuse de livres, qui se mettait à pleurer à sa fenêtre lorsqu'elle s'apercevait qu'il manquait des pages à un volume qu'elle avait donné en location, la maison jouissait d'un tapage presque continuel: c'était à se croire à la répétition générale d'un grand opéra à cuivres.

Mais comme madame Rennecart était devenue complétement sourde depuis deux ans, lorsqu'il se présentait chez elle des personnes pour louer, et qu'on lui faisait la question d'usage: La maison est-elle bien tranquille? Madame Rennecart ne manquait pas de répondre, avec la meilleure foi possible:

— Oh! pour ce qui est de cela!... la maison est parfaitement tranquille!... je puis vous en donner la certitude... quelquefois pendant toute la journée on entendrait voler une mouche!... et encore!...

Malheureusement pour la pauvre dame, depuis six mois cette maison avait été achetée par M. Bouffi, le banquier que vous connaissez.

VI

LE COUTEAU ET LA SAUCISSE.

Sept heures du matin sont sonnées, il fait grand jour, mais le jour n'est pas beau, brillant comme par certaines matinées du printemps. Cependant on est déjà éveillé chez la plupart des habitants de la maison dont la dame sourde est principale locataire.

Les garçons charcutiers ont ouvert la marche et commencé le sabbat; on entend au fond de la cour: Patapan! patapan! pan! pan! patapan!...

L'ouvrier fondeur se met à la fenêtre, ayant sur la tête une vieille casserole de fer battu, sans manche, qui lui sert de bonnet de nuit; il chante déjà pour se mettre en voix:

> Ah! il a des bott's! il a des bottes, Bastien;
> Il a des bottes! bottes! bottes!...

L'ouvreuse de loges ouvre la fenêtre d'un air désespéré; son voisin lui crie:

— Ah! bonjour, mame Putiphar!... ça va bien, mame Putiphar!... et les petits bancs ont-ils donné hier?... On dit que vous avez un drame qui fait fureur... que vous avez foule... alors, dame! vous leur en fourrez de ces petites banquettes... même à ceux qui ont les jambes trop longues... tant pis... ça leur apprendra à grandir!...

— Ah! il est bien question de petits bancs! figurez-vous, monsieur Salot, que j'ai loué il y a quelques jours mon beau roman des *Visions du château des Pyrénées*, traduit du pur anglais, monsieur, en six volumes, monsieur, avec des fantômes, des spectres, des revenants, de ces romans effrayants comme on n'en fait plus, malheureusement... car il n'y a que ça de bon, voyez-vous!... eh bien, mon cher ami, est-ce qu'il ne m'en manque pas un volume... les filous! ils avaient enveloppé le tout dans du papier ficelé... j'ai pris le paquet sans regarder... et je suis faite d'un volume!... c'est tout un ouvrage de perdu...

— Bah! laissez donc, mame Putiphar, vous direz que l'ouvrage n'a que cinq volumes... il y aura un peu moins de revenants, v'là tout!...

— On ne m'en fait pas d'autres, mon cher monsieur Salot, on me décomplète tous les jours...

— Il est certain que ça doit vous déplumer tout de même...

Patapan! patapan, pan, pan, patapan!

— Bigre! il paraît que les saucisses et la galantine vont ferme... le fait est qu'il les fait très-bonnes ses saucisses, le voisin d'en bas; je m'en suis collé deux avant-hier sur l'estomac; ça m'a fait faire des rêves de Cupidon...

— Ah! là là!... ah! là là!... ma bonne!... je ne le ferai plus... hi! hi! hi!...

— Je veux du chocolat pour mon déjeuner, moi!... j'en veux, entends-tu, ma bonne...

— Taisez-vous, gueulard!...

— C'est bon, je dirai à maman que tu m'as appelé gueulard... je te ferai gronder... et puis je lui dirai que tu fouettes mon frère Jacob...

— Votre frère Jacob a encore pissé dans son lit... si vous croyez que je lui passerai ça!...

— Hi! hi! hi!...

— Voilà les petits Machabée qui commencent leur représentation, reprend le voisin, se mettant en train de bonne heure, aujourd'hui!... les aimables enfants!... Ah! *dis-moi comment on appelle ce qui se passe dans mon cœur!*...

— Portez... armes!... présentez... armes!...

— Hi! hi! hi!...

— Noëmie, pourquoi donc faites-vous pleurer les enfants... vous savez bien que je n'aime pas cela... je vous ai défendu de les frapper!...

— Mon Dieu, madame, pour une malheureuse chiquenaude que je lui ai donnée... votre petit Jacob crie comme un âne... pourquoi a-t-il encore inondé ses draps...

— Ce n'est pas sa faute, c'est une infirmité de nature... ce n'est pas en le battant qu'on le corrigera.

— Ah! ben... si à quatre ans il a déjà une nature infirme, qu'est-ce que ce sera donc quand il sera mûr?

— Faites réchauffer de la choucroute pour le déjeuner de mon mari.

— Mamanl!... maman!... et moi...

— Et moi, qu'est-ce que j'aurai pour mon déjeuner ?

— Du lait... du bon lait... du beurre pour ceux qui seront sages et qui seront bien débarbouillés... Sara, allez donc vous moucher. Rébecca, habillez-vous donc, ma fille, et ne restez donc pas ainsi en chemise... il fait très-froid... Ezéchiel, vous avez fait un trou à votre pantalon et il est tout neuf... comment avez-vous fait votre compte... c'est un trou rond... c'est une brûlure cela... Voyons Ezéchiel, répondez et ne mentez pas...

— Maman... c'est en jouant...

— En jouant à quoi ?

— En jouant aux osselets.

— On ne brûle pas son pantalon en jouant aux osselets...

— C'était avec Jonas que je jouais.

— Eh bien... ensuite... est-ce votre frère qui vous a brûlé ?

— Non, maman... c'est qu'il y avait des allumettes chimiques parmi les osselets et, en jouant, il y en a une qui a pris feu et sauté sur mon pantalon.

— Encore de ces maudites chimiques qui font des accidents... j'avais défendu à Noémie de s'en servir... je ne veux plus qu'il y en ait ici, je ne le veux plus... Noémie! Noémie!

— Portez... armes... Prrrrr lez armes...

Ici, on entend un long prélude de clarinette exécuté par l'artiste du quatrième, et accompagné par les garçons charcutiers qui continuent de hacher du porc.

— Noémie! Noémie!...

— Hi! hi! hi...

— Voyons, ne pleure plus, Jacob, tu vas réveiller ton petit frère Salomon, qui a fait la coqueluche.

— Hi! hi! hi!...

— Tais-toi et tu auras du chocolat pour ton déjeuner... Noémie! Ah!... vous voilà, c'est bien heureux... je vous appelle depuis une heure!

— Eh! madame! comment voulez-vous que l'on entende? on fait tant de train dans cette maison... depuis le bas jusqu'en haut!...

— Que les allumettes chimiques disparaissent de chez moi... vous entendez... je ne veux plus qu'on en emploie.

— Ce sera amusant! Il faudra donc battre le briquet alors!

— Vous battrez ce que vous voudrez... excepté mes enfants, cependant!... Faites du chocolat pour Jacob.

La bonne retourne dans sa cuisine en murmurant :

— Ah! on lui donne du chocolat à celui-là parce qu'il a pissé au lit... eh ben, qu'il y fasse donc autre chose et il aura des confitures sans doute... je commence joliment à m'embêter avec tous ces petits mômes!... si M. Auguste, le garçon charcutier, n'était pas si aimable avec moi, il y a longtemps que j'aurais quitté la maison! Ah! bon!... j'entends monsieur qui jure à présent!... c'est le bouquet!

— Sapremann! tarteifl!... che sacre pien que che afre mis hier zoir mon cuteau sur le cheminée alors que j'affé bellé un poire... où que mon cuteau est passé... qui est-ce qu'a pris mon cuteau?

— C'est pas moi, papa... c'est pas moi...

— Il ne beut bas être berdu... che feux voir mon cuteau... foyons, Ezéchiel, toi qui es l'aîné, tiens ici tout de zuite et rébonds; as-tu vu mon cuteau à manche d'ivoire?

— Oui, papa... je l'ai vu... quand vous le teniez dans votre main.

— Barpleu!... moi aussi che le voyais quand che le tenais dans mon main... mais l'as-tu vu ce matin?

— Non, papa... c'est pas moi qui l'ai touché, c'est Jonas... je l'ai vu étaler du fromage sur son pain... et je crois bien qu'il tenait votre couteau.

— Jonas! Jonas!... où tiaple s'est fourré celui-là...

On a beaucoup de peine à trouver le jeune Jonas qui s'est caché derrière des rideaux et qui en sort l'air aussi effaré que s'il sortait de la baleine. Il a du raisiné au nez et du fromage blanc au bord des lèvres; il tâche de bon lot laisser voir qu'il mange encore. M. Jonas a sept ans et demi, le nez comme un marron aplati et les cheveux comme du coton roux.

M. Machabée prend un air sévère pour interroger son fils Jonas qui est sujet à faire des sottises, et tâche toujours de les mettre sur le dos de ses frères.

— Jonas, avance un peu ici...

— Me voilà, papa...

— Qu'est-ce que fous fesiez derrière ce rideau ?

— Papa, je me débarbouillais.

— Fous fous êtes donc déparpouillé avec du raisiné que fous en afez zur le fissache ?

— Papa, c'est qu'il y en avait sans doute après la serviette que j'ai prise pour m'essuyer.

— Ous qu'elle est la serviette ?

M. Jonas hésite un moment, puis il répond :

— Je l'ai donnée à Ezéchiel pour s'essuyer les oreilles...

— Ah! c'est pas vrai, papa, il ment, il ne m'a pas donné de serviette... D'ailleurs, je ne me suis pas encore débarbouillé aujourd'hui; on le voit bien.

— Ya... on le foit bien, en effet, Jonas, fous mentez.

— Non, papa, c'est mon frère qui est un imbécile... il ne se souvient jamais de rien.

— C'est pas vrai, menteur...

— Taise fous, Jonas, qu'est-ce que fous manchez présentement?

— Je ne mange pas, papa...

— Il ne manche bas! ouvrez le buche... foule fous ouvrir le buche pien vite...

— Voyez-vous, papa, il tâche d'avaler d'abord ce qu'il a dedans.

M. Jonas ne peut parvenir à avaler tout ce qu'il mâchait encore; et, quand son père le force à ouvrir la bouche, il éternue une partie de ce qu'il contient au nez de la société. Cela se compose de pain et de fromage à la pie.

— Fous foyez pien, petit menteur, que vous manchiez du froumache ?

— C'est un peu de fromage... une tartine qui m'est restée de mon souper d'hier.

— Oh! papa, c'est pas vrai, il ment; d'abord il ne garde jamais rien de son souper, il mange tout, et quand il peut nous chiper encore de notre part... hier, il a mangé de la tartine à Jacob.

— C'est bon, Ezéchiel; puisque tu fais des rapports à mon père, viens encore me demander ma toupie, et tu verras si je te la prête.

— Tu me refuses toujours ta toupie!... moi, je garderai mon ballon en caoutchouc...

— Il n'est pas à toi le ballon, il est à Rébecca.

— Elle me l'a donné.

— Non, elle ne te l'a pas donné.

— Si!

— Non!

— Si!

— Sapremann!... taise-vous, bolissons! dans tout ça, che n'ai bas mon cuteau... Jonas, fous fous en êtes servi pour étaler fotre froumache...

— Non, papa, je l'ai étalé avec mes doigts.

— Avancez un beu ici, que je vouille dans vos boches...

M. Jonas s'avance avec assurance, et le père plonge sa main dans les longues poches pratiquées le long des jambes du pantalon. Il en retire un morceau de sucre, un bouchon, trois pruneaux, des morceaux de sucre d'orge, des billes, des bouts de cigares, de la ficelle, des avelines, une saucisse, des allumettes chimiques, des fragments de pain, des raisins secs, un crayon, des images découpées, le restant d'un rat de cave, des pastilles de chocolat, un bout de chandelle et du tabac à fumer. Mais, dans tout cela, point de couteau.

Madame Machabée, émerveillée de tout ce que contenaient les poches de son fils, s'écrie :

— Ah! je n'aurais jamais cru que je lui avais fait des goussets aussi profonds.

Le papa, examinant les marchandises qu'il a retirées des poches de Jonas, prend la saucisse et lui dit :

— D'où afre fous cte zaucisse à rebonder...

M. Jonas gratte sa tête, puis balbutie :

— C'est un garçon charcutier d'en bas qui me l'a donnée.

— Un garçon charcutier?

— Oui... le grand qui est gentil, celui qui cause toujours avec notre bonne dans des petits coins de la cour.

— Ah! Noémie cause dans les betits goins avec les garçons charcutiers... c'être pon à zavoir; et gomment que c'te garçon il vous afre tonné c'te zaucisse...

— C'est que... j'étais descendu tout à l'heure dans la cour...

Auguste m'a dit : « Tiens, mon ami, je viens de faire des saucisses, en voilà une pour toi, parce que tu es bien gentil, tu n'es pas comme tes frères, tu ne pleures jamais. »

— Il fous à donné c'te zaucisse tout à l'heure... Il venait de la faire...

— Certainement... vous entendez le bruit qu'ils font tous les matins... pan, pan, patapan ! c'est en faisant des saucisses.

M. Machabée, qui ne semble pas bien persuadé que son fils lui ait dit la vérité, met la saucisse sous son nez, puis donne un coup de dent, puis deux, puis en mange un morceau et s'écrie :

— Et comment il se fait que c'te zaucisse soit cuite bisque le gearcutière fous l'a donnée toute crue !

M. Jonas fourre encore une de ses mains dans la laine qui couvre sa tête, puis répond :

— Dame... il faut que... ah ! oui, je me rappelle à présent, j'avais la saucisse dans ma poche, quand je me suis tenu longtemps contre le poële... alors elle se trouvait à la chaleur... elle aura cuit comme ça dans ma poche.

Ce petit il a réponse à tout, murmure M. Machabée en regardant sa femme. Mais le jeune Ezéchiel, qui a couru dans la salle à manger, revient en disant :

— C'est pas vrai... la saucisse n'a pas pu cuire dans sa poche, au poële, il n'est pas allumé, la bonne n'y a pas encore fait de feu d'aujourd'hui.

Jonas tire la langue à son frère, le papa reprend un air grave en criant :

— Foyons, sapremann ! monsieur Jonas ! comment il se fait que c'te zaucisse soit cuite ?

Le petit garçon se regratte la tête et répond :

— Dame ! mon papa, je me suis assis longtemps dessus... faut croire que c'est comme ça qu'elle aura cuit...

— Ah ! il est bonne celle-là !... Papa, il veut vous faire croire qu'il fait cuire des saucisses avec son derrière...

— Taisez-vous, Ezéchiel, dit la maman, vous ne cherchez qu'à faire gronder votre frère. Mon ami, est-ce qu'il n'est pas possible, en effet, que la pression et la chaleur d'une personne suffisent pour cuire un comestible si léger ?

M. Machabée secoue la tête en répondant :

— Non... che crois que cela peut fumer le viande, mais cuire tout à fait, che crois ben...

La bonne, qui accourt de sa cuisine d'un air furibond, met fin à l'incertitude des parents en criant :

— On est encore venu dans ma cuisine m'y voler... il restait sur la choucroute du lard et trois saucisses... j'en suis sûre, je les avais comptées, et il n'y en a plus que deux ; cela m'embête, moi... après cela, on dit que c'est moi qui ai mangé les choses... c'est un de ces messieurs qui a fait ce coup-là... j'en réponds... Jonas est déjà entré dans ma cuisine ce matin.

— Ya, ya, répond M. Machabée, et voilà ce qui était dans son poche...

— C'est ma saucisse... je la reconnais... Ah ! petit voleur !...

M. Jonas est confondu, il ne trouve rien à répondre, mais il fait des yeux furibonds à ses frères qui dansent dans la chambre, tandis que son père lui tire fortement l'oreille en lui disant :

— Tu seras au bain sec toute le chournée pour t'apprendre à foler des zaucisses... A présent mon cuteau...

— Je ne l'ai pas, moi, na !... vous voyez bien que je ne l'ai pas...

— Où l'as-tu fourré, affreux menteur ?

— Je ne l'ai pas fourré... je ne l'ai pas vu... demandez-le à mes frères.

— Papa, il ment, il le tenait dans sa main.

— Tarteiff, che feux mon cuteau... il me le faut !... saberlotte !...

— Mais, mon ami, il se retrouvera, ne te mets pas en colère...

— Maïame, che feux qu'il se trouve tout de zuite...

— Voyons, mes enfants, cherchez donc le couteau de votre papa ; cherchez partout.

Ezéchiel, Jacob et les deux petites filles se mettent à fureter par toute la chambre, regardent dans les placards et jusque sous les lits. M. Jonas seul ne bouge pas, il se contente de tirer la langue à ses frères et de fourrer ses doigts dans son nez. Cependant le couteau ne se retrouve pas. On fait perquisition dans les autres pièces, sans plus de succès. Alors Ezéchiel s'écrie :

— Il n'y a plus que la cuisine à visiter... Allons voir dans la cuisine.

En voyant arriver tous les enfants et le papa, la bonne s'écrie :

— Ah ! mon Dieu ! qu'est-ce qu'il y a donc encore ?

— Noémie, avez-vous vu mon beau couteau à manche d'ivoire ?

— Non, monsieur, oh ! il n'est pas dans ma cuisine ; car, sans ça, je l'aurais trouvé.

Puis, regardant Jonas qui se tient à l'entrée de la cuisine, en souriant d'un air moqueur, la bonne s'écrie :

— Il y encore du raisiné au front et au nez !... Dieu merci ! tant qu'il y en avait dans le pot que vous avez reçu de la Lorraine, il venait rôder autour.

— En effet, dit Ezéchiel, je l'ai vu, moi, se pencher sur le grand pot de raisiné... Ma bonne, il n'avait pas plutôt le derrière tourné, qu'il y avait le nez dedans.

— Oui ! oui !... mais le raisiné est fini.

— C'est égal, monsieur... puisqu'il en a encore au front, il y est revenu... Ah ! une idée !... attendez donc !...

Noémie va prendre dans un coin de la cuisine le pot qui a contenu du raisiné ; c'est un grand pot en terre vernie, il est à deux anses, mais il va se rétrécissant vers le haut comme une cruche ; il n'y a donc pas moyen de toucher au fond avec sa main, on ne peut tâter ce fond qu'à l'aide d'un couteau, et c'est ce que le raisiné avait voulu faire pour s'assurer s'il restait encore du raisiné dans le fond ; mais, appelé par sa mère, il avait dû abandonner ses recherches et, en retirant vivement sa main, le couteau lui était échappé et était resté dans le fond du pot.

Le premier soin de la bonne est de secouer l'amphore, un bruit sec résonne, elle renverse le pot et le couteau de M. Machabée tombe à terre. Aussitôt M. Jonas disparaît, ses frères et sœurs poussent des cris de joie en disant :

— Voilà le couteau de papa ! il était dans le raisiné... c'est encore Jonas qui a fait ça...

Et le père de famille ramasse son couteau en murmurant :

— Ce petit garçon, il a la bosse du mensonge !... che ferai de lui un dentiste.

VII

LE JOUR DU TERME.

Au second, chez madame Rennecart, la principale locataire, une jeune fille de dix-sept ans, achevait de faire le ménage en chantant, en sautillant, en se précipitant lestement d'une pièce dans une autre et s'écriant par moments :

— Je me suis levée trop tard aujourd'hui... j'ai été paresseuse... je ne serai pas à huit heures au magasin.

Cette jeune fille était blonde, blanche et rose ; blonde par ses beaux cheveux qui pouvaient à peine tenir sous son petit bonnet, et il n'y a rien de faux parmi toutes ces tresses-là ; blanche, parce que sa peau avait l'incarnation la plus pure, la plus belle, la moins mélangée ; rose, parce que ses joues portaient ces charmantes couleurs naturelles qui annoncent la fraîcheur et la santé.

Mademoiselle Virginie avait avec cela de beaux yeux bleus, brillants de malice et de gaieté, un petit nez légèrement retroussé, une bouche fraîche, rieuse, des dents blanches, une petite fossette au menton : tout cela formait un ensemble très agréable ; enfin une taille petite, mais bien prise, des pieds mignons, des mains semblables, et puis, dans tout l'ensemble ce je ne sais quoi qui charme, qui séduit et que souvent on ne trouve pas chez les beautés les plus parfaites.

Pendant que la jeune fille s'occupait à épousseter, à essuyer, sa tante, madame Rennecart, assise devant un petit bureau secrétaire, examinait des papiers et les arrangeait par ordre en disant :

— Voyons... ai-je bien fait toutes mes quittances ?... c'est aujourd'hui le 8, jour du terme pour les petits logements, et le nouveau propriétaire, M. Bouffi, ne me fait pas l'effet d'être de bonne composition... il a renvoyé trois fois son neveu, au terme dernier, parce que l'ouvrier du cinquième était en retard... il voulait déjà que je lui signifie son congé... si bien que j'ai été obligée d'avancer le terme de ma poche... Je sais bien que je réponds des loyers ; mais enfin, on peut bien, par hasard, se trouver en retard de quelques semaines... Virginie !...

— Ma tante ?

— Tu as mis la clef en dehors sur ma porte, n'est-ce pas ?...

Ah ! il va nous le payer, le jeune Jonas ! — Page 24.

parce que je n'entends pas tout de suite quand on sonne... et aujourd'hui j'attends les petits locataires.

— Oui, ma tante, oui ; d'ailleurs, je ne suis pas encore partie... Ah ! oui, c'est aujourd'hui que l'on paye son terme... et le neveu du propriétaire va venir chercher de l'argent, n'est-ce pas, ma tante ?

— Hein !... de quoi ?...

La jeune fille met sa bouche contre une oreille de madame Rennecart, en ayant soin de faire une grosse voix de basse ; c'était la meilleure manière pour se faire entendre quand la dame sourde ne tenait pas son cornet.

— Je dis que le neveu du propriétaire va sans doute venir...

— Oui, oui ; il envoie son neveu pour toucher.

— M. Oswald... un jeune homme qui est bien gentil, bien poli...

— Oui, le neveu est très-gentil, mais j'ai peur que son oncle ne le soit guère. Mais tu es en retard, Virginie... voilà qu'il est huit heures.

— Pas encore, ma tante ; je crois que votre pendule avance. Est-ce qu'il vient tard, M. Oswald ?

— Hein... tu fais une robe de bal ?

La jeune fille laisse échapper un léger sourire, en se disant :

— Que je suis bête de lui demander cela... qu'est-ce que cela me fait ! Certainement, il est bien aimable, ce jeune homme ; mais enfin, je ne l'ai encore vu que deux fois : la première, c'était un dimanche, il revenait pour faire une commission de son oncle... il m'a trouvée... et, en causant, il m'a demandé si je n'étais ici que les dimanches ; je lui ai répondu : Je pars tous les jours un peu avant huit heures et je reviens à neuf. Alors la seconde fois, il est venu avant huit heures... je ne sais pas si c'était pour me trouver encore ici... cependant il a eu l'air si content en me voyant... Ah ! il me semble que j'entends du bruit dans l'escalier...

Virginie écoute, elle entend le perroquet de M. Machabée crier : *Portes... armes !... Présentes... armes !...*

La jeune fille frappe du pied avec dépit, en s'écriant :

— Quel vilain animal ! comment peut-on avoir chez soi une pareille bête, qui répète toute la journée la même phrase et avec une voix qui vous perce les oreilles ! il me semble qu'il faut être bien bête soi-même pour aimer cette société-là.

— Qu'est-ce que tu dis, Virginie ?

— Je dis, ma tante, que la perruche des juifs est un oiseau bien assourdissant !

— Mais non ; on ne l'entend pas... il ne parle jamais.

— Ah ! oui, jamais pour ma tante, se dit la jolie nièce. C'est quelquefois bien agréable d'être sourd !

La porte du carré s'ouvre : une jeune femme paraît. Avant de pénétrer dans l'appartement, elle semble regarder s'il y a du monde ; mais n'apercevant personne, elle se décide à entrer dans la seconde pièce où étaient la tante et la nièce.

— Ma tante, voilà madame Huberty ! crie la jeune fille en faisant un salut gracieux à la locataire du quatrième, qui va vivement poser cinq pièces d'or sur le bureau, en disant :

— Madame, voilà mon terme.

Madame Rennecart se retourne, fait un grand salut à la jeune dame et lui montre un siège que Virginie lui avance.

— Madame, j'ai bien l'honneur de vous saluer... donnez-vous la peine de vous asseoir.

— Oh ! je vous remercie... c'est inutile... si vous vouliez me donner ma quittance...

— Oui, oui... il fait très-froid ce matin... Asseyez-vous donc ; je vais chercher votre quittance... elle doit être faite.

La jeune femme se décide à s'asseoir et Virginie lui dit :

— Ma tante est sourde... vous devez déjà vous en être aperçue ?

— Oui, en effet, j'ai cru le remarquer.

— Oh ! elle est sourde comme un pot, et, quand elle ne tient pas son cornet, il est impossible de se faire entendre, à moins de lui parler absolument contre son oreille gauche, c'est la moins mauvaise, et en faisant une voix de contre-basse.

— Cela doit bien la gêner avec les locataires ?

Ah ! mon Dieu ! j'ai cru que c'était Auguste ! — Page 26.

— Mon Dieu, non; ce n'est pas elle que ça gêne, c'est eux, car pour elle, elle est toujours persuadée qu'elle les entend.

Madame Rennecart compte les pièces d'or en disant :

— Cent francs, c'est bien cela... Vous êtes d'une grande exactitude, madame... vous payez toujours la première, et même d'avance, car ayant un loyer au-dessus de deux cents francs, vous auriez le droit de ne payer que le 15 au lieu du 8.

— Du moment qu'il faut payer, il me semble qu'on doit se débarrasser d'une dette le plus tôt possible.

— Vous avez raison; on ne paye plus qu'en or maintenant, l'argent devient d'une rareté excessive; je crois que votre quittance n'est pas faite... je pensais la faire avec celles du 15... je vais la faire... ce ne sera pas long... chauffez-vous.

— Merci, je n'ai pas froid.

— Oui; il a encore gelé cette nuit.

La jeune dame paraît contrariée d'être obligée d'attendre; cependant elle se résigne et va s'asseoir devant la cheminée; Virginie attise le feu qui commence à s'allumer en disant :

— Avancez donc vos pieds, madame.

— Je vous remercie, je n'ai pas bien froid.

— Oh ! le vilain perroquet, il crie toujours; il doit bien vous ennuyer, madame?

— Je n'y fais pas attention.

— Et les pan pan du charcutier, et les criailleries de toute la famille Machabée !... j'espère qu'on fait du bruit dans la maison; je sais bien que si je payais mon loyer, ce n'est pas dans celle-ci que je demeurerais. Oh ! la campagne ! la campagne !... c'est là que l'on est bien... c'est là que l'on respire un air pur... que l'on peut courir, aller, venir, sans être obligé de rester constamment assis sur une chaise, dans une chambre où l'on voit à peine le ciel.

La jeune dame se tourne vers Virginie, la regarde d'un air mélancolique, puis murmure :

— Vous aimez la campagne ? vous y avez donc habité?

— Oui, madame, jusqu'à l'âge de huit ans et demi, dans une jolie propriété qui appartenait à mon père.

— Et pourquoi l'avez-vous quittée?

— Ce n'est pas nous qui l'avons quittée, c'est elle qui a passé en d'autres mains; mon père est mort presque subitement; alors, comme il avait fait des entreprises, ses associés ont prétendu qu'il leur devait de l'argent... on a tout vendu... nous avons bien été forcés de quitter cette chère campagne qui n'était plus à nous; mais au moins l'honneur de mon père était intact, tout le monde était payé.

— Et de quel côté était située votre propriété?

— Du côté d'Ermenonville. madame.

— Du côté d'Ermenonville?

La voix de la jeune dame s'est altérée, elle semble en proie à une vive émotion. Virginie ne le remarque pas et continue :

— Oh ! c'est un bien joli pays, allez, madame ! il est impossible de ne point s'y plaire; et puis la maison de mon père possédait, outre un grand jardin, une prairie, oui, une prairie qui dépendait de la propriété et qui s'étendait loin; elle avait au moins vingt arpents de tour... il y poussait une herbe si belle. . du trèfle, du thym... et puis des coquelicots en si grande abondance que dans tout le pays on ne la nommait que la Prairie aux Coquelicots... Ah ! mon Dieu ! mais qu'avez-vous donc, madame, vous pâlissez, vous vous trouvez mal?

En entendant nommer la Prairie aux Coquelicots, la jeune dame paraissait avoir éprouvé comme une crise nerveuse; elle s'était laissée aller sur le dos de sa chaise et son visage était devenu d'une pâleur effrayante. Virginie court dans la chambre, en criant :

— Ma tante ! ma tante ! où est l'eau de mélisse? cette dame se trouve mal. Vous en avez ici, je le sais. Où la mettez-vous, l'eau de mélisse ?... Bien vite... l'eau de mélisse ?

— Je n'ai pas de réglisse ici. Pourquoi faire ? je ne suis jamais enrhumée. Laisse-moi donc écrire ma quittance.

Virginie se désole; mais au moment où elle va faire respirer à

2

cette dame du vinaigre, faute de mieux, celle-ci revient à elle et repousse la burette qu'on mettait sous son nez, en balbutiant :

— Merci, je me sens mieux; c'est passé; c'était un étourdissement.

— Et peut-être l'odeur de la choucroute qui aura indisposé madame... Cela sent si fort dans l'escalier, que cela pénètre ici... Cette famille du troisième en mange au moins cinq jours par semaine... Mon Dieu! ces gens-là sont donc voués à la choucroute!

— Je voudrais avoir ma quittance.

Madame Rennecart venait de la terminer; elle se retourne et la présente à sa locataire.

— Madame, voilà votre quittance. Ah! comme vous êtes pâle!... Est-ce le froid?

— Madame s'est trouvée mal.

— Madame a été au bal?

La jeune dame prend sa quittance, salue et s'éloigne vivement sans dire un mot de plus.

— Comme elle est partie vite! dit madame Rennecart; est-ce qu'elle a une colique?

— Ma tante, cette dame s'est presque évanouie tout d'un coup, pendant que je lui parlais de notre ancienne habitation à la campagne... elle avait l'air de m'écouter avec beaucoup d'attention, puis elle a pâli. Il me semble pourtant que ce n'est pas ce que je lui disais qui a pu lui faire du mal.

— Bah! elle aura eu froid...

— Elle avait les pieds dans le feu.

— Alors elle se sera brûlé les pieds!

— Oh! tenez, ma tante, cette jeune dame-là, il faut qu'elle ait quelque chose... car ce n'est pas naturel.

— Qu'est-ce qui n'est pas naturel?

— Son air toujours inquiet, effrayé; avant d'entrer, elle regarde toujours avec attention s'il n'y a personne; au moindre bruit elle tressaille. Et puis, avez-vous remarqué, elle a sans cesse sur son chapeau un voile noir assez épais; elle ne le relève qu'après s'être assurée qu'il n'y a pas d'étranger près d'elle. Elle est cependant jolie cette dame; et, quand on est jolie, c'est singulier de vouloir toujours cacher sa figure.

— Voyez-vous ça! est-ce que tu vas faire des cancans comme les autres, toi!... Si cette dame porte un voile, c'est peut-être la vue faible... ou bien qu'elle craint de s'enrhumer. Mais elle a de fort bonnes façons, des manières distinguées, et elle paye exactement son terme. Si tous les locataires en faisaient autant, je ne serais pas en avance, moi. Mais tu ne vas donc pas à ton magasin, ce matin?

— Ma tante, je me suis fait chauffer un peu de lait, parce que j'avais mal à l'estomac; il faut bien que j'attende qu'il monte. Ah! voilà quelqu'un!

Virginie regarde vivement vers la porte du carré : c'est l'ouvrier fondeur, coiffé de sa casserole en fonte sans queue, qui entre en faisant force saluts, même dans la pièce où il n'y a personne.

— Ah! c'est M. Salot, dit madame Rennecart d'un air de satisfaction. C'est bien heureux! j'espère que cette fois il va se mettre au courant.

— M. Salot! murmure la jeune fille d'un air d'humeur. Ah! il n'a pas volé son nom, celui-là!

En effet, l'ouvrier fondeur avait le visage et les mains de la couleur d'une pièce de dix centimes; son pantalon et sa veste en velours de coton olive étaient surchargés de taches au point d'en avoir l'air d'être vernis; ce que l'on apercevait du col de sa chemise tournait au bistre, et la coiffure qui couvrait tout cela achevait de lui donner l'air d'un cuivre ambulant.

— Salut et respect à la compagnie, bonjour la société!... Je suis bien le vôtre, madame Rennecart... me voilà. Moi, je me suis dit: V'là le jour du terme, faut que j'aille saluer ma principale locataire, ça lui fera plaisir... elle verra que je ne l'oublie pas,... Et allez donc! Les amis sont toujours là... les amis sont toujours là... Ceci est d'un opéra comique que j'ai toujours eu envie de voir... le Maçon! On m'a dit que c'était chicolo. Mais puisqu'ils font le Maçon, pourquoi ne font-ils pas le Fondeur? Il me semble que l'un vaut bien l'autre; je demande qu'on joue le Fondeur, et moi et mes camarades nous louons tout le paradis pour la première représentation.

— Monsieur Salot, j'espère que vous m'apportez de l'argent; vous me redevez le dernier terme... aujourd'hui cela fait deux que vous avez à me payer.

— C'est juste, ma propriétaire, vous calculez comme *Nostrada-* mus. Je dis *Nostradamus* comme je dirais *Mathieu Laensberg* je n'y tiens pas; mais je crois que ce sont deux gaillards qui savaient calculer. Oui, chère dame, je vous dois deux termes : le dernier et celui-ci, et je vous apporte de l'argent. Je me suis saigné à blanc pour ça. Tenez, voilà vingt francs.

— Qu'est-ce que vous me donnez là, monsieur Salot?

— Dame! vous voyez... je vous donne vingt francs.

— Mais c'est quatre-vingts francs que vous me devez! deux termes à quarante francs chacun.

— Oui, oui, je sais bien que ça fait quatre-vingts francs, parce qu'on a le front de me faire payer cent soixante francs de loyer d'une chambre sous les toits, où l'on voit à peine clair... un véritable grenier; en face de moi, madame Putiphar, une vieille raffalée, qui passe sa matinée à se mettre des tours de cheveux et du noir de fumée sur les sourcils. C'est donc une jolie vue, ça? Sans compter le train qui se fait dans la maison : les petits Israélites qui font le sabbat dès qu'ils ont les yeux ouverts. Mais ça, ce m'en moque, le bruit ne m'effraye pas!

Madame Rennecart tenait son cornet pendant que l'ouvrier parlait; et qui fait qu'elle l'entend fort bien. Elle répond :

— Vous trouvez le loyer de votre chambre trop élevé, eh bien, le nouveau propriétaire trouve, lui, qu'il est trop bon marché et il veut vous augmenter!

— M'augmenter!... on veut m'augmenter!... jour de Dieu! est-ce possible?

En disant cela, le fondeur se donne un coup de poing sur la nuque, ce qui fait un bruit semblable à un grand coup de cymbales. La jeune Virginie pousse un cri et la vieille tante saute sur sa chaise en disant :

— Ah! mon Dieu! le canon!... on tire le canon!

— Eh non! c'est moi qui ai tapé sur ma casquette!

— Elle est jolie votre casquette... vous pourriez faire partie de la musique d'un régiment avec cette coiffure-là.

— C'est pas tout ça!... je ne veux pas supporter d'augmentation... Bien au contraire, que je comptais demander une diminution. Je ne supporterai pas un décime en plus. Par exemple, elle est trop forte celle-là... m'augmenter!... Des navets!...

— Mais, monsieur Salot, ce n'est pas ma faute à moi, je ne suis pas la propriétaire. Ah! si je l'étais, je n'augmenterais personne!

— Je le sais, femme estimable! aussi je vous aime, je vous vénère... je vous porte dans mon cœur! Mais votre propriétaire est un crapaud, et on lui dit zut!

— Alors, si l'on vous met à cent quatre-vingts francs au lieu de cent soixante, vous donnerez donc congé de votre chambre?

— Je crois bien... être augmenté et avoir pour point de vue madame Putiphar, merci, je sors d'en prendre... Et une bicoque où il n'y a pas de portier! fi donc! c'est ça qui est mauvais genre. Enfin, dernièrement, une femme huppée... une femme bon style est venue pour me voir, eh bien, elle n'a pas pu trouver ma porte. Elle a sonné partout... mais bernique! on ne lui a pas répondu... Croyez-vous que ce soit agréable pour les connaissances! Assez causé, j'en veux plus. Quant à votre propriétaire, on lui fera voir le tour... je ne vous dis que ça!

— Mais les soixante francs que vous redevez?

— Faites-moi serrer, resserrer et incarcérer si ça vous amuse, je ne vous donnerai pas plus.

— Cependant, monsieur Salot, c'est sur moi que cela retombe.

— Désolé de vous contrarier, respectable sourde; mais il y a absence de *quibus*.

Quand on sait aimer et plaire,
A-t-on besoin d'autre bien!

— Au moins, monsieur Salot, complétez-moi votre terme.

— C'est-à-dire si j'avais connu les intentions de votre vampire de propriétaire, je ne vous aurais rien apporté du tout. Mais on lui fera voir le tour... et allez donc! et allez donc!...

Plusieurs fois le fondeur accompagne ces derniers mots de gestes parmi lesquels, avec le plat de sa main gauche, il se tape derrière la tête, ce qui donne à sa sortie l'accompagnement de casserole.

VIII.

HORACE. — MÉSAVENTURE D'UNE OUVREUSE DE LOGES.

— Ah! le vilain homme!... quel tapage il fait avec cet affreux moule à tourtes qu'il a sur la tête! dit Virginie quand le monsieur couleur de cuivre est parti.

— Ce n'est pas un méchant garçon, mais c'est une mauvaise tête. Avec tout ça, voilà encore vingt francs qu'il faudra que j'avance; c'est bien gênant.

— Ma tante, il a dit qu'il ferait voir le tour au propriétaire... de quel tour veut-il donc parler?

— Dame! il y en a un qui ne serait pas drôle, ce serait de déménager sans payer; et, dans une maison privée de portier, tu comprends que ça ne serait pas difficile. Mais je ne crois pas cet homme capable de ça. Il a dit cela parce qu'il était en colère, et je le connais. Vouloir augmenter son loyer, c'est mal; une chambre toute mansardée, pas de vue, et une cour qui empoisonne toujours la choucroute.

— Payer cela cent soixante francs par an, c'est déjà bien cher.

— Mais, ma tante, si vous aviez dit tout cela à M. Oswald, le neveu du propriétaire... il aurait dit à son oncle qu'il avait tort d'augmenter le loyer des personnes qui ne sont pas riches. Si vous voulez, je le lui dirai, moi, ma tante.

— Ta, ta, ta!... mam'zelle qui croit m'apprendre à parler... comme son frère absolument! qui sait tout ce qu'il faut dire! ce qu'il faut faire.... qui ne doute de rien... mais qui n'arrive à rien avec tout cela!... car à dernière lettre qu'il nous a écrite laisse bien voir qu'il s'ennuie à Rouen, qu'il ne compte pas y rester.

— Oh! tant mieux, ma tante; si mon frère pouvait revenir à Paris, je serais bien contente!... Il est si gai, Horace, et d'un caractère si franc, si aimable... on rit toujours avec lui.

— Oui, on rit! oh! il est très-gai et il ne manque pas d'esprit, c'est vrai, surtout quand il s'agit de faire quelque niche, quelque espièglerie... Horace est un joli garçon, j'en conviens, mais quelle tête!... il veut tout faire, on le nommerait ministre, qu'il accepterait. Oh! rien ne lui semble difficile; mais vois, depuis la mort de votre père, qu'a-t-il fait? une foule de choses, sans pouvoir se fixer à rien... Il était très-jeune, c'est vrai; mais l'adversité devrait donner de la raison. Aujourd'hui, il a près de vingt-deux ans, il n'est pas devenu plus sage. Il a été chez un commerçant, dans une fabrique, chez un courtier en marchandises..., il n'a pu rester nulle part.

— Parce que tous ces gens-là n'appréciaient pas ses talents: on lui faisait faire des commissions, lui qui est en état de conduire une maison... ça l'a humilié et il a envoyé promener ses patrons.

— Ma chère amie, quand on est tout jeune, que l'on commence son apprentissage de la vie et des affaires, on ne rechigne pas pour faire des commissions; on tâche au contraire d'y mettre du zèle et de l'exactitude... on n'a pas la prétention d'en savoir plus que le négociant qui nous emploie, mais de l'envoyer promener, on tâche de se faire bien venir de lui. Voilà comme on se conduit quand on veut arriver. Ton frère a fait positivement tout le contraire. Après cela, monsieur a voulu voyager.

— Ma tante, c'était pour s'instruire.

— Je ne sais pas ce qu'il a appris dans ses voyages, mais je sais qu'il y a gagné une balle dans le côté qui pouvait le tuer; il s'en est fallu de bien peu!

— Ce n'est pas la faute d'Horace, il a été attaqué par des voleurs. Ce sont de ces événements auxquels on est exposé en voyageant.

— Oui; mais je n'ai jamais bien compris cette histoire de voleurs qui ne l'ont pas volé.

— Parce qu'ils ont eu peur et se sont sauvés.

— Hum... enfin il est revenu; j'espérais qu'il se tiendrait alors plus tranquille. En attendant, ne monsieur a voulu aller en Russie.

— Dans l'espoir d'y faire fortune, ma tante, car vous savez bien ce que mon frère m'a dit en nous quittant, lors de son dernier voyage; il m'a dit : « Ma petite sœur, tu regrettes toujours cette charmante campagne où nous avons été élevés, cette prairie aux coquelicots où nous allions jouer, courir, nous rouler étant enfants, où nous avons enfin passé ces heureux;... Eh bien, sois tranquille, je te la rendrai cette campagne chérie, cette prairie où notre père guidait nos premiers pas; je te la rendrai, je l'ai mis dans ma tête, et je ne prendrai pas de repos que je n'aie amassé assez d'argent pour racheter la maison de notre père! »

— Pauvre garçon!... je le reconnais là!... les promesses ne lui coûtent rien. En attendant, qu'est-ce qu'il a rapporté de Russie? Il est revenu avec le nez gelé.

— Ah! ma tante, il n'était pas gelé tout à fait, puisqu'il est guéri.

— C'est bien heureux, il n'aurait plus manqué que de le voir

revenir avec un nez de carton! Après cela, il a été à Bordeaux, chez un banquier... il en est sorti au bout de six mois.

— Ma tante, il s'est aperçu que le banquier était un fripon qui ne cherchait qu'à faire des dupes; cela ne pouvait pas convenir à Horace de travailler chez lui.

— Ma chère amie, si ton frère ne veut être employé que chez des gens dont la probité soit à l'épreuve, il aura bien de la peine à se placer. Enfin, il est maintenant à Rouen, il tient les livres chez un gros confiseur, et voilà qu'il m'écrit qu'il s'y ennuie, qu'il a trop de bâtons de sucre de pomme devant les yeux.

— Oh! quand il viendra nous voir, je suis bien sûre qu'il m'en rapportera un.

— Oui, il est probable que c'est là tout ce qu'il aura amassé; crois-tu qu'il rachètera la maison de votre père avec du sucre de pomme?

— Oh! ma tante, vous êtes sévère pour Horace.

— Mon Dieu! je l'aime autant que toi, tu le sais bien; seulement je voudrais le voir devenir sage.

— Lui avez-vous bien donné notre adresse? car la dernière fois qu'il est parti nous n'étions pas encore dans cette maison.

— Tu vois bien qu'il sait notre adresse, puisqu'il m'a écrit et que j'ai reçu sa lettre. Ah çà, Virginie, décidément tu ne veux pas aller à ton magasin, et il y a longtemps que huit heures ont sonné.

— Si, ma tante, voilà que je pars. Ah! on ouvre la porte... voilà quelqu'un.

La jeune fille regarde vivement dans l'autre pièce; mais en voyant entrer madame Putiphar, la locataire qui fait face au fondeur, elle n'est pas maîtresse d'un mouvement de dépit, et, courant prendre son petit cabas, elle le passe à son bras, court embrasser sa tante et se sauve sans répondre à l'ouvreuse de loges qui lui crie :

— Mademoiselle, avez-vous lu Jean Sbogar?... Ah! c'est ça qu'il faut lire... il m'est rentré, et je vous le prêterai, à condition que vous ne le garderez pas longtemps, car ça se lit comme du pain, ça!...

Madame Rennecart a vu entrer sa locataire des mansardes, elle lui présente gracieusement une chaise, que celle-ci s'empresse d'accepter, et pour que la conversation puisse s'établir, la tante de Virginie tient son cornet contre son oreille.

— Bonjour, madame Rennecart; me voilà, toujours exacte aux époques du terme, comme vous le voyez...

— Oui, madame, et je vous en fais mon compliment, l'exactitude est une chose si rare maintenant!

— A qui le dites-vous, ma chère dame? est-ce que je n'ai pas loué mon beau roman, des Trois Gil Blas à une petite marchande du Temple, à condition qu'elle ne le garderait pas plus de quatre jours; je lui donne les quatre volumes à la fois... quatre jours pour lire quatre volumes, c'est bien assez... moi, j'ai dû dévorer quatre volumes en une journée quand j'avais le temps; eh bien, finalement, voilà trois semaines de ça... je ne peux pas ravoir mes Trois Gil Blas : enfin, hier, croiriez-vous que la marchande de loques a eu le front de m'offrir un volume, en me disant : Je n'ai encore que celui-là... c'est révoltant, ma parole d'honneur, c'est révoltant.

— On a des ennuis dans toutes les professions... mais au théâtre vous n'avez que des bénéfices?

— Ah! laissez-moi donc !... il m'est encore arrivé hier une vilenie... une véritable turpitude !... Figurez-vous que je suis pour le moment aux premières loges, c'est une bonne place, on y boulotte agréablement. Il me restait une jolie loge vide... je la refuse à un jeune couple qui me paraissait mesquin; présumant qu'il n'y aurait pas gras, je dis à ceux-là que la loge est louée; mais je voyais arriver un beau monsieur avec deux belles dames... des toilettes soignées... le monsieur avait de gros favoris rouges en côtelettes, l'accent étranger... anglais ou allemand, peut-être italien, je ne sais pas au juste, mais enfin c'était un étranger; je me dis : Voilà mon affaire... c'est ici que je vais faire mon beurre. Je m'empresse d'ouvrir à ceux-là ma belle loge vide. Les deux dames se placent devant, le monsieur derrière, très-bien. Je demande les chapeaux, les manteaux, mais ces dames gardent tout sur elles... Je me dis : Preuve que ce sont des étrangers... ils ont toujours peur qu'on ne les voie, et ne veulent pas confier un seul de leurs vêtements aux ouvreuses. Ça m'est égal, je fourre deux petits bancs dans les jambes des deux dames et je me dis : Je me retirerai là-dessus. J'offre l'Entr'acte, le Programme... le monsieur me répond : No, no!... et pas autre chose. Un peu plus tard, j'offre d'envoyer le garçon limonadier ; mais le monsieur me fait toujours : No, no ; il ne sort pas de là. Enfin le dernier entr'acte arrive, je me dis : Il ne s'agit plus de no, no, ici... il faut que mon étranger s'exécute. J'ouvre la loge et je me présente gracieusement en disant : « Monsieur, pour les petits bancs, s'il vous plaît. » L'étranger me regarde et me répond :

— Comment ! qu'est-ce que vous voulez ?

— Monsieur, c'est pour les petits bancs, réponds-je.

— Ah ! bon ! très-bien !... et voilà mon cochon qui se baisse... excusez du terme, mais vraiment je n'en trouve pas qui soit plus mérité... voilà donc mon cochon qui se baisse du côté des dames, cherche par terre avec sa main, prend les deux petits bancs, puis me les présente, en me disant :

— Tenez, voilà ce que vous demandez.

Je tâche de sourire encore en répondant :

— Mais non, monsieur, ce ne sont pas les bancs que je demande, c'est ma petite récompense pour en avoir donné à ces dames pour poser leurs pieds.

Là-dessus il me flanque les deux bancs sur la main en me disant :

— Ces dames ne s'en sont pas servies ; elles n'en avaient pas besoin.

Vous jugez là-dessus comme je sens la colère qui me grimpe ; si je ne m'étais retenue, je lui aurais cassé mes petits bancs sur le nez à cet infâme intrus !... mais je me suis dit : Retenons-nous, car si je rossais ce cuistre, on serait encore capable de me mettre à pied !... Je me suis donc retirée avec mes bancs, mais j'ai fermé la porte de la loge de façon qu'ils en ont tous tressauté sur leur pleine lune... et, pour achever de me désoler, j'ai appris que le petit couple auquel j'avais refusé la loge avait donné quinze sous à ma camarade pour deux méchantes places sur le derrière... jugez de ce qu'ils m'auraient donné pour une bonne loge de face... Voilà, chère dame, comme on a des déboires dans cette partie-là !

— Ah ! pourquoi avez-vous refusé votre loge aux premiers venus ?...

— Pourquoi ! parce que ça se fait toujours comme ça dans notre emploi : on place au jugé... sur la mise... au coup d'œil... Ah ! Dieu ! quand j'étais aux loges grillées... c'était là le bon temps !... mais on a supprimé les grilles presque partout... c'est stupide, il n'y a plus que de l'eau à boire.

— Voilà votre quittance, madame Putiphar.

— Et voilà vos quarante-cinq francs ; mais, en vérité, c'est trop cher... cent quatre-vingts francs une chambre sur les toits... je demande une diminution.

— Vous tombez mal, le nouveau propriétaire veut au contraire mettre votre chambre à deux cents francs, et il m'a chargée de vous dire que si vous n'acceptez pas vous recevrez votre congé au demi-terme.

— Ah çà mais, c'est donc un affreux grigou que cet homme !... m'augmenter !... en voilà une surprise agréable ! Fallait lui dire que j'étais une dame de théâtre, ça l'aurait peut-être attendri... les propriétaires ont généralement des faibles pour les dames de théâtre.

— Mon Dieu, je ne le vois pas, ce monsieur, il me fait dire ses volontés par son neveu, un tout jeune homme qui, lui-même, ne fait qu'obéir à son oncle.

— Eh bien, s'il allait lui parler, moi, à ce propriétaire... je me ferais superbe, et je mettrais sous mon bras Cœlina, ou l'Enfant du mystère, que je lui offrirais de lire gratis ! Hein, que pensez-vous de mon idée ?

— Je crois que vous en seriez pour votre course... et que M. Bouffi ne s'amuse pas à lire des romans.

— Il s'appelle Bouffi, le propriétaire ?... ah ! j'aime pas ce nom-là ! c'est un nom de parvenu !..... Bouffi ! est-ce qu'il l'est ?

— Je vous dis que je ne le connais pas ; je ne l'ai pas encore vu...

— Je ne lui donnerai pas Cœlina, il serait capable de faire comme la marchande du Temple, de me le garder six mois... mais je déménagerai ; oh ! j'y suis décidée ; d'ailleurs, j'ai en face de moi, sur la cour, un monsieur qui se promène tout nu dans sa chambre, que c'en est renversant ! il est vrai que cet homme a la peau si rouge qu'on ne sait pas ce qu'on voit... un Caraïbe ou un Marocain. Mais, parole d'honneur, ça ne vaut pas deux cents francs !... Adieu, mame Rennecart, vous pouvez mettre écriteau pour ma chambre... je regrette votre conversation, parce que vous

êtes une personne estimable et bien élevée ; mais franchement je ne regrette pas la maison... où, réveillée par le charcutier, par le fondeur, par les petits Machabées, il faut un tympan comme le vôtre pour y résister. Votre servante : je vais porter Jean Sbogar à une actrice de chez nous... à la bonne heure, celle-là, elle vous avale deux volumes avant son dîner... voilà ce que j'appelle aimer la lecture.

IX

LE CORDON DU TABLIER.

Madame Putiphar est partie, et madame Rennecart secoue la tête en se disant :

— Elle prétend qu'on fait du bruit dans la maison, c'est bien pour dire quelque chose... je n'ai jamais habité de maison où l'on fût aussi tranquille.

Sur les deux heures de l'après-midi, le jeune Oswald arrive chez madame Rennecart.

Le premier soin du jeune homme, en entrant chez la principale locataire, est de regarder de tous côtés, à droite et à gauche. Mais il n'aperçoit pas ce qu'il cherche, il faut donc se borner à saluer la vieille dame, tout en poussant un léger soupir.

— Ah ! vous voilà, monsieur, dit madame Rennecart en présentant un siège au jeune homme ; je vous attendais, car je suis que monsieur votre oncle tient à être payé juste à l'époque du terme, il n'accorderait pont de délai, lui !...

— Oui, madame, oui, en effet, mon oncle est très-rigide pour ce qui touche les loyers... je serais venu plus tôt, mais il m'a défendu de venir avant midi, parce qu'à la rigueur on peut ne payer qu'à cette heure-là. Et mademoiselle votre nièce, comment se porte-t-elle ?

— Hein ?... vous avez besoin de ficelle ?

— Non, madame ; je vous demande des nouvelles de mademoiselle Virginie, votre nièce...

— Ah ! ma nièce !... oui, oui, elle est à son magasin de lingerie ; elle y va à huit heures, elle revient vers neuf heures ; aujourd'hui cependant elle a flâné. . elle n'en finissait pas... je suis sûre qu'il était plus de la demie quand elle est partie.

— Ah !... aujourd'hui elle est partie plus tard... mon Dieu ! si j'avais su...

— Vous dites ?...

— Rien, madame ; je dis qu'il a plu tout à l'heure...

— Voici l'argent des deux chambres du cinquième... l'ouvrier fondeur n'a pas payé entièrement... mais cela ne regarde pas votre oncle, puisque je réponds des loyers... voilà les deux termes.

— Est-ce qu'elle travaille loin, mademoiselle votre nièce ?

— Oui, oui, avec M. Bouffi ça presse !... Voilà de plus le terme de madame Huberty du quatrième ; celle-ci pourrait ne payer que le quinze, mais elle préfère payer le huit... ce n'est pas un mal.

— Mademoiselle Virginie travaille sans doute dans le quartier ?

— Le charcutier ?... oh ! il a un bail le charcutier, mais du reste il paye toujours bien, il n'y a point de crainte à avoir.

Le jeune Oswald lève les yeux au ciel en se disant :

— Il n'y a pas moyen de se faire entendre... c'est cruel d'avoir affaire à des sourds !

— Comptez donc l'argent, jeune homme, et mettez-le dans votre poche...

— Oh ! madame, il est inutile de compter après vous !...

— Si fait ! si fait ! l'argent doit se compter. Ah ! je voulais savoir aussi si M. votre oncle est toujours dans l'intention d'augmenter ses loyers. Je sais déjà que les locataires du cinquième ne veulent pas entendre parler d'augmentation, et il perdra certainement ces deux-là !

— Mon Dieu, madame ; quand mon oncle a résolu quelque chose, il ne revient jamais sur ses résolutions, c'est pourquoi je...

Le jeune homme s'interrompt comme frappé d'une idée subite, puis il répond :

— Au fait, madame, puisque vous me dites que ces locataires du cinquième s'en iront plutôt que de subir une augmentation, il serait bien possible que cela changeât les projets de mon oncle ;

je lui dirai cela tout à l'heure en lui portant cet argent, et alors... je reviendrai... ce soir, vous dire ce qu'il m'aura répondu.

— Comment ! il ne vous a pas répondu. Qui ça ?

— Oui, madame, j'aurai le plaisir de vous revoir tantôt... Votre serviteur, madame : à bientôt.

Le neveu du banquier est parti, et madame Rennecart se dit :

— Il est gentil, ce jeune homme, mais il a une drôle de conversation... toute à bâtons rompus... ça ne se suit pas ! ..

Mademoiselle Virginie revient ce soir-là un peu plus tôt que d'habitude, elle est tout essoufflée, elle a fait une partie du chemin en courant, et sa tante lui dit :

— Comme tu es rouge ! tu as l'air d'avoir chaud tout plein !... est ce que quelqu'un te poursuivait dans la rue... certainement tu as couru !

— Ma tante, on ne me poursuivait pas, mais je suis venue vite... pour me réchauffer, parce qu'il fait froid.

— Cela n'a pas le sens commun ! courir, se mettre en nage ! pour attraper ensuite un refroidissement !

— N'ayez pas peur, ma tante, je n'attraperai rien... Est-ce qu'on est venu chercher l'argent des termes ?

— Pardi !... assurément ; le petit neveu est venu dans la journée...

— Ah ! M. Oswald... qu'est-ce qu'il vous a dit, ma tante ?

— Que veux-tu qu'il me dise... qu'il vient chercher les loyers... Ah ! cependant, je ne sais trop ce qu'il m'a baragouiné en s'en allant... je crois qu'il a dit : « Je reviendrai tantôt... » c'est sans doute pour me dire si son oncle veut toujours qu'on augmente les locataires.

— Ah ! il reviendra ce soir... il a dit cela... Oh ! oui, oui... c'est pour les loyers.

Et la jeune fille court devant la glace qui est sur la cheminée, elle replace son petit bonnet, arrange ses cheveux, resserre les cordons de son tablier de taffetas noir, rajuste son fichu, si bien que sa tante qui la regarde faire s'écrie :

— Eh bien, qu'est-ce qui te prend ? est-ce que tu vas encore sortir... tu refais une toilette ?

— Non, ma tante ; mais puisqu'il va venir quelqu'un... il faut bien que je regarde si je suis présentable... je suis venue si vite, que je suis toute décoiffée.

— Vois-tu, tu es venue en courant... tu n'es vraiment pas plus raisonnable que ton frère... Est-ce que tu ne soupes pas ?

— Oh ! pas encore, ma tante, je n'ai pas faim... il est de bonne heure, je vais travailler à ma broderie.

— Et moi, qui allais lire : madame Putiphar m'a prêté un roman qui est assez intéressant, mais aujourd'hui, j'ai été dérangée toute la journée, je n'ai pas eu le temps de lire.

Madame Rennecart prend son livre et s'assoit près de la table sur laquelle est la lampe. Virginie a pris sa broderie, et elle se place ainsi contre la table. Mais elle ne travaille pas avec assiduité, elle est distraite, elle prête toujours l'oreille... Tout à coup, elle pousse un cri de joie ; c'est qu'on a sonné, et dans son empressement à aller ouvrir, elle se lève si brusquement qu'elle manque de renverser la lampe, que sa tante retient, en disant :

— Qu'est-ce que c'est ? Ah ! mon Dieu ! qu'est-ce qui te prend donc... est-ce qu'on crie au feu !... Tu as manqué de renverser la table !

La vieille dame n'avait pas entendu le bruit de la sonnette, c'est pourquoi elle avait été effrayée par l'action de sa nièce ; mais en voyant revenir Virginie avec le jeune Oswald, elle devine la vérité.

Oswald est rouge jusqu'aux oreilles. Virginie a les joues cerises comme les rubans de son bonnet ; tous deux entrent d'un air embarrassé, n'osant pas se regarder et pourtant jetant à chaque instant des regards furtifs l'un sur l'autre ; ils se tiennent gauchement devant madame Rennecart ; enfin le jeune homme balbutie :

— Madame... je viens comme je vous l'avais dit tantôt... parce que... j'ai parlé à mon oncle...

La vieille dame a pris son cornet, afin de pouvoir cette fois bien entendre et bien répondre, et Virginie s'empresse de présenter une chaise à Oswald, en lui disant :

— Mais... asseyez-vous donc, monsieur...

Le jeune homme ne sait pas s'il doit s'asseoir, mais Virginie pousse tellement la chaise derrière lui, qu'à moins de disparaître

sous la table, il est obligé de s'asseoir. Il se trouve alors placé entre la tante et la nièce.

— Eh bien, mon cher monsieur, que vous a dit votre oncle au sujet des locataires du cinquième ?

— Madame, j'ai eu beau l'avertir que ces locataires-là ne voulaient pas supporter d'augmentation, et qu'ils étaient décidés à donner congé plutôt que d'en subir... mon oncle m'a répondu que cela lui était bien égal, et que si ceux-là s'en allaient, il en viendrait d'autres.

— Ah ! je m'en doutais bien ! M. Bouffi ne connaît que l'argent ! et pourtant il est déjà fort riche, à ce qu'on dit.

— Oui, madame, mon oncle est très-riche... du moins je le crois...

— Mais nous aussi nous étions riches ! s'écrie Virginie, avant la mort de mon pauvre père !...

— En vérité, mademoiselle ?...

— Oui, monsieur ; nous possédions une belle propriété aux environs d'Ermenonville... à Montagny...

— A Montagny-sur-Oise ?

— Oui, monsieur, précisément.

— Ah ! c'est singulier...

— Pourquoi est ce singulier. monsieur ?

— Pardon, mademoiselle, mais je vais vous expliquer ce qui cause ma surprise : hier au soir, il est venu chez mon oncle un monsieur qui l'a chargé de lui vendre une belle propriété qu'il possède à Montagny, près d'Ermenonville...

— Ah ! mon Dieu, ma tante ! est-ce que ce serait notre maison qui serait à vendre ? et mon frère qui veut la racheter... ce serait bien le moment alors !...

— Taisez-vous, petite folle !... votre frère veut racheter la maison... avec des bâtons de sucre de pomme, n'est-ce pas ?...

— Mais, ma tante, il a peut-être amassé de l'argent...

— Ne l'écoutez pas, monsieur Oswald : vous saurez qu'elle a un frère... qui va avoir vingt-deux ans, et qui est aussi étourdi que s'il n'en avait que quinze !... Mais cette propriété que l'on veut vendre a-t-elle un nom ?

— Oui, madame, c'est la Maison aux Sycomores...

— Oh ! ce n'est pas la nôtre alors ! s'écrie Virginie en faisant un bond sur sa chaise. La nôtre, c'est la Prairie aux Coquelicots !..

— Ah ! le joli nom !... dit Oswald. La Prairie aux Coquelicots... comme ce doit être gentil !

— Oh ! oui, monsieur, c'est bien joli : une vaste prairie, où l'herbe est embaumée par le thym, le serpolet, la violette... où les coquelicots poussent comme des champignons... c'est un coup d'œil ravissant... j'allais tous les jours y jouer avec mon frère... Quant à la Maison aux Sycomores, je me le rappelle bien aussi : c'était une belle propriété, bien plus considérable que la nôtre ; la maison était comme un petit château, et puis il y avait un parc dont les murs touchaient à notre prairie... n'est-ce pas, ma tante ?

— Oui, c'était une fort grande propriété, et il y avait une petite porte, par laquelle, en sortant du parc, on se trouvait tout de suite dans la Prairie aux Coquelicots.

— Ah ! ma tante, il y avait pourtant un petit chemin entre notre prairie et les murs du parc... mais un tout petit chemin pas plus large que cette chambre... j'étais bien enfant, mais je me rappelle tout cela comme si j'y étais encore...

— La Maison aux Sycomores, dit madame Rennecart, appartenait alors à un vieux monsieur très-âgé... M. Duvaloir.

— Duvaloir, c'est bien cela, c'est le nom du monsieur qui est venu hier au soir chez mon oncle, et qui veut vendre cette propriété... mais il n'est pas vieux, c'est un homme qui n'a pas quarante ans...

— Alors, c'est probablement le fils... son père sera mort, et il veut vendre la campagne que lui a laissée son père... c'est assez l'habitude des enfants qui montrent peu d'amour pour ce que leurs parents chérissaient et se hâtent de s'en défaire, comme s'ils craignaient que cela leur rappelât trop souvent ceux qu'ils ont perdus.

— Oh ! ma tante, nous ne sommes pas comme cela, mon frère et moi, car notre plus grand désir, c'est de retourner habiter notre chère prairie... mais vous ne voulez pas que mon frère puisse la racheter...

— Je ne veux pas !... je ne veux pas !... Ah ! ma pauvre enfant ! je serais trop heureuse si cela arrivait jamais... et tu le sais bien, n'est-ce pas ?

— Oh! ma tante, certainement que vous nous aimez bien et que vous avez toujours été bien bonne pour nous, seulement vous n'avez pas confiance dans mon frère.

— Confiance!... je vous le demande, monsieur Oswald, quelle confiance peut-on avoir dans un étourdi qui ne peut pas réussir à rester en place nulle part?

Le jeune homme se contente de faire un mouvement de tête qui ne le compromet pas; mais en ce moment, tout en ayant l'air d'écouter attentivement la vieille dame, ses yeux sont très-occupés d'un petit cordon noir qu'il voit flotter sur la robe de Virginie et qui traîne jusqu'à terre: à chaque mouvement de la jeune fille, le cordon remue, donc il tient à elle, et sans trop savoir pourquoi, le timide Oswald a très-envie de s'en saisir.

— Et puis, mon cher monsieur, reprend madame Rennecart, cela serait d'autant plus heureux pour ces enfants de rentrer dans la propriété de leur père, qu'ils parviendraient peut-être à y trouver ce que celui-ci y a caché... un trésor, monsieur, un trésor, rien que cela...

— Comment, madame! cette maison qui appartenait à M. votre frère renfermait un trésor?...

— Pas la maison, non; c'est dans la prairie qu'il l'avait caché...

— Mais pourquoi ne pas l'avoir emporté? car c'était le bien de ses enfants...

— Pourquoi? parce qu'il aurait d'abord fallu savoir dans quel coin il était caché... Ah! vous ne comprenez pas... écoutez, je vais tâcher de vous expliquer cela... mon frère, peu de temps avant sa mort, avait eu la malheureuse idée de se lancer dans des spéculations, et surtout de s'associer avec des fripons... mais quand on est honnête, soi, on ne se défie pas assez des autres... Bref, quoique très-occupé par ses nouvelles spéculations, mon frère aimait beaucoup à se promener dans cette charmante prairie qui dépendait de sa propriété. Un matin que je le rencontrai qui revenait au logis, je lui dis:

« — Tu viens de faire ta promenade dans la prairie? »

« Alors, lui, se frotte les mains, et me répond d'un air tout joyeux:

« — Oui, je viens de visiter mon trésor...

« — Comment! quel trésor? lui dis-je.

« — Celui que j'ai caché dans la prairie... Cela t'étonne, ma sœur, c'est pourtant comme cela!...

« — Quoi! vraiment? repris-je, tu as caché un trésor dans la prairie... et dans quel but?...

« — Dans le but de faire un jour une surprise à mes enfants... à mon fils Horace surtout...

« — Mais enfin, de quel côté, dans quelle partie est-il caché, ce trésor?...

« — Ah! parbleu, si je te le disais, tu irais y fouiller tout de suite, et voilà justement ce que je ne veux pas. Tu me feras même plaisir de ne point répéter ce que je viens de te dire. »

« Mon frère me quitta. Je ne répétai point ce qu'il m'avait dit, puisqu'il m'en avait prié, mais j'y songeais souvent. Quelques jours après, je rencontrai encore mon frère qui revenait de la prairie.

« — Tu viens de visiter ton trésor? lui dis-je.

« — Justement, et même de l'augmenter! me répondit-il en souriant. Ah! tu voudrais bien savoir où est mon trésor, n'est-ce pas? mais il n'est pas temps encore!... plus tard... rien ne presse... c'est une surprise que je vous ménage.

« Hélas! quelques jours plus tard, ce cher Bermont tombait malade, et en moins d'une semaine il était mort... on était si loin de croire qu'on pourrait le perdre!... un homme jeune encore, et si fort, si robuste... mais ce sont quelquefois ceux-là qui partent le plus vite. Et pendant sa maladie, vous pensez bien que je ne songeai pas à lui reparler du trésor, si bien qu'il est mort en emportant son secret avec lui... c'est bien malheureux pour ces chers enfants qui auraient peut-être retrouvé là une petite fortune... À qui appartiendra ce trésor... peut-être à personne... il peut rester enfoui sous la terre sans que jamais on le découvre... et cependant, moi, je suis bien certaine qu'il y a un trésor caché dans la Prairie aux Coquelicots.

Le jeune Oswald avait écouté tout cela sans y porter beaucoup d'intérêt; quelque chose l'émotionnait bien plus, il était parvenu à saisir le cordon noir qui pendait, alors il l'avait tiré à lui... tout à coup le cordon avait résisté, puis Virginie avait fait un soubresaut sur sa chaise; car ce cordon était celui de son tablier, il s'était dénoué et pendait d'un côté; cependant le tablier tenait

toujours, quelque épingle l'empêchait de tomber, et en tirant le cordon, Oswald venait de faire éprouver une commotion à la jeune fille qui, aussitôt, regarde d'où cela peut venir, et voit que ce jeune voisin tient le cordon de son tablier. Le premier mouvement de Virginie est de reprendre son cordon, mais elle s'arrête, elle éprouve quelque chose de si agréable à sentir que ce cordon est tendu et qu'il est tiré doucement, bien doucement par la main qui l'a saisi, qu'elle laisse faire au jeune Oswald; mais au bout d'un moment, elle met aussi la main sur son cordon, du côté qui est près d'elle, et le tire un peu; alors le jeune homme cède du cordon, mais sans le lâcher tout à fait, et ensuite il le retire à lui.

Ce petit jeu-là causait un plaisir extrême à ceux qui s'y livraient; le cordon était alternativement tiré par l'un et par l'autre, et les deux mains allaient finir par se rapprocher, lorsque madame Rennecart, étonnée de ce que son auditeur ne répond pas un mot à ce qu'elle vient de lui conter, se met à crier de toutes ses forces:

— Est-ce que vous ne m'avez pas entendue?

Cela fait tressaillir Oswald qui en a lâché le bienheureux cordon, et il balbutie:

— Si, madame... si... j'ai bien compris... vous avez caché un trésor dans la Prairie aux Coquelicots...

— Mais non!... ce n'est pas moi!... c'est mon frère!... c'est le père de Virginie qui a fait ce beau coup-là,... et nous ne savons pas dans quel coin il est, ce trésor...

— Oui, madame, c'est ce que je voulais dire... vous ne savez pas où il est enterré, c'est bien fâcheux!...

— Ah! pour mon compte, dit Virginie en se décidant à renouer son tablier... cela me serait bien égal de ne point trouver le trésor, si nous pouvions ravoir notre chère prairie!...

— Si on avait le tout, cela vaudrait encore mieux.

Oswald prolonge sa visite le plus qu'il peut, et il est en cela secondé par la jeune fille qui trouve toujours moyen d'entretenir la conversation. Mais enfin le moment vient où il faut se séparer; moment cruel pour des amoureux!

— Je reviendrai pour le quinze, dit le neveu du propriétaire, et peut-être avant si... si mon oncle avait quelque chose à vous faire savoir.

Virginie reconduit le jeune homme, tous deux se disent adieu en soupirant et en se regardant d'une façon qui prouvait que le cordon du tablier avait été très-éloquent.

X

MONSIEUR JONAS FAIT ENCORE DES SIENNES.

On était arrivé au quatorze et c'était un samedi, ce qui réjouissait beaucoup mademoiselle Virginie, parce que le quinze se trouvait nécessairement être un dimanche, et alors elle n'allait pas à son magasin et elle trouverait là quand il viendrait des visites à sa tante... On devine bien quelle était la visite qu'elle espérait.

Mais le samedi était fêté comme un dimanche par la famille Machabée, c'est-à-dire que, ce jour-là, le père de famille ne s'occupant point d'affaires, était chez lui et interrogeait ses enfants sur leurs études, ce n'était pas positivement une réjouissance pour ses enfants; cependant, lorsqu'ils avaient bien appris, bien répondu, ils en étaient récompensés par quelque friandise que l'on ajoutait à leur déjeuner.

M. Machabée est assis dans son beau fauteuil recouvert de cuir de Russie, il a sa calotte grecque sur la tête, et devant lui ses deux fils aînés, Ezéchiel et Jonas; les deux autres sont encore trop jeunes pour étudier, et les deux petites filles sont sous la direction spéciale de leur mère.

M. Machabée s'adresse à son fils aîné qui est très-occupé à regarder dans un kaléidoscope, dans lequel il vient d'introduire plusieurs petits morceaux de verre de différentes couleurs; tandis que son frère Jonas se tient un peu plus loin et s'amuse à tailler un bouchon, tout en jetant de temps à autre des regards d'envie sur le kaléidoscope.

— Ezéchiel! avance un peu ici et réponds... che fait interroger fous sur la mythologie!...

— Oui, papa.

— Fous savez ce que c'est que la mythologie?

— Oui, papa... c'est l'histoire des dieux et des déesses de l'antiquité et qui n'ont jamais existé...

— Gomment? est-ce qu'on fous a dit qu'ils n'afaient chamais existé?

— Oui, papa, ce sont des fictions...

— Si ce sont des fictions, che vois bas bourquoi ont fous met tout ça dans le têté!... chaimerais mieux que fous apprissiez le mathématique... Laissez donc un pen foffe chouchou tranquille...

— Papa, c'est que j'ai bien de la peine à nettoyer mon kaléi-doscope, parce que mon frère ayait mis des cochonneries dedans...

— C'est pas vrai, menteur! Je n'y avais pas touché; je n'en fiche pas mal de ton trou à lunettes...

— Ah! oui... c'est ça qu'il vôulait toujours me le prendre!... et ce matin, pendant que je dormais, il l'a été chercher où je l'avais caché, et a mis de la cendre dedans...

— C'est pas vrai... d'ailleurs, comment as-tu vu ça, si tu dormais?

— Je te guettais de l'œil gauche...

— Ah! entendez-vous, papa? il prétend qu'il ne dort que d'un œil!...

— Taisez-vous belissons!... ces teux belits garçons ils sont touchours à se chamailler... c'est bis que Caïn et Apel... Foyons, Ezéchiel, que savez-fous de le mythologie?

— Je sais l'histoire de Vénus!...

— Oh tiaple!... Fénus... che la sais blus, moi! Foyons cette histoire...

— Vénus est une superbe femme, aussi jolie que belle et dont tout le monde était amoureux!...

— Ah! pigre!...

— On l'avait mariée à un serrurier... non, à un maréchal-fer-rant du ciel, qui était laid, boîteux et s'appelait Vulcain; mais elle n'aimait pas du tout son mari...

— S'il était laid et boîteux! che excuse...

— Elle prit un amant, un beau guerrier, le dieu Mars...

— Le dieu Mars... ah! celui qui fait de la ponne bière...

— Non, papa... le fils de Junon... il fit à Vénus un enfant qui était si joli, que c'était un amour!...

— Tiaple... c'est scabreux...

— Alors Vulcain pour se venger fit un grand épervier comme pour prendre des anguilles, il le jeta sur les deux amants et on les surprit conchés...

— Assez! assez!... foilà une histoire trop instructive bour les enfants...

— Mais, papa, ce n'est pas fini: Vénus a eu tout plein d'autres amants...

— Assez, che veux bas savoir l'histoire de toutes les amants.

— Et puis, Junon aussi, et Flore aussi, Thétis aussi...

— Ah çà! mais, toutes ces déesses de le mythologie étaient donc de féritables margots!... che zais bas bourquoi on apprend ces choses-là aux enfants...

— Papa, c'est pour connaître les statues.

— Che me fiche bas mal des statues!... ch'aime mieux que vous ne sachiez pas toujours me dire le sujet d'une statue et que fous n'appreniez bas bar cœur toutes les fredaines de ces déesses, qui se conduisaient gomme des bas grand'choses...

— Papa, ce n'est pas ma faute... j'apprends ce qu'on me dit... Il y a aussi Mercure, qui a des ailes aux épaules, aux talons et à sa casquette, et qui est le dieu des voleurs...

— S'il a des ailes bartout, che comprends bien qu'il doit foler... mais che comprends bas qu'on ait donné aux foleurs; les foleurs ils devraient être brotégés que bar le tiaple. Tout ça, c'est des soitises! Tu n'étudiras plus le mythologie... che foulais blus! tu remblaceras cela bar le calcul... Sais-tu combien font neuf fois treize?

— Non, papa...

— Eh pien, ch'aimerais mieux que tu saches cela que l'histoire de madame Fénus. C'est égal, tu avais pien appris, tu auras du miel avec ton beurre pour ton déjeuner...

— Ah! merci, papa!...

Et M. Ezéchiel court regarder son frère sous le nez en lui disant d'un air de triomphe:

— J'ai du miel avec mon beurre pour déjeuner...

— Mets-en dans tes cheveux! murmure Jonas en faisant la grimace à son frère. Mais son tour est venu de répondre à son père qui l'appelle, et il s'avance, toujours en taillant son bouchon.

— Foyons, Jonas, quelles leçons affre-fous apprises de fotre professeur?

— Papa, j'ai appris les fables de Lafontaine le moraliste, avec des moralités...

— Des fables afec des moralités... c'est pien... Mais qu'est-ce que vous faites donc à ce buchon?

— Papa, je le taille...

— Pourquoi faire?

— Pour en faire une balle en caoutchouc.

— Ah! fous faites du caoutchouc afec du liége!... che savre bas bossiple. Voyons, récitez-moi un fable... et prononcez pien le français.

M. Jonas se gratte la tête et cherche dans sa mémoire; pendant ce temps, Ezéchiel revient avec sa tartine couverte de beurre et de miel qu'il a soin de montrer à son frère, qui se venge en lui jetant au nez des petits morceaux de bouchon.

— Eh bien, Jonas, ch'attends, dit M. Machabée.

Le petit garçon a ouvert la bouche sans parler, lorsqu'on entend la perruche crier:

Portez armes! présentez ar... ar... rrr... armes!

Les enfants se mettent à rire et M. Machabée dit:

— Le perruche, il sait mieux son leçon que fous.

— Tiens! comme c'est malin! il dit toujours la même... on ne lui en a appris qu'une.

— Voyons, Jonas, est-ce bour aujourd'hui?... avez-fous fini de jeter du buchon à votre frère?

— Pourquoi qu'il vient me mettre sa tartine de miel sous le nez?... qu'il me laisse tranquille...

— Sapremann! che fiche des claques à tous les deux si ça continue... Et c'te fable?

— Voilà, papa.

Maître corbeau sur un arbre perché...

— Berché!

— Perché.

— Berché! che te dis! Tu brononces bas pien le français... voyons après.

M. Jonas se gratte la tête, puis reprend:

Se trouva fort au dépourvu,
Quand la bise fut venue.

— La pisse!

— La bise.

— La pisse!... tarteiff... ton brofesseur il t'apprend donc bas à brononcer le français!

— C'est vous qui le prononcez mal, mon papa!

— Comment, c'est moi? foilà qui est un peu fort... tu oses dire cela?

— Je le dis... parce que mon professeur me l'a répété souvent... il dit que vous êtes une vieille bourrique d'Allemand.

Sur ce mot de bourrique, M. Machabée se lève, donne une gifle à son fils et le met à la porte en criant à la bonne:

— Fous lui donnerez du bain sec et bas autre chose... Ah! che zuis un vieille burrique; j'irai lui barler à ton brofesseur.

Le petit Jonas est sur le carré, où la bonne lui donne un morceau de pain, en lui disant:

— Tenez, mauvais sujet, c'est assez bon pour vous; mais n'essayez pas d'entrer dans ma cuisine, j'ai eu soin de fermer la porte.

Le petit garçon demeure un moment sur le carré du troisième. Il regarde en haut, il regarde en bas, puis il regarde son pain qu'il ne veut pas se décider à manger tout sec. Le monsieur du quatrième joue de la clarinette, la perruche ne cesse pas de crier: — Portez arm... mes! Tout cela ajoute à la mauvaise humeur de Jonas, qui jette son bouchon sur la perruche et son canif dans la fenêtre de l'artiste. Après cet exploit, il se met à descendre dans la cour.

Les garçons charcutiers travaillaient, ils faisaient des saucisses longues et plates, ils ont pan allaient leur train. Jonas s'arrête devant la fenêtre du laboratoire, qui est toute grande ouverte; il regarde travailler les garçons, puis leur dit au bout d'un moment:

— Vous faites des saucisses?

— Oui, jeune Tortillard, si vous voulez bien le permettre.

— Je ne m'appelle pas Tortillard, je m'appelle Jonas!

— Ça ne fait rien... Alors vous êtes un petit Jonas tortillard.

— Pourquoi voulez-vous que je sois un tortillard?

— Parce que c'est notre idée.

— Ah!... Voulez-vous que je fasse des saucisses avec vous?

— Non, jeune môme... nous n'avons pas besoin que vous

Madame Rennecart voit le pantin qui se démène des bras et des jambes. — Page 28.

nous aidiez; et puis, si nous avions besoin d'un aide, ce n'est pas vous que nous prendrions.

— Pourquoi ça?

— Parce que vous fourrez beaucoup trop souvent vos doigts dans vos cheveux, alors vous mettriez nécessairement de vos cheveux dans la chair à saucisse, et il est probable que les pratiques ne trouveraient pas cela à leur goût.

— Ah! vous fourrez bien vos doigts ailleurs, où c'est encore moins propre... je vous ai vus!

— Voyez-vous ce méchant galopin qui vient espionner ce que nous faisons: allons file, petit drôle; nous savons bien pourquoi tu rôdes si souvent autour de nous, c'est pour tâcher de nous chiper quelque chose... Avant-hier, tu avais fourré tes mains dans un fromage d'Italie pour en prendre un morceau... nous avons bien vu la marque de tes doigts.

— C'est pas vrai!... c'est pas moi.

— Prends garde, la première fois que nous te pincerons, tu recevras une fameuse danse!

— Avisez-vous de me battre!

— Nous nous gênerons!... Allons, file d'ici!

— Je ne veux pas m'en aller, moi, la cour est à tous les locataires! mon père paye et occupe tout le troisième étage... vous n'êtes pas les maîtres ici!

— Ah! il est amusant le Tortillard!... Il faudra un de ces jours le mettre aux cornichons!

Jonas se promène encore quelque temps dans la cour, examinant du coin de l'œil où les garçons placent les saucisses qu'ils viennent de fabriquer, il dévore des yeux une pile de saucisses plates que les charcutiers ont placée sur le bord de la fenêtre, puis tout à coup il quitte la cour et va se poster dans l'allée, près de l'entrée.

Mais de là, il guette de loin les garçons; bientôt il les voit qui vont par la porte de la cour porter dans la boutique une partie des comestibles qu'ils viennent de confectionner. Saisissant ce moment et avec l'agilité d'un chat qui se jette sur une souris, le petit gar-

çon se précipite dans la cour, passe tout contre la fenêtre du fond, saisit sur une pile une des saucisses plates et se met à grimper l'escalier comme s'il avait un sanglier à ses trousses

Mais les garçons, qui se méfiaient de lui, ne sont restés que fort peu de temps dans la boutique, ils reviennent à leur magasin et que voient-ils?... plusieurs saucisses plates à terre dans la cour, parce que dans sa précipitation à en saisir une, M. Jonas ne s'était pas aperçu qu'il en avait fait tomber plusieurs. Aussitôt, tandis qu'un des garçons ramasse la marchandise, l'autre court dans l'allée, puis revient dans l'escalier, en criant:

— C'est le petit Tortillard qui en a pris... au voleur... En manque-t-il, Auguste?

— Il en manque une.

— Ah! il va nous le payer, le jeune Jonas.

Le petit garçon qui a entendu tout cela devient blême et se met à grimper les marches quatre à quatre. Il espère entrer chez lui, mais la porte est fermée ainsi que celle de la cuisine, il se décide à monter encore un étage; puis, ne voulant pas garder sur lui ce qui prouverait sa culpabilité, il jette en soupirant la saucisse au hasard et redescend vivement un étage, de façon qu'il est sur le carré où logent ses parents, lorsque le garçon charcutier y arrive.

Celui-ci court prendre le petit Jonas par une oreille, en lui disant d'un ton qui n'est pas doux:

— Ma saucisse, petit voleur, ma saucisse... Ah! j'avais bien raison de t'appeler Tortillard, puisque c'est un nom de filou... Ma saucisse, vite!

— Je ne l'ai pas prise! je ne l'ai pas prise.

— Tu mens, il n'y a que toi qui as pu la prendre... rends vite la saucisse, ou je mets ton oreille en daube!

Et le garçon pince l'oreille beaucoup plus fort; alors M. Jonas se met à beugler comme si on l'écorchait; aussitôt les portes s'ouvrent... la famille Machabée paraît à l'une, la cuisinière paraît à l'autre,

La voisine, obligée de se garer des valseurs, avec son pot... — Page 31.

Madame Machabée s'avance éplorée en disant à l'apprenti charcutier :

— Pourquoi faites-vous pleurer mon fils, monsieur? de quel droit lui tirez-vous les oreilles?.. Qu'a-t-il fait?... Je vous prie de le lâcher...

— Madame, votre fils est un petit voleur... il nous a pris une saucisse plate; je veux qu'il la rende...

Jonas continue de piailler, en disant :

— C'est pas vrai.. je n'ai pas de saucisses... qu'on me fouille, on verra bien que je ne l'ai pas...

— Vous entendez ce que dit cet enfant?... il demande qu'on le fouille... Voyons, monsieur, lâchez-lui l'oreille bien vite, et, s'il n'a pas cette saucisse, c'est vous qui aurez tort... et qui lui devrez des excuses.

— Ah! le plus souvent! répond le garçon, qui s'est décidé à lâcher l'oreille de Jonas et se met à le fouiller avec soin, cherchant même dans les endroits du pantalon où il n'y a pas de poches.

Pendant ce temps, le jeune Ezéchiel, qui a passé sa tête entre les jambes de son père, murmure :

— Sont-ils bêtes de croire qu'il l'aura gardée sur lui!

— Eh bien, monsieur? reprend la maman avec un air de dignité; vous ne trouvez rien sur cet enfant... vous voyez bien que vous l'avez accusé à tort.

— Madame, je ne trouve rien sur lui, c'est vrai, mais cela n'empêche pas que je suis sûr qu'il a volé la saucisse... il n'y avait que lui dans la cour, et cela s'est fait en une minute! le temps d'aller à la boutique et de revenir...

— Est-ce qu'il n'y a pas des animaux, des chats dans la maison? Nous-mêmes, nous en avons un.

— Oui, oui, c'est le chat! s'écrie je ae l'ai vu dans l'escalier qui se sauvait .. C'est Pataud !...

— Pataud! dit la cuisinière, il est là dans ma cuisine qui dort sous le fourneau; il n'a pas bougé de là depuis ce matin...

Jonas fait la grimace à la cuisinière qui dément ce qu'il dit, et s'écrie :

— Il y a d'autres chats que le nôtre dans la maison!

— Je n'en connais pas d'autres, moi, dit le garçon.

— Alors, c'est un chat du voisinage...

— Le chat, c'est vous!..

— C'est pas vrai... c'est un menteur.

Le papa Machabée s'avance majestueusement, en disant :

— En voilà assez... Jonas n'a pas la saucice; vous avez eu tort de lui tirer l'oreille.. Laissez-nous tranquilles et ne recommencez plus à tourmenter ce petit!.

L'apprenti charcutier allait, quoiqu'à regret, redescendre l'escalier, lorsque le bruit d'une chute, puis des jurements épouvantables partent de l'étage supérieur et attirent l'attention générale.

— Ah! mon Dieu ! qu'est-il donc arrivé? dit madame Machabée.

Chacun écoute; on reconnaît bientôt la voix du professeur de clarinette :

— C'est dégoûtant comme cette maison est tenue!... Qu'est-ce qui a pu me faire glisser et tomber?... On jette donc des ordures par ici?... Ah! c'est une saucisse! .. j'ai marché sur une saucisse plate... Ah! le charcutier apporte sa marchandise sur mon carré... c'est du joli... Sacré nom d'un chien! j'ai cassé ma clarinette! Ah! il me la paiera, le charcutier... mon excellente clarinette... Cré coquin! je n'en aurai pas une pareille pour cent écus!...

Pendant que l'artiste exhale sa colère, le garçon est monté au quatrième; il ramasse le corps du délit qui est encore à terre, en disant :

— La voilà, ma saucisse... je savais bien qu'elle était par ici... mais elle n'y est pas montée toute seule!...

L'artiste saisit le charcutier par la manche de chemise en disant :

— Ah! vous apportez de vos saucisses ici... Vous êtes cause que je suis tombé, et qu'en tombant j'ai cassé ma clarinette... vous me la paierez...

— Qu'est-ce que vous me chantez!... croyez-vous je m'amuse à venir déposer la marchandise par terre sur votre carré ? :. On nous l'a volée, cette saucisse... c'est un des petits Machabée qui a fait le coup... et, voyant que je le poursuivais, il a jeté la saucisse par ici pour qu'on ne la trouve pas sur lui... C'est pas malin à deviner...

Et le garçon redescend au troisième, sa saucisse étalée sur le creux de sa main, et le musicien le suit tenant les deux morceaux de sa clarinette. Le premier montre la saucisse à madame Machabée, en lui disant :

— Voyez-vous, madame, que j'avais raison... Si un chat avait pris cela, il en aurait au moins mangé une partie... tandis qu'elle est encore intacte... écrasée, mais intacte.

L'artiste montre au père de famille sa clarinette brisée en lui disant :

— C'est votre fils qui est cause de cet accident... Un instrument parfait... Vous m'en paierez un autre, monsieur.

— Moi, payer une clarinette!... Fous fous moquez du monde... Il fallait bas tomber.

— C'est la saucisse sur laquelle j'ai marché et qui m'a fait glisser,.. c'est votre fils qui l'a posée là.

— C'est le charcutier qui dit ça,.. ch'en ai bas le preuve.

— Vous me paierez ma clarinette.

— Chamais!...

— Je vais aller chez le commissaire.

— Allez au tiâple!

Les Machabée rentrent chez eux ; le garçon redescend à sa boutique ; le musicien s'en va avec sa clarinette cassée ; quant au petit Jonas, il était disparu depuis longtemps.

XI

LE PANTIN.

Deux heures après ces événements, un jeune homme entre dans l'allée de la maison, où le calme était enfin rétabli. C'est un joli garçon : grand, svelte, élancé, ayant de ces figures franches et ouvertes qui plaisent dès le premier abord. Ses traits ne sont pas réguliers, ses yeux ne sont pas bien grands, mais ils sont brillants et spirituels ; sa bouche est peut-être un peu moqueuse, mais lorsqu'il rit, c'est avec une joie si vraie qu'elle en est communicative. Ses cheveux sont bruns, et il porte de petites moustaches qui ne sont pas encore bien fournies, mais qui sont très-noires et se marient très-bien avec l'expression un peu hardie de sa physionomie.

Horace, car c'est le frère de Virginie dont nous venons de faire le portrait, est vêtu d'un paletot bleu qui lui serre un peu la taille ; il a un pantalon gris clair, des bottines fort bien faites et qui font valoir son pied bien cambré ; sur la tête, il a une petite casquette du genre de celle des étudiants allemands. Enfin, il porte sous son bras une espèce de valise ou sac de nuit.

— Ce doit être dans cette maison que demeure ma tante, s'est dit Horace en entrant dans l'allée. C'est bien le numéro qu'on m'a indiqué... Holà ! eh ! portier ! concierge ! portière !... Eh bien ! il n'y a donc pas le plus petit suisse dans cette maison !

Horace est arrivé dans la cour, il cherche une loge de portier et n'aperçoit qu'un garçon charcutier qui est retourné à son travail. Il va à lui.

— Monsieur, où donc se cache le portier dans cette maison ?

— Il n'y en a pas.

— Ah ! s'il n'y en a pas, j'aurais cherché longtemps. Pourriez-vous me dire à quel étage loge madame Rennecart ?

Le garçon charcutier, qui n'a jamais en affaire à la principale locataire, répond d'un ton bourru :

— Connais pas !

— Comment ! vous ne connaissez pas madame Rennecart ? Elle demeure pourtant dans cette maison.

— Qu'est-ce que ça me fait ? je n'y couche pas, moi, dans la maison ; je n'ai pas affaire aux locataires.

— Ah ! c'est juste... Vous ne devez avoir affaire qu'à des cochons, vous !... Cela se devine à la façon aimable dont vous répondez !

— Hein ? de quoi ?... Qu'est-ce qu'il veut dire, ce freluquet ?

— Ce freluquet veut dire que vous êtes un manant et un grossier... et que, si vous n'êtes pas content, il vous apprendra la politesse !

Le garçon charcutier ne juge pas nécessaire de pousser plus loin la conversation, parce qu'il y a dans le regard d'Horace quelque chose qui annonce une intention bien arrêtée de faire ce qu'il dit.

Alors le jeune voyageur se dirige vers l'escalier, en disant :

— Je vais sonner partout ; il faudra bien que je trouve.

Arrivé au premier étage, il sonne à la première porte qu'il aperçoit : c'est le logement du charcutier. L'épouse du marchand de boudin venait de remonter chez elle pour faire sa grande toilette de comptoir ; elle ouvre la porte dans un désordre qui n'est pas effrayant, parce qu'elle est jolie, mais qui est extrêmement léger ; elle n'a pour tout vêtement que sa chemise et son corset qu'elle est en train de lacer, mais qui ne l'est qu'à moitié. A la vue d'Horace, cette dame pousse un cri en disant :

— Ah ! mon Dieu ! j'ai cru que c'était Auguste !

Puis elle referme vivement la porte, sans vouloir répondre au jeune homme qui lui crie :

— Madame, je vous demande pardon... Madame Rennecart, s'il vous plaît ! madame, à quel étage ?

On ne répond rien et Horace continue en se disant :

— Il paraît que si j'avais été Auguste, on m'aurait reçu... Diable ! il est favorisé celui-là... Probablement il aurait achevé de lacer cette dame... J'aurais volontiers fait cette besogne-là, moi... car elle est fort gentille, cette dame... Mais enfin, puisqu'on ne veut avoir affaire qu'à Auguste... voyons ailleurs.

Horace va frapper en face, mais là il n'y a personne. Il se décide à monter d'un étage de plus ; il se trouve devant la porte de sa tante. La clef n'était pas sur la porte, parce que ce n'était pas le jour du terme et que madame Rennecart n'attendait aucune visite. Du reste, la bonne était bien persuadée qu'elle entendrait si on sonnait ; mais elle se flattait, car son neveu sonne une fois, puis deux fois, puis trois, et la troisième à triple carillon. Elle n'entend rien, et le jeune homme s'en va à la porte, en face, en se disant :

— Il paraît que les habitants de cette maison vont beaucoup se promener... mais ma tante doit être sédentaire cependant... C'est qu'elle ne loge pas là.

En face de madame Rennecart était le logement du vieil employé qui ne rentrait chez lui que pour se coucher. Horace sonne donc inutilement, et il se décide à monter encore un étage. Il sonne à la cuisine de mademoiselle Noémie, mais la cuisinière était allée au marché. Il va sonner en face... il entend beaucoup de bruit dans l'appartement et se dit :

— Dieu merci, il y a du monde là, j'espère qu'on va m'ouvrir.

La famille Machabée se consultait avant d'ouvrir ; elle craignait que ce ne fût le joueur de clarinette avec le commissaire. Après bien des pourparlers, on se décide à ne faire ouvrir que par Ezéchiel tout seul, et on lui ordonne de dire :

— Je suis tout seul, mes parents sont sortis !

Puis de refermer aussitôt la porte.

Horace vient de sonner une seconde fois, lorsque enfin le petit garçon ouvre la porte ; il ne laisse pas au jeune homme le temps de dire ce qu'il veut et lui souffle au visage :

— Je suis tout seul, mes parents sont sortis !

Et il lui referme la porte au nez.

— Qu'est-ce qu'il m'a baragouiné, ce petit-là ? s'écrie Horace demeuré sur le carré. Voilà une maison singulièrement habitée !... En bas, on me répond grossièrement ; au premier, une dame en chemise ne veut ouvrir qu'à un M. Auguste ; au second, on ne répond pas du tout ; ici, c'est un petit garçon qui ne m'écoute même pas... Allons ! du courage... ma tante loge probablement au quatrième... il faudra bien que je finisse par la trouver... Heureusement, je crois qu'il n'y a plus que deux étages.

Arrivé au quatrième, et après avoir sonné inutilement chez le joueur de clarinette, il va sonner en face. Là, une dame lui ouvre, et une voix très-douce, mais qui semble fort émue, lui dit :

— Que demandez-vous, monsieur ?

A la vue d'une dame jeune et gentille, notre sonneur s'incline profondément, en répondant :

— Mon Dieu ! madame, je vous demande bien pardon, car je vois bien que je me trompe encore ; mais je cherche ma tante, qui doit demeurer dans cette maison, et je ne puis parvenir à la trouver.

— Comment s'appelle votre tante, monsieur ?

— Ah ! c'est juste... j'aurais dû vous le dire d'abord : madame Rennecart.

— Madame Rennecart!... mais c'est la principale locataire; elle demeure au second, la porte de l'autre côté du carré.

— Au second!... mais j'y ai sonné, carillonné! on ne m'a pas répondu!

— Monsieur, est-ce que vous ignorez que madame votre tante est sourde?

— Sourde!... ah! vous m'en direz tant! il y a trois ans que je ne l'ai vue; alors elle avait l'oreille un peu dure, mais elle entendait encore.

— Maintenant, monsieur, quand elle n'a pas son cornet, elle n'entend guère; je crois même qu'elle n'entend plus.

— Sapristi! comment ferai-je pour me faire ouvrir alors?... J'aurai beau lui crier:

— Ma tante, prenez votre cornet!... ce sera comme si je sonnais. Et ma sœur... si ma sœur y était, elle m'entendrait. J'aime à croire qu'elle n'est pas sourde, ma sœur.

— Oh! non, monsieur; mademoiselle votre sœur est fort gentille et elle entend très-bien!

— Vous la connaissez, madame?

— J'ai eu le plaisir de la voir quelquefois chez madame Rennecart; mais je crois qu'elle va travailler dans un magasin et ne rentre que le soir.

— Ah! mon Dieu!... me voilà bien.. Madame, que dois-je faire?... Si vous étiez assez bonne pour me conseiller.

Madame Huberty, qui ne désire pas prolonger cette conversation, fait un salut au jeune homme en lui disant:

— Je vous ai dit tout ce que je pouvais vous dire, monsieur; je ne saurais vous renseigner davantage... Et elle referme sa porte.

Horace reste là, tout penaud, en se disant:

— Elle s'en va... c'est dommage!... Elle est fièrement jolie, cette petite dame-là! La femme en chemise du premier était agaçante... d'abord, parce qu'elle était en chemise... mais celle-ci tout habillée me séduit encore plus!.. Elle a des yeux qui ont un charme .. il me semble que je n'avais pas encore trouvé de ces yeux-là! puis tous les traits sont bien... le nez... le menton... la bouche... Oh! mais je la reverrai!... elle demeure ici.

Après avoir contemplé quelques instants la porte de madame Huberty, Horace s'écrie:

— Mais ce n'est pas de tout cela qu'il s'agit maintenant, c'est d'entrer chez ma tante... il me faut faire le siège de ma tante, comme si c'était une place forte... je crois que si j'avais du canon, ça ne serait pas trop pour pénétrer jusqu'à elle.

Le jeune homme redescend au second et il cherchait quel moyen il emploierait pour se faire entendre, lorsque la porte de chez sa tante s'ouvre, et madame Rennecart paraît, un panier à son bras et se disposant à aller chercher des provisions. A sa vue, Horace pousse un cri de joie et court se précipiter dans ses bras; il a déjà embrassée plusieurs fois avant que sa tante ait eu le temps de le reconnaître. A sa vivacité de son action et de ses caresses, elle s'écrie:

— Je gage que c'est ce mauvais sujet d'Horace qui me tombe ainsi dans les bras!

— Oui, ma tante, oui, c'est moi!

— Mais viens donc... entre donc... tu n'avais donc pas sonné?

— Pas sonné... mais pendant dix minutes j'ai sonné et resonné!

— Tu n'as pas déjeuné?...

— Ah! bon, voilà le commencement... la petite dame du quatrième m'a pas trompé.

Mais en entrant dans la seconde pièce, Horace aperçoit le précieux cornet sur la commode; il court le prendre et le présente à sa tante en lui faisant signe de s'en servir. Madame Rennecart s'applique le cornet en disant:

— Oh! ça donc après que j'avais l'oreille un peu dure?

— Un peu dure!... c'est-à-dire, ma tante, que vos oreilles sont en bronze à présent... car j'ai carillonné longtemps à votre porte... et vous ne m'avez pas entendu.

— Ma foi, non... Tu m'étonnes.. ce serait à ce point-là!

— C'est comme j'ai l'honneur de vous le dire... Quand vous avez ouvert, j'allais chercher des sapeurs pour démolir votre porte.

— Mauvais sujet... toujours farceur, n'est-ce pas?

— Toujours, ma tante!

— Voyons, que je te regarde un peu... car il y a trois ans que nous ne t'avons vu!... Mais il est très-bien, ce gamin-là!

— Gamin! ah! ma tante, je vais avoir vingt-deux ans.

— On ne s'en douterait pas... tu as toujours l'air si enfant... cependant, cette petite moustache est gentille, cela te va bien.

— N'est-ce pas, ma tante? cela me donne un air guerrier... Et ma sœur, ma petite Virginie?

— Elle se porte bien; elle est devenue fort gentille aussi.

— Ça ne m'étonne pas! c'est de famille.

— Et puis, elle est sage, laborieuse... elle aime le travail...

— Ah! ça n'est plus de famille... moi, j'aime mieux m'amuser... cependant, je travaille quand il le faut!

— Et pourquoi as-tu quitté Rouen?

— Parce que je m'y ennuyais... trop de sucre de pomme, ma tante... et puis, il y avait trop longtemps que je ne vous avais vues, vous et ma sœur... et cela m'ennuyait... D'ailleurs, à quoi cela m'aurait-il avancé de rester là-bas?... J'étais teneur de livres dans un gros magasin de confiseur... je gagnais dix-huit cents francs par an, c'est vrai, mais je n'aurais jamais gagné plus; c'était le *nec plus ultra* des appointements que l'on donnait dans la maison... Vouliez-vous que je passasse ma vie à gagner dix-huit cents francs?... quel bel avenir!... Est-ce avec cela que je rachèterai la propriété de mon père?

— Tu penses donc toujours à cela?

— Toujours, ma tante... et j'y arriverai, parce qu'il y a un proverbe qui dit: « *Vouloir, c'est pouvoir!* »

— Les proverbes mentent souvent, mon ami.

— Je tâcherai que celui-ci soit vrai.

— Et tu reviens sans le sou, probablement?

— Non, ma tante, voilà ce qui vous trompe; comme depuis longtemps je me proposais de revenir à Paris, j'économisais, je mettais de côté pour cela.. je sais bien que vous n'êtes pas riche, et je ne voulais pas vous tomber sur le dos comme un petit saint Jean... J'ai amassé cinq cents francs, ma tante, cinq cents francs... hein, qu'est -ce que vous dites de cela?

— Ah! ma foi, je suis obligée de convenir que c'est beau, très-beau de ta part... il y a de l'amélioration dans ta conduite.

— Et de plus... tenez... voilà deux beaux bâtons de sucre de pomme... un pour vous, un pour ma sœur, parce que si j'étais revenu de Rouen sans sucre de pomme, vous m'y auriez renvoyé.

— Décidément, tu es bien gentil!

— Maintenant, je vais m'occuper de me chercher un logement... une chambre sur les toits, ça m'est égal... car ma sœur loge avec vous, elle n'irait pas de loger avec vous... Il faut qu'un garçon soit libre comme l'air.

— Oui, oui; d'ailleurs, il n'y aurait pas de place pour toi ici.

— Dites-moi donc, ma tante, est-ce qu'il n'y aurait pas une chambre à louer dans la maison... tout en haut... en face ou au-dessus de cette petite dame qui demeure au quatrième?... Elle est fièrement jolie cette petite dame-là!... Est-elle seule?... est-elle mariée?...

— Et comment sais-tu qu'il y a une dame gentille qui loge ici au quatrième... toi, qui arrives de Rouen?

— Mais, ma tante, je connais déjà votre maison depuis le haut jusqu'en bas... puisqu'il m'a fallu sonner, cogner partout, pour vous trouver... et sans la dame du quatrième, je ne vous aurais jamais trouvée, puisque la sonnette n'a pas de prise sur vos oreilles... il faudra même que nous trouvions à remédier à cela. La jeune dame du quatrième a seule été polie avec moi, elle a bien voulu me répondre; elle m'a dit à quel étage vous demeuriez, et pourquoi vous ne me l'aviez pas ouvert.. tous vos autres locataires sont des crétins, renommée par le charcutier jusque... Ah! je n'ai pas été jusqu'au cinquième, je ne sais pas ce qu'on y trouve... Ma tante, répondez-moi... la jeune dame de là-haut y est-elle seule?

— Je voudrais bien savoir ce que cela te fait!... mauvais sujet!

— Ce que cela me fait?... mon Dieu! je vais vous le dire... c'est que j'en suis amoureux de cette dame.

— Amoureux!.. pour avoir causé avec elle deux minutes sur le carré.

— Ce n'est pas parce qu'elle m'a parlé sur le carré que j'en suis épris, c'est parce qu'elle a des yeux qui m'ont tout de suite été au cœur.

— Je te conseille de ne point t'enflammer pour cette dame... c'est une personne sage, tranquille, qui vit seule, qui ne reçoit personne, ne parle à personne... tu en serais pour tes soupirs, mon garçon.

— Elle est seule! elle ne reçoit personne!... tant mieux...

mais, c'est charmant cela... j'ai beaucoup d'espoir, au contraire.

— Voyons, Horace, tu as à t'occuper d'autre chose que de ces folies... d'un logement d'abord.

— Vous n'avez pas de chambre libre dans la maison ?

— Non, il n'y en a pas.

— C'est dommage !

— Ecoute : il ne faut pas te loger en garni, c'est tout de suite bien plus cher... que te faut-il dans ta chambre?

— Oh! bien peu de chose, un lit, deux chaises et une table.

— Je puis te donner à peu près tout cela. J'ai trois matelas, je t'en donnerai un avec un sommier de crin... j'ai trop de chaises pour le monde que je reçois, je t'en donnerai quatre : il y a dans la pièce d'entrée une petite table qui ne nous sert pas, tu la prendras... je te donnerai un oreiller et du linge... une malle.

— Merci, ma bonne tante, me voilà meublé en véritable artiste.

— Va vite t'arrêter une chambre dans le quartier : quand tu reviendras, un commissionnaire te portera les meubles.

— Oui, ma tante ... oui. . mais...

— Mais quoi?... tu rêves à quelque chose ?

— Oui, je cherche le moyen de vous faire entendre quand on sonne... cela me paraît indispensable.

— Je laisserai ma porte ouverte quand je serai seule.

— Non ! dans une maison sans portier, ce serait dangereux.

Horace se promène quelques instants dans la chambre en regardant de côté et d'autre. Enfin il s'arrête en disant à madame Rennecart :

— Où vous placez-vous habituellement quand vous êtes seule à travailler ou à lire?

— Je me place ici, tiens, devant la cheminée... dans mon fauteuil... c'est toujours ma place.

— En face de la glace?

— Oui, justement en face.

— Bon ! très-bien !... bravo !... j'ai mon moyen.

— Tu dis?...

— Restez là, ma tante, je reviens tout de suite... mais ne fermez pas la porte, vu que mon moyen ne fonctionne pas encore.

Horace sort précipitamment.

— Quel étourdi !... et que veut-il faire ? se dit la bonne dame restée seule. Cependant, il a amassé cinq cents francs... pour lui, c'est magnifique !... mais il n'a plus de place... et à Paris, cinq cents francs, c'est bien vite dépensé... O mon frère, pourquoi ne m'avoir pas confié où était caché votre trésor !

Horace ne tarde pas à revenir; il tient à la main un de ces pantins en carton que l'on fait remuer au moyen de ficelles qui se tirent par en haut, et font aller les jambes et les bras... son pantin, qui représente un Turc, est haut de deux pieds.

— Qu'est-ce que tu veux faire de ce joujou ? s'écrie madame Rennecart en apercevant le pantin. Est-ce que tu crois que ta sœur joue encore avec cela?

— Oh! ce n'est pas pour ma sœur que je l'ai acheté... vous allez voir... ce que vous allez voir... Ah! vous avez bien un marteau, n'est-ce pas, ma tante ?

— Sans doute.

— Veuillez me le prêter... pour le reste, j'ai tout ce qu'il me faut.

Madame Rennecart cherche son marteau. Pendant ce temps, Horace tirant de sa poche une pelote de ficelle, en attache un bout au fil qu'il faut tirer pour faire mouvoir le pantin ; ensuite il enfonce un fort clou à crochet au-dessus de la glace, il attache son pantin à ce clou, et le Turc est si grand qu'il masque presque entièrement le milieu de la glace ; ensuite, le jeune homme conduit sa ficelle adaptée au bonhomme de carton jusque dans la pièce d'entrée où se trouve la sonnette. Il s'assure d'abord qu'en fermant la porte par où passe sa ficelle, il reste en haut assez de jour pour qu'elle puisse manœuvrer ; heureusement, la porte ne joint pas parfaitement du haut, et l'on peut tirer la ficelle ; alors il va attacher l'autre bout à la sonnette, de façon qu'au moindre mouvement qu'on fera faire à celle-ci, elle ne peut manquer de tirer la ficelle et de mettre le pantin en mouvement.

— Voilà qui est fait, ma tante ! dit Horace en sautant en bas de sa chaise.

Et madame Rennecart, qui a regardé faire son neveu, sans rien comprendre à ce qui doit en résulter, lui dit :

— Eh bien... qu'est-ce que tout cela signifie ?

— Ma tante, ayez la bonté de venir vous asseoir à votre place ordinaire,

— M'y voilà... eh bien?

— Dites-moi, est-ce que, même en travaillant, vous n'apercevez pas toujours un peu le pantin qui est devant la glace ?

— Si je l'aperçois !.. que trop ! il me tire l'œil, ton vilain Turc... il me fait loucher.

— Très-bien, c'est ce qu'il faut ! Eh bien, ma tante, quand vous apercevrez le pantin remuer... gigotter de ses bras et de ses jambes, vous pourrez aller ouvrir votre porte, c'est qu'on sonnera chez vous.

— Bah !... qu'est-ce que tu me dis là... comment, tu crois que ?...

— Nous allons en faire l'expérience... restez à votre place .. je vais sortir et fermer la porte, mais n'oubliez pas d'ouvrir quand le pantin remuera.

— Sois tranquille, puisque je suis prévenue.

Horace quitte la chambre, et sort en fermant après lui la porte du carré. Au bout de quelques instants, madame Rennecart n'entend pas le carillon de la sonnette, voit le pantin qui se démène de ses jambes et des bras. Elle en demeure tellement saisie, qu'elle oublie un moment d'aller ouvrir ; mais le pantin fait des écarts si étonnants qu'enfin elle se rappelle la sonnette. Elle court ouvrir à son neveu qui lui dit :

— Est-ce qu'il n'allait pas?

— Mais, au contraire, il allait si bien que je ne pouvais pas me lasser de le regarder.

— Eh bien, ma tante, que dites-vous de mon expédient ! Laisserez-vous encore le monde à la porte ?

— Tiens, embrasse-moi : tu es un franc étourdi, mais, en vérité, il n'y a que toi pour avoir de ces idées-là !

— Et maintenant, ma tante, à bientôt. Je vous laisse ma valise... Je vais me chercher un appartement avec écurie et remise pour y mettre mon lit, ma table et mes quatre chaises.

XII

UNE CHAMBRE GAIE.

Tout en regardant à droite et à gauche, Horace dirige ses pas du côté des boulevards ; dans la rue du Temple, il ne trouve à louer que des appartements petits ou grands, mais pas une seule chambre de garçon, et il se dit :

— Si je pouvais trouver quelque chose sur les boulevards, ce serait bien plus gai ! là on a de l'air, du jour, de la vue... Je préférerais un cabinet au septième sur le boulevard, à une belle chambre au premier, dans une vilaine rue sombre et étroite.

Et, tout en cherchant des écriteaux, le jeune homme pensait encore à la petite dame qui logeait dans la maison de sa tante ; il regrettait vivement qu'il n'y eût rien à louer au-dessus d'elle, et pourtant la maison était sombre, et le derrière n'était pas gai. Mais le voisinage d'une femme qui nous plaît change l'aspect des lieux et embellit tout... pour quelque temps.

Sur les boulevards, la moindre chambre à louer est d'un prix beaucoup trop élevé pour Horace qui, arrivé devant la rue d'Angoulême, se dit :

— Je crois que je ferai aussi bien de quitter la ligne des boulevards et d'entrer dans les rues.

Il entre dans la rue d'Angoulême, et, après avoir fait quelques pas, se trouve à un carrefour qui forme une espèce de place. En avançant tout droit, il voit au coin de la rue la maison du traiteur Chapard, très-renommée pour faire des noces et des repas de corps ; une longue file de voitures arrêtées devant le restaurant et sur la place d'Angoulême annonce qu'il a toujours la même vogue, bien qu'il ne soit plus tenu par Chapard, qui lui-même avait succédé au Capucin.

— On s'amuse par ici, se dit Horace ; j'aimerais beaucoup à demeurer chez un traiteur.

En disant cela, ses yeux se portent sur la maison qui fait l'autre coin de la rue : il aperçoit des écriteaux, il s'approche et lit : Chambre de garçon à louer. Aussitôt il entre et s'adresse au portier :

— Vous avez une chambre de garçon à louer ?

— Oui, monsieur.

— J'en cherche une où l'on pourrait entrer tout de suite.

— Celle-là est libre, et rien n'empêcherait monsieur d'y entrer tout de suite, si elle lui convient.

— A quel étage ?

— Ah dame ! c'est tout en haut... dans les mansardes.

— Tant mieux ! on a plus d'air... Il n'y a qu'une chambre ?

— Une seule... pas très-grande... et pas le plus petit cabinet.

— Tant mieux ! je n'en ai pas besoin. Elle donne sur la rue ?

— Oui, monsieur... Oh ! la vue est bien agréable, vous êtes justement en face du traiteur qui est à l'autre coin de la rue ; de votre fenêtre, car il n'y a qu'une fenêtre...

— C'est assez pour une personne seule : on ne se met pas à deux fenêtres à la fois.

— Monsieur a parfaitement raison ; je disais donc que de la fenêtre on plonge sur les salons du restaurant, et comme il y a des noces au moins trois fois par semaine, on voit danser les noces, et l'on entend la musique, absolument comme si on était dans le bal !

— En vérité, on entend l'orchestre de la danse ?

— Oui, monsieur... nous l'entendons aussi de ma loge, mais pas si bien que là-haut, parce que le son monte apparemment ; c'est au point que nous avons des locataires au quatrième qui reçoivent tous les samedis et donnent un petit bal, mais ils n'ont pas d'autre musique que celle du traiteur.

— Voilà qui est très-commode. Alors je pourrai aussi faire danser chez moi sans payer le violon ?

— Oh ! certainement... seulement je conseille à monsieur de ne point engager trop de monde... Je crois que, les meubles placés, on ne pourrait danser que quatre personnes.

— C'est assez pour faire un demi-quadrille. Après cela, je ne veux pas acheter encore beaucoup de meubles. J'arrive de Rouen... je ferai plus tard venir mes gros meubles en palissandre. Venons à la corde sensible : combien veut-on louer cette chambre à danser ?

— Monsieur, le dernier prix sera de cent quarante francs... on l'a louée cent cinquante à un vieux professeur d'écriture, qui a quitté parce qu'il n'aimait pas la musique.

— Je conçois que les personnes qui n'aiment pas les musiques de bal peuvent ne point se plaire là-haut... Ça dure tard, la musique ?

— Jusqu'à cinq heures du matin, monsieur... les samedi, jeudi, mardi et quelquefois lundi.

— Fichtre... mais heureusement j'aime beaucoup entendre jouer des polkas, des valses, des mazurkes.

— Vous entendrez de tout cela depuis neuf heures et demie du soir jusqu'à cinq heures du matin.

— C'est charmant, ça me donne déjà envie de danser... Portier, je loue cette chambre !

— Monsieur ne l'a pas vue.

— C'est inutile, tout ce que vous m'en avez dit me suffit... d'ailleurs, je la verrai en emménageant... Tenez, voici le denier à Dieu.

Horace met une pièce de cinq francs dans la main du portier. Pour la location d'une chambre sur les toits, c'était se montrer fort généreux. Aussi le portier s'incline profondément en disant :

— Alors, monsieur peut déjà se considérer ici comme chez lui.

— Fort bien. Quant aux renseignements... j'arrive de Rouen, mais j'ai ma tante qui est principale locataire d'une maison rue du Temple... je vais vous écrire son adresse.

— Oh ! inutile... monsieur a de ces figures... qui parlent pour lui... Ah ! pardon, je crois que j'ai oublié de dire à monsieur une chose...

— Qu'est-ce donc ?

— Il n'y a pas de cheminée dans la chambre.

— Ah ! vieux farceur ! alors c'est tout bonnement un cabinet que vous me louez ?

— Oh ! monsieur, pardon, c'est bien une chambre de garçon.

— Comme je ne suis pas frileux, cela m'est égal. Il y aurait une cheminée que probablement je ne ferais jamais de feu.

— Alors il est bien plus commode pour monsieur de n'en pas avoir.

— Je vais acheter les meubles... indispensables pour le premier moment... plus tard mes bagages arriveront.

— J'engage monsieur à ne pas faire venir trop de choses, ça ne tiendrait pas.

— Cela suffit... j'agirai en conséquence.

— Quand monsieur reviendra, la clef est là... à sa disposition.

Horace est enchanté, il retourne vivement chez sa tante. Il sonne... Madame Rennecart vient lui ouvrir d'un air effaré, en disant :

— Ah ! mon Dieu ! que j'ai eu peur... ton diable de pantin ! je ne m'y attendais pas ! et voir tout d'un coup des jambes et des bras qui remuent.

— Ma tante, c'est pourtant bien agréable de pouvoir ouvrir quand on sonne !

— Oui, oui... Eh bien, as-tu trouvé une chambre ?

— J'ai mon affaire... une chambre... tout près d'ici... place d'Angoulême.

— Ah ! tant mieux !

— Une chambre charmante, dans laquelle on peut donner bal sans se gêner...

— Bal ! c'est donc plus grand qu'ici ?

— Ah ! je ne vous dirai pas au juste sa grandeur, je ne l'ai pas vue.

— Comment... tu n'as pas vu la chambre que tu viens de louer ! en voilà une sévère !

— Ma tante, je la verrai en emménageant ; ce qu'on m'en a dit m'a suffi.

— Mais il peut y avoir une foule de désagréments dont on ne t'a pas parlé et que tu connaîtras trop tard.

— Ma tante, il y a tant d'agréments dans le local qu'il ne peut y avoir de place pour les désagréments.

— Quel étourdi !... et le prix ?

— Pour rien ! cent quarante francs... Voyons, où trouverai-je un commissionnaire ?

— A deux pas, devant le marchand de vin... un Auvergnat très-honnête.

— S'il n'était pas honnête, il ne serait pas Auvergnat.

— Il a une petite voiture à bras... ça te suffira.

— Je crois bien, que ça me suffira ! je pourrai même, à la rigueur, me faire traîner avec mes meubles.

— Allons, va chercher Jean ; moi j'emplis une malle de tout ce qu'il te faut.

— Ne mettez pas trop de choses, ma tante, le portier m'a prévenu que ça ne tiendrait pas.

Horace, qui mène toujours les affaires tambour battant, revient bientôt avec le commissionnaire et la petite charrette. En peu de temps on a descendu les meubles et la malle qui contient le linge. Tout cela ne tient pas beaucoup de place. Au moment de se mettre en route, Horace s'écrie :

— Diable ! mais il n'y a ni couchette ni lit de sangle.

— Je n'en ai pas, mon garçon.

— Ma chère tante, vous me donnez déjà bien assez... mais je puis me faire ce cadeau-là : coucher par terre serait trop oriental pour la rue d'Angoulême.

— Attends, mon ami ; il y a un revendeur de vieux meubles à côté, je vais avoir ce qu'il te faut à bon compte.

— Allez, ma tante, moi je garde votre chambre.

Madame Rennecart sort. Au lieu de rester dans l'appartement, Horace s'installe sur le carré, en se disant :

— La petite dame du quatrième va peut-être descendre ou monter... je lui passerai la jambe, elle glissera, je la relèverai, et voilà comment on entame une connaissance.

Mais il ne monte que l'ouvreuse de loges du cinquième à laquelle Horace ne juge pas convenable de passer la jambe. Bientôt le petit Jonas, qui rôde toujours dans les escaliers, vient examiner le jeune homme et lui dit :

— Qu'est-ce que vous faites donc là ?

— Tu es bien curieux, moucheron.

— C'est que... si vous demandez mon père, c'est au-dessus.

— Et quel est ton père ?

— M. Machabée, négociant.

— En quoi ?

— En tout ce qu'on veut.

— Bigre... il doit avoir de vastes magasins, alors ! Ah ! dis donc, petit...

— Je ne m'appelle pas Petit, je suis Jonas.

— Eh bien, jeune Jonas, connaissez vous tous les locataires de la maison ?

— Oui... il ne faut pas acheter rien chez le charcutier d'en bas, il vend de la cochonnerie.

— Il me semble que c'est son état. Mais ça m'intéresse peu, ceci. Il y a une dame qui loge là-haut...

— Oui... je le sais bien.

— Comment se nomme-t-elle?

— Madame Putiphar.

— Madame Putiphar, singulier nom... et que fait-elle?

— Elle est ouvreuse de loges dans un théâtre.

— Pas possible... comment! cette jolie petite dame... qui a l'air si distingué, serait ouvreuse de loges... vous devez faire erreur, petit Jonas.

— Non, non, je sais bien qu'elle est ouvreuse... elle a donné une fois un petit banc à ma mère, qui lui a donné deux sous.

En ce moment madame Rennecart remonte et dit à son neveu:

— Ta couchette est dans la voiture, ainsi que quelques petits objets indispensables que nous avions oubliés... allons, va vite emménager; j'espère que tu reviendras ce soir voir ta sœur et souper avec nous?

— Oh! je n'y manquerai pas... j'apporterai un pâté.

— Ce n'est pas la peine... il y a de quoi manger.

— Ma tante, je vous en prie, laissez-moi apporter un pâté... c'est une idée fixe que j'ai de me régaler de pâté en arrivant à Paris... Ah! dites-moi donc, est-ce vrai que la dame d'en haut, madame Putiphar, est ouvreuse de loges?

— Certainement que c'est vrai.

— Je n'en reviens pas... j'en suis ébahi!

— Va donc emménager, la charrette attend en bas.

— C'est juste... j'y vais... Alors ça doit être au moins à l'Opéra, n'est-ce pas, ma tante?

— Veux-tu bien t'en aller?

Horace se décide enfin à partir. Le chemin étant court de la place du Temple à celle d'Angoulême, il est bientôt arrivé avec ses meubles. Le portier lui donne la clef, en lui disant:

— Au dernier étage, ne vous trompez pas, il y a un corridor... c'est la seconde porte dans le corridor... pas la première... faites attention! la seconde.

— Soyez tranquille, je trouverai bien... Allons, Jean, du courage ici... il faut monter tout cela au cinquième.

— Oh! moussia, ça se fera tout de même!

On monte: le commissionnaire porte la couchette, Horace met sur sa tête un matelas et un oreiller. On arrive au dernier étage, qui est devenu beaucoup plus étroit que les autres. Le commissionnaire, qui a grimpé le premier, s'arrête devant la première porte qu'il voit et qu'il ouvre facilement en tournant un bouton. Mais alors il reste sur le seuil, au lieu d'entrer, en murmurant:

— Est-che que ch'est par là que vous entra?

— Comment! mon brave homme, vous croyez que je vais demeurer dans les lieux d'aisances! s'écrie Horace, qui vient de s'approcher et recule aussitôt.

— Et cet imbécile de portier qui ne cessait de me dire: La seconde porte, ne vous trompez pas!... il me semble qu'il n'y a pas à se tromper. Voilà celle, qui doit fermer mon appartement.

En effet, Horace ouvre la porte qui est à côté, et l'on se trouve dans une petite pièce un peu mansardée et dans laquelle, lorsqu'on aura placé le lit et les autres meubles, il restera juste assez de place pour passer les manches de son habit.

— Ah! farceur de portier! s'écrie le nouveau locataire, qui me dit que l'on pourra danser chez moi... oui, deux personnes, en sautant toujours à la même place. C'est égal, la chambre est gaie... et un jour superbe... ça me fait penser que je n'ai pas de rideaux, mais comme il n'y a que les oiseaux qui pourraient me voir dans mon lit, je ne pense pas qu'ils en seront offusqués. Allons, Jean, chaud, chaud, dépêchons... pendant que je vais mettre ma couchette en état de me recevoir.

L'Auvergnat est presque aussi leut que le jeune homme est prompt; en général, les Auvergnats ne sont guère plus vifs que les maçons... et puis il y avait haut à monter.

— Est-ce fini? disait à chaque instant Horace à son commissionnaire.

— Non, moussia, il y a encore de quoi monter!

— Mais ma tante m'a donc acheté une foule de choses chez ce marchand de vieux meubles... comment, une petite fontaine!... ah! c'est utile; j'en conviens; un chandelier, c'est encore utile, mais un fourneau! à quoi bon? que veut-elle que je fasse d'un fourneau? est-ce qu'elle croit que je vais m'amuser à faire la cuisine chez moi? Est ce tout?

— Non, moussia.

L'Auvergnat redescend et remonte avec un balai, une pelle et des pincettes.

— Voilà encore qui est de trop, dit Horace; puisque je n'ai pas de cheminée, je n'avais besoin ni de pincettes, ni de pelle; le balai même est inutile.

— Est-ce que moussia ne balayera pas sa chambre?

— Une chambre si petite!... à quoi bon... d'ailleurs le soufflet aurait suffi: j'ouvrirai ma fenêtre, je soufflerai par terre, toute la poussière s'envolera par la croisée! Ah! vous ne connaissez pas cette manière de balayer, vous.

— Non, moussia, chest là vérita.

— Il n'y a plus rien, j'espère.

— Si, moussia, il y a encore quelque chose que je vas cherchal!

— Encore quelque chose! mais il ne tiendra plus rien ici! ma tante se figure donc que j'ai loué un hôtel!

L'Auvergnat descend de nouveau et remonte avec un vase nocturne, qu'il présente à Horace qui s'écrie:

— Encore un objet de luxe!

— Ah! monsieur.. Tout le monde... en a...

— Mais puisque je suis tout à côté du numéro cent! J'en suis trop près même!.., Je n'avais pas besoin de ça... Enfin, n'importe! vous avez fini... voilà votre argent.

— Merci, moussia; à une autre fois!

— Le plus souvent que je te reprendrai, toi, se dit Horace, un gaillard qui fait un voyage pour monter un pot de nuit! Enfin... me voilà chez moi... et joliment meublé, je m'en flatte... Jouissons un peu de ma vue.

Il ouvre sa fenêtre, d'où il plonge dans les salons du restaurant en face. Il y avait plusieurs noces, et comme l'heure où l'on dîne approchait, il aperçoit beaucoup de monde qui circulait dans les salons.

— Tiens! mais en effet, c'est très-gai! dit Horace! voilà des gens qui se disposent à s'amuser, à dîner manger... il y a au moins deux ou trois noces dans tout cela... j'aperçois des femmes gentilles, de jolies toilettes... Décidément j'ai une vue charmante... mais il se fait tard, retournons chez ma tante.

Quand Horace sort, le portier lui crie:

— Monsieur est content de son local?

— Oui; seulement je ne crois pas qu'on puisse danser quatre chez moi.

— C'est ce soir que monsieur aura de l'agrément et qu'il entendra de la musique!... Les samedis c'est superbe! Trois orchestres en même temps... et qui jouent... l'un un quadrille, l'autre une valse ou une polka!

— Ça doit faire un très-bon effet.

Comme il sait que sa sœur ne revient que vers huit heures et demie, Horace flâne sur les boulevards avant de retourner chez madame Rennecart. Il est bien aise de refaire connaissance avec Paris, où l'on trouve toujours des embellissements pour peu que l'on en soit quelque temps absent. Enfin, sur les huit heures et demie, après avoir acheté son pâté, il se rend chez sa tante.

Virginie était arrivée; elle avait été bien surprise, d'abord, de trouver la porte fermée, puis de voir sa tante lui ouvrir la porte presque aussitôt qu'elle avait sonné. Elle avait ensuite jeté un cri d'effroi en apercevant ce grand Turc plaqué sur la glace, mais madame Rennecart lui avait tout expliqué, et elle avait poussé un cri de joie en apprenant que son frère était à Paris et qu'elle allait le revoir.

Bientôt la sonnette retentit, puis le pantin joue des jambes et des bras. Virginie court ouvrir et se jette dans les bras de son frère, qui, pour l'embrasser plus vite, laisse tomber à terre son pâté. Mais la pâtisserie n'étant pas casuelle, on ramasse l'objet, qui en est quitte pour avoir sa croûte un peu démolie.

Virginie ne peut se lasser de regarder son frère, en s'écriant:

— Ah! ma tante, il est encore grandi... et avez-vous vu? il a des moustaches!

— Oui, oui, j'ai tout vu, il est superbe!

— Oh! oui, il est bien joli garçon, mon frère!

— Toi aussi, tu es grandie, embellie et formée, petite sœur; car tu n'avais que treize ans lorsque je t'ai quittée, tu étais encore une enfant. Aujourd'hui tu as seize ans passés, tu es une demoiselle, te voilà presque bonne à marier.

— Oh! oui, mon frère!... Je suis très-bonne à marier.

— De la manière dont tu dis cela, on croirait que tu en as déjà envie.

— Dame!... si un jeune homme bien gentil demandait ma main... ça ne me fâcherait pas, moi!

— Eh bien! eh bien! qu'est-ce que c'est que ces idées-là?

s'écrie madame Rennecart, et à quoi allez-vous penser, mademoiselle ? aidez-moi à mettre le couvert, cela vaudra bien mieux que de songer déjà au mariage.

— Et en attendant que je te trouve un mari, dit Horace, tiens, voilà un bâton de sucre de pomme, cela te fera toujours prendre patience.

— Ah ! merci, mon frère.

Virginie saute de joie en recevant le beau bâton de sucre de pomme, cela lui fait oublier ses idées de mariage. On se met à table. Horace a de ces appétits de vingt ans qui feraient l'admiration d'un chasseur. On fait honneur aux provisions de madame Rennecart, puis on attaque le pâté, qui est trouvé excellent.

— Mon frère, où donc vas-tu te coucher ? dit Virginie.

— Parbleu ! chez moi, puisque j'ai loué un magnifique appartement que je viens de meubler avec luxe.

— Est-ce loin d'ici ?

— Non, place d'Angoulême, tout près du boulevard ; il n'y a pas pour dix minutes de chemin.

— Oh ! je voudrais bien voir ton logement !

— C'est très-facile... Ah ! j'y songe ; il faut y venir ce soir, mon voisin a justement des noces, vous entendrez la musique, la danse... vous pourrez juger comme c'est gai chez moi.

— Oh ! oui, ma tante, allons voir ce soir l'appartement de mon frère ! le voulez-vous ?

— Ce soir, mais il sera bien tard pour sortir, mes enfants, il va être dix heures...

— Eh bien, est-ce que c'est tard cela... Ma tante, vous ne sortez jamais, cela vous fera du bien de prendre l'air un peu.

— Oui, oui, dit Horace, il faut venir ce soir quand nous aurons fini de souper. Rien ne vous gêne ici... votre maison n'a pas de portier ; ensuite je vous ramènerai ; je ne vous laisserai certainement pas revenir seules... C'est convenu, vous allez venir danser chez moi.

— Danser ! Est-ce que tu donnes un bal ce soir ?

— J'en donnerai trois fois par semaine... tu verras cela.

On finit de souper. Puis les dames ayant mis ce qu'il leur faut pour sortir, on ferme la porte et on prend le bras d'Horace qui est tout fier de sentir à ses côtés sa tante et sa sœur. On est bientôt arrivé place d'Angoulême. Là, tout prend déjà un aspect de fête ; le restaurant est resplendissant de lumière ; on entend les orchestres ; les voitures font queue, elles amènent du monde pour les bals. Virginie serre le bras de son frère, en lui disant :

— Est-ce là que nous allons ? mais alors je ne suis pas assez en toilette !

— Non, rassure-toi, petite sœur, ce n'est pas dans cette maison que je demeure... c'est en face, et ta toilette est très-suffisante pour la soirée que je donne... Ah ! bigre, j'y songe... je n'ai pas de chandelle chez moi... Je ne veux pas te faire danser à tâtons... Ma tante, permettez que j'entre chez l'épicier, pour y acheter du luminaire.

— Veux-tu que j'y aille, moi ?

— Non, restez avec ma sœur.

Virginie sautille déjà dans la rue, à côté de sa tante, parce qu'elle entend jouer une polka. Horace revient avec une livre de bougies sous son bras. Il fait entrer les dames dans sa maison et va allumer une de ses bougies chez le portier, qui lui dit :

— Eh bien ! monsieur, vous avais-je trompé ?... entendez-vous les flons-flons ?

— Oui ; oh ! c'est très-gai, très-animé !

— Aussi, monsieur amène des dames pour danser.

— J'amène ma sœur et ma tante pour qu'elles voient mon logement... Elles danseront si elles veulent, ça ne regarde personne.

Et Horace monte en avant, sa bougie allumée à la main, ce qui était fort nécessaire pour guider dans les dédales de l'escalier. Enfin, on arrive chez lui ; il ouvre et fait passer sa tante qui va se cogner contre une porte.

— Mon Dieu ! mais on se cogne partout chez toi, dit madame Rennecart. Ah ! que c'est petit... nous n'y tiendrons jamais tous les trois.

— Si, ma tante, si... Virginie, mets-toi à la fenêtre, tu tiendras moins de place.

— Oui, mon frère. Oh ! que c'est gentil... Je vois dans le bal... Oh ! c'est une polka... Horace, fais-moi polker.

— Volontiers, la polka c'est mon triomphe... Viens.

— Ah çà, où voulez-vous danser ici ?... dit la vieille dame, vous allez me bousculer alors !

— Non, ma tante ; mais nous allons polker dans le corridor, je crois que cela vaudra mieux.

Le frère et la sœur sortent du corridor, et comme le corridor est très-long, ils peuvent y polker sans être trop gênés. L'orchestre cesse ; alors Horace reconduit sa danseuse dans sa chambre. Virginie est enchantée, elle s'écrie :

— Ah ! ma tante ! quel plaisir de demeurer ici... Je danserais toute la journée, moi !

— Eh bien ! tu ne travaillerais guère alors... Mais on doit se lasser de la danse comme d'autre chose.

— Oh ! non, ma tante, on ne s'en lasse jamais.

— Mon Dieu ! que cette chambre est petite ! et pas de cheminée ! C'est un cabinet !

— Ma tante, je suis encore bien heureux d'avoir trouvé cela... les loyers sont si chers à Paris !

— Après tout, comme tu ne recevras pas grand monde, je pense.

— Ah ! mon frère, une valse ! entends-tu ? une valse !

— Oui... oui... Viens valser.

Le frère et la sœur retournent dans le corridor où ils se mettent à valser, et où ils manquent de faire tomber une voisine dont la porte donne sur le corridor et qui sortait de chez elle, avec un vase qu'elle allait vider tout à côté de chez Horace. Cette dame, obligée de se garer des valseurs avec son pot, murmure :

— C'est gentil ; ce n'est donc pas assez d'être assourdie par la musique, on danse dans nos corridors, à présent !... Demain, je donnerai congé !

— Et moi, je n'ai loué que pour y danser ! crie Horace en riant.

La valse finie, madame Rennecart veut s'en aller, mais on entend jouer une mazurke, et Virginie s'écrie :

— Ah ! ma tante... laissez-moi essayer cette danse-là... c'est si joli... Je ne la sais qu'un peu.

— Je vais te l'apprendre tout à fait, dit Horace. La mazurke, c'est mon triomphe.

— Il paraît que toutes les danses sont ton triomphe ?

— Ma tante le veut bien... Viens, Virginie.

Le jeune couple retourne dans le corridor, d'où la voisine a disparu en fermant sa porte avec fureur.

Après la mazurke, madame Rennecart dit à sa nièce :

— Repose-toi un peu, et puis nous partirons.

Mais alors que les danseurs commencent à se reposer, on joue un galop dans le bal. Alors Horace prend sa sœur et l'entraîne dans le corridor ; là, ils se livrent à un galop effréné et si rapide que la voisine qui a entr'ouvert sa porte la referme aussitôt en criant :

— C'est épouvantable !

Mais, le galop fini, madame Rennecart se met à descendre l'escalier en disant :

— C'est une belle conduite ! Il est plus de minuit.

— Eh bien, ma tante, je ne vais pas si souvent au bal, dit Virginie ; et puis, c'est demain dimanche... nous dormirons tard.

Horace reconduit sa sœur et sa tante à leur demeure et les quitte en leur disant :

— A demain.

— Tu viendras déjeuner ?

— Oui, mais pas trop tôt... Laissez-moi dormir à mon aise.

— A onze heures, alors... Est-ce trop tôt, paresseux ?

— Soit... à onze heures... pour midi.

XIII

LE DÉJEUNER IMPOSSIBLE.

Malgré son bal impromptu de la veille, Virginie est levée de bonne heure, et, après s'être occupée du ménage, elle passe à sa toilette beaucoup plus de temps que de coutume. Mais c'est le quinze, jour du terme, et quelque chose lui dit que le neveu du propriétaire ne manquera pas de venir. Le cordon du tablier avait établi entre elle et Oswald comme une secrète correspondance ; il lui avait dit bien des choses, et un cordon ne saurait mentir.

Madame Rennecart s'est levée plus tard qu'à son ordinaire, et elle gronde en disant :

— C'est Horace qui est cause de cela... ce monsieur nous fait coucher à plus de minuit... Et pourtant aujourd'hui j'ai affaire ; il faut que j'apprête toutes mes quittances du quinze... et il va nous faire déjeuner à je ne sais quelle heure !

— Ah ! ma tante, c'est dimanche... nous ne sommes pas pressées.

— Mais c'est le jour du terme... Les locataires vont venir, et s'ils nous trouvent à déjeuner à midi ?

— Eh bien, est-ce qu'on n'a pas le droit de déjeuner tard ?... Il faut attendre mon frère... Ah ! je suis si contente qu'il soit revenu !.. Et vous aussi, n'est-ce pas, ma tante ?

— Moi... c'est-à-dire, je suis contente de le voir, assurément ; je suis heureuse quand je puis l'embrasser, cet étourdi-là, car je l'aime de tout mon cœur !... mais, je suis fâchée quand je songe qu'il a encore quitté sa p——... qu'il n'en a plus... Que va-t-il faire, à présent ?

— Il cherchera une autre place, ma tante.

— Il cherchera ! oui, mais ce n'est pas facile à trouver.

— Vous savez que mon frère a du talent : d'abord il possède une très-jolie écriture ; il paraît qu'il calcule fort bien, qu'il connaît la tenue des livres, qu'il sait l'anglais ! Avec tout cela, il est impossible qu'il ne trouve pas bien vite un emploi !

— Il y a tant de gens qui en cherchent, des emplois !

— Oui, mais tous n'ont pas le mérite de mon frère !

— Si tu crois que c'est le mérite qui l'emporte toujours, tu te trompes fort, ma chère enfant !

— Ma tante, puisque je suis ici aujourd'hui, est-ce que nous ne pourrions pas ôter ce vilain pantin qui est sur la glace ?

— Ah ! cela te gêne ?

— Dame !... c'est bien incommode, quand on veut se regarder un peu !

— Tu ne pourrais jamais le décrocher, ni moi non plus... D'ailleurs, il est fixé après la sonnette... Non, non, il faut le laisser.

— Mais ce n'est pas joli... Quand il va venir du monde... que pensera-t-on en voyant ce Turc sur la cheminée ?

— On croira que c'est un nouveau modèle de pendule.

L'arrivée du charcutier interrompt la conversation. L'industriel paye son terme, tout en disant :

— Mes garçons se plaignent beaucoup d'un petit garçon de la maison qui leur chipe des saucisses... Faudrait voir à dire un mot aux parents *d'avoir l'œil dessus.*

— Que ne le dites-vous vous-même ? répond madame Rennecart.

— Oh ! moi !... vous comprenez... je ne veux pas aller faire d'esclandre... je suis au-dessus d'une saucisse !... Mais c'est égal, faudra le dire aux parents *d'avoir l'œil !...*

— Il peut bien garder ses commissions pour lui !... dit madame Rennecart quand le charcutier est parti. M. Machabée est un excellent locataire ; et puis moi, je n'aime pas à faire gronder les enfants.

Bientôt arrive M. Machabée ; il ouvre de grands yeux en voyant le pantin sur la glace, il se met à rire en disant :

— Tiens ! fous afre des chouchoux sur fotre cheminée !

— Oui, monsieur ; c'est une idée, une fantaisie de mon neveu qui vient d'arriver de Rouen.

— C'est un Tirc ?

— Mon neveu... il n'est pas Turc du tout !

— Che dis : c'est un Tirc... fotre chouchou ?

— Ah ! le pantin, c'est tout ce qu'on veut !

— Donnez-moi mon quidance... Che me plaindre du chargudier qui afre des garçons qui feulent battre mes enfants... Che feux bas qu'on batte mes enfants : che fous prie d'avertir le chargudier que chirai faire tapache dans sa boutique.

— Avertissez-le vous-même, monsieur, cela ne me regarde pas ; je ne me mêle pas des différends qui peuvent s'élever entre les locataires.

M. Machabée prend sa quittance et s'éloigne en murmurant

— Qu'ont-ils donc tous aujourd'hui à se plaindre les uns des autres ? dit madame Rennecart. Mais voilà onze heures et demie, et M. mon neveu n'arrive pas.

— Ma tante, j'entends chanter dans l'escalier : c'est lui, je reconnais sa voix.

C'est en effet Horace qui arrive gaiement, embrasse sa sœur et sa tante et s'écrie :

— Vous n'avez pas encore déjeuné, j'espère ?

— Non, mais, grâce à toi, nous mourons de faim ! nous ne déjeunons jamais si tard.

— Nous n'en aurons que plus d'appétit... et je me rappelle que nous avons laissé de beaux restes de mon pâté d'hier... A table alors.

On se dispose à se mettre à table, lorsque arrive le locataire qui demeure sur le même carré que madame Rennecart. Celui-ci est le vieil employé, homme très-exact, très-honnête, mais fort méticuleux et qui ne peut pas souffrir le moindre dérangement dans ses habitudes. Tout en payant son terme, il dit :

— Madame, je suis rangé, je n'incommode personne, mes voisins ne peuvent pas se plaindre de moi... C'est, du reste, le devoir de tout bon locataire.

— Aussi personne ne s'est jamais plaint de vous, monsieur Griboulot !

— Je le crois ; mais moi, madame, aujourd'hui je suis obligé de me plaindre des autres... C'est fort désagréable et je ne veux pas que cela continue ; non, madame, je ne le veux pas.

— Qu'y a-t-il donc, monsieur Griboulot ?

— Il y a, madame, que naturellement mon paillasson doit être devant ma porte, pour que je puisse y frotter mes pieds en rentrant, et ne point salir mon appartement ; et bien, madame, voilà plusieurs jours que mon paillasson n'y est plus... j'arrive... je frotte mes pieds de confiance... je sens qu'il n'y a plus de paillasson ; je le cherche, et je le trouve dans l'escalier, huit ou dix marches plus haut, ou devant votre porte, ou à l'étage au-dessous ; vous comprenez bien que mon paillasson ne s'en va pas tout seul... C'est donc avec intention de me nuire que l'on me fait cette méchanceté, que je ne veux pas souffrir plus longtemps.

— Mais qui soupçonnez-vous de vous jouer cette farce ?

— D'abord, madame, je n'appelle pas cela une farce ; je trouve que c'est une méchanceté !... je frotte mes souliers à sec, cela use mes semelles... c'est un vilain trait !... Je ne puis pas accuser positivement celui-ci ou celui-là... mais ce monsieur du troisième a toute une légion d'enfants qu'on entend sans cesse crier, se disputer... Ce ne peut-être que l'un d'eux qui se permette ces turpitudes avec mon paillasson... Veuillez bien leur dire que je conduirai au corps de garde le premier que je trouverai touchant à mon paillasson... j'y suis résolu.

— Vous ferez votre commission vous-même, monsieur Griboulot ; mais, moi, je ne veux pas me mêler de cela.

— Cependant, madame, quand on paye son terme.

— Les autres aussi payent... on ne fait que son devoir.

— Il faut donc alors, quand je rentre chez moi, que je passe mon temps à chercher mon paillasson ?

— Monsieur, dit Horace, voulez-vous me permettre de vous donner un moyen pour que l'on ne touche plus à votre paillasson ?

— Volontiers, monsieur, cela me rendra un grand service.

— Eh bien, au lieu de le mettre dehors, mettez votre paillasson en dedans... chez vous enfin ; vous serez sûr alors qu'on n'y touchera pas.

Le vieil employé se frappe le front, s'écriant :

— Ah ! monsieur, vous avez raison !... c'est un trait de lumière... et dire que cette idée ne m'était pas venue. En dedans, pardieu, alors je défie bien qu'on le dérange... Monsieur, je vous suis infiniment obligé et reconnaissant... En dedans ! madame ; désormais, je le mettrai toujours en dedans !

— Vous aurez raison, monsieur.

— Oui, madame, jamais dehors ! toujours en dedans.

M. Griboulot est parti enchanté. Virginie se met à rire en disant :

— Mais s'il met son paillasson en dedans, contre sa porte, il ne pourra plus l'ouvrir, car elle s'ouvre aussi en dedans, et le paillasson l'empêchera de tourner.

— Ah ! ma foi, tant pis ! le principal était de nous débarrasser de ce monsieur, et tu vois que j'ai réussi.

— Il se plaint, et il ne sait pas de qui ?

— Oh ! je m'en doute, moi, quoique je n'habite pas la maison ; je gage que je sais qui est-ce qui s'amuse à déranger le paillasson de M. Griboulot.

— En vérité ?

— Oui, j'ai vu hier au soir rôder dans l'escalier un petit garçon qui m'a l'air d'un franc vaurien. Quand il m'a aperçu, cela a paru le contrarier... Il est probable qu'il allait alors faire voyager le paillasson. Mais tout ceci ne doit pas nous empêcher de déjeuner.

Si vous y tenez tant, à votre canne, ramassez-en les morceaux... — Page 56.

— Non, pourvu qu'un locataire ne vienne pas nous déranger :

— C'est donc le jour du terme, ma tante ?

— Sans doute.

— Ah ! quel bonheur ! madame Putiphar va venir... je la verrai, je pourrai l'admirer tout à mon aise.

— Comment ! mon frère, tu as envie d'admirer la vieille ouvreuse de loges du cinquième ?

— La vieille !... madame Putiphar n'est donc pas cette jolie petite dame qui demeure au quatrième ?

— Eh non !... : celle-ci se nomme madame Huberty, et n'est pas ouvreuse de loges, car elle ne sort jamais.

— Voyez-vous cela, c'est encore ce petit gredin de l'escalier qui m'a attrapé ; il me paraît qu'il se moque de tout le monde ce gamin-là... Et la jolie dame va venir payer son terme ?

— Non, elle est déjà venue.

— Ah ! j'ai du guignon ! Mais, déjeunons... je meurs de faim ! On s'assoit pour déjeuner, lorsque la sonnette se fait entendre derechef, et le professeur de clarinette fait son entrée chez madame Rennecart, qui s'empresse de reprendre son cornet.

— Ma tante, donnez-lui sa quittance et renvoyez-le bien vite, afin que nous puissions déjeuner, dit Horace à demi-voix.

Mais l'artiste ne semble pas si pressé ; tout en comptant lentement l'argent de son terme, il s'arrête, en disant d'un air lamentable :

— Avec tout cela, madame, je suis victime d'un accident très-grave, et je voudrais pourtant bien obtenir un dédommagement... Il m'est dû... oh ! il m'est bien dû !

— Il vous est arrivé un accident, monsieur ?

— Comment ! madame ; est-ce que vous ne savez point ce qui s'est passé dans votre maison hier ?... ce n'est pas plus vieux que cela.

— Moi ! je ne sais absolument rien, monsieur.

— Alors, je vais vous narrer la chose.

— Ah ! mon Dieu ! il va nous conter une histoire, dit Horace à sa sœur, en jetant un regard avide sur le pâté. Mais nous ne déjeunerons pas aujourd'hui !... c'est désolant.

— Madame, reprend le professeur de musique en s'enfonçant dans le fauteuil, je possédais une clarinette excellente... vous n'ignorez pas que je professe cet instrument. Cette clarinette me venait d'un Allemand qui la tenait du célèbre Weber, auteur de *Robin des Bois*. Je ne sais pas si Weber jouait de la clarinette... je ne l'affirmerai pas ; mais toujours est-il qu'il faisait grand cas de cette clarinette, et qu'en la donnant à cet Allemand il lui dit : « Je vous fais un véritable cadeau. »

— Ah ! mon Dieu ! où allons-nous, et où va nous mener cette clarinette ? murmure Horace en poussant un gémissement.

— Et, en effet, c'était un instrument délicieux. L'Allemand, se trouvant avoir besoin d'argent... je ne sais à quelle occasion... c'est-à-dire, si, je me rappelle... il me l'a dit : son épouse venait d'accoucher... Est-ce d'un garçon ?... est-ce d'une fille ?... je l'ai oublié.

— Ah ! monsieur, que ce soit d'un lapin, si vous voulez ! s'écrie Horace, mais de grâce achevez ; nous n'avons pas encore déjeuné.

L'artiste regarde le jeune homme d'un air étonné, il le salue et poursuit :

— L'Allemand me céda donc cette clarinette pour cent écus... elle valait beaucoup plus, mais ceci est un détail.

— Ah ! passons les détails, monsieur.

— Hier, donc, je sortais de chez moi pour aller donner une leçon de clarinette à un jeune Anglais qui a les plus heureuses dispositions... il joue déjà des solo... J'ai composé pour lui quelque chose qu'il doit exécuter dans une prochaine soirée : c'est un morceau varié sur un thème favori... c'est sur... attendez... vous ne connaissez que ça !... cela va me revenir.

Ici, Horace se met à tambouriner sur la table avec un couteau et une fourchette ; le musicien se tourne vers lui en disant :

— Non... non... ce n'est pas cet air-là !

Horace va toujours son train ; sa tante ne peut pas l'entendre, elle est loin de lui ; le professeur se décide à continuer avec accompagnement de couteau et de fourchette.

— Ah ! c'est sur le motif de *Petit blanc ! Petit blanc si doux !* Or, mon jeune Anglais a acheté une clarinette ; elle est fort belle,

3

mais elle ne vaut pas la mienne; elle n'a pas le son si velouté, si suave que je tire de mon instrument; car j'ose dire que j'ai un jeu bien pur! un jeu!...

— La toile! la toile! ou mon argent! s'écrie Horace en tapant plus fort sur la table. Le professeur, tout désorienté, répond:

— Enfin, hier, pour plaire à mon élève, qui désire toujours jouer sur ma clarinette, j'ai emporté mon précieux instrument pour aller lui donner leçon; je sors de chez moi, et, à peine ai-je fait quelques pas sur mon carré, que mon pied glisse; je tombe; je brise ma clarinette en deux endroits... Et, qui est-ce qui a fait cela?... Une saucisse! madame, une saucisse plate!

— Ah! par exemple! dit Horace; pour casser une clarinette avec une saucisse, il faut y mettre de l'acharnement, et ce doit être difficile!

— Mais, monsieur, la saucisse est la cause première; si elle ne m'avait pas fait glisser, je ne serais pas tombé; je n'aurais pas brisé mon instrument.

— Il fallait nous dire ça tout de suite!

— Madame, la saucisse doit venir du charcutier.

— C'est ordinairement leur origine.

— Madame, il y a aussi dans tout cela un petit garçon qui passe son temps dans l'escalier... Il est issu de la famille israélite du troisième.

— Eh bien! monsieur?

— Je me suis plaint au père, au charcutier, au commissaire... J'ai accusé la saucisse... non, l'enfant... c'est-à-dire le charcutier. Croiriez-vous que le commissaire... Ah! mon Dieu! quel bruit ce jeune homme fait sur la table... il étudie donc le tambour.

— Enfin, monsieur... achevez.

— Enfin, madame, le commissaire m'a dit qu'il ne pouvait pas verbaliser sur une saucisse... on ne s'entend plus... que cela ne le regardait pas... que c'était l'affaire du portier... Mais quand il n'y en a pas, on se plaint au propriétaire; et c'est pour cela... il veut donc casser la table... que je viens à vous.

— Monsieur, je ne me mêle point des débats entre locataires... Voilà votre quittance.

— Ah! voilà comme vous prenez mon parti... alors je... Sapristi!... il n'y a plus moyen d'y tenir... je deviendrai sourd aussi. Et le professeur de clarinette sort furieux en se bouchant les oreilles.

— Il est parti... victoire!... Ah! l'infâme bavard!... Mais déjeunons, enfin... déjeunons.

Chacun a pris place à table... mais la sonnette se fait encore entendre.

— Quand ce serait le diable, dit Horace, je ne bouge pas d'où je suis.

XIV

JEUNES AMIS, JEUNES AMOURS.

Virginie a bien vite quitté sa chaise pour aller ouvrir. Ce n'est pas le diable qu'elle ramène, mais le neveu de M. Bouffi, qui, en apercevant un jeune homme assis devant une table bien servie, s'arrête, devient rouge, tremblant, et ne sait plus s'il doit avancer.

— Entrez donc, monsieur, entrez, dit madame Rennecart. Mon Dieu, nous sommes bien en retard aujourd'hui... Figurez-vous que nous n'avons pas encore déjeuné.

— Non, mais nous allons nous y mettre! s'écrie Horace, à qui la présence du jeune homme ne donne pas l'envie de se déranger. Il y a trop longtemps que nous jouons an déjeuner interrompu. Cette fois, je ne quitte plus la table.

— Monsieur est le neveu du nouveau propriétaire de cette maison, mon ami.

— Eh bien, ma tante, quand même monsieur serait le neveu de l'empereur de Chine; je ne vois pas pourquoi cela m'empêcherait de manger, quand je meurs de faim... Monsieur est à peu près de mon âge... il doit avoir bon appétit et comprendre qu'à près d'une heure de l'après-midi on désire déjeuner.

Oswald reste sur le seuil de la porte, toujours très-rouge, très-embarrassé; il balbutie:

— Mon Dieu, monsieur... certainement; je serais bien fâché de vous gêner... je suis désolé d'être venu si mal à propos... je m'en vais... je reviendrai.

Mais Virginie s'empresse de dire:

— Pourquoi donc vous en allez-vous, monsieur... mon frère vous fait donc peur?

En apprenant que ce jeune homme, qui a l'air d'être là comme chez lui, est le frère de Virginie, le visage d'Oswald s'épanouit, sa crainte se dissipe, il sourit et salue Horace en murmurant:

— Ah! monsieur... est monsieur votre frère.

— Si vous voulez bien le permettre, répond celui-ci la bouche pleine. Je suis Horace Bernichot, neveu de... cette bonne dame que vous voyez là... et qui hésite encore pour déjeuner. Voyons, ma tante, sapristi, mettez-vous donc à table, monsieur n'est pas bien effrayant... il ne vous empêchera pas de manger.

— Mais si monsieur est pressé!... j'ai l'argent du terme à lui remettre.

— Non, madame, non, je ne suis pas pressé du tout! répond Oswald, qui cette fois est entré tout à fait dans la chambre; et si cela ne vous contrarie pas que je reste là pendant que vous déjeunerez...

Virginie a déjà présenté une chaise au jeune homme, et, cette chaise, elle a eu soin de la placer près de la sienne. Oswald s'assoit en disant:

— Mais surtout ne vous hâtez pas pour moi, rien ne me presse... j'ai ma journée à moi; mon oncle est sorti avec sa femme; je présume qu'ils ne rentreront que tard.

— Alors, monsieur, puisque vous me le permettez, nous allons déjeuner... Du reste, vous voyez que mon neveu n'attend pas ma permission... il est déjà en train.

— Oui, ma tante... je n'y tenais plus!... S'il vous était encore venu un locataire, je crois que je l'aurais mangé... Mais, monsieur, si vous vouliez être gentil tout à fait, vous prendriez place à table et vous déjeuneriez avec nous.

— Je vous remercie, monsieur, mais j'ai déjeuné.

— Qu'est-ce que cela fait! on recommence... Moi, il m'est arrivé souvent de déjeuner trois fois!

— Oh! chez mon oncle ce serait difficile... Tout y est réglé. Nous avons vingt minutes pour déjeuner, pas plus; ensuite il faut être de nouveau à son ouvrage.

— Qu'est-ce qu'il fait, monsieur votre oncle?

— Il fait la banque. Oh! il fait beaucoup d'affaires; nous sommes quatre employés, mais je vous assure que ce n'est pas de trop... nous avons tant d'ouvrage que souvent il faut travailler jusqu'à minuit... Moi, cela m'est égal; mais il y a des employés que cela n'arrange pas... et j'ai même dans l'idée que le teneur de livres va bientôt nous quitter... à moins que mon oncle ne l'augmente... et j'en doute.

— Tiens!... tiens... mais moi qui arrive à Paris... qui cherche une place... s'il y en avait une chez monsieur votre oncle, savez-vous que cela ferait bien mon affaire! Est-ce que vous ne voudriez pas dire un mot en ma faveur... Vous ne me connaissez pas, c'est vrai; mais voilà ma tante, voilà ma sœur qui vous diront que je suis un honnête garçon, incapable de faire du tort à un poulet.

— Oh! monsieur, je n'en doute pas!

— Et quant à savoir remplir la place qu'on me donnerait; oh! je puis répondre pour moi; je connais la tenue des livres, les comptes courants, les opérations des changes avec toutes les places de l'Europe, et puis l'anglais aussi bien que le français... Croyez-vous que je puisse me tirer d'affaire?

— C'est-à-dire que vous seriez pour mon oncle un employé très-précieux... Je lui parlerai de vous, monsieur, je lui dirai tout ce que vous savez faire.

— Et une écriture admirable! j'avais oublié cela.

— Oh! oui, mon frère a une jolie écriture, dit Virginie, et surtout bien lisible.

— Mademoiselle, soyez bien persuadée que je dirai tout cela... et que je serai bien heureux si je puis être utile à monsieur votre frère.

Horace se retourne vers Oswald et lui tend la main en lui disant:

— Touchez là!

— Avec plaisir, monsieur.

— Comment vous appelez-vous?

— Oswald Bouffi.

— Eh bien, monsieur Oswald, vous me plaisez, votre figure me va... Oh! c'est qu'avec moi on plaît ou l'on déplaît tout de suite... Voulez-vous être mon ami?

— Ce sera un honneur et un plaisir pour moi.

— J'espère que l'honneur sera égal des deux côtés. Alors une po'gnée de main... C'est cela, nous sommes amis, et vous allez manger de la croûte de pâté avec moi... la croûte de pâté se mange sans faim. Virginie, donne vite un verre, une assiette ; que mon ami se mette à table.

La jeune fille est déjà levée, et en une minute elle a apporté tout ce qu'il faut, et Oswald s'assied à table entre le frère et la sœur, tout en disant à madame Rennecart :

— Madame, vous allez me trouver bien sans façon d'accepter ainsi tout de suite...

— Monsieur, vous nous faites grand plaisir ; mon neveu est un peu étourdi, mais il a de bonnes qualités ; il a surtout une grande franchise... qu'il pousse peut-être même un peu trop loin parfois. S'il vous offre son amitié, vous pouvez compter dessus, elle ne vous manquera jamais.

— Oh ! je suis de même, madame ; quand j'aime les personnes, je les aime de tout cœur et toujours.

Ces derniers mots s'adressaient tout autant au frère qu'à la sœur, et depuis que le jeune Oswald avait pris place à table à côté d'elle, Virginie était si heureuse, qu'elle ne savait plus ce qu'elle faisait. Elle prenait du beurre, en mettait dans le pâté, et versait de l'eau dans la salière au lieu d'en verser dans son verre. Un éclat de rire de son frère la fait rester tout interdite.

— Qu'as-tu donc à rire ainsi, Horace ?

— Mais il me semble qu'il y a de quoi, et c'est toi qui me fais rire...

— Moi !... qu'est-ce que j'ai donc de risible ?

— Depuis un moment tu fais des choses si drôles... tu fourres du beurre dans le pâté... tu fais une compote avec le sel en y mettant de l'eau...

— Ah ! mon Dieu !... il serait possible !...

— Je ne sais pas où vous avez la tête, mademoiselle ma sœur ; mais si j'étais un vieux tuteur, je ne serais pas tranquille sur l'état de votre cœur.

Virginie devient rouge comme une cerise, tandis que madame Rennecart s'écrie :

— Veux-tu bien ne pas dire de ces bêtises-là à ta sœur... tu la fais penser à des choses auxquelles elle ne songe guère...

— Vous croyez, ma tante, qu'elle ne songe guère à ces choses-là... Eh bien, voilà mon ami Oswald qui met de la croûte de pâté dans son nez, à présent..... Est-ce que vous mangez par là !

— Oh ! non ! c'est que je me trompais.

— Je crois plutôt que vous faisiez cela par galanterie, et pour nous prouver que ma sœur n'était pas la seule à avoir des distractions...

— Mais non, je vous assure... je suis très-distrait aussi, et mon oncle me gronde souvent pour cela...

— Vous seriez bien avec Virginie, alors... Tenez, la voilà qui veut couper son pain avec sa fourchette.

— Ah ! mon frère, si tu es toujours après moi, je serai encore plus gauche ; je n'oserai plus manger... et, faire remarquer ma maladresse devant monsieur... c'est bien méchant.

— Mon ami me pardonnera... d'autant plus qu'il fait son possible pour suivre ton exemple... Allons, buvons à la santé de ma tante, d'abord...

— Oh ! oui, à la santé de ma tante !...

— Merci, mes enfants, merci.

— Au plaisir que j'éprouve à me retrouver avec vous. A mon nouvel ami !... Ah ! sapristi, si j'avais pu deviner le charme de ce déjeuner, j'aurais acheté une bouteille de champagne.

— Eh bien ! eh bien ! j'aurais voulu voir ça ! s'écrie madame Rennecart ; dépenser son argent à acheter du champagne... ce serait joli ! Ah ! monsieur Oswald, je dois vous prévenir que mon neveu n'est pas fort sur l'économie... il dépense l'argent comme s'il avait de la fortune !

— Ma tante, c'est mal, ce que vous me dites là !... lorsque je reviens à Paris avec un magot magnifique. J'ai eu de la peine à ne pas le dépenser ; mais enfin j'y suis parvenu... à mon âge c'est méritoire. Est-ce que vous mettez de côté, vous, Oswald ?

— Oh ! non... cela me serait difficile ; je ne reçois de mon oncle que bien juste ce qu'il me faut pour mon entretien.

— Il paraît qu'il est dur, le cher oncle ?...

— Je ne puis pas m'en plaindre... ce serait bien mal à moi ; car, lorsque je perdis mon père, j'étais encore bien enfant ; je n'avais

que onze ans... que serais-je devenu si mon oncle n'avait pas pris soin de moi ?...

— Votre mère était donc morte ?

— Oui, je l'avais perdue de bonne heure.

— Et votre père ne vous a pas laissé de fortune ?

— Rien du tout !

— Que faisait-il ?... il n'était donc pas banquier aussi, celui-là ?

— Oh non, il avait été marin ; ensuite il faisait le commerce, il envoyait des marchandises sur des bâtiments qui allaient en Amérique ou plus loin encore...

— Mais pour envoyer des marchandises il faut avoir de l'argent ?

— Sans doute, on lui renvoyait d'autres marchandises qu'il revendait en France ; mais il paraît que le bâtiment qui lui rapportait l'échange de son dernier envoi a péri corps et biens, et malheureusement mon père avait mis tout ce qu'il possédait dans cette dernière affaire... c'est pourquoi la perte de ce vaisseau l'a complétement ruiné... Voilà ce que j'ai appris de mon oncle, car j'étais en pension ici, à Paris, et mon père était à Marseille lorsqu'il est mort.

— Je vois, mon cher Oswald, que nous n'avons pas été plus chanceux l'un que l'autre... Votre père est mort ruiné, le nôtre a été ruiné après sa mort, c'est-à-dire que les gens avec qui il était associé ont tout pris, tout vendu... en ayant cependant la bonté de nous dire ensuite que l'honneur de notre père était sauf, et qu'il ne leur devait plus rien... Mais nous sommes jeunes... nous ferons notre fortune nous-mêmes ; que faut-il pour cela ? de la force ! du courage ! et nous en avons !... n'est-ce pas ? Vous avez du courage, vous ?...

— Mais... je crois que oui...

— Il n'a pas l'air d'en être bien sûr... n'importe, je vous en donnerai, moi !... rien n'entraîne comme l'exemple. Maintenant que nous avons déjeuné, ma tante, est-ce que vous avez du café à nous donner ?

— Hein... de quoi ?

— Je demande si vous nous donnez du café ?

— Du café... non vraiment ! Tu deviens trop sybarite, mon ami... nous vivons modestement, nous autres ; il le faut bien !... sans cela on ne pourrait pas mettre les deux bouts !

— Oh ! quand je suis à un bout, moi, je ne m'occupe guère de l'autre !... Oswald, finissez vos comptes avec ma tante, ensuite je vous emmène avec moi ; je veux vous faire voir mon logement... où j'ai donné bal hier au soir, puis après je vous paye du café au Jardin Turc.

— Comment, mon frère, tu vas emmener monsieur ? murmure Virginie en faisant une petite moue qui donne envie de l'embrasser. Mais monsieur aurait peut-être voulu rester encore... et s'il le avait voulu, j'aurais couru le chercher du café au lait...

— Laisse-nous donc tranquilles, nous voulons aller nous promener, mon ami et moi, et puis nous ferons une partie de billard... Jouez-vous au billard, Oswald ?

— Pas du tout, je n'ai jamais essayé.

— Pauvre garçon ! qui ne sait pas jouer au billard... comme votre oncle néglige votre éducation... mais je vous apprendrai, moi, cela s'apprend très-vite ; et je me flatte que vous aurez un excellent maître.

Pendant que les jeunes gens causaient, madame Rennecart réunissait les diverses sommes qu'elle avait à remettre au neveu du propriétaire. Virginie s'approche d'elle, lui place le cornet dans l'oreille et lui dit en gémissant :

— Ma tante, mon frère emmène M. Oswald... et il va le faire jouer au billard ! et M. Oswald n'y sait pas jouer... ça va bien l'ennuyer ; je suis sûre qu'il aimerait mieux ne pas y aller... Est-ce que vous ne pourriez pas faire comprendre cela à Horace ?

La bonne dame se tourne vers son neveu en criant :

— Comment ! tu vas déjà jouer au billard, et tu y mènes monsieur ?

— Eh bien, chère tante, quel mal ? Est-ce qu'il ne faut pas que les jeunes gens s'amusent un peu ? D'ailleurs, c'est aujourd'hui dimanche ! mais soyez tranquille, nous serons sages... je réponds de mon ami... et il ne répond pas de moi... il ne sera donc pas compromis. Voyons, Oswald, qu'est-ce que vous regardez donc avec tant d'attention ?

— C'est ce grand pantin qui est attaché sur votre glace...

— Ah! ceci est de mon imagination ; c'est une sonnette en action qui empêche que ma tante ne laisse ses visiteurs à la porte ; je demanderai un brevet d'invention pour cela. Allons, vous êtes prêt... partons...

Oswald salue les dames en disant :

— Je parierai dès aujourd'hui à mon oncle de M. Horace, et je viendrai vous faire part de ce qu'il m'aura répondu.

— Oui! s'écrie Virginie ; vous viendrez le soir, n'est-ce pas?... parce que vous serez plus sûr de trouver... mon frère...

— Oui, mademoiselle; oh! je ne viendrai qu'après neuf heures, car il est rare que je puisse quitter le bureau auparavant.

— Eh bien! venez-vous, flâneur? dit Horace en passant son bras sous celui d'Oswald; ah! si vous écoutez ma sœur, nous serons encore ici ce soir!

Et il entraîne son nouvel ami, qui ne peut que jeter un dernier regard à Virginie, qui lui répond dans le même langage, le seul qui soit à l'usage de tous les pays.

XV

LE TRÉSOR CACHÉ.

Horace a emmené chez lui son nouvel ami ; il lui a fait voir sa chambre, admirer sa vue et appris que sur les sept nuits de la semaine, il y en avait au moins quatre pendant lesquelles on pouvait danser chez lui au son de la musique qui se faisait chez le voisin en face. Oswald trouve tout cela charmant, et, en effet, le modeste cabinet qu'il habitait dans la mansarde de la maison de son oncle était bien loin de valoir la chambre d'Horace. Ce dernier a terminé les éloges de son local en disant à Oswald :

— Et maintenant que vous connaissez les agréments de mon appartement, comme on ne se gêne pas entre amis, quand vous voudrez, mon petit, faire danser ou polker votre maîtresse, sans que cela vous coûte rien, eh bien, amenez-la ici le samedi, sur les onze heures du soir, et vous pourrez vous en donner comme si vous étiez au bal.

Oswald rougit jusqu'au blanc des yeux en répondant :

— Oh! je n'ai pas de maîtresse, moi!...

— Bah!... quoi, rien?... pas une toute petite connaissance?...

— Rien du tout!...

— Vous m'étonnez!... moi, à Rouen, j'en avais trois. Il faut dire aussi que ma position chez un confiseur me rendait les conquêtes faciles : les femmes sont si friandes... avec un sac de pralines, on avance promptement ses affaires!... mais à Paris, on a aussi tant d'occasions?

— Songez donc que je passe la journée dans les bureaux de mon oncle ; je dîne chez lui ; après le dîner, je redescends travailler jusqu'à neuf heures, et souvent plus tard... Où voulez-vous que je trouve des occasions?

— C'est vrai... cependant je présume que vous ne vous couchez pas à neuf heures?

— Non... en été je vais me promener.

— Eh bien, en se promenant, on rencontre de jolis minois...

— Oui, mais je n'ai jamais le sou dans ma poche.

— Ah! pauvre garçon! je te comprends... rien ne rend timide comme un gousset vide... un vieux proverbe disait: « Point d'argent, point de Suisses!... » Moi, je trouve qu'on pourrait dire bien plutôt : « Point d'argent, point de femmes!... » car à la plus modeste, vous ne pouvez pas offrir moins qu'un verre de bière, et encore ! c'est bien maigre!... Mais savez-vous bien que votre oncle est un barbare de vous priver ainsi de tout... il vous nourrit, il vous entretient, c'est fort bien, mais sapristi! ce n'est pas assez... à votre âge, on doit pouvoir faire quelquefois une partie avec des amis... aller au café...

— Je n'entre jamais dans un café...

— De plus fort en plus fort! c'est une vestale que ce garçon-là... Allons, venez, je vais vous y mener, moi... et si j'entre chez votre oncle, comme nous serons souvent ensemble, je vous formerai, je ferai votre éducation... En attendant, je vais vous apprendre le billard.

Horace mène son jeune ami au Café Turc. Il lui fait prendre des *gloria*, puis des grogs, puis du punch, il le fait jouer au billard, et il est enchanté de la facilité avec laquelle il apprend. Enfin, à cinq heures, les jeunes gens se quittent, et Oswald dit à Horace

qu'il se rendra le lendemain chez madame Rennecart pour lui faire savoir ce que son oncle lui aura répondu.

Le banquier était chez lui, et fort surpris de ce que son neveu ne fût pas encore venu lui apporter l'argent de ses loyers ; il se promenait avec impatience dans son appartement, descendait dans ses bureaux, remontait chez lui, et disait à sa femme :

— Concevez-vous cela, madame? il est bientôt cinq heures, et Oswald n'est pas encore rentré... et il est parti sur les midi et demi pour aller toucher les loyers de ma maison de la rue du Temple!... qu'est-ce qu'il peut faire, je vous le demande?...

— Il sera allé se promener!...

— Se promener!... on ne va pas se promener quand on a beaucoup d'argent sur soi, c'est très-imprudent !

— Est-ce que vous êtes inquiet... est-ce que vous croyez Oswald capable de dépenser cet argent dont il est porteur?... il me semble que vous auriez tort de soupçonner ce pauvre garçon, dont la conduite a toujours été exemplaire ?

— Je ne le soupçonne pas!... je ne vous ai pas dit que je soupçonnais mon neveu... certainement c'est un garçon sage, rangé... d'ailleurs j'ai toujours l'œil sur lui. Mais enfin, voilà cinq heures qui sonnent... mettons qu'il soit resté une heure chez madame Rennecart, c'est beaucoup ; il devait ensuite revenir ici pour y apporter l'argent qu'il avait reçu, c'était la première chose à faire ; et s'il avait envie de se promener, il serait ressorti ensuite ; mais il n'est pas rentré depuis sa sortie à midi et demi.. je me demande où il peut être ! je ne le crois pas capable d'être parti avec cet argent... mais, comme il n'est pas très malin, il pourrait se laisser attraper, voler... à Paris, il y a tant de filous, et ces drôles-là ont un nez étonnant pour deviner quand quelqu'un a dans sa poche une somme un peu considérable...

— Oswald n'est pas aussi bête que vous le pensez, il ne se laisserait pas voler.

— Madame, on vole quelquefois des gens qui ont beaucoup d'esprit... tout dépend de la manière de s'y prendre ; enfin il ne vient pas, voilà cinq heures dix à la pendule...

— Il sait bien que nous ne dînons pas avant six heures et demie...

— Madame, quand on a des comptes à rendre, on ne revient pas juste au moment de se mettre à table.

— On peut rencontrer une connaissance qui nous arrête en route!...

— Quelle connaissance?... Oswald n'en a pas, il ne connaît absolument que les personnes qu'il voit ici, et ce n'est pas quelqu'un de notre société qui s'amuserait à causer avec mon neveu... J'avoue que je commence à concevoir de graves soupçons... Oswald a l'air fort sage, fort rangé... mais qui me dit que tout cela ne cache pas de violentes passions qui n'attendaient qu'une occasion pour éclater...

— De violentes passions... votre neveu... Ah! ah! ah! vous me faites rire...

— Vous êtes bien heureuse, madame, de rire de tout, même quand il s'agit d'affaires graves!

— Mon Dieu, monsieur, à combien donc se monte la somme qu'Oswald a dû toucher ?

— Onze cent cinquante francs, madame.

— Onze cents!... et c'est pour cette misérable somme que vous voilà tout bouleversé... que vous vous faites tant de mauvais sang!... Je vous ai entendu souvent dire : « J'ai prêté à Floquart mille francs, deux mille francs au jeu... à une soirée... j'ai bien dans l'idée qu'il ne me les rendra pas... » et cela ne semblait pas vous tourmenter beaucoup !

— Madame, ce n'est pas la même chose... Floquart me fait faire très-souvent de bonnes opérations... d'ailleurs, il m'a rendu ce que je lui avais prêté... j'aurais tort de dire autrement... Cinq heures et quart... Ah! pour le coup, je n'y tiens plus ; je vais courir à ma maison de la rue du Temple... je saurai, de madame Rennecart si mon neveu a touché les loyers du terme, ensuite j'irai à la préfecture faire ma déclaration, pour que l'on se livre sur-le-champ à des recherches et...

M. Bouffi n'a pas fini sa phrase, lorsque la porte du salon est ouverte doucement, et Oswald paraît. Le jeune homme avait quitté le Café Turc à cinq heures ; mais, quoiqu'en marchant vite, il lui avait fallu un gros quart d'heure pour arriver chez le banquier, qui demeurait rue de Provence. Il se flattait que son oncle ne serait pas encore rentré ; en apprenant du concierge que M. et madame Bouffi sont revenus depuis fort longtemps, Oswald présume qu'il sera grondé, et c'est presque en tremblant qu'il se présente devant eux.

— Ah! vous voilà enfin, monsieur! s'écrie le banquier en apercevant son neveu, dont l'air troublé lui semble suspect. Et pourriez-vous bien me dire d'où vous venez? Rentrer à cinq heures et quart, quand on devait être de retour ici à deux heures...

— Mon oncle... pardon... mais c'est que je croyais... je me ignorais...

— Avant tout, monsieur, où est l'argent des loyers? C'est onze cent cinquante francs que vous aviez à toucher... vous le savez...

— Oui, mon oncle... je les ai... les voilà.

Et Oswald tire l'or et les billets de sa poche et les place sur une table. La vue de l'argent calme beaucoup M. Bouffi; il se hâte d'aller compter la somme, et, la trouvant bien complète, il se jette dans un fauteuil et reprend d'un ton plus doux:

— Mais enfin, Oswald, pourquoi venez-vous si tard?... On ne vas pas se promener avec une somme aussi forte sur soi, c'est imprudent! on peut la perdre... on peut... Tiens, c'est singulier... approchez-vous donc encore de moi .. oui, pardieu, je ne me trompe pas... vous sentez le punch... très-fort même. Qu'est-ce que cela signifie?... Vous venez donc d'en boire?... Répondez, et surtout ne mentez pas.

— Oui, mon oncle, en effet, je viens de boire du punch.. Je ne pense pas que ce soit faire mal.

— Pardonnez-moi, monsieur; boire du punch le matin, c'est du désordre, c'est de l'orgie... le soir, passe encore!... Vous avez donc bien de l'argent à perdre, que vous le dépensez ainsi?

— Oh! mon oncle, vous savez bien que je n'ai pas d'argent à dépenser pour m'amuser.. Si j'ai bu du punch, c'est qu'on m'a régalé.

— C'est différent; et qui donc vous a régalé?

— Un jeune homme dont j'ai fait connaissance ce matin, et avec qui je suis déjà ami intime.

— Ah! ah! qu'il est drôle! murmure l'épouse du banquier, tout en feuilletant un journal de modes.

— N'est-ce pas, madame, que voilà un garçon bien raisonnable et sur lequel on peut compter? s'écrie M. Bouffi; il est ami intime avec quelqu'un dont il a fait connaissance ce matin! Ce quelqu'un avait flairé la somme que vous aviez sur vous, et vous a payé du punch, espérant vous griser et vous voler; quelque circonstance aura empêché la réussite de ce plan!

En entendant accuser son nouvel ami, Oswald éprouve un sentiment d'indignation, qui lui donne une énergie que jamais il n'avait montrée; il relève la tête et répond avec fermeté:

— Celui que je nomme le nom de mon ami n'est point un premier venu, c'est le neveu de madame Rennecart, c'est chez sa tante que je l'ai rencontré et que j'ai fait sa connaissance; c'est un jeune homme honnête, qui arrive de Rouen, où il a été longtemps teneur de-livres chez un gros négociant; il rempli de moyens, il parle et écrit l'anglais comme le français, il connaît parfaitement les opérations des changes, les calculs; enfin il est en état de tenir une place de premier commis dans une des plus fortes maisons de banque de Paris; voilà, mon oncle, ce que je comptais vous dire en prenant la liberté de vous recommander Horace Bermont; il pourrait vous être fort utile, et il serait bien content de trouver à se placer chez vous.

— Ah! ce monsieur cherche une place et il vous a dit de le recommander près de moi?

— Oui, mon oncle.

— Pauvre recommandation que la vôtre! Et puis ce jeune homme vous emmène boire du punch le matin : c'est encore une bien triste manière de se recommander.

—Mon oncle... c'est dimanche aujourd'hui.

— Parbleu! n'auriez-vous pas voulu y aller dans la semaine... quitter votre besogne pour courir au café!... ce serait joli, et c'est probablement ce que ferait votre nouvel ami s'il entrait dans mes bureaux!

— Ah! non, mon oncle, ne croyez pas cela...

— Mais au reste, comme je n'ai pas de place à donner, comme je n'ai besoin de personne en ce moment, votre M. Horace peut faire ce que bon lui semblera.

— Ah! vous ne voulez pas le prendre, mon oncle?

— Non, sans doute. Je n'ai pas besoin d'un employé de plus.

— Ah! c'est que... quelquefois il arrive que...

— En voilà assez; taisez-vous.

— Oui, mon oncle. J'en suis seulement fâché... pour sa famille qui est si intéressante.

— Quelle famille?

— Celle d'Horace... sa sœur Virginie et sa tante madame Rennecart... de braves gens... qui devraient être riches, mais qui ont eu des malheurs.

— Toutes les familles pauvres ont eu des malheurs! cela ne manque pas.

— Mais ceci n'est pas un conte; le frère de madame Rennecart, le père d'Horace, possédait une fort belle propriété... Tenez, mon oncle, elle se trouve justement tout à côté de celle que M. Duvalloir veut vendre à Montagny-sur-Oise.

— Comment savez-vous cela?

— Par madame Rennecart. Son frère habitait cette maison de campagne, elle y demeurait avec lui. Comme il était veuf, elle prenait soin des enfants... il paraît qu'il y a une charmante prairie qui dépend de la propriété et qu'on appelle la Prairie aux Coquelicots.

— Tiens! la Prairie aux Coquelicots! dit madame Bouffi, c'est gentil le nom là... franchement, c'est plus gai que la Maison aux Sycomores.

— Et pourquoi le frère de madame Rennecart a-t-il vendu cette propriété?

— Il ne l'avait pas vendue, mon oncle; mais il est mort presque subitement. Alors, comme il se trouvait mêlé à plusieurs entreprises, ses associés ont prétendu qu'il devait de l'argent, ils ont fait vendre sa propriété, si bien qu'il n'est rien resté aux enfants de M. Bermont.

— Ces choses-là arrivent tous les jours...

— Oh! si ce n'était que cela encore; mais il y a une circonstance bien plus malheureuse.

— Ah! il y a un autre malheur?

— Figurez-vous, mon oncle, que le père d'Horace s'était amusé à cacher de l'argent ou de l'or... on ne sait pas au juste, mais enfin il avait eu l'idée d'enfouir un trésor dans la prairie.

— Qu'est-ce que vous me débitez là! c'est un conte pour les enfants, cela!

— Non, mon oncle, ce n'est point un conte. C'est madame Rennecart elle-même qui m'a dit cela; plusieurs fois elle avait rencontré son frère qui, de grand matin, revenait déjà de se promener dans la prairie, elle lui avait demandé en riant d'où il venait de si bonne heure, et M. Bermont lui avait répondu : « Je viens de visiter mon trésor. » Sa sœur crut d'abord qu'il plaisantait; mais, ayant plusieurs fois reçu de lui la même réponse, elle dit à son frère :

— C'est donc vrai? et tu as donc caché un trésor dans la Prairie aux Coquelicots? Et celui-ci lui répondit:

— Oui, c'est une surprise que je ménage à mon fils, et que je me réserve de lui faire quand il sera en âge de l'utiliser.

— Ah! voilà qui est assez singulier; Eh bien! ce trésor... ils l'ont enlevé, sans doute?

— Mais non, voilà le malheur!... M. Bermont est tombé malade tout à coup, et il est mort au bout de trois jours; mais pensez-bien que sa sœur n'a pas songé à lui parler du trésor, à lui demander où il était... c'eût été lui faire comprendre qu'on le voyait près de mourir... et d'ailleurs on était bien loin de supposer qu'il mourrait... ce qui a fait qu'il a emporté son secret avec lui.

— Mais les héritiers ont dû faire des recherches, fouiller la prairie...

— Oh! mon oncle! une prairie qui a vingt arpents, quand on n'a pas le plus petit indice... je crois qu'ils n'ont pas même essayé... et puis, la propriété vendue, il a fallu la quitter.

— Voilà une histoire que j'aime... une prairie qui ressemble à un roman, dit madame Bouffi; un trésor caché... celui qui l'a enterré mourant tout à coup... les enfants obligés d'abandonner leur demeure... c'est assez bien mené...

— Moi, ma chère amie, je vous avoue que je ne crois pas un mot de tout cela. Ce trésor est de pure invention!... C'est un moyen de se rendre intéressant, de se faire plaindre pas les niais qui gobent tout cela.

— Oh! mon oncle, madame Rennecart n'est pas capable d'inventer des choses...

— Assez, monsieur, assez, prenez cet argent et suivez-moi à la caisse.

Oswald n'ose plus répliquer; il prend l'argent et suit le banquier qui descend dans ses bureaux, puis ouvre sa caisse et y place la somme qu'il a reçue. Tout cela d'un air fort sévère et sans prononcer un mot; puis il s'assied devant son bureau et semble réfléchir. Le petit neveu attend que son oncle lui dise de s'en aller; au lieu de cela, M. Bouffi se tourne vers lui, le regarde fixement, et lui dit :

Voyons, Oswald, ce ne sont pas des mensonges que vous nous avez contés? Cette histoire du trésor caché dans cette prairie... croyez-vous que cela soit vrai?

— Moi, mon oncle, je ne mets pas cela en doute, et si vous connaissiez madame Rennecart, vous penseriez comme moi; cette vieille dame est si honnête, si comme il faut... et puis quel intérêt aurait elle à mentir?...

Le banquier réfléchit quelques instants, puis dit à son neveu:

— Oswald, vous ne parlerez à personne de cette histoire... de ce trésor,. il n'est pas nécessaire que tout le monde connaisse des faits qui n'intéressent que cette famille... Ainsi, vous m'avez bien entendu, vous n'en parlerez à personne. Je vous l'ordonne !

— Cela suffit, mon oncle; mon Dieu, je vous l'avais dit à vous et à ma tante, parce que cela est venu... en causant... Et Horace... le neveu de madame Rennecart, vous ne voulez pas qu'il entre dans vos bureaux,. il a une écriture superbe...

— Je n'ai pas de place à donner en ce moment... Allez... laissez-moi.

Oswald s'éloigne en disant :

— Pas en ce moment, c'est possible, mais à la fin du mois il y en aura une... s'il n'augmente pas le teneur de livres.

XVI

SUR L'ESCALIER.

Oswald n'a pas manqué de retourner le lendemain soir chez madame Rennecart; il y trouve la tante et la nièce; mais Horace n'y était pas, il s'était permis le spectacle.

— Eh bien, monsieur, dit madame Rennecart, avez-vous une bonne réponse pour mon neveu? Ah! je désire vivement qu'il trouve bientôt de l'occupation, sans quoi, je le connais, il dépensera en plaisirs la petite somme qu'il a rapportée de Rouen. Il me promet bien d'être sage, économe... mais cela ne lui est pas possible... Vous le voyez, ce soir il est allé au spectacle.

— Ah! ma tante! s'écrie Virginie, quand on a été trois ans éloigné de Paris, est ce que cela n'est pas bien naturel !... voyez, tout le monde y va au spectacle ; on vient de loin en chemin de fer, rien que pour venir à nos théâtres... il n'y a que nous qui n'y allions pas.

Et la jeune fille pousse un gros soupir, et Oswald en fait autant, car il se dit :

— Si j'avais de l'argent j'achèterais des billets, je dirais qu'on m'en a fait cadeau et je les offrirais à ces dames... qui les accepteraient ne se doutant pas que je les ai achetés. Mais désormais, au lieu de faire achat de livres, je tâcherai d'amasser pour avoir des billets.

— Eh bien, monsieur Oswald, vous ne m'avez pas répondu. Que vous a dit votre oncle au sujet de mon neveu?

— Madame, mon oncle m'a dit qu'il n'avait pas de place à donner en ce moment, mais que plus tard il verrait.

— Oui, oui, je comprends ! une réponse qui équivaut à un refus... Et Horace se croyait déjà placé... il voit tout en beau, lui !...

— Ma tante, est-ce que cela ne vaut pas mieux que de voir tout en noir?

— Ma nièce, il faut dans la vie voir les choses telles qu'elles sont. Alors on ne se fait pas des illusions qui n'aboutissent à rien...

— Madame, je vous assure que je conserve beaucoup d'espérance; je suis presque certain qu'un des premiers employés de mon oncle s'en ira à la fin du mois, alors cela fera une place vacante.

— Votre oncle a sans doute quelqu'un en vue pour remplacer cet employé?

— Non, madame, parce qu'il ne se doute pas que celui-ci veut le quitter s'il n'est pas augmenté; le premier commis s'est bien gardé de rien dire d'avance; il espère que mon oncle, pris à l'improviste et ne pouvant point se passer de lui, sera obligé d'en passer par où il veut.

— Ah! oui, je comprends; mais c'est peut-être ce qui arrivera.

Le jeune homme reste assez tard chez madame Rennecart sous prétexte d'attendre Horace et de lui dire bonsoir; mais à onze heures et demie la vieille dame le congédie en lui disant :

— Mon neveu ne viendra probablement pas nous voir en sortant du spectacle ; il rentrera tout droit chez lui. Vous le verrez une autre fois.

Oswald ne tenait pas tant à voir Horace qu'à rester longtemps près de Virginie. Mais, maintenant qu'il est ami intime avec le frère, il s'éloigne avec moins de regrets, parce qu'il a désormais ses entrées dans la maison.

Horace, en arrivant le lendemain matin déjeuner chez sa tante, s'écrie :

— Eh bien, quand dois-je me présenter chez ce fameux banquier... M. Bouffi de Nogent... qui paye si peu ses commis d'après ce que m'a dit son neveu?... Je vais me faire superbe... il faut toujours être très-bien mis quand on va demander quelque chose. Ma tante, vous me prêterez un fichu brodé à ma sœur, je m'en ferai une cravate blanche...

— Il est inutile que tu t'occupes d'avoir une cravate blanche, ni de faire une grande toilette ; le banquier a répondu qu'il n'avait besoin de personne !

— Bah! en vérité... s'il savait ce que je vaux, il n'aurait pas dit cela.

— Mon ami, tu te fais toujours des illusions... Tu te mets le doigt dans l'œil comme on dit vulgairement; mais les places sont rares à trouver, et en attendant, au lieu d'aller au café le matin et au théâtre le soir, tu ferais mieux de garder ton argent.

— Bon ! voilà déjà ma tante qui me gronde !

— Je ne te gronde pas, mais je voudrais te voir un peu plus raisonnable.

— Ah ! il est bien heureux d'aller au spectacle, mon frère! murmure Virginie.

— Je t'y mènerai, petite sœur, sois tranquille, je t'y mènerai et ma tante aussi... car Oswald m'a dit qu'à la fin du mois j'aurai la place.

— Il est étonnant ! rien ne le décourage...

— Non, ma tante, non, parce que j'ai pour moi la jeunesse, la volonté, la persévérance ; et avec tout cela on arrive...

— Et notre belle prairie, mon frère, espères-tu qu'elle redeviendra notre propriété?

— Si je l'espère!... mais plus que jamais!

— Mais, monsieur mon neveu, pourriez-vous me dire avec quoi vous espérez rentrer en possession de ce domaine; car, alors même que vous auriez un emploi, ce ne sont pas vos appointements qui vous permettraient d'avoir une si jolie maison de campagne?

— Non, ma tante, c'est vrai... il faudrait trop mettre de côté; mais vous oubliez le trésor ! ce trésor que mon pauvre père a enfoui dans la prairie. C'est avec ce trésor que je paierai la maison et que nous en redeviendrons propriétaires !

— Avec le trésor!... Mais tu ne sais pas seulement de quel côté de la prairie mon frère a eu la malheureuse idée de le cacher?...

— Tiens ! si je le savais, ce serait trop facile! cela irait tout seul... l'Écriture dit : Cherchez et vous trouverez... Je chercherai.

— Comment chercheras-tu, puisque nous sommes à Paris et que le trésor est à douze lieues d'ici ?

— Nous ne resterons pas toujours à Paris... d'ailleurs qu'est ce que c'est que douze lieues maintenant avec le chemin de fer!... Ce n'est pas deux heures de chemin, et je n'ai pas besoin de vous, ma tante, pour aller chercher le trésor.

— Mais tu oublies aussi que cette prairie, n'appartenant plus à ton père, tu n'as pas le droit d'aller y faire des fouilles, et que si même tu y découvrais un trésor, tu devrais en donner la moitié u nouveau propriétaire du terrain.

— Oh ! quant à cela, ma tante, je ne suis pas de votre avis. Ceci n'est plus une trouvaille inattendue que je ferais, c'est un bien qui m'appartient, puisqu'il a été déposé là par mon père, et je ne pense pas que personne ait le droit de me le disputer.

— Et moi je suis persuadée qu'on te le disputerait ; mais nous n'en sommes pas là !... Ah! mes pauvres enfants ! si vous fondez votre fortune à venir sur ce trésor, j'ai bien peur que vous ne restiez pauvres toute votre vie.

Virginie est partie pour son travail, et Horace, qui n'a rien à faire, se dit.

— En attendant que je trouve le trésor qui est là-bas, si je pouvais apercevoir celui qui est là-haut... car c'est aussi un véritable trésor que cette petite femme du quatrième... Il n'est que neuf heures du matin, il n'est pas possible que cette dame n'ait pas besoin de sortir d'ici à ce soir, lors même qu'elle aurait déjà fait ses provisions, ce qui n'est pas probable. Je vais donc m'installer dans l'escalier, et comme ma jolie petite brune ne peut pas sortir par la fenêtre, il faudra bien que je la pince au passage... quand je dis pince, c'est une façon de dire, rencontre; je ne me permettrai certainement aucune action offensive... Je ne crois pas que ce serait le moyen de se faire bien venir de la voisine.

Horace prend sa casquette d'étudiant et se dispose à sortir.

— Tu t'en vas? dit madame Rennepart à son neveu.

— Oui, ma tante, je vais me promener... flâner un peu, voir si je rencontrerai quelque ancienne connaissance qui pourrait m'aider à trouver une place.

— Puisque tu n'as rien de mieux à faire, fais-moi donc le plaisir de passer chez le vitrier de la maison; il y a plusieurs carreaux cassés aux fenêtres de l'escalier, il faut qu'il en mette d'autres; tiens, voilà son adresse, c'est rue du Pont-aux-Choux...

— Très-bien, ma tante.

— M. Bohème...

— Il ne doit avoir que de beaux verres, cet homme-là!

— Tu lui diras de venir le plus tôt possible...

— Oui, ma tante. Vous n'avez pas besoin de sortir, vous, n'est-ce pas?

— Non... j'ai déjà été faire toutes mes provisions... Oh! je suis matinale, moi; mais pourquoi me demandes-tu cela?

— C'est que... si vous aviez d'autres commissions à me donner...

— Merci! mais je ne t'enverrais pas au marché pour moi.

— Vous pensez que je me laisserais attraper?

— Peut-être!

— Vous avez tort, ma tante, je me connais très-bien en œufs frais.

Horace met l'adresse du vitrier dans sa poche et sort. Après avoir refermé la porte de chez sa tante, il se dit :

— C'est dans l'escalier que je vais flâner... Je veux revoir cette dame du quatrième, et je ne quitte pas les étages que je ne l'aie aperçue... Quant au vitrier, il ne passera qu'après... Oh! diable, j'entends bien du bruit ici dessus... La porte de la cuisine est ouverte, celle de l'appartement aussi à ce qu'il paraît... On ne fait qu'aller et venir, c'est gênant!... restons à notre étage.

C'était l'heure du déjeuner chez la famille Machabée, les enfants ne faisaient que courir de l'appartement à la cuisine; la bonne criait après les enfants, madame criait après sa bonne, M. Machabée après tout le monde, et la perruche primait encore sur tout cela avec des *Portes... ar.. ar.. ar.. armes!...*, qui perçaient les oreilles.

Horace prend son parti, il se penche sur la rampe, regarde en haut, regarde en bas et se dit : Quand toute cette marmaille aura déjeuné, j'espère qu'on fermera les portes et que chacun rentrera chez soi!.. en attendant elle va peut-être descendre...

Un grand quart d'heure s'écoule. Les portes se ferment au troisième étage. Horace se dispose à monter, parce qu'il se dit que sur le carré du quatrième il pourra entendre si la jeune dame est chez elle. Mais au moment où il va enjamber les marches, il voit descendre le petit Jonas; en reconnaissant le petit garçon qui lui a dit que la jolie voisine était ouvreuse de loges, Horace s'arrête et le regarde en riant. De son côté, M. Jonas s'est arrêté aussi, mais il fait la moue et semble très-contrarié de trouver là quelqu'un.

— Ah! voilà le jeune Jonas, fils de M. Machabée, négociant en tout ce qu'on veut et qui demeure ici dessus.

— Eh bien oui, c'est moi... Qu'est-ce que cela vous fait... vous êtes donc toujours dans l'escalier, vous?

— Mais il me semble, petit Jonas, que je pourrais vous en dire autant, car dès que j'y suis je vous y vois. Savez-vous bien que j'ai des reproches à vous adresser... Je vous demande des renseignements sur la dame qui demeure au quatrième et vous m'avez répondu tout de travers...

— Moi... je vous ai bien répondu... c'est vous qui entendez de travers...

— Je vois avec peine, mon bel ami, qu'il règne toujours de l'ai-

greur dans vos discours.... Mais que diable tenez-vous donc dans votre main gauche... Dieu me pardonne, c'est une ligne!... Est-ce que vous allez pêcher.

— Je pêcherai si je veux... Qu'est-ce que ça vous fait?

— Décidément je vois que vous ne m'avez pas pris en amitié et que je n'ai pas le bonheur de vous plaire.

— Vous m'embêtez !...

— Ah! prenons garde, estimable Jonas; quand j'embête les gens j'ai l'habitude de les claquer pour les remettre en belle humeur... mais je voudrais bien savoir ce que vous comptez pêcher avec cette ligne; encore s'il y avait un puits dans la cour, je me dirais : Ce jeune pêcheur a peut-être aperçu des poissons au fond du puits, mais la cour ne possède qu'une pompe... Allons, ne faites pas la grimace... Je suis bon enfant, moi, je vais vous laisser tranquille... seulement dites-moi, vous qui passez votre jeunesse dans cet escalier, si vous avez vu déjà ce matin, descendre ou monter la petite dame qui demeure au quatrième, et faites bien attention que je ne vous parle pas de madame Putiphar, l'ouvreuse de loges... mais de celle qui demeure en face sur son carré... une jeune et jolie brune.

— Ah! la femme qui se cache!...

— Voilà comme vous désignez cette dame !... Et pourquoi la nommez-vous ainsi et en parlez-vous avec un ton si dédaigneux? La femme! n'est pas poli, mon bon ami, vous pourriez dire : la dame !...

— Je dis que dit notre bonne Noémie; quand elle voit passer cette personne-là, elle dit : Voilà la femme qui se cache!

— Du moment que c'est le langage de votre bonne, je ne m'étonne pas qu'il soit plus que familier; et pourquoi mademoiselle Noémie, votre bonne, suppose-t-elle que cette dame se cache? Qui lui fait présumer cela?

— Est-ce que je sais, moi?... Allez lui demander.

— Infiniment obligé, jeune pêcheur. Maintenant, dites-moi si vous avez déjà aperçu cette dame ce matin, et je vous laisse placer vos asticots.

— La femme qui se cache... elle est sortie comme à son ordinaire, sur les huit heures, et puis elle est remontée avec son panier une demi-heure après... elle revient du marché.

— Elle est sortie et rentrée déjà! vous en êtes certain?

— Puisque je l'ai vue qui montait... même qu'elle avait dans son panier une volaille dont les pattes passaient, et que ma bonne a crié : Ah! puis que ça de boustifaille! il y a gras.

Horace sait tout ce qu'il désirait apprendre. La jolie brune est déjà sortie et rentrée. Aussitôt, laissant là M. Jonas et sa ligne, il enjambe les marches et ne s'arrête qu'au quatrième; là, il ouvre la fenêtre du carré qui donne sur la cour et lui permet d'apercevoir les deux croisées du logement occupé par la personne que mademoiselle Noémie appelle : la femme qui se cache.

Mais les deux fenêtres sont fermées et au travers des carreaux on n'aperçoit que des rideaux qui sont hermétiquement fermés aussi.

— Diable!... diable!... se dit Horace, je commence à croire qu'en effet cette dame se cache. Mais il est de bonne heure... elle aura peut-être encore besoin de sortir, ou elle voudra se donner de l'air chez elle, et elle ouvrira une fenêtre... Attendons... Si je chantais... on assure que j'ai une jolie voix, cela attirerait l'attention de madame Huberty... mais sous son nom à présent... elle croirait que c'est un chanteur des rues... Ce serait humiliant... il vaut mieux ne pas chanter.

Horace était depuis quelque temps à la fenêtre, il portait rarement ses regards en bas, parce qu'il guettait les croisées à côté. Cependant, en jetant par hasard un regard sur là cour, il aperçoit la ligne du petit Jonas qui sort de la croisée du carré du second, au bout de cette ligne est attachée une ficelle qui descend jusque dans la cour, et au bout de cette ficelle, de forts hameçons; mais, afin de pouvoir lancer et diriger l'hameçon où l'on veut, un caillou assez gros est ficelé et fixé entre eux.

De temps à autre, le jeune pêcheur imprime à sa ficelle un balancement qui doit nécessairement envoyer la pierre et les hameçons dans la fenêtre du laboratoire du charcutier; cette fenêtre étant toujours ouverte, on ne risque point de casser de carreaux, mais en revanche, comme sur le rebord de la croisée on place toujours des marchandises qu'on vient de fabriquer, il y a chance, grâce aux hameçons, d'attraper et d'enlever un objet destiné à la boutique.

M. Jonas avait parfaitement calculé tout cela, sa ficelle avait la

Rosalvina roule dans la luzerne d'une façon si complète... — Page 63.

longueur voulue pour qu'il pût pêcher du second étage; au premier il aurait été trop près et exposé à être vu. Voilà pourquoi il
avait été de si mauvaise humeur en trouvant quelqu'un sur le
carré où il venait s'établir.

Horace rit aux éclats en voyant à quelle espèce de pêche se livre
le petit garçon, et pendant quelque temps il suit les mouvements
de la ficelle; mais, bien que Jonas envoie toujours sa pierre dans
la croisée et à la hauteur des comestibles, jusque-là le poisson n'a
pas mordu.

— Est-ce que je passerai la journée sans apercevoir cette dame?
murmure le jeune homme, dont la patience n'est pas la principale
vertu. Mais tout à coup il se frappe le front en se disant :

— Imbécile que je suis... mais j'ai un prétexte tout naturel pour
sonner chez cette dame... c'est ma chère tante qui me l'a fourni...
Le vitrier!.... parbleu, c'est cela! puisque je vais aller chez le vitrier, il faut bien que je m'informe si l'on a des carreaux cassés
chez les locataires, afin que l'industriel fasse tout ce qui est à faire
pendant qu'il sera dans la maison... cela va tout seul... sonnons!

On est quelque temps avant d'ouvrir; enfin la porte est tirée,
la jeune femme paraît et semble surprise en apercevant Hector,
auquel elle demande d'un ton assez sec ce qu'il veut. Celui-ci, sans
s'effaroucher par cet accueil, fait plusieurs saluts en répondant :

— Pardon, madame, mille pardons... je vous dérange peut-
être. Je ne sais pas si vous me reconnaissez... Je suis le neveu de
madame Rennecart... J'ai déjà eu l'avantage de vous voir une
fois... C'est vous qui avez bien voulu m'enseigner où logeait ma
tante... le jour de mon arrivée...

— Oui, monsieur, je me le rappelle... mais cela ne me dit pas
ce que vous voulez maintenant.

— Madame, voilà ce que c'est... je vais vous l'apprendre...
C'est ma tante qui m'envoie... Mais, mon Dieu, je vous tiens là debout... j'ai peur que vous n'ayez froid.

Tout en parlant, Horace tâchait toujours d'avancer et d'entrer
dans l'appartement; madame Huberty, comprenant qu'il n'est pas
très-poli de recevoir ce jeune homme à sa porte, se décide à le
laisser entrer; il est bien vite dans une pièce assez modestement

meublée que ses yeux parcourent avec curiosité, mais la petite
dame ne l'engage pas à s'asseoir; elle-même reste debout et lui
dit :

— J'attends, monsieur, que vous m'appreniez pourquoi madame
Rennecart vous envoie?

— Ah! c'est juste, madame; je ne vous l'ai pas encore dit?...
Je suis très-distrait... et puis... près de vous, madame, il est bien
permis d'avoir des distractions...

Horace allait vite en besogne; il s'était dit qu'avec une femme
qu'on rencontre si difficilement il faut mener les choses promptement; mais son compliment ne produit pas un heureux effet; celle
à qui il était adressé prend un air encore plus sévère et lui répond :

— Monsieur, veuillez vous expliquer tout de suite, car je suis
pressée et je ne puis vous écouter longtemps.

La figure du jeune homme se rembrunit, et il murmure :

— Madame, c'est le vitrier de la maison qui va venir, et ma
tante désire savoir si vous n'en avez pas besoin... dans le cas où
vous auriez quelque carreau cassé, elle s'empresserait de vous
l'envoyer.

Madame Huberty fait un mouvement d'épaules qui annonce
qu'elle trouve assez mal choisi le motif qui amène ce jeune homme
chez elle, et elle répond :

— Je vous remercie, monsieur, mais je n'ai pas besoin du vitrier, je n'ai rien de cassé chez moi...

— Vous en êtes sûre, madame? quelquefois un carreau est
fêlé et on ne s'en doute pas.

— Les miens sont en bon état, monsieur.

— Si vous vouliez permettre, je m'en assurerais moi-même... Ce
serait bien vite fait.

— Mais non, monsieur, je vous répète que c'est inutile !

Et la jeune dame, faisant quelques pas vers la porte, indique à
son visiteur qu'il doit prendre congé. Il n'y avait plus moyen de
prolonger l'entretien. Horace s'en va à reculons, afin de toujours
voir la jolie brune, qu'il continue de saluer. Arrivé sur le seuil de
la porte, il se ravise et s'écrie:

Un serpent!... un serpent!... au secours!... à moi!... un serpent!... — Page 64.

— Ah! je savais bien que j'oubliais quelque chose! c'est de m'informer si vos cheminées fument?

— Est-ce que le vitrier est aussi fumiste, monsieur? dit la jolie brune en laissant échapper un sourire moqueur

— Je ne sais pas, madame; mais cela se pourrait... Vous savez qu'il y a des gens qui font plusieurs états... les épiciers sont maintenant marchands de vin, les boulangers sont pâtissiers, les agents de change sont auteurs, je ne vois pas pourquoi un vitrier ne serait pas fumiste.

— Monsieur, mes cheminées ne fument pas.

Horace voit bien qu'il n'a plus qu'à s'en aller; déjà il va passer la porte, qui va se refermer sur lui, lorsque des cris perçants se font entendre; ils sont accompagnés de juremens et de menaces; madame Huberly s'est arrêtée sur le seuil de la porte en disant:

— Ah! mon Dieu, qu'est-ce que cela?

— Je m'en doute, moi, répond Horace, qui a reconnu la voix du petit Jonas. Ne vous effrayez pas, madame, je devine ce que ce peut être; il y a dans cette maison un petit garçon qui se livre à une pêche singulière... Il est probable qu'il aura pris un trop gros poisson!

C'était en effet le pêcheur Jonas qui faisait retentir l'air de ses cris: son invention n'avait pas eu le succès qu'il espérait, et cependant, à force de lancer sa pierre et ses hameçons sur le devant de la croisée où étaient posés les articles de charcuterie, sa ligne venait d'enlever une très-belle pièce: un hameçon avait mordu une fort belle côtelette de porc frais toute panée; aussitôt le petit garçon avait tiré à lui avec précipitation, mais, soit que l'hameçon fût trop faible pour le morceau qu'il avait attrapé, soit qu'il fût mal attaché, avant d'être arrivé au second étage, il s'était détaché et était retombé avec la superbe côtelette. Pour surcroît de malheur, le charcutier, qui sortait alors de sa boutique pour aller à sa cuisine, avait reçu en plein, sur sa tête, la pêche de monsieur Jonas.

L'industriel porte naturellement sa main à sa tête, se figurant que c'est un chat qui vient de tomber sur lui; en trouvant sur son chef une fort belle côtelette toute panée, il lève les yeux en l'air, car il ne pleut pas habituellement des côtelettes, et il veut savoir

d'où tombe celle-ci, qu'il a déjà reconnue pour sortir de chez lui; il aperçoit la ligne que Jonas n'avait pas eu le temps de retirer, et qu'il faisait tous ses efforts pour ravoir; mais, comme cela arrive souvent lorsqu'on est pressé, la ficelle venait de s'accrocher à un clou, et la ligne ne venait pas. Aussitôt le charcutier monte lestement l'escalier, il trouve sur le carré du second M. Jonas qui ne pouvait pas dépêtrer sa ligne de la fenêtre. Pour commencer l'explication, l'industriel jette le petit garçon sur son bras gauche, et lui administre le fouet d'une façon assez vigoureuse, en lui disant:

— Ah! tu pêches mes côtelettes, à présent!.. mais tu as donc le diable au corps!... Tiens, en voilà de la cochonnaille... tiens, voilà en même temps pour ta saucisse.

Jonas criait comme un possédé; en quelques minutes tous les locataires sont sur les carrés.

— On égorge mon fils! s'écrie madame Machabée tout éplorée.

— Il aura encore fait des siennes, dit Noëmie.

— Pourquoi que fous battre mon petit? dit le père de famille qui est descendu au second.

— Votre petit me vole mes côtelettes... il les pêche à la ligne maintenant; tenez, en voilà une magnifique qu'il m'emportait, si son hameçon ne s'était pas détaché. Je passais par bonheur dans la cour, et je l'ai reçue sur la tête... voyez... l'hameçon est encore après...

— C'est pas vrai!... c'est pas vrai!... je ne pêchais pas ses côtelettes... je jetais la ligne dans la cour pour attraper des rats!...

— Ah! ah!.. elle est bonne, celle-là!... voyez-vous les rats qui se laisseraient pêcher comme des goujons! En tous cas, mon petit, fais attention; à la première farce que tu me feras, je te déshabille et je te mets nu comme un ver dans la rue!

— Quelle horreur!.. mettre mon fils tout nu!

— Je fous téfends de toucher aux fêtements te mon fils, ou che fais arrêter fous.

— Laissez-moi donc tranquille, c'est votre fils qu'on arrêtera, s'il continue; merci, il a de jolies dispositions; je vous conseille d'avoir l'œil sur lui, sans quoi il n'embellira pas vos vieux jours.

Le charcutier redescend avec sa côtelette, les voisins rentrent,

M Jonas veut toujours ravoir sa ligne, mais son père lui donne une claque qui l'oblige à l'abandonner, et le fait monter devant lui en lui disant :

— Che fous défends, à l'avenir, de bêcher des rats.

Les autres enfants rient en dessous, Ezéchiel tire la langue à son frère, et celui ci lui dit tout bas :

— Si j'avais eu la côtelette, je ne t'en aurais pas donné.

Madame Huberty a écouté cette scène de son carré. Elle rentre chez elle en disant à Horace :

— C'est bien triste d'avoir des enfants qui ont de mauvais penchants !

E Horace lui répond :

— C'est bien triste de ne pas pouvoir causer plus long-temps avec vous.. pourquoi ne le voulez-vous pas?...

— A quoi cela vous avancerait-il, monsieur ?

— Mais à me rendre bien heureux, d'abord !...

La jeune femme sourit d'un air mélancolique, puis referme sa porte en murmurant:

— Je vous le répète, monsieur, cela ne vous avancerait à rien.

XVII

LES INVITATIONS.

Quelques jours plus tard, M. Bouffi de Nogent donnait un grand dîner.

Le banquier, qui était excellent calculateur, ne faisait point ses invitations à la légère ; si son dîner devait lui coûter beaucoup d'argent, parce qu'il le donnait fort beau, il s'arrangeait de façon à ce qu'il pût lui en rapporter davantage... Ce système est fort à la mode; lorsque vous êtes invité à un grand dîner chez des personnes qui ne sont pas de vos amis intimes, soyez persuadé qu'elles ont ou qu'elles auront besoin de vous ; ou, si vous êtes homme de lettres ou même artiste, que votre présence à leur table flattera leur vanité, ou qu'il est désirée par des convives auxquels ils tiennent à être agréables, ou que vous avez quelque relation avec des personnages dont ils ont besoin, ou que vous êtes parent ou allié avec quelqu'un qui est placé, ou que vous avez assez d'esprit pour égayer un repas, ce qui est un talent qui devient fort rare!... enfin il y a toujours quelque fil qui vous rattache soit au présent, soit à l'avenir, et fait que vous pouvez être bon à quelque chose; voilà pourquoi vous êtes invité.

C'est pour quoi, le jour de son grand dîner, M. Bouffi avait, dans la matinée, cette conversation avec sa femme :

— Ma chère Hortense, vous savez, je pense, quelles invitations j'ai faites pour le repas?

— Mais non, monsieur, je ne le sais pas ; vous m'avez nommé quelques personnes... je ne sais plus lesquelles...

— Alors écoutez-moi, et veuillez faire attention aux avis que j'ai à vous donner... ceci est fort important, car enfin mon dîner et ma soirée me coûteront bien six ou sept mille francs, et on ne doit pas dépenser une telle somme sans tâcher que cela ait un côté avantageux. Nous avons d'abord de Nerval, Beaupré, Gamansau, Levolard ; le premier est millionnaire, les trois autres fort riches... tous les quatre bêtes à manger du foin ! mais ce sont mes clients. Beaucoup de petits soins pour eux, je vous en prie, rien ne flatte les sots comme les égards qu'on leur témoigne ; ils se persuadent que cela est dû à leur mérite, et ils sont enchantés !... M. et madame Burgrave... triste couple, me direz-vous... la femme est ridicule, le mari ne sait parler que du billard ! C'est très-vrai, mais le frère de Burgrave est chef de division à l'intérieur, il peut quelquefois m'être utile, et la recommandation d'un frère est quelque chose. M. Grangeville...

— Ah! mon Dieu il apportera son bilboquet !

— C'est possible; de plus il est méchant; il dit du mal de tout le monde... m is malgré cela... ou à cause de cela peut-être, il est bien reçu partout! c'est un homme qui a de fort belles connaissances et qui est à ménager ! M. de Moncastel... il est fort riche...

— Mais il est légitimiste et vous ne l'êtes pas !

— Qu'importe ! quand il s'agit de ses intérêts on ne doit pas avoir d'opinion... Dubroquet, qui a son beau-père dans les chemins de fer.

— Il est républicain forcené, celui-là !

— Encore une fois, peu importe... Au contraire, il est bon

d'avoir des amis dans tous les partis, on ne sait jamais ce qui peut arriver. Les nouveaux mariés Coquelet et sa femme...

— Ah ! quel ennui ! ce Coquelet a fort mauvais ton, il n'est pas aimable ! quant à sa femme, elle est déjà fort coquette, tout en ayant l'air de ne s'occuper que de son mari !...

— C'est la lune de miel, cela se passera.... mais Coquelet est très-riche... il vient de faire plusieurs héritages... il a placé chez moi beaucoup d'argent ; soyez très-aimable avec eux, je vous en prie.

— C'est bien peine perdue... ils ne s'en aperçoivent pas, je vous assure.

— Vous croyez... moi, j'ai dans l'idée que la petite femme n'est pas si sotte que vous pensez.

— Alors elle cache bien son jeu.

— Madame Volmérange..

— Quoi ! cette vieille dame si ennuyeuse ! qui ne parle que des maladies qu'elle a eues, qu'elle a et qu'elle craint.

— Madame Volmérange a soixante mille francs de rente, une santé chancelante, et on ne lui connaît pas d'héritiers... c'est une femme qu'il faut mettre dans du coton. Lagrenois... c'est un simple employé au Trésor, mais il est excellent musicien et chante fort bien la romance ; cela est agréable pour le soir quand on fait de la musique, et on en fait toujours un peu. M. et madame Durchamp...

— Ah ! je ne puis pas souffrir madame Durchamp... elle est horriblement coquette !

— Mais elle est extrêmement jolie... il faut avoir quelques jolies femmes à sa table, sans quoi les hommes trouvent le dîner triste.

— Mais monsieur... il me semble...

— Que vous y serez, vous, madame .. Certainement vous êtes fort bien, Hortense... vous pouvez être classée dans les jolies femmes ; mais une seule, ce n'est pas assez ; tandis qu'avec madame Durchamp et la petite Coquelet, qui est assez gentille, cela fera digérer les autres. D'ailleurs, Durchamp joue tous les jeux, il fait ce qu'on veut... il est utile le soir. Ensuite Floquart...

— Oh ! celui-là c'est votre intime ; il n'y a pas de danger que vous oubliez de l'inviter.

— Madame, si je traite Floquart avec tant d'aménité, vous devez bien penser que j'ai mes raisons.

— C'est juste, monsieur, et je ne vous les demande pas.

— Vous faites aussi bien. Ensuite M. Grébois, l'ancien avoué... Celui-ci est votre favori, à vous, madame, votre sigisbé !...

— Comment, monsieur ! qu'est-ce que vous veut dire ? Est-ce que j'ai des favoris, des sigisbés ? Qui est-ce qui se permet de dire cela !..

— Allons, Hortense, ne vous fâchez pas... je plaisante... je connais vos principes, votre sévérité même sur l'article des mœurs.

— Alors, monsieur, dispensez-vous de faire de ces plaisanteries de mauvais goût, que je n'aime pas !.. Si vous invitez M. Grébois, c'est que, comme moi, vous connaît parfaitement la jurisprudence, les lois, la chicane... que sais-je ! Dans plusieurs occasions je vous ai entendu dire : La question est épineuse, il faut consulter Grébois, il nous dira ce qu'il faut faire.

— C'est vrai, ma chère amie, je n'en disconviens pas. Grébois m'a été plusieurs fois fort utile... il connaît son code comme je connais ma caisse!

— En ce cas dites donc tout de suite que vous l'invitez parce que vous avez souvent besoin de le consulter, et ne me mêlez plus dans ces sottes plaisanteries qui sont bonnes pour les époux Coquelet !

— C'est bien, madame, en voilà bien assez sur ce chapitre, je pense... Où en étais-je?... Ah ! Bichonneau !...

— Un parasite ! un homme qui dîne constamment chez les autres, qui passe sa vie à se faufiler dans toutes les maisons où l'on traite.

— Eh ! mon Dieu ! je le sais bien, mais il a cela de bon que, lorsqu'il a été d'un fort beau dîner, il ne manque pas d'aller le dire partout, en citant les plats rares que l'on a servis, les primeurs dont il a mangé, les vins exquis qu'il a bus... Ceci est bien quelque chose, madame ; nous avons tant de gens qui avalent les mets les plus recherchés et boivent les vins les plus généreux, sans seulement y faire attention; il est bon d'avoir à sa table quelqu'un qui fasse remarquer le mérite de ce que l'on sert, et Bichonneau n'y manque pas ; à la rigueur il peut servir de compère. Voyons, qui avons-nous encore... Ah! mademoiselle Desmoulins et son père...

— Cette grande jeune personne qui ressemble à une flûte!... Ah! je présume que ce n'est pas pour charmer vos convives que vous l'avez invitée!

— Madame, mademoiselle Desmoulins n'est pas jolie, j'en conviens, mais elle aura une fort belle dot... Parmi mes clients, il en est quelques-uns qui ont envie de se marier... et faire un mariage vous procure tout de suite des affaires ; ensuite M. Desmoulins est un ancien militaire, il a plusieurs décorations, une belle tenue : cela fait bien dans une réunion. Je crois que c'est tout... Ah! 'oubliais un des plus importants, M. Duvalloir... il a déjà placé pas mal de fonds chez moi... je le mettrai près de vous à table, je vous le recommande : c'est un homme qui a besoin que l'on prenne soin de sa fortune, car il ne me paraît pas en état de la gérer lui-même.

— Est-ce que vous le jugez trop bête pour cela?

— Non, oh! ce n'est pas cela, mais on peut avoir beaucoup d'esprit sans avoir celui des affaires, et puis M. Duvalloir paraît constamment préoccupé d'autre chose que de ce qu'on lui dit... je ne sais ce que cet homme-là a dans la tête, mais certainement il y a chez lui quelque chose qui n'est pas naturel.

— Il est peut-être amoureux et malheureux dans ses amours!

— Ma foi! je l'ignore, et vous comprenez que je n'ai pas envie de le lui demander... Ah! à propos, Hortense... si je parlais à M. Duvalloir ou à d'autres de cette propriété dont mon neveu nous entretenait dernièrement... et il est probable que j'en parlerai à M. Duvalloir, puisqu'elle est située tout à côté de la sienne... il doit la connaître.

— Ah! la Prairie aux Coquelicots!... j'aime beaucoup ce nom-là!

— Justement, la Prairie aux Coquelicots... eh bien, il ne faudrait pas dire un mot de ce que mon neveu nous a conté... vous savez, cette histoire de trésor caché.

— Ma foi, je l'avais oubliée... Et pourquoi ne voulez-vous pas qu'on en parle?

— J'ai mes raisons, madame ; je vous prie de vouloir bien ne pas en souffler un mot.

— Il suffit, monsieur... on n'en parlera pas ; mais est-ce que vous croyez à ce trésor, maintenant?

— Que j'y croie ou non, madame, quand il s'agit d'un trésor caché, c'est toujours fort bête de l'apprendre à tout le monde... Ah! mon Dieu! voici l'heure du courrier... je vous laisse, Hortense ; veuillez vous rappeler mes avis. Quant à la soirée, j'ai invité toutes nos connaissances et même des étrangers... on n'a jamais trop de monde.

M. Bouffi a quitté sa femme, qui est allée s'occuper de sa toilette, tout en se disant :

— Il se croit bien fin; mais ces maris!... ils sont tous comme cela!... il a l'esprit des affaires, je le crois, mais je ne lui en connais pas d'autre!... Avoir invité cette madame Durchamp!... je la déteste cette femme!... tous les hommes la trouvent jolie!... je la placerai à table entre M. Grangeville et M. Burgrave... je ne crois pas que cela lui plaise beaucoup... Et près de moi... Ah! près de moi il ne faudra pas que je mette celui que je voudrais y avoir... parce que...

XVIII

UN GRAND DÎNER.

A sept heures, presque tous les invités étaient réunis dans le magnifique salon du banquier. Les dames étaient resplendissantes de toilette, quelques-unes y joignaient des diamants d'un grand prix. D'autres, et madame Durchamp était de ce nombre, y brillaient avant tout par leurs attraits. La vieille madame Volmérange avait sur elle pour plus de soixante mille francs de pierreries ; cela ne la faisait pas paraître plus jeune, mais cela lui faisait obtenir ces petits soins, ces flatteries que tant de gens croient devoir à la fortune, n'importe sous quelle forme elle se présente.

Madame Burgrave avait, seule, trouvé moyen de se rendre ridicule, bien qu'elle eût une toilette fort belle, mais elle la portait d'une façon si singulière qu'on avait envie de rire en la regardant ; elle avait entre autres sur la tête un oiseau de para-

dis dont la queue retombait sur son sourcil gauche et qui la faisait souvent loucher. Mais le coiffeur lui avait dit qu'elle ressemblait ainsi à Diane de Poitiers et pour tout au monde elle n'aurait voulu que l'on dérangeât la queue de son oiseau.

M. Duvalloir s'est rendu à l'invitation de M. Bouffi ; bien qu'il ne soit plus un nouveau visage dans la société, on ne trouve pas en lui ce liant, cette amabilité que l'on apporte généralement dans le monde lorsqu'on a l'habitude d'y vivre. Ce monsieur cause fort peu, il ne va se mêler à aucune conversation ; pour qu'il parle il faut aller le provoquer, sans quoi il conserverait dans un salon son air grave, sérieux, et un silence qui n'inspire pas la gaieté. Mais il est d'une excessive politesse, il a bon air, il n'est nullement embarrassé de sa personne. S'il ne cause pas on voit que c'est par goût et non par timidité.

Madame Burgrave a fait la moue en apercevant M. Duvalloir et elle dit tout bas à la maîtresse de la maison :

— Ah! vous avez ce monsieur que je ne puis souffrir... quelle impertinence va-t-il me dire aujourd'hui?...

— Soyez bien persuadée, chère dame, qu'il n'a nullement l'intention de vous en dire... Au reste, il ne prodigue pas ses paroles... et si vous le faites causer, cela vous fera honneur.

— Je n'en ai nulle envie et j'espère bien que vous ne le placerez pas à table à côté de moi.

— Non, mon mari veut qu'il soit à côté de moi.

— Je ne vous l'envie pas!...

— Comment trouvez-vous madame Durchamp ce soir?

— Pas bien du tout... la couleur de sa robe l'écrase!

— C'est aussi mon avis.

— Et moi, comment me trouvez-vous coiffée?... cet oiseau de paradis fait bien sur ma tête, n'est-ce pas?

— Vous êtes ravissante!

Madame Burgrave est enchantée, elle se promène majestueusement dans le salon et s'arrête en minaudant devant M. Grangeville qui la regarde d'un air ironique, et lui dit enfin :

— Laissez-le s'envoler.

— Que je le laisse s'envoler... qui donc?

— Votre oiseau.

— Quel oiseau?

— Celui qui est sur votre tête.

— Et pourquoi donc voudriez-vous qu'il s'envolât, monsieur?

— Parce qu'il nous cache un de vos yeux.

— Ah! charmant! voilà qui est extrêmement aimable... qu'on dise donc encore que vous êtes méchant, ceci est de la fine galanterie!...

— C'est égal, croyez-moi, coupez-lui la queue.

— Par exemple! je m'en garderai bien! c'est son plus bel ornement.

M. Grébois, après avoir fait son entrée, salué madame et échangé une poignée de main avec le banquier, trouve moyen, lorsqu'il s'aperçoit que madame Bouffi va arranger de la musique sur le piano, de se rapprocher d'elle, et, tout en ayant l'air de regarder les lithographies des journaux, murmure entre ses dents et de façon à ce que cette dame seule puisse l'entendre :

— J'ai attendu tantôt inutilement sur le boulevard du Nord...

Puis il reprend tout haut comme s'il ne s'occupait que de la musique :

— Ah! voilà une romance que l'on dit charmante!

A quoi madame répond en employant le même système et parlant tantôt haut et tantôt bien bas :

— Oui, c'est de Nadaud, je crois... il m'a été impossible de m'y rendre, il a été presque toute la journée près de moi... je la ferai chanter ce soir à mademoiselle Bertini.

— Et demain vous verrai-je?... Ah! ceci est un duo.

— Demain... oui, je l'espère... C'est du Pré aux Clercs.

— Délicieuse musique qui ne vieillira pas... A quelle heure?...

— J'aime mieux le matin... quand je vais au bain.

— Soit... l'heure m'est égale, pourvu que vous veniez... Ah! j'ai entendu chanter cela, c'est le duo du premier acte...

— Chut... prenez garde!...

M. Grangeville s'approchait du piano, et avec son air goguenard il sourit à madame Bouffi, s'approche de l'ex-avoué, regarde le morceau de musique qu'il tient à sa main et se met à fredonner :

Les rendez-vous de bonne compagnie
Se donnent tous en ce charmant séjour,

Puis il s'écrie :

— Très-joli duo... très-bien choisi!... c'est toujours à la mode!... cela se chantera en tout temps!

Madame Bouffi n'a pu s'empêcher de rougir, et elle se hâte d'aller causer avec une dame pour dissimuler l'émotion qu'elle vient d'éprouver. Quant à M. Grébois, il s'empresse de dire à M. Grangeville :

— Et le bilboquet, comment le gouvernez-vous, monsieur?

— Mais fort bien... tenez, hier, j'ai parié que je le mettrais six fois de suite par la pointe, en tenant la boule dans ma main... c'est bien difficile, et j'ai réussi...

— Qu'est-ce que vous avez fait six fois de suite? demande madame Burgrave, qui vient de s'arrêter près de ces messieurs. Voyons, M. Grangeville est dans son jour de galanterie, je gage qu'il va me répondre quelque chose de joli!...

Mais le petit homme se contente de regarder la coiffure de cette dame, et s'éloigne, en lui disant :

— Je vous l'apprendrai quand vous l'aurez laissé s'envoler.

Le petit neveu s'est glissé dans le salon. Oswald a fait sa plus belle toilette, qui est toujours la même pour un homme : l'habit et le pantalon noir, triste costume avec lequel on va au bal, à un enterrement, à une noce, à une cérémonie grave; enfin avec lequel on chante, on danse, on pleure et on rit.

Oswald ne s'amuse pas dans ces grandes réunions où il trouve peu de personnes avec qui causer; il se plairait bien davantage dans la chambre de madame Rennecart, assis auprès de la gentille Virginie, et lui prêtant ses deux mains pour dévider un écheveau de fil. Mais la vie serait trop agréable si nous y faisions toujours ce qui nous plaît; les ennuis et les contrariétés trouvent le moyen d'y tenir leur place et font peut-être trouver le plaisir plus doux.

On n'attendait plus que M. Floquart qui n'arrivait jamais que le dernier, afin de produire plus d'effet à son entrée, car il y a des gens qui calculent tout : ceux qui aiment à se faire remarquer se font toujours attendre pour un dîner. Ils trouvent ravissant de mettre vingt estomacs à la torture, de faire impatienter les uns, souffrir les autres, murmurer tout le monde. Puis ils arrivent riant, superbes et avec l'air de dire : N'êtes-vous pas trop heureux de me voir!... n'êtes-vous pas faits pour m'attendre!

C'est ainsi que Floquart se présente dans une toilette très-excentrique, coiffé et pommadé comme une femme, ayant enchâssé sur son œil droit un petit carreau de verre, qui est suspendu après un ruban de soie noire passé à son cou, se balançant en marchant, et tenant sa tête sur le côté, afin de se donner plus de grâce. Il fait beaucoup de bruit en entrant, va droit à la maîtresse de la maison, sans saluer personne sur son passage, s'incline devant madame Bouffi, lui adresse une espèce de compliment dont il mâche la moitié des mots, si bien qu'on serait fort en peine pour savoir ce qu'il a dit; puis il fait une pirouette et va trouver le banquier avec lequel il prend toujours un ton très-cavalier, qui contraste avec l'air de déférence que la plupart des autres invités ont avec lui.

— Encore un homme que je ne puis pas souffrir! dit madame Burgrave à son mari, lorsqu'elle voit entrer Floquart.

— Et pourquoi donc cela, madame? M. Floquart est fort gai, M. Bouffi de Nogent le prise beaucoup!

— Je ne sais pas si M. Bouffi le prise, mais moi, je suis sûre qu'il m'a triché au jeu!

— Ah! prenez garde, Rose; ce que vous dites-là est bien risqué...

— Voulez-vous bien m'appeler Rosalvina, monsieur, ou je ne vous réponds pas... C'est inconcevable que vous ne puissiez pas retenir un si joli nom! un nom si distingué!

— C'est justement parce qu'il est trop distingué que je l'oublie... personne ne s'appelle comme cela.

Après avoir fait cette réponse à sa femme, M. Burgrave lui tourne le dos et va causer avec son ami Bichonneau.

Cependant, lorsqu'il a cessé de causer avec le banquier, Floquart daigne saluer quelques personnes autour de lui, puis replaçant sur son œil son monocle qui était tombé, il passe les dames en revue.

— Voyons le beau sexe! ah! mademoiselle Desmoulins! franchement celle-là ne peut point être classée parmi le beau sexe... Madame Volmérange! ce sont les ruines de Babylone!... mais il y aurait peut-être des fouilles à entreprendre et des objets de prix à retirer de ces décombres... Madame Coquelet... la nouvelle mariée... gentille... elle me semble déjà moins occupée de son mari, il y a progrès... on la formera. Madame Durchamp... Ah! bravo!..

voilà une femme ravissante... et gracieuse et spirituelle!... Enfin toutes les femmes la détestent, c'est assez dire qu'elle a tout ce qu'il faut pour charmer. Eh! mon Dieu! qu'est-ce que je vois là-bas... est-ce une dame?... est-ce une cariatide?... Juste ciel! c'est madame Burgrave... elle a donc une volière sur la tête!

— Il n'y a qu'un oiseau...

— Eh bien, il est de taille... Je demande en grâce de ne pas être placé à table en face de cette dame... la vue de cet oiseau m'empêcherait de dîner, je ne pourrais pas y tenir, je lui rirais au nez. Allons, messieurs, convenez que cela passe la permission d'être ridicule... Si cette dame sortait à pied ainsi coiffée, certainement elle ferait émeute.

Ces mots impatiemment attendus : *Madame est servie!*... mettent fin aux remarques de M. Floquart qui se hâte d'aller offrir sa main à madame Durchamp pour passer dans la salle à manger. Mais il a été prévenu par M. de Nerval le millionnaire, et il n'ose murmurer, parce qu'il est du nombre de ceux qui trouvent que les millions doivent avoir le pas sur tout.

La maîtresse de la maison a accepté la main que M. Duvalloir lui a offerte et l'a placé à table à sa droite et le millionnaire à sa gauche. De son côté le banquier a mis près de lui madame Durchamp et madame Coquelet. Floquart se trouve fort satisfait d'avoir à sa gauche la vieille dame qui est couverte de diamants, il est pour elle fort galant et contemple si souvent les riches pierreries qui brillent sur elle, que madame Volmérange finit par se persuader que son voisin est amoureux d'elle. Quant à madame Burgrave, placée à l'autre bout de la table, elle a pour voisins M. Bichonneau et M. Desmoulins. Ce qui lui fait faire la mine, parce que le premier ne s'occupe que de manger et l'autre ne lui parle que de ses campagnes.

Le premier service se passe assez silencieusement, sauf le bruit des assiettes et des fourchettes, et ces exclamations poussées par Bichonneau :

— Ce madère est excellent! il doit avoir fait le voyage de l'Inde!

— Voilà un poisson exquis!

— Ce filet est parfait, j'en ai rarement mangé d'aussi savoureux.

— Ces petits pâtés aux huîtres sont délicieux!

Cependant M. Bouffi fait son possible pour que ses convives deviennent plus animés, plus causeurs. Au second service, grâce au madère et à d'autres vins généreux, les langues se délient, les conversations s'engagent; M. Floquart, qui est habituellement le bout-entrain, commence à raconter des aventures fabuleuses qui, dit-il, lui sont arrivées dans ses voyages. A la fin d'un de ces récits, il s'adresse à M. Duvalloir.

— Vous devez aussi avoir des faits curieux à nous conter, monsieur, puisque vous avez voyagé. Pendant trois ans et demi, on a le temps d'être le héros de bien des aventures.

— Il n'en est pourtant pas ainsi, répond M. Duvalloir, obligé de prendre part à la conversation. Rien ne m'est arrivé qui mérite d'être raconté ; j'ai trouvé dans les différents pays que j'ai parcourus des aubergistes fort empressés, des lits plus ou moins bons, des routes plus ou moins belles, des sites plus ou moins pittoresques, voilà tout.

— Quoi! pas de voleurs, pas quelques bandits vous guettant au coin d'un bois?

— Pas un seul.

— C'est jouer de malheur.

— Voilà du chambertin comme on en boit rarement, s'écrie Bichonneau, saisissant un moment où l'on ne parle pas. Puis, voyant que personne ne lui répond, il s'adresse à sa voisine, madame Burgrave :

— N'êtes-vous pas de mon avis, madame?

— Sur quoi?

— Sur ce chambertin... n'est-il pas parfait?

— Mon Dieu! monsieur Bichonneau, vous trouvez tout délicieux, excellent, et vous le criez comme si vous étiez à une vente... cela devient monotone... Comment me trouvez-vous coiffée?

— Magnifiquement, madame; vous avez l'air d'une reine d'Egypte!

— A la bonne heure!... Cet oiseau fait bien, n'est-ce pas?

— Supérieurement!... C'est un faisan doré!

— Eh non, monsieur ; c'est un oiseau de paradis... Un faisan!... ah! mon Dieu! je gage que vous auriez voulu le manger?...

— Madame se dispose-t-elle à aller à la campagne, cette année? demande le banquier à sa belle voisine.

— Oui, monsieur, oh! assurément; je partirai vers la fin de mai. Il me serait impossible de passer l'été à Paris, j'y mourrais d'ennui, et puis j'y serais malade. Quand on a l'habitude de la campagne, cela fait tant de bien... l'air y est si bon ! Ce que je ne comprends pas, c'est que vous n'ayez pas aussi une maison de campagne, vous, monsieur, qui pouvez satisfaire tous vos désirs. Madame Bouffi n'aime donc pas la verdure, les champs ?

— Pardonnez-moi, répond la belle Hortense, j'aime beaucoup la campagne et j'ai souvent prié mon mari d'en acheter une... mais il prétend qu'il n'aurait pas le temps d'y aller.

— En effet, ma chère amie, dit le banquier, les affaires m'ont longtemps empêché de me donner ce loisir; mais je ne veux pas vous refuser toujours, et cette année, oui, cette année peut-être, je vous donnerai une petite villa.

— Ah ! à la bonne heure, monsieur; je vous rappellerai cette promesse.

— Eh mais, s'écrie Floquart, puisque vous avez l'intention de vous acheter une campagne, il me semble que l'occasion est belle; puisque M. Duvalloir veut vendre la sienne, faites-en l'acquisition.

— Je serais charmé que ma propriété vous convînt, dit Duvalloir au banquier, et vous me trouverez disposé à passer par toutes les conditions que vous y mettrez.

M. Bouffi pèse sur ses paroles, tout en répondant :

— Vous êtes trop aimable. Sans doute il serait possible que votre propriété me convînt... cependant ce serait peut-être un peu grand pour une campagne où l'on ne peut aller que de temps à autre.

— Mais moi, monsieur, je serais charmée de passer toute la belle saison à la campagne, dit Hortense. Je vous jure que je ne vous demanderai pas une seule fois à venir à Paris.

— Oui, madame, c'est très-bien; mais encore faut-il voir... Voilà les beaux jours qui approchent... j'irai très-incessamment voir la maison de M. Duvalloir.

— Vous m'emmènerez, monsieur?

— Si cela peut vous être agréable, ma chère amie, ce sera avec plaisir. Mais, à propos, monsieur Duvalloir, on m'a parlé d'une propriété tout à fait voisine de la vôtre... vous devez nécessairement la connaître? Il y a, dit-on, une prairie charmante; aussi a-t-on donné à cette villa le nom de la *Prairie aux Coquelicots*... Est-ce aussi joli qu'on le dit?

En entendant prononcer le nom de la prairie, M. Duvalloir change de couleur et son émotion devient si vive que c'est à peine s'il peut balbutier :

— La prairie... ah ! vous avez parlé de la prairie !...

Tout surpris du trouble que sa question a causé à ce monsieur, le banquier reprend en le regardant avec attention :

— Oui... c'est quelqu'un qui a demeuré par là... qui m'en parlait il y a peu de temps.

— La Prairie aux Coquelicots !... voilà un nom fort gentil, dit madame Durchamp, et cela donne envie de voir la propriété.

— N'est-ce pas, madame ? dit à son tour la femme du banquier. C'est aussi l'effet que cela m'a produit.

— C'est peut-être beaucoup plus joli de loin que de près, dit M. Grangeville; il y a comme cela une foule de choses qui ne sont ravissantes qu'au bout d'un télescope.

— La Prairie aux Coquelicots! s'écrie madame Burgrave avec enthousiasme; eh! je veux aller voir cela. Monsieur Burgrave, vous me mènerez dans cette prairie!... je voudrais déjà y être, je voudrais y courir, je voudrais y cueillir des fleurs... m'y asseoir, y rêver !

— Je suis persuadé qu'elle voudrait s'y rouler, dit Floquart à sa voisine.

— Eh bien, monsieur Duvalloir, vous ne m'avez pas répondu, reprend le banquier; cette propriété nommée la Prairie aux Coquelicots vaut-elle sa renommée ?

M. Duvalloir, dont la physionomie est devenue sombre et qui tient ses regards baissés, murmure d'une voix mal assurée :

— Je ne sais, monsieur... je ne me rappelle pas... je ne saurais vous dire...

— Est-ce que cette campagne est à vendre? demande Floquart.

— Non, non, elle n'est point en vente, se hâte de répondre M. Bouffi.

— Eh bien, alors, que vous importe qu'elle soit plus ou moins belle!...

— Le banquier ne répond rien, mais il regarde Duvalloir dont

l'émotion a frappé beaucoup de monde. Un moment de silence se fait et M. Bichonneau en profite pour s'écrier :

— Excellent champagne !... il faut dîner chez M. Bouffi pour boire un champagne aussi parfait !

XIX

DANS UNE ALLÉE.

La fin d'avril était arrivée, et, ainsi que l'avait prévu Oswald, le premier commis de M. Bouffi, ou du moins celui qui remplissait un des emplois qui exigeait le plus de capacité, dit au banquier, après un mois de travail :

— Monsieur, je pense que vous allez réaliser vos promesses, je gagne chez vous deux mille cinq cents francs; avec la gratification de fin d'année, cela se monte à deux mille huit cents; je vous demande trois mille francs en dehors des gratifications.

M. Bouffi prend sa mine refrognée, et répond à son commis :

— Monsieur... il me semble que vos appointements sont déjà fort satisfaisants... j'ai promis de vous augmenter... c'est possible... mais le moment n'est pas venu... nous verrons plus tard... à la fin de l'année...

— Je ne veux pas être remis sans cesse, monsieur; la place que je remplis vaut bien et vaut plus que je ne vous demande... je veux être augmenté ce mois-ci.

— Qu'est-ce à dire, monsieur? vous voulez!... vous voulez!... et si je ne veux pas, moi.

— C'est bien, monsieur, il suffit; je sais ce qui me reste à faire.

L'employé n'en dit pas davantage; mais le lendemain, il ne paraît pas au bureau, et on ne le revoit plus. M. Bouffi est fort en colère, mais il est surtout fort embarrassé; la besogne souffre, il est obligé de faire lui-même sa correspondance, et met celui qui la faisait au grand-livre, mais les autres commis ont beau redoubler de zèle ou en faire semblant, le travail ne marche plus si bien. Alors, M. Bouffi se rappelle le jeune homme dont son neveu lui a parlé, et il dit à ce dernier :

— Oswald, vous m'avez parlé, il y a quelques jours, d'un jeune homme qui désirait entrer dans mes bureaux, vous m'avez assuré qu'il était en état de tenir les livres ou toute autre partie du travail des employés.

— Oui, mon oncle; c'est Horace, le neveu de madame Rennecart, la principale locataire de votre maison de la rue du Temple, un garçon rempli de moyens...

— Ce jeune homme est-il encore sans emploi?

— Oui, mon oncle.

— Eh bien, vous irez ce soir même le trouver, et vous lui direz de se rendre ici demain à neuf heures du matin.

— Oui, mon oncle... oh! je n'y manquerai pas.

— Et si votre M. Horace est, comme vous le dites, capable de remplacer l'impertinent qui nous a quittés d'une façon si malhonnête, eh bien, on pourra l'employer.

— Oh! il est très-capable... vous verrez, mon oncle, vous serez content de lui.

— Que demain il soit exact à neuf heures surtout...

— Il sera exact, mon oncle; il sera trop heureux de trouver une place, pour ne point être exact.

Oswald est enchanté; son espoir s'est réalisé, bien que, chez madame Rennecart, on n'y eût pas grande confiance. Aussi, il lui tarde d'être à neuf heures du soir, pour courir près de Virginie, et lui dire :

— Vous le voyez, j'ai fait avoir une place à votre frère... il ne pourra pas trouver mauvais que je vous aime.

Le petit commis sent les jambes qui lui démangent, les pieds qui lui brûlent; il travaille deux fois plus vite, espérant que cela fera avancer le moment d'aller apprendre la bonne nouvelle. Le temps lui semble éternel; son espoir s'est réalisé, il trouve que les heures durent des siècles!... C'est toujours ainsi : quand un bonheur nous est promis, nous trouvons que le temps ne va pas assez vite; si c'est quelque devoir pénible que nous avons en perspective, alors le temps va trop rapidement à notre gré... et ce qu'il y a de certain, c'est que le temps marche toujours de même.

Enfin le soir est venu, puis l'heure où Virginie quitte son magasin. Oswald arrive devant la maison de madame Rennecart au moment où la jeune fille ouvrait le secret qui fermait la porte de l'allée. Il pousse une exclamation de joie ; Virginie se retourne et murmure :

— Monsieur Oswald !...

— Oui, mademoiselle, c'est moi ; je me rendais chez madame votre tante... Ah ! je suis bien heureux, car j'ai une bonne nouvelle à vous annoncer...

— Il serait possible ?...

— Oui, mon oncle attend votre frère demain matin... le commis dont je vous avais parlé est parti... votre frère va avoir sa place.

— Oh ! quel bonheur !...

— Je ne vous affirmerai pas qu'il aura tout de suite les mêmes appointements, mais par la suite, il ne peut pas manquer de les avoir.

— Oh ! qu'importe !... le principal, c'est qu'il soit placé... et c'est à vous qu'il le devra, monsieur Oswald !...

— Mademoiselle, ne suis-je pas trop heureux de faire quelque chose pour mon ami... et quand cet ami est votre frère... je suis bien content... si j'ai pu... vous être agréable... si j'ai pu... si cela pouvait... si...

Oswald ne trouvait plus ses mots, mais la porte de l'allée était ouverte, et, en faisant quelques pas en avant, il la laisse retomber, si bien que le jeune couple se trouve seul dans la plus complète obscurité. Et Virginie s'écrie :

— On ne voit pas clair ici quand on ne travaille pas au fond de la cour ; donnez-moi votre main, monsieur Oswald, je connais mieux la maison que vous ; je vais vous conduire.

Le jeune homme saisit cette main qu'on lui tend, et, soit que sa pression l'électrise, soit que l'obscurité le rende plus hardi, au lieu de suivre Virginie qui veut avancer, il la retient près de lui en s'écriant :

— Ah ! mademoiselle !.. pardonnez-moi... mais je suis si heureux en ce moment... il faut absolument que je vous dise ce que j'éprouve... mademoiselle... je vous aime... Oh ! ne vous fâchez pas... dites-moi que cela ne vous fâche pas contre moi.

Si l'on n'eût pas été dans l'obscurité, le timide amoureux aurait bien vu que mademoiselle Virginie n'avait pas l'air fâché du tout. Elle lui répond d'une voix émue, et sans retirer sa main qu'il presse toujours tendrement :

— Oh ! non, monsieur Oswald, cela ne me fâche pas... au contraire, cela me fait bien plaisir, ce que vous me dites là !...

— Quoi ! mademoiselle, il se pourrait !... oh ! que je suis heureux... et si j'avais l'espérance qu'un jour vous partageriez mon amour... alors, je n'aurais plus aucun vœu à former...

— Mais qui... mais je le partagerai... je le partage peut-être déjà... Dame... je ne sais pas... mais quand vous venez nous voir, je suis bien contente ; quand vous nous quittez, cela me fait du chagrin... et puis... je ne devrais peut-être pas vous dire cela...

— Oh ! si, dites ! dites, je vous en prie...

— Eh bien, toute la journée, je pense à vous en travaillant... j'y pense quand je reviens... sur mon chemin ; je cherche toujours si je ne vous apercevrai pas... et quand on sonne chez nous, le soir, oh ! cela fait battre mon cœur bien fort, parce que j'espère que c'est vous... il me semble que je vous aime, n'est-ce pas ?

— Ah ! Virginie ! mademoiselle !... ma chère Virginie ! quel bonheur !...

Et Oswald, dans le transport de sa joie, presse la jeune fille dans ses bras, et va peut-être lui prendre un baiser, lorsque tout à coup la lumière se fait dans la cour : c'est le maître charcutier qui sort de sa boutique, un flambeau à la main, et se rend à son magasin, tout en chantant :

> Ohé ! mes p'tits agneaux !
> Qu'est-ce qui cass' les verres !
> Ohé ! mes p'tits agneaux !
> Qu'est-ce qui cass' les pots !...

La lumière de la cour se projette bien faiblement dans l'allée, mais assez pour effrayer les amoureux, et Virginie court à l'escalier en disant :

— Ah ! mon Dieu !... je ne pensais plus... montons vite ; ma tante... et mon frère, et la bonne nouvelle !

Horace était chez sa tante. En voyant entrer sa sœur et Oswald, tous deux rouges comme des cerises, tous deux troublés, embarrassés et pourtant l'air radieux, les yeux brillants de joie, il se met à rire, et leur dit :

— D'où venez-vous donc comme cela, mes petits amours, vous avez l'air d'avoir rencontré la Fortune !...

— Mon frère, nous venons...

— Mon cher Horace, j'étais venu bien vite...

— Et moi, j'ai rencontré monsieur en bas, comme il entrait dans l'allée.

— Et alors, j'ai dit à mademoiselle... ce que je venais vous apprendre...

— Et j'étais si contente... que j'ai dit à monsieur : Montons bien vite, et...

— Et je suis monté avec monsieur...

— Saprisi ! avez-vous fini de parler tous les deux à la fois. Virginie, fais-moi le plaisir de laisser parler Oswald, et tâche de te taire un peu.

— Eh bien, mon cher Horace, ce que j'espérais est arrivé, le commis, qui voulait de l'augmentation, n'en ayant pas obtenu de mon oncle, est parti brusquement. Hier, on a essayé de répartir sa besogne sur plusieurs, mais mon oncle a bien vu que cela ne pourrait pas marcher ainsi, et ce matin il m'a dit : « Tu m'as parlé d'un jeune homme qui est très-capable et désirerait entrer dans mes bureaux, va le trouver, et qu'il vienne demain ici, à neuf heures précises, et s'il est, comme tu le dis, en état de tenir les livres, je pourrai l'employer. »

— Ah ! bravo !... victoire !... je savais bien que cela arriverait ainsi... eh bien, ma tante, avais-je tort d'espérer ?...

— Non, mon ami, grâce à ce bon jeune homme qui ne t'a pas oublié, qui t'a servi comme un ancien ami... c'est lui qu'il faut d'abord remercier.

— Ah ! madame, ce que j'ai fait était si simple, si naturel... monsieur votre neveu m'a témoigné tant d'amitié... je suis bien heureux si j'ai pu l'obliger !...

— Monsieur votre neveu ! Oswald, quand tu parleras de moi comme ça, je te ficherai des sottises ! car, tu l'entends, dès ce moment je te tutoie, moi !... ça te va-t-il ? si ça ne te va pas, cela m'est égal, je te tutoierai tout de même.

— Cela me fait grand plaisir, au contraire, mon cher Horace... je vous... je te tutoierai de grand cœur... et toujours à l'avenir... puisque tu le veux bien.

— Oh ! oui ! s'écrie Virginie en battant des mains, c'est bien gentil de se tutoyer... cela marque tout de suite plus d'amitié.

— Tu voudrais peut-être qu'Oswald te tutoyât aussi, toi, petite sœur... hein ?...

— Par exemple ! mon frère ! tu me dis toujours des choses pour me faire rougir...

— Allons, ne pensons plus qu'à l'avenir qui s'annonce pur et sans nuage ! Combien gagnait le commis qui est parti ?

— Deux mille huit cents avec les gratifications, mais mon oncle ne vous... ne te donnera pas cela tout de suite !...

— Je le pense bien ; mais il ne faut pas qu'il se figure non plus que je vais entrer dans ses bureaux comme surnuméraire !... merci !... d'ailleurs, on ne reconnaît jamais de mérite aux gens qu'on a pour rien.

— Sois tranquille... d'ailleurs, vous ferez vos arrangements...

— Mon neveu, il ne faut pas non plus être trop exigeant pour commencer... les places sont si difficiles à trouver...

— Je le sais, ma tante, mais il faut savoir ce que l'on vaut, il faut s'estimer à sa juste valeur, sans quoi, qui donc aura bonne opinion de nous... car enfin, nous devons nous connaître mieux que personne. Au reste, le banquier verra bien vite ce dont je suis capable et s'il est bon enfant... Horace, ton oncle est-il bon enfant ?...

— Mais... dame... il est très-sévère pour le travail...

— Ah ! fort bien... c'est un dur à cuire, je vois cela.

— Mon neveu, parlez donc plus respectueusement de l'oncle de M. Oswald.

— Mon Dieu, ma tante, Oswald sait bien ce que vaut son oncle, qui ne lui donne jamais d'argent, et qui le fait travailler comme un nègre... je peux donc bien l'appeler dur à cuire ; mais soyez tranquille, je n'en serai pas moins très-convenable avec lui ; cependant, il ne faudra pas qu'il m'ennuie, parce que je ne suis pas son neveu, moi, et je n'entends pas qu'on me traite comme un écolier !

— Ah ! mon Dieu ! quelle mauvaise tête !... mon ami, dans le monde, il faut savoir quelquefois plier, si l'on veut faire son chemin.

— Eh bien, ma tante, moi, je veux faire le mien sans plier, chacun sa manière ; je serai peut-être plus longtemps en chemin, mais j'arriverai tout de même. Oswald, demain, à neuf heures précises, je serai à ton bureau.

Oswald était bien plus occupé à regarder Virginie qu'à écouter son frère; et de son côté, la jeune fille saisissait tous les instants où elle pensait qu'on ne la voyait pas, pour jeter un doux regard sur celui qui lui avait fait un si tendre aveu dans l'allée de la maison. Madame Rennecart tenait son cornet et répondait à son neveu. Celui-ci saisissait au passage les œillades que se lançaient les deux amoureux, et se disait :

— Je voudrais bien en faire autant avec la petite dame du quatrième.

Oswald ne songeait pas à prendre congé, il faut que ce soit son ami qui lui dise :

— Ces dames vont se coucher; allons-nous-en. Alors il part avec Horace après avoir, d'une voix émue, dit bonsoir à Virginie.

XX

HORACE EN PLACE.

Le lendemain, quelques minutes avant neuf heures, Horace entre dans les bureaux du banquier. Oswald court au-devant de lui. M. Bouffi était déjà dans son cabinet, situé à côté des bureaux, lorsque son neveu lui amène Horace en lui disant :

— Mon oncle, voici M. Horace Bermont.... celui que vous attendiez.

Le banquier se renverse dans son fauteuil et commence par examiner la personne qu'on lui présente, puis il dit à son neveu :

— C'est bien... retournez à votre ouvrage. Oswald, nous n'avons plus besoin de vous.

Oswald s'éloigne. M. Bouffi ne paraissait pas fort satisfait de son examen, et la raison en était toute simple : habituellement, lorsqu'on se présentait à lui pour lui demander la faveur d'entrer dans ses bureaux, on avait l'air timide, modeste, et bien humble. Cette fois c'était tout différent. Celui qui se présentait tenait sa tête haute, avait le regard assuré et ne paraissait nullement trembler devant lui.

— Vous désirez entrer dans mes bureaux, monsieur? dit enfin M. Bouffi d'un air qu'il croit imposant.

— Monsieur, je désire trouver un emploi, je ne suis pas d'un âge à rester oisif.

— Et on assure que vous connaissez les travaux d'une maison de banque?

— Essayez-moi, monsieur, et vous en aurez la preuve.

— C'est juste, monsieur, c'est fort juste... C'est en effet en vous mettant à l'essai que je pourrai voir ce que vous savez faire..... cependant ce moyen a aussi ses inconvénients ; par exemple si vous alliez me faire de grosses erreurs sur mes livres!

— On en serait quitte pour les rectifier; mais soyez sans inquiétude, monsieur, je n'en ferai pas, il semblerait, à vous entendre, que la tenue des livres, des comptes courants, soit une chose bien difficile, bien abstraite; vous me permettrez de vous dire que c'est le pont aux ânes, et que cela ne demande que de l'attention.

— Diable! jeune homme, vous en parlez bien à votre aise.... Enfin, nous verrons... Vous savez les opérations des changes?

— Oui, monsieur.

— Vous calculez bien?

— Très-bien et très-vite; ceci est un avantage que tout le monde n'a pas.

— Oui, sans doute... Voyons, monsieur, puisque vous calculez si bien et si juste. Tenez, voilà une somme que j'ai à tirer sur Madrid; mais il faut que la lettre de change soit faite en monnaie ayant cours en Espagne; voici le montant de la somme : Vingt-et-un mille six cent cinquante francs cinquante centimes ; pouvez-vous me changer cela en piastres, réaux et maravédis?

— Parfaitement, monsieur; il ne me faut qu'une plume et du papier.

— Voici le cours du jour... mettez-vous à ce bureau.

Horace se met au bureau, et au bout de quelques minutes il présente un papier au banquier en lui disant :

— Voilà quelle somme cela produit en monnaie d'Espagne.

— Ah! diable !... vous avez fait vite, j'en conviens... Et c'est bien juste?

— Réduisez cette somme-ci en francs et centimes et vous verrez, monsieur, si cela est exact.

M. Bouffi fait le calcul auquel il met quatre fois plus de temps que n'en a mis Horace, puis il murmure :

— En effet, c'est juste .. c'est bien juste... je vois que vous calculez bien... Venez dans mes bureaux, je vais vous installer à la place que vous devez occuper.

Le banquier conduit le jeune homme, lui montre le grand-livre, le journal, le brouillard, et en lui disant :

— Il faut mettre tout cela à jour .. Quand vous aurez besoin de renseignements, demandez à ces messieurs... D'ailleurs mon neveu est derrière vous, il vous les donnera... On travaille jusqu'à cinq heures... et on revient à sept. c'est l'usage... il ne faut jamais laisser de l'arrière. Au revoir, monsieur.

M. Bouffi s'éloigne et Horace se place devant son bureau en disant :

— Me voici en possession de mon nouvel emploi; il s'agit de montrer au patron que je ne suis pas un apprenti et que je ne me suis pas trop vanté.

Le petit Oswald, dont le bureau est derrière la place occupée par Horace, lui dit à demi-voix pour ne pas être entendu d'un vieil employé qui travaille dans la même pièce :

— Eh bien! tu as causé avec mon oncle?...

— Oui.

— Es-tu content de lui?

— Je lui trouve l'air diablement roide à ton oncle, il fait beaucoup le maître d'école... ce qui ne l'a pas empêché de mettre dix minutes pour vérifier un calcul que j'ai fait en deux!

— Il calcule cependant fort bien.

— Ses intérêts, c'est possible. mais pas le change des monnaies. N'importe, je vais en abattre de cette besogne ; mais je suis bien content que tu sois dans la même pièce que moi, parce que nous pourrons rire et causer de temps en temps...

— Bien bas alors, car mon oncle ne veut pas qu'on cause en travaillant.

— Ton oncle ne sera sans doute pas sans cesse sur notre dos pour nous écouter?

— Non; mais il y a le vieux commis qui est là... à notre gauche.

— Ah! ce petit vieux ridé qui a l'air d'être en caoutchouc. Comment le nomme-t-on?

— M. Tirebourg.

— Est-ce qu'il n'est pas bon enfant, ce vieux Tirebourg?

— C'est un vieux capon qui rapporte à mon oncle tout ce qu'il entend.

— Ah! très-bien. En pension nous les rossions ceux-là...

— Et pour peu qu'on parle, qu'on fasse du bruit, il prétend qu'on l'empêche de travailler.

— Ah! mon Dieu !... De quelle besogne est-il donc chargé?

— Il copie les lettres.

— Ah! ah! ah! elle est bonne celle-là... à son âge il est déjà parvenu à copier les lettres! ça promet... Est-ce qu'il serait surnuméraire, par hasard?

— Ma foi, il n'y a pas encore longtemps qu'il l'était; mais depuis trois mois qu'on l'a mis à six cents francs d'appointements, et depuis qu'il est appointé, il arrive toujours au bureau avant tout le monde, il en sort le dernier. Je crois qu'il y coucherait si on le lui permettait.

— Vieille buse !... quel bel avenir il a devant lui !... Mais à quoi diable peut-il avoir employé sa jeunesse pour en être réduit là à son âge!

— On prétend que c'est un homme qui a fait des folies pour les femmes.

— Allons donc! cette momie-là... pas possible... Il aura suborné sa femme de ménage... voilà tout... mais cela un Richelieu !... jamais !...

Horace riait de bon cœur. Le vieux commis relève la tête et se tourne de son côté, en lui disant d'un ton grognon :

— Monsieur ne sait sans doute pas encore que dans les bureaux de M. Bouffi de Nogent on n'a pas l'habitude de rire et de causer; on y est pour travailler, et on ne travaille pas en causant.

Horace fait un gracieux salut au vieil employé et répond :

— Enchanté, monsieur Tirebourg, d'avoir l'avantage de faire votre connaissance; mon ami Oswald venait justement de m'apprendre que j'avais le bonheur de travailler auprès de la perle des commis, d'un homme qui, après de longues études et un travail opiniâtre, était enfin parvenu, sur le déclin de sa vie, à savoir copier des lettres. Je vous remercie infiniment du petit avertissement que vous venez de me donner. Permettez-moi, à mon tour, de vous en donner un, seulement pour vous faire connaître un peu mon caractère. Je suis naturellement gai, par conséquent il m'arrive souvent de chanter, de fredonner ou de siffloter en travaillant; comme j'ai le travail facile, cela ne me gêne en rien pour faire mes calculs ou mes écritures... Il est vrai que je ne copie point des lettres, ce qui doit tendre l'esprit d'une façon bien fatigante! De plus, j'aime à causer, je puis même causer tout en travaillant, c'est encore une faculté que la nature m'a donnée. J'userai donc de cette faculté si vous voulez bien me le permettre, parce que je ne pense pas qu'un commis, un employé quelconque, doive absolument dans son bureau passer à l'état de crétin, de momie ou de machine à copier. Je serais désolé, cher monsieur Tirebourg, que mon voisinage ne vous fût pas agréable, car le vôtre me charme déjà beaucoup; et je termine en vous prévenant que, lorsqu'on se permet de faire le moindre rapport contre moi, de dire le moindre mot qui puisse me nuire, j'ai l'habitude d'administrer au rapporteur une douzaine de coups de poing dans l'estomac, ou, s'il est brave, un coup d'épée ou une balle de pistolet, à son choix. Ceci dit, je ne doute pas que maintenant nous ne nous entendions parfaitement, et je me mets à la besogne.

M. Tirebourg n'a pas répliqué un seul mot, mais la couleur de son visage a passé du caoutchouc au cuir de Russie : il attache ses yeux sur son ouvrage et ne bouge plus.

Horace travaille avec ardeur, échangeant de temps à autre quelques paroles avec Oswald, fredonnant parfois un morceau d'opéra-comique, mais abattant de la besogne avec une grande facilité et prouvant aux autres employés qui ont affaire à lui, qu'il est parfaitement en état de remplir la place qu'on lui a confiée.

Sur les cinq heures, M. Bouffu vient près d'Horace; il examine ses livres et ne peut s'empêcher d'être surpris de tout le travail que son nouveau commis a mis à jour. Il murmure :

— C'est bien... c'est très-bien... je vois qu'en effet vous êtes au fait... Vous reviendrez ce soir, n'est-ce pas?

— Oui, monsieur, pour achever de mettre à jour ce qui est porté au journal.

— Passez donc à la caisse et demandez au caissier son relevé de comptes du mois dernier... il a une erreur qu'il n'a pas encore pu trouver, faites-moi le plaisir de la chercher.

— Il suffit, monsieur; oh! si je trouvais l'erreur, je l'espère du moins.

M. Bouffu s'en va et Horace dit à Oswald :

— Quand ton oncle m'a dit de passer à la caisse, j'ai cru qu'il voulait me faire payer d'avance un mois d'appointements.

— Oh! il n'est pas si généreux que cela !

— Il ne m'en parle même pas, d'appointements... mais s'il n'entame pas ce chapitre dès demain, il peut être sûr que je l'entamerai moi. En attendant, je vais dîner... Ah çà, le Tirebourg ne s'en va donc pas dîner, lui?

— Puisque je te dis qu'il part toujours le dernier.

— Quel amour des lettres!... Cet homme-là a manqué sa vocation; il aurait dû se faire écrivain public. A ce soir, petit; car je présume que tu reviens le soir?

— Oh! toujours; je ne manque jamais...

— Et le Tirebourg?

— Puisque je te dis qu'on le trouve sans cesse à sa place.

— Comme c'est amusant!... C'est égal, quand j'aurai trouvé l'erreur du livre de caisse, nous irons faire une partie de billard.

— Oh! mais ta sœur prétend que c'est un défaut de jouer au billard.

— Si tu écoutes tout ce que dit ma sœur, tu ne seras bon qu'à découper du feston... S'amuser quand on a bien travaillé, c'est juste, c'est logique. L'homme qui travaille sans cesse, sans vouloir prendre de distractions, ne tarde pas à tourner en bourrique; je ne présume pas que tu ambitionnes cette position sociale.

Horace est parti. Il est content lui, il voit tout en rose; une seule chose gâte son bonheur, c'est le ton sévère avec lequel lui a répondu la jolie dame du quatrième lorsqu'il lui a demandé la permission d'aller la voir... « Cela ne vous avancerait à rien, » a-t-elle dit, d'un air qui annonçait une volonté bien décidée, une intention bien formelle de ne point changer de résolution.

— Être aussi sévère quand on est jeune et jolie, cela n'est pas naturel, se dit Horace; cette madame Huberty a des manières distinguées, de l'usage du monde... Ce n'est ni une ouvrière, ni une grisette... ce n'est pas non plus une lorette, puisqu'elle ne veut pas faire connaissance... Elle ne reçoit personne... ou du moins on ne voit personne venir chez elle... et à moins qu'on n'aille la nuit... Mais pourquoi cacherait-elle ses liaisons, si elle en a?...

Elle n'est donc pas sa maîtresse... ne serait-ce pas plutôt une femme qui a été trompée dans ses amours?... Elle fuit le monde par dépit... elle se dérobe aux recherches de son perfide qu'elle s'est promis de ne plus revoir, et dans sa colère, elle a juré haine aux hommes... c'est cela... ce doit être quelque chose dans ce genre-là... Mais toutes ces colères, ces belles résolutions ne durent jamais bien longtemps... Cette dame finira par s'ennuyer de jouer à cache-cache toute seule... Il ne s'agit que de se trouver là au bon moment, et je m'y trouverai.

Sur les sept heures et demie, Horace retourne à son bureau. Le vieux copiste est déjà à sa place, occupé à se tailler des plumes, ouvrage auquel il emploie une partie de sa journée. Oswald est aussi devant son bureau, il écrit quelque chose qui paraît tellement captiver son attention, qu'il n'a pas vu arriver son ami, qui vient à lui et lui frappe sur l'épaule en lui disant :

— Qu'est-ce que tu fais là?

Le petit jeune homme cache bien vite ce qu'il écrivait sous des papiers et balbutie avec embarras :

— Ah! c'est toi... Mon Dieu... j'écrivais... une chanson dont je voudrais me souvenir... et je ne me la rappelle pas bien.

— Il paraît que tu as bien peur qu'on ne la voie ta chanson, car tu la caches comme si c'était un plan de conspiration contre l'État.

— Moi... mais non... seulement, comme elle n'est pas finie...

— Alors c'est donc une chanson que tu fais?

— Oh! par exemple.. est-ce que je sais faire des chansons?

— Pourquoi pas! c'est moins difficile que tu ne crois... il ne faut que de l'esprit, de la gaieté, l'habitude de rimer et un sujet heureux... Ce que je ne comprends pas, moi, c'est que les Français ont l'air de ne plus vouloir chanter, eux qui s'en acquittaient si bien autrefois... Ils font fi du vaudeville, ils lui préfèrent le drame. Les théâtres où l'on chante encore des couplets deviennent rares... J'entendais dernièrement, dans un café, un jeune auteur, qui certes a du talent... mais qui ne sait pas faire les couplets, se déchaîner contre l'ancien genre du vaudeville en s'écriant :

— Eh! monsieur, est-ce que c'est dans la nature de chanter ce qu'on a à dire, de couper une conversation par un refrain, par un flon flon la riradondaine?

Moi, qui ne suis point auteur, je me suis permis de répondre à celui-ci : « Monsieur, est-ce que c'est dans la nature de parler en vers, comme on le fait dans les tragédies ou dans beaucoup de drames? Est-ce dans la nature de faire la conversation sur un récitatif, comme au Grand Opéra? Est-ce dans la nature de déclarer son amour à sa belle en faisant des roulades et des vocalises, comme à l'Opéra-Comique? Rien n'est dans la nature au théâtre, et du moment que je vois le trou d'un souffleur et une rampe de gaz qui éclaire une forêt, je dois tout admettre, tout permettre... pourvu que l'on m'amuse ou que l'on m'intéresse, et cela m'amusait beaucoup d'entendre de jolis couplets... A présent les Français aiment mieux fumer... Je les trouvais plus aimables quand ils chantaient... » Mon Dieu! mais je bavarde, et ce cher M. Tirebourg ne pourra jamais tailler sa plume... Voyons, où est ce fameux livre de caisse qui a une erreur?

— Je l'ai placé sur ton bureau, ainsi que les autres livres que tu peux avoir besoin de consulter...

— Merci, petit... finis ta chanson... je la connais d'avance... je sais quel est le sujet de ta chanson...

Oswald rougit en murmurant :

— Comment !... tu sais... mais je t'assure... mais je te promets...

Horace n'écoute plus son ami; il va se mettre à son bureau, examine, compulse, additionne, vérifie les comptes, et, au bout de trois quarts d'heure, a trouvé ce qui causait l'erreur dans la balance du livre de caisse. Il se met ensuite à travailler à son grand livre, puis, quand neuf heures et demie sonnent, il range ses livres, ferme le tiroir et dit à Oswald :

— Deux heures de travail, quand elles sont bien employées, c'est assez pour le soir. Viens-tu petit?

— Tu veux partir... déjà?

— Comment déjà!... est-ce que tu n'en as pas assez, toi?... Ah! j'oubliais que tu fais une chanson ou des vers à Chloris... et le temps passe vite en rimant !

— Mais mon oncle va peut-être venir... il vient souvent tard...

— Eh bien, il ne me trouvera plus; mais il verra que j'ai trouvé son erreur. Demain je causerai avec lui sur un chapitre fort intéressant. Allons, viens...

Oswald se décide à partir avec son ami, après avoir soigneuse-

C'est à monsieur Boudignon que j'ai l'avantage de parler? — Page 65.

ment enfermé ce qu'il écrivait. En passant devant le vieux commis, Horace lui fait un profond salut, en lui disant :

— Bonne nuit mon cher monsieur Tirebourg, que la copie vous soit légère !... Demain je vous demanderai quelques leçons pour tailler les plumes, car vous y mettez tant de grâce qu'on serait heureux de vous imiter...

Un sourd grognement est la seule réponse du vieil employé.

XXI

LE COMMIS ET LE BANQUIER.

Le lendemain, en arrivant à son bureau, Horace se rend sur-le-champ dans le cabinet du banquier. M. Bouffi était matinal, il descendait de bonne heure afin de s'assurer si ses employés n'étaient point en retard. Il était donc déjà à son bureau.

En voyant entrer Horace, il daigne lui faire un petit signe de tête, où il met du protecteur et de la dignité, puis il continue la lettre qu'il écrivait. Mais Horace, qui ne se laisse pas imposer par les grands airs de M. Bouffi, lui dit sans hésiter :

— Monsieur, est-ce que vous ne savez pas que j'ai trouvé l'erreur de votre livre de caisse ?

— Si fait... si fait... j'ai vu cela... c'est très-bien... vous calculez fort juste... vous comprenez parfaitement la manière dont on établit les comptes-courants.

— Alors, monsieur, vous voyez que je puis faire votre affaire et occuper la place que vous m'avez donnée.

— Mais oui, je crois que vous la remplirez convenablement... Seulement... hier au soir vous êtes parti de bonne heure... Je suis arrivé à dix heures moins un quart, et vous n'y étiez plus...

— En effet, monsieur, j'étais parti à neuf heures et demie ; mais en deux heures je me flatte d'avoir fait plus d'ouvrage que d'autres n'en feraient en quatre. Si je travaille vite, il est juste que je profite du temps qui me reste. Après tout, monsieur, votre maison n'est pas une boutique d'épicier, qu'il faille tenir ouvert jusqu'à minuit pour y vendre de la cassonade et des pruneaux !...

— Il ne s'agit pas de boutique d'épicier, monsieur, mais du mauvais effet que produit le départ d'un commis, parce que cela entraîne les autres, qui se disent : « Pourquoi resterais-je encore à mon bureau, puisque le teneur de livres s'en va ? » Et comme tout le monde ne travaille pas aussi vite que vous, on laisse alors de la besogne en arrière.

— J'en suis bien fâché, monsieur, mais quand mon travail est expédié, je ne resterai jamais au bureau pour tailler des plumes... Si je ne vous conviens pas ainsi, monsieur, dites-le... c'est fini, je m'en vais. J'ai l'honneur de vous saluer.

— Mais non ! mais non ! je ne vous dis pas cela. Eh ! mon Dieu ! comme vous êtes vif, jeune homme ! quelle pétulance dans vos actions !

— Oui, monsieur, en effet, je sais tout de suite ce que je veux faire.

— Je vous ai dit que vous me conveniez parfaitement ; par conséquent la place de teneur de livres est à vous, c'est une chose conclue.

— Très-bien, monsieur. Maintenant il ne me reste plus qu'à savoir quels sont les émoluments de ma place... enfin combien vous me donnez d'appointements.

M. Bouffi se renverse sur le dos de son fauteuil et devient grave en répondant :

— Comment ! vous voulez déjà des appointements... lorsque vous n'êtes chez moi que depuis hier ?

— Vous n'avez sans doute pas pensé, monsieur, que j'entrais chez vous comme surnuméraire ?

— Mais cela se fait pourtant... cela se fait partout.

— Ceux qui sont obligés de faire leur apprentissage dans une partie qu'ils ne connaissent pas, consentent à être surnuméraires, cela se conçoit... ou bien ce sont de tout jeunes gens de quatorze à seize ans qui entrent chez vous pour y apprendre la banque, en attendant que leurs parents les établissent.

— Mais non ; il y a des personnes déjà âgées qui, pour obtenir une place, consentent volontiers à faire un surnumérariat. Tenez, par exemple, voilà M. Tirebourg, qui n'est pas jeune, il s'en faut ! eh bien, il a été un surnuméraire chez moi ; il n'est appointé que depuis trois mois.

— Oh ! monsieur, si vous me comparez à M. Tirebourg, une vieille ganache qui passe sa soirée à tailler des plumes, je n'ai plus rien à répondre ; mais je vous crois assez de tact pour faire une différence entre moi et ce monsieur.

— Sans doute... sans doute, mais...

— Monsieur, je vous répète que je ne veux point entrer chez vous comme surnuméraire... c'est une chose bien décidée... Voyez si vous voulez me garder.

— Allons, monsieur, puisque votre résolution est formelle, eh bien, je vous accorde douze cents francs d'appointement. J'espère que vous êtes satisfait ?

Au lieu d'avoir l'air satisfait, Horace fait la grimace et répond :

— Douze cents francs ! c'est un place vaut, bien plus que cela... et je suis persuadé que celui que je remplace avait plus du double.

— Oh ! ma foi, monsieur, vous n'êtes jamais content... de tels appointements en entrant dans une maison, c'est magnifique ! Au reste, mon intention n'est pas de vous laisser à ce chiffre ; si vous continuez de faire mon affaire, je vous augmenterai... vous pouvez y compter.

— En ce cas, monsieur, j'accepte, parce que je suis certain que vous serez toujours content de mon travail.

— J'aime à le croire, jeune homme.

— Je vais à mon ouvrage, monsieur.

Horace se dispose à quitter le cabinet du banquier, lorsque celui-ci le rappelle :

— Ah ! monsieur Horace, pendant que vous êtes là, j'aurai quelques renseignements à vous demander.

— Parlez, monsieur, je suis à vos ordres.

— J'ai un de mes clients, M. Duvalloir, qui a une propriété à vendre, et m'a prié de m'en occuper. Cette maison de campagne, qui est fort considérable, à ce qu'il paraît, est située à Montagny-sur-Oise, près d'Ermenonville. Vous connaissez ce pays-là, je crois ?

— Si je le connais ? oh ! oui, monsieur... j'y suis né, j'y ai passé mon enfance, mes plus beaux jours... car mon père vivait encore, et il était si bon pour nous !...

— Il possédait une propriété par là, m'a-t-on dit ?

— En effet, monsieur. Mais qui donc vous a dit cela ?

— C'est mon neveu, qui le sait par votre tante, madame Rennecart.

— Et la maison de votre client est à Montagny même ?

— Je crois que oui... je ne suis pas encore allé la visiter... ce que je compte faire incessamment, car si cette propriété me convient, il serait possible que je l'achetasse... ma femme veut absolument avoir une campagne pour aller y passer la belle saison. Celle-ci est connue dans le pays sous le nom de la *Maison aux Sycomores*.

— La Maison aux Sycomores ! oh ! je la connais bien, monsieur... les murs du parc touchaient à notre propriété... il y avait même une petite porte qui ouvrait sur notre prairie... Oh ! c'est une fort belle habitation !... Étant tout enfant, je suis entré plus d'une fois dans ce parc pour chercher des nids... il y avait alors un concierge qui était fort bon homme... les jardins sont charmants... il y a une pièce d'eau... la maison est grande, élégante. Achetez cette campagne-là, monsieur, vous ne vous en repentirez pas.

— Oh ! vous allez toujours très-vite... avec vous les choses sont tout de suite faites... En affaires, il ne faut pas être si prompt que cela... il faut réfléchir... et puis savoir si la propriété vaut ce qu'on en demande. Et votre demeure était tout près de là ?

— Oui, monsieur, tout à côté... nous avions une charmante prairie... de vingt arpents environ, qui s'étendait le long du parc voisin. Cette prairie avait de loin à loin quelques buissons de noisetiers, quelques vieux chênes... puis tout le reste était du trèfle, de la luzerne. Au milieu de cette verdure les coquelicots venaient en abondance, si bien qu'on appelait notre domaine *la Prairie aux Coquelicots*. Ah ! ma chère prairie !... j'y pense toujours...

— Je le crois... les souvenirs de jeunesse, d'enfance, se conservent longtemps. Mais on m'a dit encore, ceci est un conte sans doute, on m'a dit que votre père avait caché un trésor dans sa prairie. Ajoutez-vous foi à cela, monsieur Horace !

Horace fronce le sourcil en murmurant :

— Et qui donc a été assez indiscret...

— Eh ! mon Dieu ! mais, c'est toujours mon neveu, qui tient toutes ces histoires de votre tante. Où est donc l'indiscrétion de rapporter une chose qui est probablement un conte fait à plaisir ?

— Monsieur, si vous saviez qu'il existe quelque part un trésor, est-ce que vous iriez le dire à tout le monde ?

— Oh ! c'est selon... si je n'ajoutais pas foi à cette croyance, je ne me ferais aucun scrupule d'en parler. Voyons, jeune homme, est-ce que vraiment vous croyez à l'existence de ce trésor ?

— Si j'y crois !... je n'en ai jamais douté un seul instant, car mon père l'a affirmé à sa sœur, et mon père était incapable de mentir.

— Mais alors, avant de mourir, il aurait dû vous indiquer la place où il est enfoui... et il n'a rien dit qui pût vous mettre sur la voie ?

— Monsieur, quand on meurt presque subitement... dans toute la force de l'âge, est-ce qu'on a un seul moment l'idée que la mort est proche ?

— C'est fâcheux, très-fâcheux pour vous... car de toute façon le trésor... si trésor il y a, est perdu pour vous.

— Pourquoi donc cela, monsieur ?

— Comment ! pourquoi ? mais alors même que vous sauriez où est enterré le trésor, vous n'auriez plus le droit d'aller le déterrer, puisque le terrain ne vous appartient plus.

— Oh ! si vous répondez que si je savais où il est, ce n'est pas cette raison-là qui m'arrêterait, et j'irais bien vite le chercher.

— Vous vous feriez une mauvaise affaire avec le propriétaire du terrain.

— Pour prendre un bien qui vient de mon père, qui est mon héritage ?

— Il n'est plus à vous, du moment que la propriété a été vendue ; c'est la loi.

— Je ne crois pas.

— Vous voulez en savoir plus que moi, peut-être ? Mais en voilà assez sur ce sujet qui ne vaut guère la peine qu'on s'en occupe. Allez à votre besogne, monsieur.

Horace salue et sort du cabinet du banquier. En passant près d'Oswald, il lui dit à l'oreille :

— Ton oncle est un cuistre, toi un bavard, et ma tante une pie.

Le petit commis reste tout saisi ; mais on va et vient dans les bureaux, il ne peut pas demander d'explication.

Il fallait traverser la pièce dans laquelle travaillait Horace, pour arriver au cabinet de M. Bouffi. Aussi passait-il très-souvent du monde devant son bureau. Le banquier n'était pas obligé de prendre ce chemin ; une autre porte de son cabinet ouvrait sur un escalier dérobé.

Il ne se passait guère de jour sans que le grand Floquart vînt voir le banquier ; alors il traversait le bureau en faisant beaucoup de bruit, en fredonnant, en faisant tourner son *stick*, regardant les employés d'un air dédaigneux, ne saluant jamais personne, et se bornant à dire à Oswald :

— Bouffi est-il dans son cabinet ? d'un ton aussi impertinent que s'il parlait à un laquais.

Horace avait déjà vu passer Floquart la veille ; mais tout occupé de son ouvrage, il y avait fait peu attention ; en revoyant le lendemain passer ce beau monsieur qui fait tant de poussière et frappe des pieds sur le parquet comme s'il voulait y laisser toute la crotte qu'il a amassée à ses bottes, notre jeune homme se tourne vers Oswald en lui disant :

— Qu'est-ce que c'est que ça ?

— Ça... c'est M. Floquart.

— Et pourquoi donc M. Floquart frappe-t-il si fort les pieds ici ?... on dirait qu'il prend nos bureaux pour un paillasson.

— C'est un ami intime de mon oncle.

— Je ne lui en ferai pas compliment, à ton oncle. Ce monsieur a l'air fort impertinent ; il entre ici comme dans une écurie, ne salue personne, nous regarde comme un sultan regarderait ses esclaves, et se dandine sur ses hanches comme s'il allait faire le tambour-major. Est-ce qu'il vient souvent ici ?

— Presque tous les jours, quelquefois même il vient plusieurs fois dans la journée.

— Alors, on a le plaisir de le voir passer souvent ; comme c'est heureux pour nous ! Et qu'est-ce qu'il fait ce M. Floquart ? quelle est sa profession ? est-il agent de change, courtier, négociant ?

— Non ; il est boursier... il fait des affaires à la Bourse.

— Est-ce qu'il a un compte ici ? il me semble que je n'ai pas encore aperçu son nom sur mes livres.

— Non, il n'a pas de compte établi chez nous.

— Et il vient tous les jours voir ton oncle... qu'est-ce qu'ils tripotent donc entre eux ?

— Chut ! si on t'entendait !

— C'est juste ; on n'augmenterait pas mes appointements.

— Combien as-tu ?

— Douze cents francs... et on a, eu l'air de me faire une grâce... Et celui que je remplace avait deux mille huit cents, tu me l'as dit.

— C'est vrai.

— Enfin, je patienterai, et nous verrons la suite.

— Pourquoi m'as-tu appelé bavard ?

— Parce que tu as été conter à ton oncle que mon père avait caché un trésor dans notre prairie, à Montagny.

— C'est madame Rennecart qui m'a dit cela, et non pas, comme un secret ; je ne pensais pas commettre une indiscrétion en le répétant.

— Je te pardonne, à toi ; mais je laverai la tête à ma tante.

— Ce soir-là, chez madame Rennecart, on attendait avec impatience l'arrivée d'Horace, pour savoir s'il s'était arrangé avec le banquier, et dès que sa sœur l'aperçoit, elle lui crie :

— Eh bien, es-tu content ? l'oncle de M. Oswald te donne-t-il de beaux appointements ?

— M. Bouffi est un ladre, un fesse-mathieu ! répond Horace ; il voulait d'abord ne rien me donner du tout, et me prendre comme surnuméraire ; quand il a vu que cela ne m'allait pas, il m'a enfin accordé douze cents francs, lorsque celui que je remplace gagnait plus du double, et ne savait pas trouver les erreurs dans le livre de caisse.

— Douze cents francs ! s'écrie madame Rennecart qui tenait son cornet à son oreille, mais c'est bien gentil cela, mais ! Douze cents francs tout de suite ; mais tu devrais être très-content.

— Je serais très-content, ma tante, si la place ne valait pas davantage ; enfin, j'ai accepté, parce qu'on m'a promis de l'augmentation.

— Ah ! je suis bien heureuse que tu sois placé... j'espère que tu t'y tiendras à cette place-là ?

— Je m'y tiendrai ! elle est étonnante, ma tante ; cela dépendra de la façon dont on se comportera avec moi !

— Et aussi de celle dont tu te conduiras, toi ; tu as une si mauvaise tête !

— Si j'ai une mauvaise tête, vous avez une terrible langue, vous, ma tante.

— Qu'est-ce à dire, monsieur mon neveu ?

— C'est-à-dire, que vous allez conter nos affaires à tout le monde... à propos de quoi allez-vous dire que mon père avait caché un trésor dans la propriété dont nous avons été dépossédés ?

— Moi... j'ai dit cela, moi, crois-tu ?

— Oui, vous l'avez dit à Oswald ; vous lui avez cité la Prairie aux Coquelicots comme renfermant un trésor caché là par mon père, qui est mort subitement en emportant dans la tombe le secret du trésor.

— Eh bien, après ? quand j'aurais parlé de cela, quel mal y a-t-il ? j'étais bien aise de faire savoir que vous étiez riches autrefois.

— A quoi cela sert-il de dire qu'on a été riche, quand on ne l'est plus ?... à rien du tout, sinon à se faire passer pour menteur ; le monde s'intéresse fort peu aux malheurs qui ne le touchent pas.

— Mais, encore une fois, qu'est-ce que cela fait que je parle de ce trésor, puisqu'on ne sait pas où il est ?

— Cela fait beaucoup ; car je prétends que ce trésor nous appartient, à moi et à ma sœur, et je ne veux pas que personne autre que moi ait la fantaisie d'aller le chercher.

— Eh ! mon pauvre garçon, tu te mets en tête des chimères... d'abord les étrangers croient que nous inventons cette histoire pour nous moquer d'eux... et, lors même qu'ils y croiraient, qui donc irait fouiller dans vingt arpents de terre, sans avoir la plus petite indication pour diriger ses recherches ?... tu vois bien que toi-même ne l'as pas fait.

Horace regarde longtemps sa tante, qui a reposé son cornet près d'elle, en murmurant :

— Vous croyez que je ne l'ai pas fait... ah ! ma pauvre tante... si vous saviez ce que j'ai déjà fait... et ce qui m'est arrivé dans notre chère prairie ; mais je me garderai bien de vous le dire, car vous iriez le conter partout.

XXII

LES FIANCÉS.

Quelques semaines s'écoulent. Horace va fort régulièrement à son bureau, fait sa besogne fort bien et fort vite, ce qui lui permet souvent de ne point retourner travailler le soir, ou du moins de ne faire qu'un court séjour à son bureau. Quelquefois, il emmène Oswald avec lui ; mais celui-ci, devenu ami intime de la maison, aime beaucoup mieux passer son temps près de Virginie que d'aller jouer au billard ; aussi refuse-t-il souvent de partir le soir avec son ami, sous prétexte qu'il a encore à travailler ; puis, lorsque neuf heures et demie ont sonné, certain que la jeune fille a quitté son magasin, il se rend chez madame Rennecart où il passe le reste de la soirée ; ayant l'air d'écouter la bonne dame qui aime à faire tout haut la lecture d'un roman, mais ne voyant, ne regardant que Virginie, et bien heureux lorsque parfois il parvient à rencontrer sa main qu'il presse alors tendrement.

Horace retourne rarement chez sa tante en sortant de son bureau. Cependant, un soir, il y arrive fort peu de temps après Oswald qui, justement, avait refusé de partir avec lui sous prétexte d'une besogne fort longue dont son oncle l'avait chargé.

— Ah ! diable !... dit Horace, en apercevant son ami qui est assis à côté de Virginie, il me paraît que tu as bien vite bâclé ce travail si long dont ton oncle t'avait chargé.

Oswald baisse les yeux et ne sait que répondre ; Virginie s'empresse de dire :

— Mon frère, M. Oswald n'aime pas du tout le jeu de billard, et tu veux toujours l'y faire jouer ; tous les jeunes gens n'ont pas les mêmes goûts ; s'il aime mieux entendre de ma tante nous faire la lecture... justement elle nous lit en ce moment quelque chose de bien intéressant... car désormais, je sens bien un roman de Walter Scott.

— Dont je gage qu'il n'a pas entendu un mot ! répond Horace en se plaçant devant les amoureux qu'il regarde si fixement que ceux-ci rougissent et ne savent plus quelle contenance tenir.

— Ah ! mes petits bijoux, reprend Horace, vous croyez donc que je ne vois pas ce qui se passe, et, parce que vous n'avez point jugé à propos de me mettre dans la confidence de vos amours, que je ne me doute pas que vous soupirez l'un pour l'autre ?

— Ah ! mon frère !... par exemple ! murmure Virginie qui a envie de pleurer, dire des choses comme cela, devant ma tante !...

— Ma tante n'a pas son cornet, par conséquent, tu sais-bien que nous pouvons parler comme si elle n'était pas là. Voyons, Oswald, réponds-moi tout de suite, est-ce que tu n'es pas amoureux de ma sœur ? ai-je tort de le penser ?

Oswald joint les mains, comme s'il allait prier le bon Dieu, et lève les yeux sur Horace en balbutiant :

— Ah ! mon ami !... pardonne-moi, si je ne t'ai pas encore avoué mon amour pour ta sœur... c'était mon intention depuis longtemps, mais je n'osais pas... J'aurais dû te demander la permission peut-être... mais tu me l'aurais défendu que je l'aurais aimée également... car désormais, je sens bien que cet amour est ma vie... que tout mon bonheur est là... que je n'aurai jamais d'autre femme que mademoiselle, à moins qu'elle ne me refuse pour mari, et que je le jure...

— Assez ! assez ! le voilà qui est lancé, il n'y a plus moyen de l'arrêter à présent !... Et vous, mademoiselle ma sœur... voyons, répondez franchement, au lieu de pousser de gros soupirs... et de faire des mines en tortillant votre bouche... agréez-vous l'hommage du jeune Oswald Bouffi ?... votre cœur est-il sensible à son amour ?... Je sais d'avance ce que vous allez me répondre ; mais c'est égal, faites comme si je ne le savais pas.

Virginie répond sans relever la tête :

— Mon frère... certainement... je ne m'attendais pas...

— Fais-moi donc le plaisir de lever le nez et de me regarder en me répondant ; j'aime à voir la figure des personnes qui me parlent.

— Mon frère... c'est que tu m'intimides...

— Ce n'est pas vrai, ton frère ne peut pas t'intimider ; mais les femmes ont pour habitude de ne point vouloir nous laisser lire sur leur physionomie, si elle est d'accord avec leur paroles ; ceci est une tactique qui est dans leur nature, dont la franchise ne forme point la base fondamentale. Ah ! tu te décides à relever la tête, c'est heureux... parle !...

— Eh bien, oui, mon frère, M. Oswald m'a fait l'aveu de son amour, et cela ne m'a pas fâchée, au contraire, cela m'a fait bien plaisir... ce qui me fait présumer que... que je l'aime aussi...

— Ah ! mademoiselle !... que je suis heureux !...

— Allons donc ! nous avons eu bien de la peine à vous arracher cela ! Maintenant qu'il n'y a plus de mystère, faisons les choses dans les règles. Ma tante, prenez votre cornet... Bon ! elle ne m'entend pas.

— Mais, que veux-tu donc faire, mon frère ?

— Tu vas le savoir.

Horace va chercher le cornet qu'il présente à madame Rennecart, et que celle-ci s'empresse d'adapter à son oreille ; alors il va prendre Oswald par la main et le conduit devant sa tante, en disant :

— Permettez, chère et bonne tante, que je vous présente M. Oswald Bouffi, qui est amoureux de votre nièce... ma sœur Virginie, qui vous demande sa main, ou du moins la permission de la regarder dès à présent comme sa fiancée... Je commence par vous dire que j'approuve l'amour de ces jeunes gens.

Madame Rennecart ouvre de grands yeux, regarde tout le monde, puis s'écrie :

— Il n'est pas possible !... J'ai sans doute mal entendu.

Horace pousse Oswald en lui disant :

— A ton tour. Est-ce que tu ne vas pas dire quelque chose ?

— Non, madame, vous n'avez pas mal entendu, dit le jeune amoureux en s'inclinant devant madame Rennecart ; j'aime... ou plutôt j'adore mademoiselle votre nièce... mais je n'aurais pas encore osé vous en faire l'aveu... parce que...

— Parce que tu sais très-bien que tu ne peux pas l'épouser maintenant, s'écrie Horace, vu que ma sœur n'a pas le sou, et que, toi, tu travailles gratis chez ton oncle ! établissez donc un ménage avec cela... vous ne pourriez pas donner souvent à dîner à vos amis, et pas toujours à vous-mêmes ; mais soyez tranquilles, tout cela changera... je doterai ma sœur, je doterai Oswald ; je veux, en mariant ce jeune couple, que leur avenir soit assuré et qu'ils puissent avoir nombreuse famille.

— Oh ! mon frère ! est-ce vrai ? dit Virginie, qui ne peut retenir un petit cri de joie, et se met à faire de petits bonds sur sa chaise en répétant :

— Il me dotera... il me dotera... Monsieur Oswald, il me dotera...

— Oui, mademoiselle ; mais que je sois votre mari, c'est tout ce que je demande.

— En vérité, tu es fou, Horace, dit madame Rennecart. Tu marieras... tu doteras... il semblerait à t'entendre que tu n'as qu'à ordonner... que tu disposes d'une fortune ! Certainement je ne blâme pas l'amour de M. Oswald pour ma nièce ; seulement, je pense qu'il a été un peu vite... Et vous, mademoiselle, vous aimez donc monsieur ? Voyez-vous, cette petite cachotière qui ne m'en disait rien.

— Oh ! ma tante ! je vous assure que je n'osais pas me l'avouer à moi-même.

— Non, mais elle osait bien le laisser voir à Oswald.

— Ah ! que mon frère est méchant !

— Enfin, mes enfants, je le répète, je ne blâme pas votre amour, mais vous êtes trop jeunes pour penser déjà à vous marier ; et d'ailleurs, comme il a été cela le seule chose raisonnable qu'il ait dite... vous n'avez rien ni l'un ni l'autre, on ne se marie pas avec cela. Si vous comptez pour vous unir sur les promesses d'Horace, je crains que vous n'attendiez bien longtemps la réalisation de vos espérances. Il n'y a qu'une personne qui pourrait faire votre bonheur, c'est votre oncle, monsieur Oswald : il est fort riche, il n'a pas d'enfants, et vous êtes son seul neveu ; croyez-vous qu'il consentirait à vous marier à ma nièce et à vous donner de quoi vous établir ?

— Oh ! non, madame, je ne le crois pas, répond Oswald en secouant tristement la tête ; j'ai entendu mon oncle qui me disait une fois : « Un homme ne doit pas songer au mariage avant trente ans, et encore faut-il qu'il ait sa fortune faite. » Car mon oncle n'estime, ne prise que l'argent... Aussi je n'oserais jamais lui parler de mon amour.

— Eh bien, sois tranquille, dit Horace, je me charge de lui en parler, moi.

— Oh ! ne fais pas cela ! je t'en prie ; mon oncle se fâcherait et...

— Et te mettrait en pénitence, n'est-ce pas ? pauvre garçon ! qui se permet d'être amoureux et qui tremble toujours ; mais rassure-toi, le moment n'est pas venu, il faut d'abord que je sonde le terrain, que j'apprenne à mieux connaître M. Bouffi... tu as le temps de respirer... Ce que je voulais d'abord, c'était que votre amour ne fût plus un mystère pour ma tante... que ma petite sœur ne s'imaginât pas que je croyais à ton aversion pour le billard, et que tu ne caches pas si vite ton papier quand tu fais des vers pour ma sœur.

— Il a fait des vers pour moi ! s'écrie Virginie... ah ! voyons-les ; vous ne me les avez pas encore donnés, monsieur Oswald ?

— Mademoiselle, c'est qu'ils ne sont pas encore tout à fait terminés.

— Il y met le temps !... mais après tout, on peut être passionnément amoureux et mauvais poëte ; tout le monde ne possède pas le don de rimer... patience, ma sœur, tu ne perdras rien pour attendre. Maintenant, mes enfants, il me semble qu'il est temps d'aller se coucher. Oswald, dis adieu à ta fiancée... et pour cette fois, et sans que cela tourne en habitude pour l'avenir, donne-lui le baiser des accordailles... je le permets. Et vous aussi, n'est-ce pas, ma tante, vous voulez bien que les futurs époux s'embrassent ?

— Mon neveu, vous n'avez pas le sens commun, répond madame Rennecart, en haussant les épaules : traiter aussi légèrement une chose sérieuse, et qui ne se fera peut-être jamais... car vous avez entendu M. Oswald ? lui-même vous dit que son oncle ne consentira jamais à ce mariage.

— Bath !... bath !... est-ce qu'il en sait quelque chose ? d'ailleurs, je veux qu'il se fasse, moi, ce mariage, et il se fera !... fiez-vous à ma parole, jeunes amants !...

Oswald se hâte de profiter de la permission qu'Horace vient de lui donner. Il s'approche gauchement de Virginie, qui de son côté lui tend gauchement sa joue, sur laquelle il cueille un baiser. Mais remarquez bien que ces choses faites gauchement sont d'un grand prix... ce sont toujours les premiers !...

— C'est fini, vous voilà fiancés ! s'écrie Horace, qui prend ensuite le bras de son jeune ami et l'emmène en lui disant :

— Venez mon cher beau-frère...

XXIII

LE PETIT COULOIR.

M. Floquart dit un jour à son ami Bouffi, en entrant dans son cabinet :

— Quel est donc ce nouveau commis que je vois à la place de votre ancien teneur de livres ? Il a un petit air de regarder son monde qui est tout à fait drôle !... il est tout jeune, on dirait qu'il se croit déjà quelque chose : il se permet de m'examiner quand je passe... je présume que c'est parce qu'il admire ma toilette, sans quoi je l'aurais déjà remis à sa place... je lui aurais appris qu'un méchant petit employé doit regarder avec plus de respect les clients de son patron.

— Mon cher Floquart, répond le banquier en s'appuyant sur le dos de son fauteuil, ce nouvel employé est en effet tout jeune encore... je ne lui crois guère plus de vingt-deux à vingt-trois ans ; mais je vous certifie qu'il a plus de talent que n'en possèdent souvent plusieurs vieux commis qui ont vieilli dans les bureaux. Il calcule parfaitement et avec une promptitude extraordinaire... il a une perspicacité qui lui fait sur-le-champ découvrir une erreur que d'autres chercheront pendant un mois... pour lui les chiffres et les livres est un jeu !... il travaille vite et bien... il a une écriture charmante... il n'y a jamais rien à reprendre à ce qu'il fait ; enfin à lui seul, il vaut trois bons employés.

— Diable !... vous le payez cher alors ?

— Mais non, pas trop cher... par exemple je dois avouer que son caractère n'est pas facile... il a une assez mauvaise tête... il est opiniâtre comme un Breton ! et c'est la seule chose raisonnable qu'il ait dite... vous n'avez rien ni l'un ni l'autre, on ne se marie pas avec cela... je ne le crois pas d'humeur à le souffrir.

— Oh ! voilà qui est joli... je voudrais bien voir que ce blanc-bec se permît de me répondre !..

— Ne vous y frottez pas... croyez-moi... au reste, vous n'avez jamais affaire à mes commis, puisque entre nous... nous ne tenons pas d'écritures... je serais fâché qu'il vous eussiez la moindre altercation avec quelqu'un auquel je tiens beaucoup... car je vous le répète, c'est un garçon rempli de talent.

— Et où donc avez-vous trouvé ce merveilleux commis ?

— C'est mon neveu qui me l'a amené... il connaissait Horace Bermont pour l'avoir vu chez la principale locataire de ma maison de la rue du Temple.

— Ah ! votre neveu, à la bonne heure, voilà une bonne pâte de petit garçon !... parlez-moi de ça !... on en fait tout ce qu'on veut. Eh eh !... pauvre petit pigeon !... Eh eh !...

M. Floquart riait alors d'une façon singulière, en regardant son ami intime, qui se contente de faire un froncement de sourcils comme pour engager Floquart à se taire ; puis, du monde arrivant dans le cabinet du banquier, ces messieurs se séparent.

La réputation du nouvel employé était montée jusqu'au premier étage, et des bureaux avait fait irruption dans le salon. Madame Bouffi qui avait entendu son neveu, et même son mari, faire l'éloge d'Horace, avait dit :

— Je serais curieuse de le voir, ce jeune commis qui travaille si bien.

— C'est un fort joli garçon, madame, avait répondu le banquier.

— Oh ! monsieur, vous pensez bien que ce n'est pas pour cela que je désire le voir.

— Eh bien, ma chère Hortense, comme vous ne descendez jamais dans mes bureaux, un jour que vous aurez besoin d'argent, je prierai mon nouveau commis de monter vous en porter... et vous le verrez, à moins qu'il ne veuille point se charger de cette commission, ce qui serait possible, car, c'est un monsieur qui ne fait pas tout ce qu'on veut.

— En vérité, je n'en ai que plus envie de le connaître.

Deux jours après cette conversation, M. Bouffi sachant que son neveu est absent, appelle Horace dans son cabinet et lui dit :

— Monsieur Bermont, est-ce que vous seriez assez aimable pour me rendre le service de monter chez ma femme... j'avais oublié qu'elle a besoin d'argent aujourd'hui ; voilà deux mille francs en or qu'elle m'avait demandés, et de plus un coupon de loge de l'Opéra-Comique qu'on m'a envoyé, je désire savoir si elle ira et si elle a du monde pour compléter sa loge... moi, je ne puis pas y aller, je dîne chez M. de Nerval le millionnaire. Pardon, ceci n'est point, je le sais, dans vos attributions ; aussi est-ce un service que je vous demande... mon neveu est en course... ainsi que le garçon de bureau... De tous ces messieurs, je ne vois que vous que madame Bouffi sera bien aise de recevoir.

— Monsieur, dit Horace, du moment que vous m'en priez de cette façon et que cela peut vous être agréable, je suis tout à vos ordres.

— Tenez, voici la somme et le coupon de loge.

— Je vais prendre par le grand escalier.

— Non ; montez par cet escalier dérobé... vous traverserez une petite pièce, où travaille la femme de chambre, qui vous conduira près de sa maîtresse.

Horace monte le petit escalier, arrive sur un palier, voit devant lui une porte après laquelle est une clef ; il ouvre, et se trouve dans une petite pièce, où il y a sur une table à ouvrage de la broderie, du linge et différents ouvrages de femme en train, et l'on vient de les quitter depuis peu, car il y a encore dessus une aiguille et du fil.

La femme de chambre est ici que je devais trouver la femme de chambre, se dit Horace ; mais cette demoiselle est sortie... parbleu, je me passerai bien de elle pour arriver jusqu'à madame Bouffi. Voyons, voilà deux portes... où va-t-on par celle-ci ?... une salle à manger et une infinité de sorties... oh ! je m'égarerai par là... voyons cette autre petite porte, elle a un verrou en dedans, mais il n'est pas mis heureusement... un couloir étroit... ceci est plus mystérieux, cela doit conduire chez madame... les dames s'entourent toujours de petits chemins dérobés, de couloirs secrets qui peuvent être très-utiles en maintes circonstances... avançons... des tapis partout !... surcroît de précautions, il est bien certain que je ne m'entends pas moi-même marcher... Diable ! mais il est long ce couloir et il tourne. Ah ! j'aperçois enfin une porte... elle est fermée... mais je frapperai.

Horace n'a plus que quelques pas à faire pour atteindre la porte qui est au bout du couloir, lorsqu'il entend une voix de femme qui s'écrie :

— Non ! non !... ah ! vous êtes un homme terrible !...

Ces mots sont suivis d'un gros baiser, dont le retentissement cloue le jeune homme à sa place. Il n'ose plus faire un pas, et se dit :

— Ah ! bigre !... qu'est-ce que j'entends là !... je crois que j'arrive bien mal à propos... il est probable que le verrou aurait dû être mis à la porte du couloir par laquelle je suis entré... c'est un oubli !... oubli bien grave... mais comme dit *Lafontaine* :

On ne s'avise jamais de tout.

que faire ?... frapper à cette porte serait maintenant fort maladroit... il faut cependant que je fasse ma commission... je ne puis pas dire au banquier : Monsieur, je n'ai pas vu madame votre épouse... parce qu'elle était avec un homme terrible !... commençons par retourner sur mes pas... et surtout point de bruit.

Horace reprend le chemin qu'il avait suivi, marchant comme sur des œufs, et craignant de heurter les cloisons ; il revient dans la petite pièce d'entrée, referme la porte du couloir et sort par celle qui donne dans la salle à manger ; une fois là, il marche au contraire en frappant du pied comme M. Floquart, il traverse un vaste salon, puis une autre pièce, faisant toujours beaucoup de bruit et criant :

— Madame Bouffi est-elle par ici ?... on demande madame Bouffi de Nogent, de la part de monsieur son mari... on a quelque chose à lui remettre... toujours de la part de monsieur son mari.

Enfin une porte s'ouvre, et la même voix qui a dit : « Vous êtes un homme terrible ! » murmure :

— Qu'y a-t-il ? qu'est-ce qui fait ce tapage ? que me veut-on ? entrez...

Horace pénètre alors dans la chambre de madame. La belle Hortense était assise sur une causeuse, tenant à la main son mouchoir avec lequel elle s'éventait la figure, bien que le temps ne fût pas très-chaud ; un autre bout de la chambre, et tenant son chapeau à la main, M. Grébois est assis sur une chaise, gardant une attitude extrêmement respectueuse et même singulière, car lorsqu'on cause avec une dame chez laquelle on est en visite, on n'a pas l'habitude de s'asseoir aussi loin d'elle que possible ; mais à force de vouloir être prudent on fait quelquefois des gaucheries.

Horace a vu tout d'un coup d'œil ; mais il affecte un air bien respectueux et salue profondément, en disant :

— Mille pardons, madame, si je me suis permis d'appeler... mais ne connaissant pas vos appartements, j'ignorais de quel côté prendre pour arriver jusqu'à vous...

— Vous n'avez donc pas trouvé Julie, ma femme de chambre, dans le petit salon d'attente ?...

— Non, madame, elle n'y était pas. Voici, madame, deux mille francs en or que M. Bouffi m'a prié de vous remettre.

— Ah ! très-bien... vous êtes sans doute, monsieur, le nouvel employé... M. Horace, je crois ?

— Oui, madame ; Horace Bermont. Voilà de plus un coupon de loge de l'Opéra-Comique pour ce soir. M. votre époux m'a chargé de vous demander si vous aviez du monde pour emmener avec vous... ne pouvant pas s'y rendre parce qu'il dîne chez M. de Nerval.

— Ah ! M. Bouffi n'en fait jamais d'autres... Quand j'ai une loge il a toujours ailleurs à aller. Monsieur Grébois, est-ce que vous êtes pris ce soir ?

M. Grébois, qui étouffait de petits soupirs en tournant et retournant son chapeau sur ses genoux, s'empresse de répondre :

— Moi... pris ce soir ? mais non, madame, nullement, pourquoi ?

— C'est qu'alors je me permettrais de disposer de vous... en vous priant de m'accompagner à l'Opéra-Comique ; moi et madame Volmérange. C'est une corvée dont je vous charge là ! mais je vous sais tellement complaisant que j'en abuse.

— Ah ! madame ! c'est toujours pour moi un extrême plaisir de pouvoir vous être bon à quelque chose... Je serai à vos ordres !

— Vous êtes trop aimable... et je vous remercie.

— C'est moi qui vous dois des remercîments...

— Alors, madame, je puis dire à M. Bouffi que vous avez du monde pour votre loge ? dit Horace pour mettre fin aux politesses de ce monsieur et de cette dame.

— Oui, monsieur, oui, qu'il ne s'en inquiète pas...

— Madame, je vous présente mes respects.

— Je vous remercie de la peine que vous avez prise, monsieur.

— Cela m'a procuré le plaisir de vous voir, madame, et je m'en félicite !

Horace salue de nouveau la belle Hortense et M. Grébois qui continuait de se tortiller sur sa chaise ; il reprend le dernier chemin qu'il a suivi, traverse le salon, la salle à manger, et trouve cette fois dans la petite pièce la femme de chambre qui lui dit :

— Tiens, vous sortez par ici?... mais il n'y a que monsieur qui passe par ici...

— Mademoiselle Julie, c'est qu'aujourd'hui je passe par où passe monsieur... Et je ne suis pas le... Ah! mon Dieu! j'allais dire une bêtise...

— Tiens, vous savez mon nom?

— Oui, mademoiselle.

— Par quel hasard?

— Ah! je sais encore une foule de choses, par hasard...

— Est-ce que vous êtes employé dans les bureaux en bas?

— Oui, mademoiselle.

— C'est drôle! je connais tous les commis et je ne vous connaissais pas...

— C'est toujours comme cela avant de s'être vu.

— Vous avez l'air plus gai que les autres, vous...

— Il est certain que je ne me modèle pas sur M. Tirebourg.

— Ah! le vieux singe! madame ne peut pas le voir non plus; elle a défendu à monsieur de le lui envoyer.

— Mais il y a Oswald, le petit neveu du patron, il est gentil celui-là).

— Oui, mais il est si timide qu'il en est bête... Et comment vous nomme-t-on, vous?

— On me nomme Horace, mademoiselle...

— Ah! Horace! c'est un joli nom, cela!

— Enchanté qu'il vous plaise.

— Horace!... Est-ce que ce n'est pas un nom romain cela?

— Dans l'origine, en effet; mais nous avons comme cela bien des choses romaines et qui se sont francisées. Bonjour, mademoiselle Julie.

— Vous vous en allez déjà?

— Il faut que j'aille rendre compte à M. Bouffi du résultat de la mission dont il m'a chargé.

— Remonterez-vous?

— Mais... pas aujourd'hui, toujours...

— Tâchez donc de remonter quelquefois par ici, nous causerions... et au moins vous avez l'air gai, vous...

— Trop aimable, mademoiselle... Je ferai mon possible pour reprendre le chemin que j'ai suivi aujourd'hui.

Horace descend le petit escalier en se disant:

— Est-ce que mademoiselle Julie voudrait avoir avec moi une causerie dans le genre de celle que sa maîtresse fait avec M. Grébois... Ah! ah!... c'est fort drôle! J'ai découvert aujourd'hui un de ces mystères... que l'on a tant d'intérêt à cacher... Pauvre M. Bouffi! mais je ne le plains pas... c'est un pingre!... Attention, me voilà dans son cabinet.

En voyant revenir son commis, le banquier lui dit:

— Eh bien! avez-vous fait ma commission?

— Oui, monsieur.

— Vous avez trouvé ma femme?

— J'ai trouvé madame.

— Vous ne la connaissiez pas encore... N'est-ce pas que c'est une jolie femme?

— Oui, monsieur... elle est fort bien.

— Elle n'est plus de la première jeunesse, mais je vous assure qu'elle fait encore des conquêtes...

— C'est une chose dont je ne doute pas, monsieur.

— Je vois cela, moi, quand nous allons dans le monde... et je vois cela d'un œil bien calme... car je connais madame Bouffi... c'est une femme qui ne plaisante pas sur le chapitre des mœurs... elle pousse même la sévérité jusqu'à se fâcher d'une plaisanterie comme les hommes en disent quelquefois... aussi je suis bien tranquille...

— Monsieur a bien raison d'être tranquille... Du reste, c'est ce qu'on a de mieux à faire quand on est marié.

— Et qu'on a une femme comme la mienne...

— C'est ce que j'allais ajouter, monsieur...

— Vous lui avez donné le coupon de loge pour l'Opéra-Comique?

— Oui, monsieur.

— Ira-t-elle?

— Oui, monsieur, madame ira.

— Et aura-t-elle du monde à mener... C'est une fort belle loge, ce serait fâcheux s'il y avait des vides... cela pourrait contrarier celui qui me l'a envoyée.

— Soyez sans inquiétudes, monsieur, il n'y aura pas de vides près de madame; elle a trouvé du monde pour occuper les places... elle m'a chargé de vous le dire.

— Très-bien; merci, monsieur Horace.

— Enchanté d'avoir pu vous être agréable, monsieur.

Et Horace retourne à son bureau, en se disant:

— Ce n'est pas que cela m'étonne... mais le piquant de l'affaire, c'est que j'ai découvert la chose sans me donner pour cela aucune peine.

XXIV

LES CLIENTS DU PATRON.

Dans la soirée, Horace dit à Oswald:

— Connais-tu un M. Grébois?

— Oui, c'est un ami de mon oncle, ancien avoué; il a vendu sa charge de bonne heure, parce qu'il a de la fortune. C'est un monsieur fort poli, un peu prétentieux, mais très-obligeant; lorsque mon oncle a quelque affaire embrouillée à régler, il ne manque pas de consulter M. Grébois... Mais pourquoi me demandes-tu cela? est-ce que tu connais ce monsieur?

— Je l'ai aperçu là-haut, chez madame Bouffi, près de laquelle ton oncle m'avait chargé d'une commission.

— Tu as vu ma tante, alors?

— Sans doute.

— Comment la trouves-tu?

— Comme toutes les femmes.

— Je ne comprends pas.

— Je veux dire qu'elle a été fort bien et qu'elle est encore très-coquette.

— C'est possible; mais c'est une femme sur laquelle il n'y a pas le plus petit mot à dire...

— Je le veux bien... Je te promets que je ne dirai pas le plus petit mot.

— Dis donc Horace...

— Eh bien?

— Tu me marieras toujours avec ta sœur... n'est-ce pas?...

— Plus que jamais... je t'assure que ton mariage est en bon chemin!

— Bah!... Par quel hasard?

— Justement, c'est par hasard.

— Je ne comprends pas encore... parle donc plus clairement.

— Non, pas maintenant; je te répète qu'il faut avoir confiance en moi, que cela te suffise.

Le lendemain de cette journée, Oswald avait un moment quitté sa place pour aller causer avec Horace, auquel il répétait son éternel refrain: Tu me marieras avec ta sœur, n'est-ce pas? lorsque M. Duvalloir entre dans les bureaux, et, après avoir été au cabinet du banquier qui est absent, cherche des yeux Oswald et vient à lui.

— Bonjour, monsieur... pardonnez-moi de vous déranger. Je viens du cabinet de monsieur votre oncle, il est absent.

— En effet, monsieur, il est sorti, il n'y a pas longtemps. Il avait plusieurs personnes à voir; il a dit qu'il ne rentrerait que pour dîner.

— Ah! cela me contrarie... il devait me donner des renseignements sur une affaire assez avantageuse... des mines de charbon de terre... il m'avait promis une note détaillée.

— Ah! je sais ce que vous voulez dire, monsieur; cette note, il m'avait chargé de l'écrire... elle est faite. Je vais vous la remettre.

— Vous m'obligerez... Et ma maison de campagne de Montagny, il ne se présente pas d'acquéreur?

— Non, monsieur; mais je sais que mon oncle doit aller incessamment la visiter avec sa femme et plusieurs de ses amis. Voici votre note, monsieur.

En entendant parler de la maison de Montagny, Horace, qui jusque-là avait fait peu d'attention à M. Duvalloir, se tourne de côté, l'examine, et lui dit:

— C'est monsieur qui est le propriétaire de ce joli domaine nommé la Maison aux Sycomores?

— Oui, monsieur, c'est moi, répond M. Duvalloir en regardant à son tour Horace avec une certaine curiosité.

— Ah! monsieur, je connais bien votre propriété... Étant enfant, je suis allé une fois jouer dans votre parc; mais alors le propriétaire était un vieux monsieur nommé M. Bergeret.

— C'est en effet à M. Bergeret que j'ai acheté cette campagne il y a... sept ans environ. Vous habitiez donc ce pays?

— J'y suis né, monsieur... nous possédions une charmante propriété, tout près de la vôtre, et que vous devez connaître assurément... la Prairie aux Coquelicots !...

Le nom de la prairie produit sur M. Duvalloir son effet habituel : il devient extrêmement pâle et balbutie :

— La Prairie... ah ! oui... la Prairie aux Coquelicots... c'est tout à côté de mon domaine...

— Ce n'est pas tout à fait beau que chez vous... La maison n'a pas la même élégance, et elle est bien moins considérable... mais nous y étions bien heureux et nous ne portions pas envie à la belle propriété du voisin...

— Celui qui est heureux dans une chaumière ne doit pas envier le propriétaire d'un château... ce n'est pas toujours au château qu'est le bonheur... c'est ce que vous dit je dis... mais, monsieur, cai vous regrettez-ce lieu tout joli...

— Hélas ! elle n'est plus à nous depuis longtemps... À la mort de mon père, il fallut la vendre pour solder des créanciers... créanciers... que j'ai... il si n'avait un agent alors, j'aurais bien dépouillé les affaires... et je suis sûr qu'on nous a indignement spoliés... mais enfin, il faut prendre son parti. J'ai toujours espoir de racheter un jour le domaine où nous sommes...

— Quand de doux souvenirs se rattachent à une habitation, il est tout naturel de désirer y retourner...

— Mais vous, monsieur, vous n'aimez donc pas ce pays-là, puisque vous voulez vendre votre propriété... il est si charmante ! et pourtant le pays aussi est ravissant ! à deux pas de Mortfontaine, dont le parc est enchanteur ! à Ermenonville, son désert et son île des peupliers qui renferme le tombeau de Jean-Jacques... pas bien loin de Chantilly où se tiennent les courses où tous les sportmen se donnent rendez-vous... Vous trouverez difficilement un endroit mieux situé.

M. Duvalloir garda quelque instants le silence, puis soupire en murmurant :

— Des souvenirs de bonheur... des jours heureux vous font regretter la maison que vous possédiez à Montagny. Mais s'il n'en est pas de même pour moi... si la Maison des Sycomores ne me rappelle que de tristes événement... de douloureuses époques de ma vie... vous étonnerez-vous encore que je veuille la vendre ?

— Ah ! pardon, monsieur, mille pardons !... ma réflexion était indiscrète... j'aurais dû penser que chacun a ses raisons, ses motifs qui le font agir... et que le monde blâme souvent fort légèrement des actes qu'il trouverait tout naturels, s'il savait les secrets des autres... Je vous prie de nouveau de m'excuser...

— Vous ne m'avez pas offensé, répond M. Duvalloir, qui semble prendre plaisir à regarder la figure franche et spirituelle d'Horace, et qui reprend :

— Alors, il y a bien longtemps que vous avez quitté Montagny ?

— J'avais alors treize ans à peine... aujourd'hui j'en ai vingt-deux... Il y a donc neuf ans que nous avons été obligés d'abandonner notre chère Prairie...

— Et depuis ce temps vous n'êtes pas retourné dans ce pays ?

— Oh ! pardonnez-moi, monsieur, j'y suis allé... il y a trois ans et demi... il y aura quatre ans au mois d'août prochain...

— Quatre ans... au mois d'août ! répète M. Duvalloir, dont les traits s'altèrent de nouveau, et qui passe ses regards vers la terre en balbutiant :

— Ah ! vous étiez à Montagny... à cette époque ?

— Oui, monsieur.

— Et vous n'avez rien appris ?... vous n'avez pas entendu dire qu'il se soit passé aucun événement... extraordinaire alors ?

— Non, monsieur, au reste, j'y suis resté trop peu de temps pour être bien renseigné sur les nouvelles du pays... et puis, je n'aurais pas pu moi-même aller m'informer... car...

Horace s'arrête, comme s'il se signait d'en dire plus qu'il ne veut, puis il reprend :

— Est-ce qu'à cette époque il s'est passé quelque chose de singulier, qui puisse intéresser... dans le pays, monsieur ?

— Non... non... je ne crois pas, répond M. Duvalloir d'une voix sombre ; puis saluant les jeunes gens :

— Adieu, messieurs... je verrai M. Bouffi une autre fois... Je vous souhaite le bonjour.

Et il sort brusquement des bureaux.

— Comme M. Duvalloir est parti vivement ! dit Oswald.

— Oui ; il y a quelque chose de singulier chez cet homme-là... Quand je lui ai dit que j'avais été à Montagny, il y aura quatre

ans au mois d'août, il a éprouvé un trouble, il a ch
leur.

— Je n'ai pas remarqué cela, moi.

— Est-ce que tu remarques quelque chose...

— Tu ne nous avais pas dit que tu avais été revoir la Prairie aux Coquelicots.

— Non, mon cher ami, je ne l'ai dit ni à ma sœur ni à ma tante, et je te défends positivement d'en souffler un mot.

— Ah ! c'est donc un mystère ?

— J'ai mes raisons pour ne pas leur dire ce qui alors m'y est arrivé...

— Il t'est donc arrivé quelque chose ?

— Ce petit bonhomme est curieux comme une portière. Fais des vœux pour ton cœur et supprime tes questions.

— C'est égal, tu connais maintenant M. Duvalloir, autre client de mon oncle.

— Je suis pas fâché d'avoir fait sa connaissance ; cet homme-là m'a plu... D'abord, il me revient au moins...

— Je t'en prie, reste-moi tranquille avec ton M. Grébois !

— Que veux-tu, il ne se trouve pas jolies tournes dans le monde ! il faudrait connaître le secret du métier de s'en servir...

M. Duvalloir est un homme d'un autre genre...

— Il a toujours l'air sérieux, triste même...

— D'après ce qu'il nous a dit, tu vois bien qu'il y a dans sa vie de tristes événements... des époques douloureuses... il lui sera arrivé des malheurs dans sa Maison aux Sycomores... il y aura peut-être perdu une personne qu'il aimait tendrement !...

— C'est vrai... ce doit être cela.

— Eh bien, moi, qui ai perdu mon père à Montagny, je voudrais y être toujours. La perte des personnes que j'aimais ne me fera jamais déserter les lieux qu'elles ont habités ; au contraire, en m'y retrouvant, je crois les revoir encore... et il y a des gens qui cherchent à oublier !... moi, je tiens à me souvenir...

La conversation prolongée des deux jeunes gens suffoquait M. Tirebourg, qui les regardait de côté et gémissait sur sa copie de lettres, mais sans oser maintenant se permettre une seule observation, parce qu'il avait peur d'Horace. Enfin les deux amis sont retournés chacun à leur besogne, et bientôt Oswald sort pour une commission dont son oncle l'a chargé.

Il y a à peine dix minutes que le petit neveu est absent, lorsque le grand Floquart entre dans les bureaux en faisant sa poussière habituelle. Il va droit au cabinet du banquier ; n'y trouvant personne, il revient dans les bureaux, et n'apercevant point Oswald à sa place, se dirige vers Horace et lui dit avec ce ton arrogant qui lui est familier :

— Bouffi n'est pas dans son cabinet... où donc est-il ?...

Horace ne se retourne pas et continue d'écrire sur son grand-livre comme si personne ne lui avait parlé.

M. Floquart fait un pas de plus en avant, en criant plus fort cette fois :

— Dites donc, mon cher, je vous demande où est mon ami Bouffi... est-ce que vous ne m'entendez pas ?...

Horace continue de travailler sans répondre.

— Ah çà mais ! il n'est pas possible : ou vous êtes sourd, ou vous le faites exprès, mais sapristi je vous ferai bien répondre, moi !...

En disant cela, le grand lion a frappé avec force de sa petite canne sur le bureau où travaille le jeune teneur de livres. Celui-ci se retourne alors et empoignant vivement la canne de ce monsieur, la lui arrache des mains en s'écriant :

— Qu'est-ce que c'est que cela !... quel est le butor qui se permet de frapper ainsi sur mon bureau pour m'emplir les yeux de poussière ?... Comment ! c'est vous, monsieur, qui vous amusez à jouer ainsi !... je vous déclare que je n'aime pas ces plaisanteries-là.

Floquart est d'abord resté tout saisi de l'action d'Horace et de la dextérité avec laquelle il lui a enlevé sa canne ! mais bientôt, reprenant son arrogance, et encore plus irrité contre le jeune homme, il vocifère :

— Eh bien !... par exemple !... je crois qu'on se permet de me menacer... Savez-vous bien, monsieur, que vous êtes un malappris !... voilà une heure que je vous adresse une question, et vous ne me répondez pas ! qu'est-ce que cela signifie ? savez-vous à qui vous avez affaire ?...

— Oh ! oui, je le sais... j'ai affaire à un insolent !... qui n'a-

On emporte Bouffi, qui ne se réveille pas. — Page 70.

dressait la parole comme on parlerait à un valet... Et, comme je ne le suis pas, comme je veux qu'avant tout on soit poli avec moi, voilà pourquoi je ne vous ai pas répondu.

— Oh! mais c'est trop fort!... ce petit bonhomme qui veut me donner des leçons... Mais vous mériteriez que je vous donnasse, moi, une bonne correction!...

— Essayez donc! reprend Horace en se mettant bien en face du grand monsieur, et en le regardant de façon à ce que celui-ci ne tarde pas à détourner les yeux.

S'apercevant que le jeune commis n'a nullement peur de lui, Floquart reprend d'un ton plus bas :

— Fort bien, monsieur; mon ami Bouffi saura comment vous agissez avec ses intimes connaissances; il saura de quelle façon son employé se permet de leur parler... on vous recommandera à lui.

— Ah! ah! ah!... je m'en fiche pas mal de votre recommandation!... vous me faites en ce moment l'effet d'un maître d'école qui menace ses élèves de leur faire donner le fouet par leur papa. Si, parce qu'on est ami intime du banquier, on se croit le droit de parler à ses commis comme à des nègres, on se trompe beaucoup... du moins avec moi; et de M. Bouffi lui-même je n'endurerai jamais la moindre impertinence... Tel est mon caractère.

— En voilà assez... Rendez-moi ma canne... j'ai trop longtemps parlé avec vous.

— Ah! ah!... nous redevenons malhonnète, je crois!

— Allons, ma canne... vite... finissons-en.

— Votre canne!... avec laquelle vous avez frappé sur mon bureau, comme les ivrognes frappent sur les tables des cabarets pour se faire donner du vin.

— Monsieur... fichtre! rendez-moi ma canne!...

Horace prend la canne dans ses mains, la casse en deux et jette les morceaux à terre, en disant à Floquart :

— Si vous y tenez tant, ramassez-en les morceaux.

Floquart pâlit, il est stupéfait; toute son arrogance tombe devant une action qui semble le défier, et il se borne à ramasser les deux morceaux de sa canne, en murmurant :

— Oui, monsieur, je les ramasse... pour les montrer à mon ami Bouffi... pour qu'il voie... pour qu'il sache bien comment vous vous conduisez avec ses amis... Ah! saprédié!... nous verrons.

Le grand lion est parti avec les morceaux de sa canne. Horace le regarde aller en riant. Puis il dit à Tirebourg, qui est resté consterné pendant la scène précédente :

— Il s'en va furieux... je m'en moque. J'ai bien fait de casser sa canne, n'est-ce pas, papa Tirebourg ?

— Oh! non, monsieur! oh! non, je ne vous approuve pas!... Casser la canne d'un ami intime de M. Bouffi de Nogent... je n'aurais jamais osé faire cela, moi!

— Vous vous seriez laissé donner de la canne sur le dos, vous...

— Monsieur!...

— Oh! vous êtes un vieux capon! je le sais!... Mais je ne me repens pas de ce que j'ai fait; au contraire, j'en suis enchanté. Il y a longtemps que ce M. Floquart me déplaisait... Je vous gage bien qu'il ne fera plus tant de bruit avec ses pieds dans nos bureaux.

— Un ami tout particulier de M. le banquier!...

— Tant pis pour M. le banquier. En général, je crois qu'il ne choisit pas très bien ses amis... et puis celui-ci :

Horace achève entre ses dents :

— Je ne sais pas ce que M. Bouffi tripote avec lui... mais tout cela ne me semble pas bien clair... et il y a ici des comptes où l'on fait passer au débit du client des profits et pertes où l'on comprend goutte, et dans lesquels on ne fait jamais figurer les bénéfices. Décidément, si j'avais des fonds à placer, je crois que je ne les mettrais pas chez M. Bouffi de... je ne sais quel Nogent.

XXV.

DÉPART POUR LA CAMPAGNE.

On était arrivé à la fin de mai, le temps était superbe et M. Bouffi dit à sa femme :

Du secours ! mon mari a fait des choses affreuses sur le lit. — Page 71.

— Ma chère Hortense, j'ai arrangé pour demain notre partie de campagne, notre visite à la propriété de M. Duvalloir. Je sais que tu n'aimes pas aller en chemin de fer; d'ailleurs le chemin de fer nous laisserait encore à une lieue de Montagny. J'ai retenu chez mon carrossier sa plus vaste calèche, dans laquelle on tient six fort à l'aise, et, au besoin, quelqu'un peut encore se mettre près du cocher.

— Eh! mon Dieu! monsieur, qui emmenez-vous donc avec nous qu'il faille tant de places?

— Mais d'abord Burgrave et sa femme.

— Ah! quel ennui! voilà des compagnons de voyage bien amusants!...

— Ma chère amie, j'ai une affaire au ministère de l'intérieur, qui se trouve justement dans la division dont le frère de Burgrave est chef. Vous devriez savoir que je n'agis jamais sans raison. Après tout, madame Burgrave est ridicule, cela vous amusera; et puis, pour toutes les dépenses de la journée, il est bien entendu que chaque homme en payera sa part.

— Un pique-nique!... ah fi!... que c'est mauvais genre!...

— Madame, si on se rendait chez moi, il est bien certain que personne ne payerait; mais ceci est un voyage à frais communs. Ensuite, nous aurons Coquelet et sa femme.

— Ah! j'en étais sûre! vous avez pris ces gens-là en amitié... vous ne pouvez plus vous passer d'eux.

— C'est-à-dire que c'est Coquelet qui ne peut plus se passer de moi... et cela m'arrange; je le dirige dans l'emploi de ses fonds... et puis il est possible qu'il achète la propriété de M. Duvalloir.

— Mais je croyais que c'était vous, monsieur, qui aviez l'intention de l'acheter.

M. Bouffi ne répond pas à cette réflexion de sa femme, et continue:

— Ensuite, comme nous pouvons encore emmener un cavalier...

— Ah! je devine... votre cher ami Floquart sans doute.

— Non, madame, non... je n'emmène point Floquart... depuis quelques jours il me fait la mine... il me bat froid!... ma foi, je le laisse.

— Et par quel hasard ce refroidissement entre deux amis si intimes?

— Ah! c'est à cause d'une scène qu'il a eue, il y a peu de jours, avec mon nouveau commis, Horace Bermont. Floquart voulait absolument que je misse ce jeune homme à la porte.

— Renvoyer ce jeune Horace, et pourquoi donc cela? Il est fort bien, fort convenable, ce jeune homme... A quel propos M. Floquart prétend-il faire chasser vos employés?

— C'est que mon nouveau commis a une très-mauvaise tête... et Floquart, qui est quelquefois trop sans façon, lui aura parlé d'une manière un peu leste. Cependant M. Tirebourg m'a assuré que c'était Horace qui avait tort.

— M. Tirebourg!... est-ce que vous devez vous en rapporter à ce vieux grognon!... Enfin, cette scène...

— Floquart ayant tapé avec sa canne sur le bureau de mon jeune teneur de livres, celui-ci s'est emparé de la canne et l'a cassée en plusieurs morceaux.

— Il a bien fait! il a très-bien fait! cela apprendra à votre Floquart à être plus poli.

— Il a bien fait!... non, il n'a pas bien fait... il a eu tort, au contraire... on ne doit pas se permettre de tels emportements avec les personnes qui viennent chez moi. Floquart est venu me trouver le soir même; il était furieux... il m'a montré les morceaux de sa canne... il voulait que je misse immédiatement mon nouveau commis à la porte. Je lui ai dit: « Mon cher, ce jeune Horace travaille parfaitement... il fait en quelques heures ce que mes autres employés font à peine en une journée... il calcule très-bien, il écrit l'anglais comme le français. Je ne trouverais pas facilement quelqu'un qui en fasse autant que lui... surtout pour les appointements que je lui donne. Par conséquent, je ne veux pas le renvoyer... D'ailleurs, c'est encore un enfant, qui agit sans réflexion! Mais je lui dirai de vous faire des excuses... » Floquart se calma un peu en disant: « Alors, qu'il me fasse des excuses! » Le lendemain, j'allai trouver mon nouvel employé, je lui dis: « Vous avez commis une action très-blâmable en cassant la canne de M. Floquart, vous lui devez des excuses; je compte que vous lui en ferez. » Savez-vous ce que le jeune Horace m'a répondu, madame?

— Achevez. monsieur, achevez, de grâce !

— Il m'a répondu : « Bien loin de faire des excuses à ce M. Floquart, je recommencerais ce que j'ai fait, s'il me parlait avec la même insolence; mais si ce monsieur se trouve offensé, si c'est une réparation qu'il veut, dites-lui que je suis tout prêt à lui rendre raison au pistolet ou à l'épée : qu'il choisisse l'arme qu'il voudra, et je suis son homme. »

— Très-bien répondu !... ce jeune Horace est brave ! ah ! j'aime cela, moi !

— Eh ! madame ! vous aimez cela !... voilà bien les femmes, qui s'enthousiasment pour tout ce qui a l'air chevaleresque... Comme ce serait joli de se battre pour une canne cassée !

— On s'est souvent battu pour moins que cela, monsieur !

— J'ai rapporté à Floquart la réponse de mon jeune commis, en tâchant de lui faire comprendre que c'était un braque, une mauvaise tête ! et que tout cela ne méritait pas qu'il s'en occupât davantage... Là-dessus Floquart m'a quitté, et, comme je vous le disais tout à l'heure, depuis cette affaire il vient beaucoup moins... je lui ai cependant enseigné un chemin... En passant par la cour, i. peut venir à mon cabinet sans passer par les bureaux.

— Et il n'aura pas peur que ce jeune Horace, avec lequel il ne veut pas se battre, le regarde encore de travers... ah ! ah ! voilà bien ces hommes qui font tant de bruit!... et qui reculent dans l'occasion !... Mais enfin, revenons à la partie de campagne; il vous reste encore une place il me semble...

— Oui, une place d'homme... nous serions alors quatre pour payer : ce serait plus commode... chacun son quart. J'avais proposé à M. Duvaloir de venir avec nous, je pensais qu'il serait bien aise de faire voir lui-même sa propriété, mais il m'a refusé, il a prétexté des affaires!... Je crois qu'il a pris son domaine en aversion. Quand on lui propose d'y aller avec lui, il ne veut jamais! Je cherche.. A qui diable pourrais-je proposer d'être de cette partie?... Si je le disais à M. de Nerval ou à Beaupré...

— Ah! monsieur, de grâce!... Des hommes bêtes comme des oies... c'est déjà bien assez de la société que vous avez choisie.

— Si je le proposais à M. Grangeville?

— Pour qu'il joue au bilboquet tout le long de la route...

— On bien à Bichonneau?

— Ah! si vous voulez payer sa part, alors il acceptera...

— Non pas, vraiment... Ah! pardieu! nous cherchons et je ne songeais pas à celui qui accepte toutes les parties qu'on lui propose... Grébois! voilà notre affaire!

Madame Bouffi affecte un air contrarié en répondant :

— Ah!... M. Grébois... pour qu'il joue encore qu'il vient partout avec nous... qu'il est mon sigisbé !...

— Bon! bon! il est bien question de ces niaiseries-là... Oui, oui, Grébois : il est aimable, lui ; au moins, tu auras quelqu'un pour causer. Je vais lui écrire tout de suite un mot... je suis sûr qu'il acceptera.

M. Bouffi quitte sa femme, qui se dit :

— Je savais bien qu'il arriverait à M. Grébois!... d'abord j'aurais refusé tous les autres... mais je me serais bien gardée de le lui proposer.

Le lendemain, sur les neuf heures du matin, une superbe calèche est devant la porte du banquier, car c'est chez lui qu'on doit se réunir. Le rendez-vous est pour neuf heures précises, mais au quart personne n'est encore arrivé. C'est M Grébois qui se présente le premier avec son domestique, qui est porteur d'une caisse en bois blanc que l'ex-avoué fait placer dans un des coffres de la voiture.

— Voilà toujours Grébois, dit M. Bouffi.

— Est-ce que je suis en retard? demande ce monsieur en saluant respectueusement la belle Hortense.

— Non, vraiment, et vous êtes le premier.

— Il est pourtant neuf heures vingt, dit M. Bouffi; vous verrez que ces dames se feront attendre ..

— Moi, messieurs, vous voyez que je suis prête.

— Et vous avez une toilette charmante, madame.

— Oh! toilette de campagne... tout ce qu'il y a de plus simple.

— Je crois que nous aurons une journée superbe.

— C'est pour cela qu'il serait dommage de partir tard.

— Est-ce loin, ce village de Montagny ?

— Mais, à douze bonnes lieues d'ici... il nous faudra au moins trois heures...

— Que les chevaux ne feront pas tout d'une traite...

— Nous nous arrêterons en route pour déjeuner...

— Ah! voilà M. et madame Coquelet.

Le couple Coquelet, qui n'a déjà plus l'air d'être dans la lune de miel, arrive en toilette d'été. Monsieur s'est mis en planteur, pantalon et paletot de piqué blanc, chapeau panama, petite cravate de soie, nouée à la Colin. Mais comme ce monsieur est fort laid et qu'il n'a pas d'élégance dans la tournure, il porte si mal ce costume qu'il a l'air d'un garçon meunier. Madame, qui est assez gentille, est fraîche et rose avec son chapeau de paille d'Italie et sa robe fond blanc, semée de petits bouquets de violettes.

— Nous voici un peu en retard; c'est la faute de ma femme, dit M. Coquelet; elle n'en finit pas à sa toilette... Quand donc les femmes sauront-elles s'habiller aussi vite que les hommes !

— Quand elles porteront des culottes, probablement ! répond la jeune femme d'un air moqueur et en allant embrasser madame Bouffi. N'est-ce pas, madame, que ces messieurs sont ridicules de vouloir que nous nous habillions aussi vite qu'eux ?... Est-ce que notre toilette n'exige pas cent fois plus de soins ?... Est-ce que la coiffure seule ne demande pas beaucoup de temps ?... Tandis que les hommes, quelle différence!... Ils n'ont pas besoin de rien mettre sur leur tête, ils sont toujours coiffés !...

— Ah! nous sommes toujours coiffés!... Eh bien, elle est aimable, ma femme!... Qu'en dites-vous, messieurs ?... Euphrasie, faites donc attention à mieux tourner vos phrases !

— Qu'est-ce que c'est, monsieur ? tâchez donc de ne point entendre de travers, vous!... vous direz moins de bêtises !

— Décidément, ils ne sont plus dans la lune de miel ! murmure M. Grébois en regardant la superbe Hortense.

— Qu'est-ce que vous avez dans ce petit paquet que vous tenez avec tant de soin sous votre bras, Coquelet !

— Ça... oh !... c'est quelque chose de bon... de délicieux... C'est que je suis un homme de précaution, moi !

— Je gage que ce sont des macarons...des biscuits, dit madame Bouffi.

— Non, belle dame, ce sont des cigares premières qualités ... Londres, Panatellas... tout ce qu'il y a de meilleur !

— Comme cette précaution est aimable pour nous ! dit la jeune femme, ces messieurs viennent avec nous pour fumer ! Ils pensent d'avance à fumer ! Ils ont peur que les munitions leur manquent !.. Que deviendraient-ils s'il n'avaient pas de quoi fumer?... Ils se trouveraient mal, ils mourraient d'ennui à côté de nous!... Oh! le tabac !... le tabac!... Il faudra appeler ce siècle-ci le siècle du tabac; n'est-ce pas, madame?

— Apprenez, ma chère amie, que les hommes ont toujours fumé! dit M. Coquelet avec impatience.

— Pas les Français... oh! pas les Français! Ils laissaient cela aux Allemands, aux Flamands, au Hollandais!.. mais aujourd'hui ils luttent avec eux... c'est à qui crachera le plus!... Ah! ah! ah! quel joli passe-temps...

— Ma belle dame, dit le banquier, quand vous avez épousé Coquelet, est-ce qu'il vous a dit qu'il ne fumait pas?

— Je ne le lui avais pas demandé!... Je croyais, moi, qu'il lui suffirait de voir que cela me déplaisait pour ne point fumer... et dans les premiers jours de notre mariage...oh! il ne fumait pas... ou, du moins, il se cachait pour le faire; mais, maintenant!... monsieur ne se gêne plus, et cela devient une fureur !... Il fume le matin, dans la journée, après-dîner, le soir... enfin, ne veut-il pas à présent fumer dans mon lit...

— Dans son lit?... ah! c'est trop !

— Moi je dis que c'est une maladie... que cela doit s'appeler la pipomachie!... la fumomachie!... et que les médecins devraient chercher un remède à cela comme aux autres maladies !

Pendant que sa femme parle, M. Coquelet s'est promené avec impatience dans le salon; lorsqu'elle a fini, il s'approche d'elle et lui dit à l'oreille :

— Plus tu te plaindras de ce que je fume, et plus je fumerai !

— C'est bon, je sais bien ce que je ferai, alors!

Pour mettre fin à cette conversation, qui prend un ton d'aigreur très-prononcé entre les deux époux, M. Bouffi s'écrie :

— Nous n'attendons plus que M. et madame Burgrave! Il est dix heures moins le quart, ils m'avaient promis d'être ici à neuf!

— Oh! madame Burgrave se fait toujours attendre!

— C'est qu'elle veut se faire belle, et cela doit lui demander beaucoup de temps.

— Et c'est du temps perdu !

— Ah ! messieurs, que vous êtes méchants !... Si les femmes prennent tant de soins, n'est-ce pas pour vous plaire ?

— Elles nous plaisent bien sans cela...

— A la bonne heure ! M. Grébois est galant, lui ! Je gage que ce n'est pas un fumeur ! Est-ce que vous fumez, monsieur ?

— Très-peu, madame.

— Très-peu !... j'en étais sûre ! Du moment qu'un homme est galant, aimable près des dames, soyez certain que ce n'est point un adorateur du cigare.

— Ah ! les voilà !... les voilà enfin ! dit madame Bouffi, qui se tenait près d'une fenêtre ; mais, mon Dieu ! qu'est-ce que madame Burgrave a donc mis sur sa tête ? Tout un panier de fleurs, je crois... c'est d'un volume effrayant !

— Comme ce sera commode en voiture !

Les époux Burgrave entrent dans le salon. La sensible Rosalvina a un immense chapeau de paille à grands bords, et qui est tellement couvert de bouquets et de guirlandes que cela ressemble à un éventaire de bouquetière que cette dame aurait attaché sur sa tête ; ce chapeau doit être excessivement lourd, aussi madame Burgrave est-elle déjà en nage. Sa robe est aussi excentrique que son chapeau. Sa crinoline lui donne tellement de circonférence que plusieurs personnes pourraient facilement se cacher derrière sa jupe. L'entrée de cette dame fait pousser à la société des cris qui ne sont pas absolument d'admiration, et la belle Hortense ne peut s'empêcher de dire :

— Mon Dieu ! mais cette dame remplira à elle seule tout le fond de la calèche !... elle aurait bien dû alors avoir une voiture à part.

— Bonjour, chères dames, bonjour, messieurs,... ouf !... il fera bien chaud !... nous sommes venus un peu en retard, je crois... ce n'est pas ma faute !... je puis vous jurer que j'étais prête, mais M. Burgrave avait oublié quelque chose, qu'il a absolument voulu aller chercher.... je ne sais pas ce que c'est...

— Probablement une aimable surprise pour ces dames ? dit le banquier en regardant M. Burgrave qui se contente de sourire en saluant tout le monde.

Rosalvina va se poser devant une glace en disant :

— Nous sommes venus fort vite... j'ai très-chaud ; je crains que cela ne m'ait décoiffée. Comment me trouvez-vous, messieurs ?

— Vous êtes magnifique... mais beaucoup trop parée pour une partie de campagne.

— Mais non... une robe blanche... un chapeau de paille... que voulez-vous de plus simple !

— Mais un chapeau surchargé de fleurs...

— Je les aime beaucoup.

— Qui se ressemble s'assemble, dit M. Grébois en s'inclinant devant madame Burgrave, qui lui lance un regard tendre en répondant :

— Ah ! que c'est joli !... ah ! il n'y a que M. Grébois pour dire de ces choses-là !...

— En voiture, mesdames, en voiture, je vous en prie ; voilà dix heures, et nous avons encore douze lieues à faire.

— Eh bien, partons.

— Partons.

— N'oubliez rien, surtout.

— Ah ! mon ombrelle !

— Moi, j'ai la mienne.

— Moi, je n'en ai pas pris, dit Rosalvina ; mon chapeau me garantit suffisamment.

— Je crois bien, dit M. Burgrave ; il est plus large que mon parapluie !...

Tout le monde est descendu. Au moment de monter dans la calèche, Rosalvina s'écrie :

— Eh bien... où est donc le petit neveu ? je ne le vois pas.

— Oswald reste au bureau, madame ; il faut bien que quelqu'un puisse répondre pour moi, et d'ailleurs, il n'y aurait pas de place pour mon neveu... c'est tout au plus si vous pourrez tenir... votre robe m'effraye, madame Coquelet.

La jeune dame prend un coin du fond ; madame Bouffi a déjà pris l'autre ; mais lorsque madame Burgrave veut s'asseoir entre ces deux dames, celles-ci poussent des cris... la crinoline de Rosalvina les couvre, les étouffe, les cache, les empêche de faire un mouvement.

— Il n'y a pas moyen de tenir comme cela, dit madame Coquelet.

— Le voyage serait un supplice ! dit Hortense, nous serions entièrement privées d'air.

— En effet, dit Rosalvina, nos robes tiennent trop de place.

— La vôtre, madame, dites la vôtre !

— Moi, je ne porte jamais de crinoline !

— Eh bien, mesdames, si vous vous débarrassez de moi... cela m'est égal d'aller en arrière, je vais me mettre entre deux de ces messieurs, prenez l'un deux entre vous... le plus mince.

— C'est M. Coquelet... venez près de nous, monsieur Coquelet.

— Mesdames, ce serait avec joie, mais, moi, je vais me placer à côté du cocher, parce que de cette façon je pourrai fumer pendant la route.

— Ah ! quelle horreur !... Voyez-vous, mesdames, il ne peut point se passer de fumer.

— Eh bien, qu'il se mette près du cocher, dit M. Bouffi ; le plus mince maintenant c'est Grébois... Allons, Grébois, placez-vous entre ces dames.

— Cette place est une faveur, dit l'ex-avoué en faisant sa bouche en cœur, trop heureux si ces dames ne m'en trouvent pas indigne.

— Et maintenant, messieurs, à nous trois !... s'écrie Rosalvina.

— Veuillez vous asseoir d'abord, madame.

— Non, vraiment... vous vous mettriez ensuite sur ma robe et me chiffonneriez... Prenez vos coins ; en m'asseyant après vous, ma robe flottera légèrement sur vous... vous la froisserez moins.

Ces messieurs font une légère grimace en s'asseyant. Ils en font une bien plus grande, lorsque la grosse blonde, en se laissant aller entre eux, les couvre jusqu'au menton avec les plis de sa jupe. Mais le mari n'ose rien dire, tandis que M. Bouffi murmure :

— C'est une mode bien incommode !

On part. Le temps est superbe et le soleil brûlant. Mesdames Bouffi et Coquelet développent leurs ombrelles ; M. Grébois se trouve à l'ombre dessous ; il paraît très-satisfait de sa position et fort content d'être pressé entre ces deux dames.

Ces messieurs en face sont presque à l'ombre grâce à l'immense chapeau de Rosalvina qui les abrite mieux qu'un parasol. Quant à cette dame, on ne voit que le bout de son nez, mais personne ne s'en plaint.

Le commencement du voyage se fait assez silencieusement. On regarde la route, on tâche de se mettre un peu à son aise. M. Coquelet fume, et ne fait que s'écrier :

— Je suis bien mieux que vous, moi, je ne suis pas gêné et je fume !

— Monsieur, chacun son goût, dit Grébois ; moi, je ne donnerais pas ma place pour la vôtre.

— Moi, je donnerais bien la mienne, se dit M. Bouffi.

— Par quelle route prenons-nous ?

— Ma foi, je ne sais trop ; mais le cocher le sait, lui. Nous allons par Morfontaine, route du Bourget et de Gonesse, n'est-ce pas, cocher ?

— Oui, monsieur ; et puis nous nous arrêterons à Vauderland. C'est à cinq lieues de Paris, les chevaux s'y reposeront.

— Et nous autres nous y déjeunerons.

— Oh ! oui, bien dit !... nous déjeunerons.

— Est-ce que vous avez déjà faim, monsieur Burgrave ? —

— Ma foi, cela commence.

— Messieurs, pensez-vous que nous trouverons à déjeuner dans ce Vauderland ?

— Oui, madame ; est-ce qu'on ne déjeune pas partout ?

— Oui, mais pas de la même manière.

— Cocher, est-ce une ville, Vauderland ?

— Non, madame ; c'est un tout petit village.

— Un tout petit village !... vous l'entendez, c'est inquiétant...

— Cocher, trouverons-nous à déjeuner à Vauderland ?

— Oh ! oui, monsieur ! il y a une auberge où s'arrêtent tous les charretiers.

— Cela promet, dit madame Coquelet ; je crois que nous aurions rions dû emporter de Paris des comestibles !

— C'eût peut-être été plus sage !

— Mon mari n'a songé qu'à emporter des cigares.

— Et vous, Ernest, dit Rosalvina à son mari, quel est donc cet objet que vous teniez tant à emporter... que vous avez couru chercher au moment de partir ?

M. Burgrave sort de sa poche un papier qu'il développe et dans lequel il y a de ces petits morceaux de blanc préparés que l'on trouve dans toutes les salles de billard. Il les montre à la société en disant :

— Voilà... j'ai pensé que là-bas on pourrait bien n'en pas trouver.

— Qu'est-ce que ces petits morceaux de blanc? à quoi cela sert-il, monsieur?

— Madame, quand on joue au billard avec des queues à procédés, on met de ce blanc au bout, et cela est indispensable pour faire des effets de queue.

— C'est très-bien! l'un emporte de quoi fumer, l'autre ce qu'il lui faut pour jouer au billard... ils pensent à eux, mais aucun d'eux n'a songé à nous!... Oh! ces maris!... Voyons, monsieur Bouffi, vous devez avoir aussi emporté quelque chose à votre usage, vous... Dites-nous ce que c'est?

— Moi, mesdames... ma foi, je dois vous avouer que je n'ai pensé qu'à prendre mon agenda sur lequel je prends des notes.

— Est-ce que vous comptez entamer quelque négociation là-bas?

— On ne sait pas, mesdames; il faut toujours avoir son carnet, c'est indispensable.

— Mon Dieu! qu'il fait chaud! murmure madame Burgrave en s'essuyant le front avec son mouchoir.

— C'est ton chapeau qui t'écrase, Rose, je t'ai prévenue que tu étoufferais là-dessous.

— Quand vous m'appellerez Rose, monsieur, je vous pincerai à vous faire crier!

— Madame, dit Hortense, si vous ôtiez quelques-unes des couronnes qui garnissent la passe de votre chapeau, il serait moins lourd, et retomberait moins sur vos yeux.

— Et il y aurait encore assez de fleurs dessus, murmure M. Burgrave en tâchant de sortir une de ses jambes de dessous la robe de sa femme.

— Non, madame, non, je n'ôterai rien à mon chapeau. J'en serais bien fâchée... il est trop joli comme il est... D'ailleurs, ce n'est pas lui qui me fait suer... c'est le temps! le soleil!

— Moi, je n'ai pas trop chaud! dit madame Coquelet, monsieur Grébois, approchez-vous donc... vous craignez de me gêner.. j'ai beaucoup de place... Vous êtes mal assis...

M. Grébois préférait se serrer contre madame Bouffi qui ne s'en plaignait pas. Cependant il fait un petit mouvement en arrière en disant :

— Je vous assure, mesdames, que je suis fort bien assis... Je voudrais faire cent lieues ainsi!

— Ah! Dieu! pas moi! dit Rosalvina en soutenant le bord de son chapeau qui lui retombe sur le nez... Messieurs, avançons-nous?

— Madame, nous ne sommes encore qu'au Bourget!

— Et comme cette route est monotone. Point de rochers... de torrents, de précipices!

— Vous en trouverez fort peu aux environs de Paris... Ceci est ce qu'on appelle une belle route! mais je suis de votre avis, madame, je ne trouve rien d'ennuyant comme ces routes bien droites, bien plantées d'arbres, bien uniformes, sur lesquelles on fait plusieurs lieues sans voir si l'on avance... Alors, je préfère les chemins de fer, parce qu'avec eux on ne voit pas la route.

— Dieu! qu'il fait chaud! Ernest, avez-vous des pastilles rafraichissantes?

M. Burgrave présente ses petits morceaux de blanc en disant :

— Je n'ai que cela. Et sa femme les repousse si brusquement que tout ce qui sert aux effets de queue tombe dans la voiture. Le pauvre mari fait ce qu'il peut pour sortir de dessous sa femme afin de ramasser ses petits carrés de blanc, mais il lui est impossible d'y parvenir. M. Grébois le calme en lui disant :

— Rassurez-vous, nous les retrouverons quand ces dames seront descendues.

XXVI

DÉJEUNER A VAUDERLAND.

— Nous voici à Vauderland! crie enfin le cocher.

— Ah! Dieu merci... Arrêtez-nous devant la meilleure auberge...

— Il n'y en a qu'une dans l'endroit, monsieur, ainsi il n'y a pas à choisir.

La calèche s'arrête devant une grande maison dont la façade est très-large, mais qui ne s'élève qu'à deux étages. Une grande porte charretière laisse voir une vaste cour encombrée de fumier, de bois, de plâtras, semée par-ci par-là de mares boueuses, et dans laquelle se promènent fièrement des poules, des canards, des oies et des dindons.

— Ah! mon Dieu, est-ce que nous allons entrer là-dedans? s'écrie la belle Hortense en regardant la cour!... Mais c'est affreux... nous ne pourrons pas y marcher...

— Nous y laisserons nos chaussures!

— Rassurez-vous, mesdames, vous ne passerez point par la cour... Mais d'abord il faut descendre de voiture.

— Ah! oui, procédons au déballage! dit M. Coquelet qui est déjà en bas et continue de fumer.

— Au déballage! dit la jeune femme. Comme c'est galant! mon mari nous prend apparemment pour des paquets!

M. Grébois est déjà hors de voiture, il donne la main à Hortense et à la jeune Euphrasie. Madame Burgrave n'a pas encore bougé, quoique ses malheureux voisins lui crient :

— Eh bien, madame!... quand vous voudrez?... nous ne pouvons descendre qu'après vous, puisque vous êtes sur nous.

— Une minute, messieurs, une minute!... vous êtes bien pressés!... J'ai de la peine à remuer mes jambes... on dirait qu'elles sont collées ensemble...

— Ah! mon Dieu! si elles n'allaient pas se décoller!...

— Ah! m'y voilà... ouf... Qui est-ce qui m'aide à descendre?... Ah! monsieur Grébois! à la bonne heure! voilà un homme galant...

Et pour récompenser M. Grébois de sa galanterie, cette dame se laisse aller dans ses bras avec tant d'abandon que l'ex-avoué tomberait en arrière avec elle si le maître de l'auberge ne se trouvait pas heureusement derrière lui, et ne lui faisait un rempart de son corps en disant :

— Ohé!... attention... c'est pas du casuel, mais ça pourrait s'abîmer tout de même!

— Oui, dit Coquelet en riant, et puis il pourrait y avoir du visuel.

La société entre dans une grande salle garnie de tables et de bancs en bois; là plusieurs charretiers sont assis et en train de boire.

— J'espère bien que nous n'allons pas rester ici! dit madame Bouffi en jetant un regard de dédain du côté des buveurs.

— Soyez donc tranquilles, mesdames... Monsieur l'aubergiste, nous voudrions déjeuner... mais d'abord, où allez-vous nous mettre?

— Si ces messieurs et ces dames veulent que je leur dresse ici un beau couvert... ce sera l'affaire d'un instant...

— Non, nous voulons une pièce... rien que pour nous...

— Alors, faut monter au premier... Là vous serez bien à votre aise!... comme chez vous...

— Vous l'entendez, mesdames, montons au premier, où nous serons comme chez nous.

La société se dirige vers un escalier qui est au fond. Les charretiers se permettent de faire leurs réflexions en voyant passer les dames, et ils les font assez haut pour qu'elles soient entendues des voyageurs.

— Oh! bigre!... c'est du grand numéro... du huppé!... Ça ne va qu'au cabriolet, ça! dit l'un en voyant passer la femme du banquier. Un autre s'écrie en regardant madame Coquelet :

— Eh! eh! en v'là une que j'aimerais mieux trouver dans mon lit qu'une puce!

— Enfin, lorsque passe madame Burgrave, une voix enrouée dit :

— Pus que ça de bouquets! Oh! ce chapeau! à la mère de la société... elle met tous ses enfants à l'abri là-dessous!

La salle du premier ressemble beaucoup à celle du bas. Seulement il y a des chaises au lieu de bancs, et de plus un énorme lit à baldaquin dans le fond.

— Mais c'est encore fort laid ici, dit Hortense.

— Que voulez-vous, mesdames? à la guerre comme à la guerre; d'ailleurs nous ne séjournerons ici que le temps de déjeuner...

— Heureusement... Voyez ce carreau sale... ce plafond, traversé par des poutres... Quelle horreur!... et cet aubergiste nous dit que nous serons ici comme chez nous. Merci de la comparaison!

— Il a voulu dire que vous y seriez parfaitement libres de faire ce que vous voudriez, mesdames.

— Et ce lit... pourquoi faire ce lit? dit madame Coquelet.

— Tu ne sais pas pourquoi est faire un lit? répond M. Coquelet d'un air goguenard.

— Je sais bien que c'est pour se coucher... mais nous sommes venus ici pour déjeuner, et pas pour y coucher.

— Moi, dit Rosalvina, je voudrais bien savoir ce qu'ont dit ces hommes qui buvaient en bas, lorsque nous sommes passées... il m'a semblé qu'ils me comparaient à une puce...

— Précisément, madame! s'écrie Grébois, ils ont dit que vous en aviez la légèreté.

— Eh bien, pour des charretiers, savez-vous que ce n'est pas trop mal!...

L'aubergiste monte avec une servante, et couvre une table de linge blanc et de grosses assiettes de faïence.

— Monsieur, nous avons très-faim, qu'allez-vous nous donner pour déjeuner?... et le plus vite possible...

— Ce que j'ai de prêt... d'abord de la gibelotte de lapin...

— Oh! non, pas de lapin, pas de lapin!... s'écrient les dames.

— Je l'ai en horreur.

— Moi, je n'ai jamais voulu y goûter.

— C'est souvent du chat.

— Mesdames, je vous apporterai la tête.

— Ah! fi! non, non, pas de lapin.

— Alors, j'ai du lard. Quant aux choux, ils ne seront cuits que dans une heure.

— Est-ce que vous n'avez pas des côtelettes?

— Non; le boucher ne tuera que demain.

— De la volaille... il y en a plein votre cour.

— Ah! oui, on peut en tuer, mais ce sera long.

— Monsieur l'aubergiste, dit Grébois, faites-nous tout simplement une bonne omelette aux fines herbes; cela nous suffira, j'espère, avec ce que nous avons.

— Avec ce que nous avons? dit la compagnie, mais nous n'avons rien.

— Mesdames, j'avais prévu ce qui arrive, c'est pourquoi je me suis permis de prendre mes précautions. Monsieur Coquelet, si vous voulez bien venir avec moi, nous allons chercher un petit coffre que j'ai fait mettre dans la voiture.

— Volontiers; je vous suis.

— Il a emporté des provisions!... ah! ce M. Grébois est un homme charmant!...

— Ma foi, messieurs, il faut convenir qu'il n'a pas pensé qu'à lui, au moins.

— V'là toujours le couvert mis, dit l'aubergiste, on va vous apporter du vin... en attendant, messieurs, mesdames, faites comme chez vous.

— Il est insupportable avec son : comme chez vous... cet homme!... mais que veut-il donc que nous fassions!

Le coffre est apporté par Grébois et Coquelet. On en retire un superbe pâté, un homard, une volaille froide, un saucisson de Lyon et un frais; une bouteille de madère et deux de champagne.

A chaque objet que l'on met en évidence, ce sont des cris de joie, d'admiration, cela se termine par un: Vive Grébois! général.

Et madame Burgrave y ajoute :

— Venez m'embrasser... vous l'avez bien mérité.

Cette dernière récompense semble terrifier Grébois qui, cependant, se décide à aller fourrer sa tête sous le grand chapeau, d'où il se hâte de la retirer.

L'aspect des provisions apportées par ce monsieur a ramené la gaieté sur tous les visages. On se met à table gaiement. Madame Burgrave se décide à ôter son chapeau pour déjeuner, elle le passe à son mari en lui disant :

— Ernest, portez-le sur le lit... posez-le avec précaution.

M. Burgrave prend le chapeau de paille qu'il porte comme s'il tenait un plat d'œufs à la neige, et en murmurant :

— Il est très-lourd... je ne voudrais pas être condamné à l'avoir sur ma tête.

— Ah! je dois être bien décoiffée maintenant... mes cheveux sont tout en désordre... et pas une glace dans cette chambre! c'est inconcevable!...

— Madame Burgrave, venez donc déjeuner, au lieu de chercher un miroir... nous attaquons le homard... Holà! monsieur l'hôte!... de l'huile et du vinaigre, si c'est possible.

— Entamons le pâté en attendant.

— Il est de volaille... Grébois ne fait pas les choses à demi.

— Il est délicieux, ce pâté... voyons maintenant le vin de l'endroit.

— Ah! fichtre!... c'est du piqueton! on aurait pu s'en servir pour accommoder le homard.

L'hôte monte avec un huilier; il demeure en admiration devant les mets qui couvrent la table, et s'écrie :

— Oh! oh! pus que ça de nanan!...

— Vous le voyez, monsieur l'aubergiste, nous faisons comme chez nous... Mais est-ce que vous ne pourriez pas nous donner de meilleur vin que celui-ci? n'en avez-vous pas d'autre?

— Si fait! oh! si fait!... j'ai du vieux... de l'ancien... qu'on garde pour les amis... mais je le vends trente sous.

— Nous ne marchanderons pas... donnez-nous du vin des amis.

— Tout de suite... et votre omelette, on va vous monter ça... Est-ce que vous ne prendrez pas une belle salade de romaine avec ça?

— Donnez-nous une salade... mais du vin d'abord.

— Tout de suite.

L'hôte va descendre... Rosalvina court après lui et l'arrête :

— Monsieur l'hôtelier... il nous manque ici quelque chose d'essentiel... quelque chose dont les dames ne peuvent point se passer, et que l'on devrait cependant trouver toujours dans une chambre à coucher ..

— Ah! je comprends, ma petite dame, je comprends... comment! est-ce qu'il n'y en a pas un sous le lit?

— Sous le lit!... qu'est-ce à dire, monsieur, et que croyez-vous donc que je vous demande?

— Dame!... c'est tout simple... un pot de chambre...

— Ah! quelle horreur! quelle supposition!... je vous demande une glace, monsieur, un miroir où l'on puisse se regarder, enfin... se voir, pour se coiffer...

— Ah! c'est ça que vous voulez... c'est différent! un miroir!... Jeannette va vous en monter un avec l'omelette.

Madame Burgrave revient se mettre à table, où la société rit beaucoup du quiproquo de l'aubergiste; celui-ci apporte de son vin des amis, que l'on trouve tout aussi mauvais que le premier; mais en revanche, le pâté est délicieux, la volaille très-tendre, le homard d'une extrême fraîcheur, et les saucissons parfaits. On se décide à arroser tout cela avec le champagne et le madère.

— Mais il n'en restera plus pour dîner, dit Hortense.

— Oh! ma foi, tant pis!... dit le banquier, déjeunons bien d'abord... et qui sait? nous trouverons peut-être où nous allons une auberge bien fournie... A la rigueur, nous irons dîner à Ermenonville, où il y en a de très-comfortables.

— C'est bien dit! s'écrie M. Coquelet; alors ne ménageons ni les provisions, ni le liquide. Je propose la santé de M. Grébois...

— Ah! messieurs, de grâce!... à ces dames avant tout!...

— A la bonne heure!... je reconnais l'homme galant.

La servante monte l'omelette et un miroir. Rosalvina pousse un cri de joie et quitte vivement sa place pour aller s'emparer du miroir. Pendant qu'elle arrange ses cheveux, M. Bouffi dit à M. Burgrave :

— Est-ce qu'en voiture, nous allons encore nous remettre sous les jupons de votre femme? je vous avouerai que cela ne me tente guère.

— Ni moi non plus!... mais comment faire?

— Si du moins les jupes pouvaient se chiffonner... on les aurait bien vite aplaties; mais cette maudite crinoline se redresse toujours... Si l'on peut monter derrière la voiture, je m'y mettrai... je préfère cela à être emmitouflé dans des étoffes... sans compter un énorme chapeau dont les bords me frottent constamment la figure.

— Oui, son chapeau est un peu grand, je le lui avais dit... elle étouffe avec, mais elle ne veut pas m'écouter...

Le déjeuner est fini, il ne reste plus très-peu de pâté et des bouts de saucissons, on replace les reliefs dans le coffre; déjà le cocher a reçu l'ordre d'atteler. M. Coquelet est descendu fumer devant la maison; madame Bouffi et la jeune Euphrasie se promènent un peu plus loin, en examinant le village de Vauderland, qui n'est pas beau. Madame Burgrave est encore occupée à mettre son chapeau, bien que son mari lui crie d'en bas :

— On va partir, Rose... Rosabellina... descendez-vous!...

— Une minute, monsieur; on me laissera bien le temps de me coiffer...

Le banquier examinait la calèche; on ne pouvait tenir derrière que debout, et cette manière de voyager le séduisait peu. Il cherchait dans sa tête quel moyen il pourrait employer pour ne point faire encore la route sous la crinoline de madame Burgrave, lorsqu'en passant devant la maison, il aperçoit sur le rebord d'une fenêtre une vieille brosse de chiendent qui semble mise au rebut; il la prend, la montre à l'aubergiste et lui dit :

— Ajoutez cela sur la carte...

— Oh! ça n'en vaut pas la peine... si ça peut vous être bon à quelque chose, ne vous gênez pas... faites comme chez vous...

M. Bouffi a caché la brosse sous son paletot. On remonte en voiture, on se replace dans le même ordre; M. Coquelet est déjà sur le siége du cocher. Rosalvina ne s'assied qu'après ses deux voisins, sur lesquels elle étale de nouveau la jupe de sa robe. On part, mais, au bout de quelques minutes, madame Burgrave fait un bond, en s'écriant :

— Ah ! qu'est-ce qui me pique?

— Vous vous êtes piquée, madame ?

— Pas moi... mais j'ai senti sous ma... sous mon... aïe !...encore !... aïe !... je ne peux pas rester comme cela... c'est affreux !...

— Permettez que je me lève, madame, dit M. Bouffi, et que je cherche ce qui vous incommode...

Une fois levé, ce monsieur cache vivement la brosse, puis se baisse aller sur la robe qu'il écrase, en disant :

— Je n'ai rien trouvé...

— Ah ! monsieur... mais vous êtes sur ma robe, maintenant !

— Ma foi, madame, puisque j'y suis, j'y resterai !.., il n'en sera ni plus ni moins à présent, le mal est fait ; d'ailleurs, vous êtes mieux, vous voyez que rien ne vous pique plus.

Rosalvina n'ose pas bouger; bientôt la route devient plus pittoresque ; en approchant de Morfontaine, on trouve des rochers, de véritables rochers, produits par la nature. Les dames sont enchantées; elles admirent le site, le paysage, et M. Bouffi profite d'un moment où tout le monde regarde un superbe point de vue, pour jeter sur la route la brosse de chiendent.

XXVII

LA PRAIRIE AUX COQUELICOTS.

Quand on a passé Ermenonville, le cocher demande son chemin pour arriver au village de Montagny ; on lui indique un chemin fort mal entretenu, et dans lequel les roues de la calèche enfoncent à chaque instant dans les ornières, ce qui fait pousser des cris de frayeur aux dames, et beaucoup rire les messieurs.

— Quels affreux chemin ! Nous allons y verser ! dit Rosalvina.

— Il faut toujours passer par ici pour aller à la campagne de M. Duvalloir, dit madame Coquelet, cela ne donnera pas envie de l'acheter.

— Il doit y avoir une autre route... ce paysan nous aura mal indiqué.

— Il l'aura fait exprès, dit Grébois. Les paysans sont méchants, ils aiment surtout à se moquer des Parisiens.

— Pourquoi?

— Ah ! pourquoi !... Ils n'en savent rien eux-mêmes... Parce que ce sont des hommes de la nature, et que nous sommes des hommes polices. L'éducation nous apprend à être polis, la vie des champs ne corrige pas les gens grossiers. Mais il y a partout des exceptions... Voilà un paysan qui a une bonne figure, interrogeons-le... Cocher, arrêtez un peu.

— Eh ! monsieur !... nous voulons aller au village de Montagny... sommes-nous dans le bon chemin ?

— Oh ! Vous êtes sur le chemin... mais pas dans le bon... eh ! eh !... pas dans le bon... Si vous vous en tirez avec votre voiture, vous aurez de la peine.

— Est-ce qu'il y avait un autre chemin, en venant d'Ermenonville ?

— Oh ! oui !... et une belle route... pavée à moitié !

— Vous voyez... ce paysan nous a trompés !

— Ah ! si vous lui avez demandé le chemin le plus court, il ne vous a pas trompés ; par ici, c'est bien plus court.. mais faut y aller à pied... pas en voiture !

— Je crois que nous avons en effet demandé le chemin le plus court.

— Que devons-nous faire maintenant ?

— Dame ! vous y êtes, faut continuer ; d'ailleurs, vous en avez fait plus de la moitié... allez ! doucement... quand vous aurez dépassé le petit bois là-bas, ce sera meilleur... vous prendrez à gauche, et puis vous verrez bientôt devant vous la Prairie aux Coquelicots... vous serez arrivés !

— Merci, monsieur... Allons, cocher, en avant, avec précaution.

— La Prairie aux Coquelicots ! dit madame Bouffi, c'est la propriété dont notre neveu nous a parlé, n'est-ce pas, monsieur ?

— Oui, et c'est tout à côté de la maison de M. Duvalloir.

— Ah ! ah ! grand Dieu ! nous allons verser... cocher, prenez garde !

Rosalvina a si peur qu'elle ne s'occupe plus de sa robe, elle se

jette tantôt sur son mari, tantôt sur le banquier; quelquefois même elle se jette en avant, et c'est M. Grébois qui la reçoit dans ses bras, et qui est obligé de la renvoyer à sa place comme un ballon.

— Est-ce que cette prairie est à vendre? demande M. Coquelet.

— Non, non, répond M. Bouffi, mais on nous en a parlé comme d'une charmante propriété.

— Il y a une maison avec la prairie, alors ?

— Oui, une maison en un jardin.

— Ah ! mon Dieu !... nous versons !...

— Mais non, madame, nous ne verserons pas... calmez-vous ! dit M. Grébois en essayant de faire tenir son vis-à-vis à sa place, nous voici même bientôt au petit bois où la route sera meilleure, à ce qu'on nous a dit.

— C'est égal ! voilà un voyage d'agrément dont je me souviendrai !

Le cocher est enfin sorti de la route aux ornières. Il tourne à gauche, monte une pente douce sur une route cailloutée, bordée de chaque côté par des taillis, puis au bout de cinq minutes, le chemin s'élargit, et l'on a devant soi un point de vue ravissant. Sur la gauche, des taillis, des noisetiers, des mûriers sauvages, de beaux peupliers qui élèvent jusqu'aux nues leurs têtes fières et mobiles, et ne masquent point assez la vue pour empêcher de découvrir des champs bien entretenus, de l'eau qui serpente à travers les pièces de terre, puis des vallées ornées de fabriques. Sur la droite, un joli village ; plus loin, de charmantes villas, bâties avec élégance, les unes à l'italienne, les autres dans le style Louis XV ; enfin, devant soi, une prairie de vingt arpents environ, qui forme un carré long, et qui est toute verdoyante, toute revêtue de luzerne, de trèfle, de serpolet, de thym ; puis, sur cette verdure, la vive rougeur des coquelicots jette un éclat qui éblouit les yeux, en même temps que l'odorat est flatté par la douce senteur des plantes.

De loin à loin, quelques bosquets de noisetiers, quelques buissons de sureau, quelques arbres isolés, coupent l'uniformité de la prairie, au milieu de laquelle est pratiqué un petit chemin qui ne doit être fréquenté que par des piétons. Sur la droite de la prairie, on voit une jolie maison bourgeoise avec ses dépendances. Enfin, un peu plus loin, commence un mur qui entoure un parc : c'est la propriété de M. Duvalloir. Entre ce mur et la prairie, est une route accessible aux voitures, et qui passe devant la maison bourgeoise, puis va jusqu'au village.

Les dames poussent des cris d'admiration en arrivant à cette partie de la route.

— C'est ravissant ! c'est délicieux !

— Oh ! comme cette prairie est rouge... ce sont des fraises? dit Rosalvina.

— Non, madame, ce sont des coquelicots... ils ont donné leur nom à cette propriété.

— Des coquelicots ! Je veux m'en faire un bouquet... Descendons, mesdames, descendons.

— Volontiers, nous avons été assez de temps en voiture, et ce sera un plaisir de marcher dans cette charmante prairie.

— D'ailleurs, mesdames, nous sommes presque arrivés. Si j'en crois les renseignements qu'on m'a donnés, ce mur que vous voyez là-bas, sur la droite, doit fermer le parc de M. Duvalloir. La maison est probablement derrière... ou plus loin...

— Mais en voici une là... tout près de nous, qui est fort jolie.

— Oui... pas mal !... ce doit être celle du propriétaire de cette prairie.

— Comment diable savez-vous tout cela, Bouffi?

— J'ai pris des informations sur le pays.

On est descendu de voiture, et, tandis que la calèche suit la route qui côtoie le mur, les voyageurs entrent dans la prairie, les hommes suivent le sentier qui est tracé, mais les dames courent en folâtrant à droite et à gauche, et cueillent des coquelicots sans écouter le banquier, qui leur crie :

— Mesdames ! vous devriez rester dans le sentier qui est tracé... vous marchez dans la luzerne, cela l'abime... c'est défendu !... vous faites du tort au propriétaire...

— Ah ! laissez-nous donc tranquilles...

— Il est étonnant, dit M. Bouffi, il serait le propriétaire de la prairie qu'il ne parlerait pas autrement.

— Mesdames, je suis toujours pour qu'on observe les règlements !

— Nous voulons courir, nous amuser, nous sommes à la campagne pour cela.

— Oui, oui, dit madame Burgrave, nous voulons jouer... courir... Ah ! je me sens légère comme une plume.

En disant cela, cette dame s'élance en courant dans la prairie, mais bientôt ses pieds s'embarrassent dans sa robe, qui s'accroche dans l'herbe, et elle roule dans la luzerne d'une façon si complète que sa tête disparaît entièrement sous ses jupes, qui ne couvrent plus ce qu'elles ont l'habitude de cacher.

— Ah ! mon Dieu ! que de coque'icots ! dit M. Coquelet en riant.

— Bon ! ma femme est tombée... Avec sa crinoline, cela ne pouvait pas manquer de lui arriver, dit M. Burgrave sans marcher plus vite.

Heureusement pour cette dame, la belle Hortense n'était pas loin d'elle, et elle se hâte d'aller rabaisser la crinoline, en dégageant Rosalvina.

— Est-ce qu'on a vu quelque chose ? demande celle-ci en se relevant.

— Je ne crois pas... vous étiez trop loin.

— Mais si, mais si ! dit Euphrasie en riant à gorge déployée. Vous êtes tombée si drôlement !...

— Après tout !... ce n'est pas cela qui m'inquiète... mais mon chapeau... mon beau chapeau... voyez comme je l'ai abîmé... voilà deux couronnes tombées... Ah ! quel malheur... et les fleurs froissées !

— Vous ne vous êtes point blessée, madame ? dit M. Grébois en s'avançant vers la grosse dame, qui se hâte de répondre :

— Non, monsieur, non... oh ! pas du tout !

— J'ai cru qu'elle allait dire : au contraire ! murmure Coquelet, en allumant un nouveau cigare, tandis que Rosalvina lance un regard tendre sur l'ex-avoué, comme pour connaître l'effet que sa chute a produit sur lui.

On ne tarde pas à apercevoir, après le mur qui clôt le parc, une très-belle maison, et sur les côtés de superbes sycomores dont le feuillage tout jeune et tous frais encadre fort bien l'habitation.

— Vous le voyez, nous sommes arrivés... voilà bien la propriété de M. Duvalloir... la Maison aux Sycomores... elle paraît fort belle...

— Où sont donc les sycomores ? demande Rosalvina.

— Madame, ce sont ces beaux arbres que vous voyez de chaque côté et qui forment allées...

— Ah ! ce sont des sycomores cela... je croyais que c'étaient des chênes.

— Oh ! madame, les chênes ne sont pas aussi avancés, et au premier juin ils n'ont pas encore tout leur feuillage...

— Voilà une petite porte dans ce mur... pourquoi n'y frappez-vous pas ?

— Je pense, madame, qu'il est plus convenable d'aller jusqu'à la maison et d'arriver par l'entrée principale... d'ailleurs, je suis sûr qu'ici on ne nous ouvrirait pas...

— Oh ! je veux voir, moi, je veux voir !...

— Et madame Burgrave, qui paraît décidée à faire le gamin, se met à courir vers la petite porte, au risque de tomber de nouveau.

— Je crois qu'elle a envie de faire une seconde chute... dit Euphrasie en regardant courir Rosalvina.

— Cependant ces messieurs n'ont pas demandé bis, dit la belle Hortense, d'un air moqueur.

— Oh ! non ! oh ! non ! pas bis ! dit Coquelet. Bon ! la voilà qui frappe à la porte... décidément elle veut se donner des airs d'écolier en vacances... tout à l'heure je vais lui proposer une partie de cheval fondu, je gage qu'elle accepterait ?

Madame Burgrave donne en vain de grands coups dans la porte, personne ne répond.

— Vous voyez que j'avais raison, madame, dit M. Bouffi ; le concierge doit se tenir du côté de la maison. Mais un peu de patience... nous y serons bientôt...

— S'il allait n'y avoir personne dans cette maison ?

— Rassurez-vous ! D'abord M. Duvalloir m'a dit que le concierge et sa femme y étaient toujours ; ensuite, sachant que nous venions aujourd'hui, il a ajouté qu'il leur écrirait pour les prévenir de notre visite.

On arrive bientôt devant une belle grille qui ferme une vaste pelouse derrière laquelle on voit la maison bien en face. Elle a sept fenêtres de front, un rez-de-chaussée, un premier étage et au-dessus une belle terrasse ornée de beaux vases contenant des géranium et des magnolia.

— Eh mais ! voilà qui a une très-belle apparence ! dit M. Grébois...

— Ce doit être beaucoup trop grand pour une simple maison de campagne ! dit le banquier.

— Le billard est probablement au rez-de chaussée, dit M. Burgrave.

On sonne à la grille et presque aussitôt un homme jeune encore, en petite veste et qui tient un râteau à la main, accourt ouvrir, en faisant de profonds saluts à la compagnie.

— C'est bien ici la propriété de M. Duvalloir, la Maison aux Sycomores ? demande le banquier.

— Oui, monsieur... oui, c'est ici...

— Nous venons pour visiter cette propriété.

— Entrez, messieurs, mesdames... moi et ma femme nous vous attendions depuis ce matin, nous pensions que vous seriez venus de plus bonne heure.

— Ah ! M. Duvalloir vous a écrit...

— Oui, oui... aussi votre déjeuner attend depuis longtemps !...

— Notre déjeuner... comment, vous nous aviez préparé à déjeuner ?

— Oui, monsieur... d'après les ordres de notre bourgeois... et vous aurez aussi à dîner... Oh ! soyez tranquille... il y a de quoi ici.

— Convenez, mesdames, que ce M. Duvalloir est fort aimable... il nous fait préparer à déjeuner et à dîner...

— Mais oui, c'est fort gracieux de sa part... il a pensé que nous pourrions ne pas trouver de provisions dans le village...

— Ce monsieur est fort gracieux de loin, dit madame Burgrave... quand il ne fait pas de questions inconvenantes.

— Comme nous avons bien fait de manger à Vauderland presque tout ce que M. Grébois avait apporté !...

— Si ces messieurs et ces dames veulent me suivre, je vais les conduire tout de suite dans la salle à manger... et dire à ma femme de servir...

— Concierge, nous avons déjeuné à Vauderland, par conséquent le vôtre aura tort !

— Vous avez déjeuné... Ah ! queu malheur... et vous ne voulez pas recommencer ?

— Non... non !

— Oh ! il n'y a pas moyen. Mais par exemple nous dînerons... nous vous promettons de faire honneur à votre dîner...

— Pour quelle heure, monsieur ?

— Mais... demandez à ces dames...

— Sept heures, c'est bien assez tôt, car il est déjà tard... nous ne sommes arrivés ici qu'à près de quatre heures... et maintenant, voyons la maison, les jardins, le parc... enfin tout ce qu'il y a à voir.

— Moi, je veux voir le billard...

— Que chacun aille du côté qui lui plaira... liberté, n'est-ce pas votre avis, mesdames ?

— Oui, oui, à la campagne chacun doit faire ce qui lui plaît.

Cependant toute la compagnie commence par entrer dans la maison. La femme du concierge, jeune paysanne très-accorte, s'empresse d'ouvrir toutes les portes ; les appartements sont très-bien meublés. En entrant dans le salon, madame Coquelet s'écrie :

— Tiens ! un piano ! Est-ce que M. Duvalloir en joue ?

— Je ne crois pas, dit Hortense, car à notre dernière soirée je me rappelle lui avoir demandé s'il était musicien, il m'a répondu que non.

— Alors il avait un piano pour l'agrément des personnes qui venaient le voir...

— Ou bien il y avait ici une dame... enfin nous ne savons toujours pas s'il est marié ou non, ce monsieur.

— Oh ! ce n'est pas moi qui le lui demanderais ! s'écrie madame Burgrave.

— Mais, dit M. Grébois, il me semble qu'il y a un moyen de s'instruire...

Et il s'adresse à la femme du concierge :

— Y a-t-il longtemps, madame, que vous êtes au service de M. Duvalloir ?

— Non, monsieur, deux années, pas davantage ; nous venions de nous marier avec notre homme quand on nous a proposé d'entrer concierge et jardinier ici.

— Deux ans ! mais il me semble qu'à cette époque M. Duvalloir devait être en voyage ?

— Oui, monsieur, il n'était pas ici ; c'est un homme d'affaires qui nous a placés ici en remplacement du concierge qu'on renvoyait. Si bien que nous avons été longtemps ici sans connaître notre maître. Nous l'avons vu pour la première fois, il y a quelques mois, quand il revenait de ses voyages ; il est venu à cette maison, mais il n'a pas fait un long séjour, il n'y a pas seulement couché; arrivé le matin, il est reparti dans la journée, en nous disant: Je veux vendre cette propriété, tâchez que ceux qui l'achèteront vous gardent; quant à moi, cela ne me regardera plus.

— Quel homme singulier !... et depuis il n'est pas revenu visiter ce domaine?

— Non, monsieur, il n'est pas revenu une seule fois, mais hier il nous a écrit pour nous prévenir de votre visite et nous donner ses ordres.

— Je vois, dit M. Grébois aux dames, que mon espérance est trompée... ces gens-là n'en savent pas plus que nous sur leur maître !...

— Et ce piano était-il ici quand vous y êtes entrée? demande Rosalvina à la paysanne.

— A coup sûr, madame, car ce n'est pas nous qui l'aurions apporté, vu que j'en savons pas jouer !... mais je n'y touchons jamais ! oh ! gnia pas de danger... il ne s'abîmera pas !

— Et combien y a-t-il de chambres à coucher dans la maison? demande madame Coquelet.

— Il y en a huit, madame, et toutes en bon état, avec des lits ben moelleux, en sorte que si la compagnie veut coucher ici, il y a de quoi la loger...

— Que pensez-vous de cette proposition, mesdames?

— Ma foi .. cela vaudrait peut-être mieux que de revenir à Paris dans la nuit, dit Hortense; mais il est probable que ces messieurs ne voudront pas rester, mon mari a déjà répété plusieurs fois qu'il a affaire demain matin à Paris.

M. Bouffi avait déjà quitté la société, il s'était éclipsé sans rien dire. M. Burgrave, après avoir demandé à la concierge où était le billard, venait de s'y rendre en invitant M. Coquelet à le suivre, mais celui-ci avait préféré fumer devant la maison; si bien que M. Grébois est resté le seul cavalier des trois dames. Celles-ci, après avoir parcouru tous les appartements du rez-de-chaussée et du premier étage, et admiré le bon goût de l'ameublement de chaque pièce, quittent la maison et se rendent dans le jardin qui précède le parc.

La concierge offre encore de leur servir de guide, mais on la remercie, on préfère se promener, courir au hasard, du côté qui plaira le plus.

La belle Hortense et l'ex-avoué ont déjà échangé quelques regards qui doivent dire beaucoup de choses.

La jeune Euphrasie court en avant, s'arrêtant tantôt à droite, tantôt à gauche, voulant tout voir, tout examiner, entrant dans chaque kiosque, visitant chaque grotte, chaque bosquet. Mais la tendre Rosalvina ne quitte pas M. Grébois et ne cesse de répéter :

— Comme nos maris sont aimables! ils nous ont abandonnées... sans M. Grébois nous n'aurions pas un homme avec nous... mais il est galant, lui, il ne nous quittera pas, ni nous non plus... Oh ! quant à moi, je ne m'en séparerai point, il peut en être sûr.

Cette promesse ne semble pas enchanter madame Bouffi, qui répond :

— Mais .. c'est probablement par complaisance que monsieur vient avec nous... il préférerait peut-être rejoindre ces messieurs...; quant à moi, je l'engage à ne point du tout se gêner...

— Je suis trop heureux de rester avec vous, mesdames! répond Grébois qui comprend très-bien l'idée de madame Bouffi, mais ne peut guère répondre autrement qu'il ne le fait.

— Oui, oui, restez avec nous, reprend Rosalvina, car moi, j'aime beaucoup la campagne, mais je vous avouerai que je n'y suis jamais tranquille... j'ai peur de toutes les bêtes, des limaces, des crapauds... des serpents... Oh ! Dieu ! le plus petit serpent me ferait fuir à mille lieues... et au moins quand on a un homme avec soi, on est plus tranquille... Eh bien ! où est donc madame Coquelet?... je ne la vois plus...

— Laissons-la aller, elle se retrouvera, dit Hortense.

— Je la trouve bien changée depuis peu de temps... Comme elle traite lestement son mari !... Oh ! leur lune de miel est bien passée.

— Dame ! si ce monsieur fume toujours !...

— M. Burgrave fume aussi et certes je ne me permettrais pas de lui parler comme cette jeune femme le fait à son époux...

— Ils sont charmants ces jardins... Entrons dans ce bocage... sous ces bosquets de lilas...

— Oh ! je n'aime pas à marcher dans les hautes herbes... J'ai peur d'écraser des bêtes...

— Que craignez-vous... puisque M. Grébois est avec nous... moi, je suis déjà un peu fatiguée...

— Eh bien! mesdames, allons nous reposer sur ce banc de verdure qui est sous cet épais feuillage, nous y serons à l'abri du soleil qui est brûlant aujourd'hui.

M. Grébois a fait à la femme du banquier un petit signe d'intelligence, Rosalvina ne marche qu'avec précaution dans les herbes épaisses, cependant elle consent à aller s'asseoir dans le bosquet, tout en disant :

— Oui... c'est joli ici... c'est touffu !... cela engage à rêver...

— Et puis cela embaume... il y a encore des lilas en fleur... puis ces seringats... ces chèvrefeuilles... Cet endroit est vraiment ravissant...

— Si je demeurais dans cette propriété, dit Grébois, je viendrais bien souvent m'asseoir sous ce bosquet... avec un livre on y serait encore si bien... et même... Ah !... mon Dieu !...

Grébois, qui était assis entre les deux dames, se relève tout à coup brusquement.

— Qu'y a-t-il donc? demande madame Burgrave avec inquiétude.

— Ce qu'il y a... un serpent... là, derrière nous...

— Un serpent!... un serpent!... et aussitôt, relevant ses jupes afin de pouvoir mieux courir, Rosalvina quitte la place, se lance dans le premier chemin qu'elle aperçoit, et se sauve à toutes jambes, sautant par-dessus les fleurs, repoussant, brisant les branches qui font obstacle, en criant sans cesse :

— Un serpent!... un serpent !... au secours !... à moi !... un serpent!...

Dès qu'ils ont vu cette dame se sauver d'un côté, l'ex-avoué et la belle Hortense s'empressent d'en prendre un opposé et de disparaître sous un épais ombrage, en riant beaucoup du moyen qu'ils ont employé pour se débarrasser de sa compagnie.

XXVIII

UN MARCHÉ.

Le banquier, qui a son projet, ne tient pas du tout à visiter la propriété de M. Duvalloir ; il a quitté tout le monde et, se dirigeant vers la grille, qui est restée ouverte, sort et prend la route qui conduit au village ; tout en marchant, M. Bouffi se dit :

— Il faut que je sache à qui appartient maintenant la prairie... cela me guidera dans ce que je veux faire... et puis, le propriétaire de cet immeuble ne l'habite peut-être pas... Enfin, je m'informerai.

Arrivé devant les premières maisons du village, M. Bouffi aperçoit un vieux paysan assis devant une porte ; il va droit à lui :

— Monsieur, vous êtes de ce village?

— Oui, monsieur.

— Par conséquent vous connaissez ceux qui l'habitent?

— Oh! je connais tout le monde... je sommes né dans l'endroit... je ne l'avons jamais quitté... Jugez si je dois le connaître !

— Alors, vous pourriez me donner les renseignements dont j'ai besoin... Je viens dans ce pays avec l'intention de faire une acquisition.

— Oh ! le pays est beau et bon !... Bonne terre... tout y vient bien... Il y a de l'eau... Oh ! c'est un bon pays !

— C'est aussi ce qu'il m'a paru.

— Vous voulez acheter la Maison aux Sycomores... c'est un beau morceau... une belle propriété... et si c'était ben entretenu... Mais M. Duvalloir sa femme l'ont tout quitté d'un coup... il y a près de quatre ans... et depuis ils n'y reviennent jamais !

— M. Duvalloir et sa femme, dites-vous?

— Oui, c'est à eux la Maison aux Sycomores.

— M. Duvalloir est donc marié?

— A coup sûr... et, à moins qu'il ne soit devenu veuf, il doit l'être toujours.

— Vous êtes certain de cela ?

— Pardi !... je l'ons vu plus d'une fois se promener par ici avec sa femme... une jolie petite femme... plus jeune que lui... Mais ça faisait un beau couple tout de même !

— Et ils ont quitté ensemble leur propriété ?...

— Dame !... ensemble... Je crois que oui... je peux pas vous dire au juste... seulement je sais qu'un matin on a dit : Il n'y a plus les maîtres dans le beau domaine des Sycomores, ils sont partis; il n'y a plus que le père Simon, le concierge...

— Et ce père Simon est-il dans ce village?

En apercevant Horace, le banquier s'arrête pétrifié ! — Page 76.

— Non, il a trouvé une autre place à ce qu'il paraît ; il a quitté il y a deux ans. C'est alors qu'on a donné la place à un jeune ménage qui venait de Senlis, Jacquet et sa femme ; mais c'est jeune... ça aime à s'amuser et ça ne travaille guère... Aussi le jardin est tenu... à peu près... va comme j'te pousse!...

— Dites-moi, et cette autre jolie maison, qui est après celle de M. Duvalloir ?

— Ah! c'est le domaine de la Prairie aux Coquelicots. Cette belle prairie, que vous avez vue devant, appartient à celui qui a la maison... Mais cette propriété-là n'est pas à vendre.

— Je le sais, mais qui en est le propriétaire ?

— C'est M. Boudignon.

— Qu'est-ce que c'est que M. Boudignon ?

— C'est un ancien marchand de bois... un bon homme... bon vivant... Il est de Chantilly.

— Habite-t-il sa propriété ?

— Oui, oui... il l'habite, et pourtant il a aussi une maison à Ermenonville. Oh! il est riche... il a des écus, le papa Boudignon !

— Est-il marié ?

— Non, il est veuf.

— A-t-il des enfants ?

— Je ne crois pas... Après ça, dame ! je ne suis pas bien sûr.

— Y a-t-il longtemps qu'il a acheté cette maison ?

— Non, cinq ou six ans au plus ; avant, elle était à M. Forestier, de Paris, qui l'avait eue, quand on l'a vendue à la mort de ce pauvre M. Bermont. Ah! un brave homme, celui-là.

— Et le prix qu'elle a été vendue... le savez-vous ?

— Ah! ma fine, non... comme je ne pouvions pas l'acheter...

— Monsieur, je vous remercie infiniment pour les renseignements que vous avez bien voulu me donner... ils me seront fort utiles, si je fais une acquisition dans ce pays.

— A vot' service, monsieur ; oh! j'aime à causer, moi! Si vous voulez encore vous informer d'autres personnes... vous gênez pas.

— Je vous suis fort obligé, mais j'ai appris ce que je voulais ; je vous salue, monsieur.

Le banquier quitte le paysan et marche à grands pas vers la prairie en se disant :

— Voyons maintenant ce M. Boudignon... Il paraît qu'il est riche ; c'est dommage! il sera plus dur en affaires... Tâchons d'être fin.

M. Bouffi est arrivé devant l'autre villa, dont l'entrée est beaucoup plus modeste que celle de la Maison aux Sycomores. Cependant, derrière la grille, on aperçoit une allée bordée d'arbustes et de fleurs qui est fort bien entretenue.

Un grosse servante vient ouvrir.

— M. Boudignon est-il chez lui?

— Oui, monsieur, c'est-à-dire il est au fond du jardin là-bas... qui attache les pois dans le potager, je vas l'appeler.

— Non, non, ne le dérangez pas! dites-moi seulement de quel côté du jardin il est, et j'irai le trouver...

— Par là, monsieur... à gauche... puis tout au bout... Oh! vous le verrez bien vite... il est assez gros pour qu'on le voie!

— Merci, mademoiselle.

Le banquier passe devant la maison qui lui paraît fort convenable ; il traverse un beau jardin, qui est parfaitement entretenu, entre dans le potager qui est marqué par un treillage, et voit bientôt devant lui un petit homme en blouse qui forme presque la boule comme les choux pommés de son jardin, et qui est en train de ramer des pois.

Le petit homme qui est courbé vers la terre n'a pas vu venir le visiteur, qui se trouve tout près de lui, pour lui dire:

— C'est à monsieur Boudignon que j'ai l'avantage de parler ?

— Tiens! il y a du monde là!... s'écrie le vieux papa en se redressant, montrant alors une face très-commune, mais réjouie et violacée, qui trahit un grand amour pour la bouteille. Ah! ben!... vous étiez sur mon dos et je ne m'en doutais pas !... d'où donc que vous sortez, vous ?

— Mais, monsieur... je sors de la route, probablement, et ayant à vous parler d'une affaire assez majeure... je me suis permis de venir vous déranger jusqu'ici.

Le ton du banquier impose au petit homme qui porte la main à sa casquette en disant :

— Excusez... vous comprenez... quand on ne sait pas... mais nous allons gagner la maison... C'est que voyez-vous quand on n'attache pas ses pois, ça court de ci, de là, partout... on marche dessus et on en perd.

— Mais continuez votre besogne, je vous en prie, je puis très-bien vous dire ce qui m'amène pendant que vous arrangez vos pois.

— Vraiment ? Eh ben alors... allez-y.

— Monsieur, je me nomme Bouffi de Nogent, je suis banquier à Paris ; un de mes amis intimes est venu visiter une maison qui est voisine de la vôtre, et à vendre.

— La Maison aux Sycomores ?

— Justement.

— Une belle propriété... Oh ! c'est du chenu...

— Cette propriété plaît beaucoup à mon ami... je crois qu'il va l'acheter... alors... comme nous avons presque toujours logé l'un près de l'autre... il aurait été charmé... et moi aussi, je l'avoue, de trouver à acquérir une maison de campagne à côté de la sienne. Je n'ai vu que celle-ci dans le voisinage... et ma foi, je me suis hasardé, monsieur, à venir vous demander si vous me voudriez vendre votre maison, afin que je sois aussi à la campagne voisin de mon ami.

— Ah ! oui da... tiens ! vous voulez acheter ma maison... mais je n'ai pas mis d'écriteau !

— Je le sais bien, monsieur, aussi n'aurais-je jamais pensé à vous faire cette proposition sans la circonstance que je viens de vous dire... Tous les jours, on ne pense pas se défaire d'une propriété... et une bonne occasion se présente qui nous fait changer d'avis !... peut-être ne tenez-vous pas absolument à cette maison... peut-être en avez-vous d'autres.

— Je crois bien que j'en ai d'autres... et plus d'une autre... Ah ! cette idée qui vous est venue là, de vouloir acheter ma maison !...

— Je vous le répète, monsieur, c'est pour être aussi à la campagne voisin d'un intime ami... et s'il y avait eu d'autres propriétés élégantes par ici... mais il n'y en a pas.

— Non, il n'y a que la mienne et celle de M. Duvalloir... Ah ! il y a bien encore au village la maison à Noirot... mais une maison de paysan, ça ne vous irait pas ?

— Non... cela ne m'irait nullement... celle-ci m'a paru convenable en dehors... j'ignore si l'intérieur me conviendrait autant.

— Eh ben ! je vas vous faire voir ça... Eh ! eh ! car enfin, si vous voulez acheter... faudrait pourtant savoir ce que c'est auparavant.

— Cela me semble indispensable.

— Eh ben, attendez... je finis ce carré de pois et je vas vous conduire.

— Je serais désolé de vous faire prendre cette peine... votre domestique ne pourrait-elle pas me conduire ?

— Bon ! la domestique ! elle ne vous montrerait que la moitié de la maison pour avoir plus tôt fini... me voilà... venez... Mais vous vous rafraîchirez auparavant... il fait chaud... ça altère.

— Merci... je sors de déjeuner.

— Ça ne fait rien !... on boit tout de même !

M. Bouffi sait qu'avec les habitants de la campagne on ne termine, on ne conclut aucune affaire si l'on refuse de boire avec eux. Le vin seul les rend conciliants, et souvent ils se formalisent quand on refuse de trinquer, d'accepter le verre qu'ils vous présentent. C'est pourquoi, il ne persiste pas et se décide à avaler, s'il le faut, quelques verres de piqueton.

Avant d'arriver à la maison, le gros papa Boudignon fait remarquer au Parisien la beauté, l'étendue du jardin, les fruits, les fleurs qui y sont en quantité. Bouffi examine tout avec soin. Près de la maison est un grand carré de verdure entouré de beaux tilleuls.

— Ceci est la salle de danse, dit M. Boudignon, pour ceux qui veulent faire danser leurs amis, leurs connaissances. Ah ! dame... du temps de M. Forestier, on ne recevait ici que du monde cossu... la fine fleur de Paris... on donnait des fêtes... on tirait des feux d'artifice... moi, je reçois peu de monde... je ne peux pas me tirer des feux d'artifice pour moi seul.

— Et vous n'avez guère besoin alors d'une aussi grande maison... car cela me paraît très-grand.

— Mais oui... vous allez voir ça... entrez donc... Jeanne ! Jeanne... du vin, des verres tout de suite.

— Mais nous aurions bu après la visite de la maison.

— Nous boirons tout de même après ! mais faut toujours commencer par s'humecter.

M. Boudignon a fait entrer le banquier dans une fort belle salle à manger, où l'on peut à l'aise traiter vingt-cinq personnes. Cette pièce donne sur un vestibule qui a plusieurs portes, et pendant que la domestique cherche du vin et des verres, M. Bouffi va dans le vestibule et jette un coup d'œil sur différentes pièces.

— Vous voyez que c'est joliment meublé, dit le gros papa Dumel. J'ai acheté tout meublé de M. Forestier, qui était un élégant, et si je vendais, je revendrais de même.

— Oh ! c'est bien comme cela que je l'entends.

— Buvons d'abord.

M. Bouffi cherche des yeux une carafe pour mettre de l'eau dans son vin, mais il n'en aperçoit pas.

— A votre santé.

— Merci.

— Comment le trouvez-vous ?

— Très-bon... d'où vient-il ?

— De mes vignes du côté d'Argenteuil.

— Ah ! vous avez aussi une propriété par là ?

— J'en ai de tous les côtés... eh ! eh ! buvez donc... que diable cherchez-vous ?

— Mais de l'eau... une carafe.

— Une carafe ! fi donc ! il n'en est jamais entré chez moi ! l'eau, ça gâte le vin !... A vot' santé !

— Mais il est fort votre vin... et...

— Oh ! il ne vous fera pas de mal... buvez donc !

— J'ai bu... j'ai hâte de voir la maison.

— Faut d'abord finir la bouteille... on ne laisse jamais une bouteille entamée chez moi ! jamais... c'est une malhonnêteté à la bouteille.

La bouteille étant bue, le gros bonhomme conduit M. Bouffi dans toute la maison, qui est grande, bien distribuée et meublée avec goût. On voit que ce n'est pas l'ancien marchand de bois qui a présidé au choix des meubles. Aussi s'écrie-t-il dans chaque pièce où l'on entre :

— Hein ! comment trouvez-vous ça ?... en voilà du luxe... franchement, c'est trop beau pour une campagne... c'est pas moi qui aurais meublé ça ainsi !... mais ça y était... je l'ai laissé.

— En effet, pour quelqu'un qui reçoit peu de monde.

— Et surtout qui ne reçoit que des bons vivants sans façon... de ma trempe enfin... Nous n'osons pas nous asseoir dans ces fauteuils-là de peur de les salir... Voulez-vous voir en haut les chambres de domestiques ? c'est encore très-gentil. Aussi, moi, je me suis logé dans une des chambres de domestiques... c'est tout ce qu'il me faut, j'y suis plus à mon aise que dans celle-ci.

Le banquier ne peut s'empêcher de sourire de ce propriétaire qui, dans sa maison où il ne loge aucun étranger, trouve plus naturel de se nicher dans une chambre de domestique que dans une des belles chambres à coucher qui ne sont pas occupées.

— Ce que j'ai vu me suffit, dit-il au père Boudignon. Au total, je m'arrangerai de la maison et des meubles... Et c'est là tout... il n'y a pas d'autres dépendances ?

— Minute ! minute ! cher ami... venez un peu à cette fenêtre. Voyez-vous cette belle prairie qui est là devant nous ?

— Oui, cela repose agréablement la vue.

— Eh bien, cette prairie dépend de la maison ; et en achetant l'une, on a l'autre.

— Ah ! cette prairie... tient à cette propriété ?

— C'est un joli morceau de terre... bigre... il y a vingt et un arpents là.

— Vous croyez ?

— J'en suis sûr, je l'ai mesuré, c'te prairie, vous pensez bien !

— Oui, c'est assez joli... seulement je n'aime pas ce sentier qui la coupe... tout le monde passe là... Si j'avais cela, je voudrais faire clore cette prairie afin d'empêcher ce passage.

— Ah ben ! voilà justement ce que vous ne pourrez pas faire, à moins de laisser toujours un passage entre votre clôture, parce que, voyez-vous, ce passage est une servitude. Vous n'avez pas le droit de le boucher, c'est bien expliqué comme ça sur les titres.

— Diable ! mais alors cela ôte beaucoup de valeur à cette prairie !

— Pourquoi ? est-ce qu'on fait jamais clore une prairie ! si c'était des vignes, je ne dis pas ! mais de la luzerne... on ne clôt pas de la luzerne... et puis si c'était fermé, le coup d'œil ne serait plus si beau.

— C'est possible... cependant, quand j'ai un terrain à moi, il ne me plaît pas que tout le monde puisse passer dedans.

— Dame ! ça se vend en conséquence... ben sûr que sans la servitude, la prairie serait plus chère. Mais, je suis bon enfant, moi, si la maison vous va, et que nous nous arrangions, prenez-là sans la prairie; moi, ç. m'est égal, je garderai le terrain !

— Non ! non ! s'écrie vivement le banquier. Oh ! la maison ne me plairait plus sans la prairie... elle y ajoute du charme... Et puis, si un autre la possédait, on pourrait bâtir dessus... vous comprenez.

— Et vous masquer la vue, c'est vrai !... Alors vous prendriez le tout ?

— Oui, la prairie et la maison... voyons, combien en voulez-vous ?

— Oh ! minute... je ne vais pas si vite en affaires. Allons boire un coup d'abord.

On retourne dans la salle à manger. M. Boudignon fait apporter deux bouteilles, ce qui fait frémir le banquier, qui est bien obligé de s'asseoir et de commencer par vider son verre que le gros papa vient de remplir.

— Voyons, monsieur Boudignon, ne soyez pas trop dur avec moi... Au fait, je crois que vous ne tenez pas beaucoup à cette maison, qui n'est pas meublée à votre goût !

— Je n'y tiens pas !... vous êtes bon là ! Mais vous voyez bien que je ne pensais pas à la vendre... c'est vous qui en avez envie.

— Je n'en ai envie que par cette circonstance de mon ami, qui serait alors mon voisin.

— Enfin, que vous en ayez envie par une circonstance ou autre chose... buvez donc !... ce qu'il y a de certain, c'est que vous voudriez l'avoir... à vot' santé.

— Eh bien, monsieur Boudignon, combien voulez-vous me vendre cette maison telle qu'elle est meublée, avec la prairie ?... parlez.

— Hum !... ça demande réflexion... buvez donc.

— Je viens de boire.

— Raison de plus... faut entretenir l'arrosement... Payerez-vous comptant ?

— Je payerai comptant, si vous le désirez.

— Oh ! oui, sans ça je ne vendrais pas.

— Réfléchissez, faites votre prix... dans ce pays, qui est un peu éloigné de tout, les terrains ne sont pas chers.

— Vous croyez ça ! les terrains y sont très-estimés, au contraire.

— Vous êtes à trois quarts de lieue du chemin de fer, vos routes sont mauvaises, mal entretenues.

— Laissez donc ! il y en a une très bonne, et on doit en faire une autre ici à la station.

— Dieu sait quand.

— A votre santé, monsieur... j'ai oublié votre nom.

— Bouffi de Nogent.

— Bouffi... eh ! eh ! v'là un nom qui m'irait mieux qu'à vous... qui n'êtes pas gras.

— Combien voulez-vous de cette propriété ?

— Eh 'minute... faut que je réfléchisse. Voyons, je ne veux pas être un Arabe avec vous.

— Je vous en crois incapable.

— Je vais vous dire la chose nette; mais vous ne buvez pas.

— Permettez, je ne veux pas me griser, moi... je veux savoir ce que je fais.

— Oh ! se griser, pour deux méchantes bouteilles de vin...

— Vous me disiez que vous ne seriez pas un Arabe avec moi.

— Oui, mon cher monsieur... Bouffi... oh !... oh ! Bouffi... il me fait rire votre nom... il me plaît beaucoup, parole d'honneur !

— J'en suis bien aise, mais... le prix ?

— Ah ! vous savez que si je vous vends cette maison, c'est pour vous être agréable... je ne songeais pas du tout à la vendre.

— Nous avons déjà dit tout cela... arrivons au prix.

— Pardi ! nous finirons toujours par arriver. Vous comprenez, je veux bien vous être agréable, mais faut que j'y trouve mon compte. Je bois donc tout seul. Ah ! qu'est-ce que c'est qu'un homme qui a peur d'un verre de vin !...

Le banquier se décide à boire encore pour rendre le marché plus facile. Le gros papa, après avoir vidé son verre, passe sa main sur son front, puis s'écrie :

— Tenez, voilà la chose : j'ai payé cette propriété trente-cinq mille francs, parce que M. Forestier avait besoin d'argent.

— Et vous me céderez pour trente.

— Ah ! il est bon là le finaud... je ferais une belle affaire. Je vous la céderai pour quarante-cinq.

— Quarante-cinq mille francs !... y pensez-vous !... allons, vous voulez rire, monsieur Boudignon !

— Je veux bien rire !.. mais je parle franc...

— Vous voulez gagner dix mille francs sur votre marché !

— Pourquoi pas ? D'abord elle valait plus que je ne l'ai payée.

— Quarante-cinq mille francs qui ne rapportent rien.

— Bah ! laissez donc ! et la luzerne... est-ce que ça ne se vend pas toujours !

— Si on ne traversait pas la prairie, à la bonne heure ; mais on y passe et on ne se gêne guère pour marcher hors du sentier et abimer la récolte.

— Ça n'empêche pas que la plus mauvaise année ça vous rapporte de douze à quatorze cents francs...

— Pour quarante-cinq mille francs... joli rapport...

— Et la maison, la comptez-vous pour rien ?

— Voyons, ce n'est pas votre dernier mot... je vous offre trente-huit mille francs...

— Le plus souvent !... Buvez donc...

— Eh bien, tenez, j'irai jusqu'à quarante et je trinque avec vous. Je vide mon verre, vous le voyez.

— Tenez, je veux être gentil avec vous... je vous ôte mille francs... Ah ! j'espère que je suis bon enfant... Buvons...

Le banquier, croyant que le gros papa lui a ôté mille francs parce qu'il lui a vu vider son verre d'un trait, se décide à en avaler encore un tout plein, dans l'espoir que, cela lui fera encore obtenir une réduction dans le prix de la maison ; mais c'est vainement qu'il en avale un second, puis un troisième. L'ancien marchand de bois, qui peut boire sans se griser, ne diminue plus un centime du marché, et M. Bouffi, qui se sent tout étourdi, le quitte en lui disant :

— Quarante mille francs comptant... Je reviendrai dans quelques jours savoir votre réponse, car votre vin me porte à la tête... et je ne veux plus boire.

Et le papa Boudignon lui répond en riant :

— Vous ne savez pas boire... quarante-quatre mille francs... je l'ai dit... mais seulement décidez-vous vite, sans quoi je ne vendrai plus, ou ce sera plus cher.

XXIX

UNE JOLIE JARDINIÈRE.

M. Bouffi était resté fort longtemps chez M. Boudignon ; il était plus de sept heures et demie lorsqu'il revint à la Maison des Sycomores, où il s'était passé bien des choses depuis qu'il l'avait quittée.

La belle Hortense et son cavalier, M. Grébois, s'étaient probablement perdus dans le parc, car ils n'étaient revenus qu'à sept heures passées dans la maison.

Madame Burgrave, à force de courir pour se sauver du serpent dont on lui avait fait peur, avait marché sur le bas de sa robe, puis accroché son chapeau contre des églantiers, puis perdu deux de ses couronnes, et était enfin revenue au salon dans un état pitoyable, rouge, haletante, en nage, défrisée, décoiffée, déchirée et criant :

— Au secours ! il y a un serpent !

Madame Coquelet, après s'être promenée longtemps dans les jardins et dans le parc, après avoir visité chaque grotte, chaque kiosque, chaque pavillon, était retournée vers la maison, présumant y retrouver une partie au moins de la société. Ne connaissant pas bien les détours du jardin, la jeune femme, au lieu d'arriver devant la maison, s'était trouvée près des communs, et au moment de passer devant un hangar où l'on mettait la paille et le foin, elle avait entendu une voix qui lui était bien connue ; alors elle s'était arrêtée pour écouter. La voix disait :

— Laisse-moi t'embrasser, charmante jardinière... tu es fraîche comme une rose.

— Monsieur, je vous ai déjà dit que je ne me laissais embrasser que par mon mari.

— Bah ! bah ! toutes les femmes disent cela... ce qui ne les empêche pas de se laisser faire.

— Je ne sais pas si les dames de Paris se laissent faire... mais ici ça n'est pas notre mode... Si on embrassait vot' femme en cachette... car il me semble que la jeune dame que j'ai vue dans la compagnie est votre femme, qu'est-ce que vous diriez donc?

— Moi! je ne dirais rien du tout... d'abord il est probable que je ne le saurais pas...

— Mais si vous le saviez?

— Eh bien, je ne ferais qu'en rire... Est-ce que les gens comme il faut se fâchent pour ces bagatelles-là!... jamais, ma chère, ce serait mauvais genre!

— Oh! ben, mon mari a bien mauvais genre alors... car s'il voyait embrasser sa femme, il assommerait l'embrasseur.

— Ton mari n'est pas là; il est allé acheter du café au village... je sais cela... il me l'a dit lui-même.

— Oh! ça m'est égal, je n'ai pas besoin de lui pour me défendre.

— Oh! tu as beau dire... je te prendrai un baiser.

— Laissez-moi tranquille... vous ne me prendrez rien du tout. Tout à l'heure vous m'avez pincé quelque part, vous avez reçu un coup de pied... Oh! ne vous y frottez pas.

Probablement que le monsieur veut toujours s'y frotter, car le bruit d'un énorme soufflet se fait bientôt entendre... Alors Euphrasie s'avance et vient se placer devant son mari, qui se tient encore la joue et demeure confondu en voyant sa femme.

Celle-ci dit à la jeune concierge :

— Bravo! madame, bravo! Si toutes les femmes traitaient ainsi les hommes qui veulent leur en conter, ces messieurs seraient un peu moins coureurs...

Madame Jacquet, qui est restée aussi toute saisie en voyant paraître tout à coup Euphrasie, balbutie :

— Madame, excusez si j'ai donné une gifle à vot' mari... mais... je l'avais averti. Il n'avait qu'à se tenir tranquille.

— Que je vous excuse... mais je vous répète que ce sont des remerciments que je vous dois... car vous m'avez un peu vengée. Après quatre mois de mariage, c'est gentil, n'est-ce pas?... Ah! il s'en va, ce monsieur... je suis sûre qu'il est furieux que je l'aie surpris...

— Madame, faudra pas parler de ça devant Jacquet, s'il vous plaît, car il serait capable de donner une râclée à vot' mari.

— Non, non, soyez tranquille, ceci restera entre nous. Mais M. Coquelet me le paiera... oh! il me le paiera!...

Et la jeune femme était allée au salon, où M. Burgrave, après avoir passé toute la journée au billard, arrive ensuite l'air triomphant et s'écriant :

— Tout est débouché!... j'ai eu de la peine... ce billard est presque neuf... les blouses avaient été hermétiquement bouchées... il y avait une, dans un coin, qui ne voulait pas absolument mettre son trou à découvert... quelle stupidité!... Tel qu'il était, on ne pouvait pas y jouer le plus petit bloque! le plus léger même!... Maintenant, c'est un billard!... c'est un véritable billard. Mais qu'as-tu donc, Rose... Rosina?... je te trouve l'air tout défait...

— On le serait à moins, répond Rosalvina en jetant des regards craintifs sous les meubles, j'ai échappé à un grand danger...

— En vérité... quel danger?

— Un serpent, monsieur, qui était tout près de moi dans le jardin.

— Un serpent... tu l'as vu?

— Je l'ai presque vu... Mais, tenez, voilà madame Bouffi et M. Grébois qui reviennent... ils vous diront que ce n'est pas un rêve. N'est-il pas vrai, chère dame?... car vous l'avez vu aussi, vous?...

— Quoi donc?... demande la femme du banquier qui semble aussi fort-fatiguée et va s'asseoir sur un divan.

— Mais le serpent... dans le jardin... ne l'avez-vous pas vu?

— Le serpent... ah! oui, oui, certainement... j'ai vu un serpent.

— Était-il bien gros?

— Mais il était... d'une grosseur ordinaire?

— Qu'entendez-vous par grosseur ordinaire? demande M. Burgrave.

— Mon Dieu, monsieur... j'entends comme une anguille... je ne sais... Le fait est que j'ai eu aussi peur que madame et fort peu le loisir de l'examiner.

M. Coquelet est venu rejoindre la société, l'air embarrassé, maussade et sans dire un seul mot, sans s'approcher de sa femme.

Bientôt le concierge vient dire à la compagnie :

— Si ces messieurs et ces dames veulent venir dîner, tout est prêt...

— Déjà! dit madame Bouffi.

— Mais, madame, vous m'avez dit à sept heures, il les est... et bien sonnées.

— Mais où donc est mon mari? je ne l'ai pas aperçu dans le jardin.

— On ne l'a pas vu depuis que nous sommes ici, dit Euphrasie.

— Ce monsieur est sorti de la maison, dit Jacquet; on l'a aperçu qui se rendait au village.

— Au village! que peut-il être allé faire par là?

— Il ne peut tarder à venir... il faut l'attendre, dit M. Grébois.

— Attendons-le. Concierge, tenez votre dîner chaud!

— Je vais dire ça à ma femme; mais c'est dommage, ça ne sera plus si bon.

— Il a raison, murmure M. Burgrave :

Un dîner réchauffé ne valut jamais rien.

— Est-ce que vous avez faim, monsieur? dit Rosalvina à son époux.

— Mais oui... mais oui... je dînerai bien. Et vous, ma chère?

— Moi! oh! non; ce serpent m'a ôté l'appétit. Etes-vous comme moi, ma belle?

Ces mots s'adressaient à la femme du banquier, qui répond en minaudant :

— Mais non... le serpent ne m'a pas ôté l'appétit... au contraire, je crois qu'il m'en a donné.

— Oh! c'est singulier que la même cause produise sur deux femmes des effets si différents!

Un quart d'heure s'écoule, et M. Bouffi ne paraît point. Le concierge est revenu dire :

— Il y a longtemps que les plats sont cuits! ils le seront trop.

— Encore cinq minutes et nous dînons.

On en attend encore dix, puis on se décide à passer dans la salle, où le repas est servi. Il n'y avait donc que cinq minutes que l'on était à table, lorsque M. Bouffi fait enfin son entrée dans la salle à manger.

Cette entrée produit beaucoup d'effet : d'abord, en passant contre une petite tablette sur laquelle on avait déposé une pile d'assiettes, M. Bouffi, avec son coude, attrape cette pile et la fait tomber sur le parquet; ensuite, tout surpris de ce qu'il vient de faire et en voulant se donner de l'aplomb, le banquier marche si résolument vers la table, qu'il va se cogner contre la chaise de madame Burgrave, qui est en ce moment sur le point de porter à sa bouche sa fourchette ornée d'un morceau de filet de bœuf, et qui, par la secousse inattendue qu'elle vient de ressentir, se trouve avoir enfoncé le morceau de filet dans son nez.

Rosalvina pousse un cri; toute la société regarde M. Bouffi, comme pour lui demander l'explication de ses gaucheries, et celui-ci se retient au dos de la chaise et tâche de sourire en répondant :

— Tiens!.. je crois que j'ai fait tomber des assiettes. Je ne comprends pas comment j'ai fait... je ne les ai pas touchées.

Le banquier était gris; fort peu habitué à boire coup sur coup, il avait voulu tenir tête à M. Boudignon, dans l'espérance que cela rendrait celui-ci plus coulant en affaires. On a vu qu'il en avait été pour ses verres de vin. Le petit ordinaire du gros père était naturel, mais très-capiteux; en quittant l'ancien marchand de bois, M. Bouffi avait cru que son étourdissement se dissiperait, tandis qu'au contraire le grand air avait achevé de le griser. Il sentait bien qu'il n'était pas dans son état normal, mais il voulait surtout le cacher aux yeux de sa société. C'est pourquoi, afin de se maintenir ferme sur ses jarrets, il continue de tenir le dos de la chaise et reprend d'une voix pâteuse :

— Ah! vous dînez... vous avez raison... Je vais dîner aussi... je crois que j'ai besoin de prendre quelque chose...

— Il me semble, à moi, qu'il a déjà trop pris de choses, dit M. Coquelet à demi-voix.

— Mon Dieu! qu'est-il donc arrivé à mon mari? murmure Hortense; je ne l'ai jamais vu ainsi.

— Monsieur Bouffi, de grâce, lâchez le dos de ma chaise! s'écrie Rosalvina; vous êtes déjà cause que je me suis donné un coup de fourchette dans le nez... je me suis fait très-mal...

— Moi, madame, je vous ai attrapée avec une fourchette?...

— Je vous dis que c'est par la brusque secousse que vous avez donnée à ma chaise. Mettez-vous donc à votre place.

— Je la cherche... je ne la vois pas...

— Ici, monsieur Bouffi... à côté de moi, dit Euphrasie. Venez, on va vous rapporter le potage.

— Ah! oui, du potage... volontiers... j'en prendrai... ça me remettra.

— Vous paraissez bien... ému, mon ami, qu'avez-vous donc fait toute la journée? nous vous avons cherché partout, M. Grébois et moi.

— Ce que j'ai fait... mais j'ai traité d'une affaire... avec le propriétaire de la Prairie... aux Coquelicots.

— Vous lui avez acheté du vin? demande M. Grébois.

— Non, non... mais, par exemple, il m'en a fait boire beaucoup. Ces gens de la campagne boivent... que c'est prodigieux...

— Et vous avez voulu lutter avec ce monsieur?

— Oh! non, diable, il m'aurait mis dedans...

— Il y est parfaitement dedans!... dit tout bas l'ex-avoué à la belle Hortense.

— Je crois que vous avez raison... Voilà la première fois que je le vois dans cet état... pourvu qu'il ne soit pas malade!

— Non, cela se dissipera dans la soirée.

M. Bouffi prend beaucoup de potage... puis beaucoup d'autres plats; ainsi que la plupart des personnes qui se sentent étourdies, il espère que cela se passera en mangeant, et balbutie :

— Il me semble que vous avez là un excellent dîner. On traite fort bien ici.

— Mais oui, dit M. Burgrave, ce M. Duvalloir fait fort bien les choses... Aussi je lui ai débouché toutes les blouses de son billard.

— Il n'est pas certain que cela lui fera plaisir, dit Coquelet; il le préféra peut-être comme il était.

— Ce n'est pas possible, monsieur, ce n'était plus un billard. Tout à l'heure, si vous voulez, je vous ferai une partie.

— Moi, je ne joue que les carambolages.

— Eh bien, vous carambolerez; moi, je ferai tout...

Jacquet arrive et pose sur la table des bouteilles longues, en disant :

— Voilà le bordeaux!

— Du bordeaux! Comment, vous avez du bordeaux ici! s'écrie le banquier.

— Oui, monsieur, et du madère, et du chambertin, et du champagne. Oh! la cave était bien garnie, à ce qu'il paraît, quand le bourgeois était ici, et il ne l'a pas déménagée... Je vas vous apporter de tout ça, c'est dans les ordres que j'ai reçus.

— Oh! pas de tout! pas de tout! s'écrie Hortense; ce serait trop.

— Si fait! de tout! de tout! disent les hommes; il faut faire honneur à la cave de notre hôte.

— Il fallait nous servir le madère plus tôt, dit Rosalvina; cela se prend après le potage.

— Ah! pardon, madame, je ne savais pas... J'ai vu un vin jaune... j'ai cru que c'était pour le dessert... Je vas vous le chercher.

— Mais votre femme, pourquoi donc ne la voyons-nous pas?... pourquoi ne vous aide-t-elle pas à servir?

— Ah! madame, not' femme est à la cuisine, où elle prépare tout... et encore il y a la petite à Guillot qui est venue lui donner un coup de main.

— Faites-lui nos compliments, dit Euphrasie, son dîner est excellent, et ces messieurs regrettent beaucoup de ne point le lui dire à elle-même... d'autant plus qu'elle est fort gentille, votre femme!

En achevant ces paroles, la jeune dame jette un regard moqueur sur son mari, qui feint de ne point le remarquer, se verse du bordeaux et en verse au banquier, en lui disant :

— Ce vin-là ne vous fera pas de mal... il vous remettra.

— Je crois que vous avez raison... versez!

XXX

UNE NUIT ORAGEUSE.

— Ah! monsieur Bouffi! s'écrie madame Burgrave, vous ne savez pas que j'ai échappé à un grand danger depuis que vous m'avez vue... Un serpent m'a poursuivie!

— En vérité... en vérité, madame?

— Oh! reprend Euphrasie, M. Bouffi ne se doute pas de tout ce qui s'est passé dans cette propriété pendant qu'il était absent. Moi, je n'ai pas positivement échappé à un grand danger; mais j'ai vu une personne qui était bien exposée... Heureusement elle a su se défendre!

— Était-ce aussi contre un serpent, madame? dit Rosalvina.

— Oui, madame, justement, c'était un serpent qui l'attaquait.

— Ah! mon Dieu!... et de quel côté?

— Du côté... des communs.

— Cette maison est donc pleine de serpents!... C'est effrayant... aïe!...

— Quoi donc, Rosina?

— On m'a touché le pied!

— Excusez, chère dame, c'est le bout de ma bottine.

— Ah! Dieu! j'ai cru que j'étais piquée!

Le concierge apporte du chambertin et du madère. Madame Burgrave lui dit :

— Monsieur le concierge, pourquoi souffrez-vous tant de serpents dans cette propriété?

Jacquet regarde d'un air étonné la grosse dame et répond :

— Des serpents!... j'en ai jamais vu un seul dans ce domaine... quelquefois, par hasard, une petite couleuvre bien innocente, et encore c'est rare... mais des serpents, jamais!

— Si, monsieur, il y en a... nous en avons vu... il y en a même ici, dans la maison... Demandez à madame, qui en a vu un près des communs.

— Le concierge regarde la jeune dame, qui se met à rire, en répondant :

— Après cela, je ne suis pas bien certaine que c'était un serpent... c'était peut-être une autre bête... Demandez à M. Coquelet, il vous le dira.

M. Coquelet hausse les épaules et verse du madère, en disant :

— Je propose la santé de M. Duvalloir, qui nous fait traiter d'une façon princière!

— Oui! oui! à la santé de M. Duvalloir!

— Ah! mon Dieu, mon mari boit aussi du madère! dit Hortense à son voisin : dans quel état sera-t-il pour revenir à Paris!

— Qui est-ce qui parle de retourner à Paris? dit Coquelet, cela n'aurait pas le sens commun... Voyez, il est neuf heures... nous avons encore le dessert à manger et le champagne à déguster... et j'y tiens beaucoup, car il doit être bon, vu que tous les vins de notre hôte sont délicieux... Songez donc que nous sommes à douze bonnes lieues de Paris, que le cocher ne connaît pas les chemins.

— Et qu'il peut nous verser! s'écrie madame Burgrave. Oh! vous avez raison, monsieur Coquelet, il ne faut pas partir ce soir.

— Qu'en pensez-vous, mon ami? demande Hortense à son mari. Celui-ci, que les vins généreux ont achevé, balbutie :

— Mais partir... comment partir... Où voulez-vous aller?... moi, je suis très-gai! Ah! j'avais quelque chose à vous apprendre... je ne m'en souviens plus!

— Il est d'avis de rester, dit Grébois, et moi, mesdames, je crois aussi que c'est le plus sage... Franchement, faire la nuit, un si long trajet sur des routes qu'on ne connaît pas, ce serait fort imprudent.

— Restons donc! dit Hortense, je me soumets au désir de ces messieurs; et vous, madame Coquelet, quel est votre avis?

— Moi, dit Euphrasie, peu m'importe où je coucherai, pourvu que je couche seule.

Tout le monde se regarde et madame Bouffi reprend :

— Comment.. vous voulez coucher... à part?

— Oui, madame... C'est maintenant mon idée, et je n'en changerai pas.

— De vieux époux comme M. Bouffi et moi, cela se comprend... Mais de jeunes mariés... Monsieur Coquelet, est-ce que vous approuvez la résolution de votre femme?

— Pourquoi pas!... les dames ont tant de caprices... un de plus ou de moins, cela ne me surprend pas.

La jeune femme se contente de jeter sur son mari un regard dédaigneux. Rosalvina s'écrie :

— Oh! moi, je ne couche pas seule... Oh! Dieu, dans une maison où il y a des serpents... Ernest, vous coucherez avec moi cette nuit... je le veux! vous ne me quitterez pas... vous m'enlacerez dans vos bras.

Ernest, qui a beaucoup fêté les vins généreux, et à sa petite pointe, répond :

— J'ai débouché les six trous... je ferai des bloques superbes!

— Vous ne comptez pas jouer au billard cette nuit, sans doute!... Monsieur le concierge, combien avez-vous de lits à nous donner?

— Quatre chambres à coucher et quatre lits, madame.

— Ce n'est pas assez, dit Euphrasie, il faut un lit de plus.

— Alors, madame, je vas dire ça à ma femme... on s'arrangera pour en faire un de plus... Voilà le champagne.

— Cela me regarde, ceci ! dit Coquelet en s'emparant d'une des bouteilles, vous allez voir comment je fais sauter le bouchon !.. Allons, mesdames, vos verres... puisqu'il est décidé que nous passons la nuit ici, je ne vois pas pourquoi nous nous ménagerions !

— Oui, oui, balbutie M. Bouffi en tendant son verre : le champagne, ça remet... ça dissipe les fumées... les vapeurs... J'avais quelque chose d'assez intéressant à vous dire.

— Sur quoi donc, monsieur ?

— Sur.. sur... je ne sais plus... cela me viendra... plus tard. Emplissez mon verre, Coquelet... et puisque nous couchons ici... je verrai ce sournois de père Boudignon demain matin.

— Eh bien, dit M. Grébois, que pensez-vous de cette propriété ?... Vous ne l'avez pas visitée comme nous, mais c'est vraiment fort beau... N'est-ce pas, mesdames ?

— Oui ... sauf les serpents !

— Les jardins sont charmants ! dit Euphrasie, et la jardinière est d'une grande fraîcheur.

— Je n'ai pas remarqué la fraîcheur de la jardinière, dit Hortense, mais j'ai parcouru les jardins, le parc . Tout cela est très-bien dessiné... Il y a surtout une petite grotte... entourée de buissons, de roses sauvages... Ah ! quelle jolie grotte !... quelle séjour délicieux !

Et la femme du banquier jette un regard langoureux du côté de M. Grébois qui reprend :

— Mais M. Bouffi ne nous a pas dit son avis au sujet de cette maison.

— Mon avis .. mon avis .. je le verrai demain matin.

— Mon mari est complètement étourdi, murmure Hortense ; je ne comprends pas pour quelle affaire il peut s'être laissé aller à boire avec quelqu'un de ce pays. Ah ! je crains bien que, cette nuit, il ne soit incommodé !

— Au contraire, il ne fera qu'un somme.

— Tant mie x ! Oh ! puissiez-vous dire vrai !... car, à Paris, nous avons chacun notre appartement... et... en vérité... je suis très-contrariée de... ah ! cela me contrarie horriblement !

La manière dont la belle Hortense appuie sur ces paroles fait pousser un gros soupir à l'ex-avoué. Cependant on fête le champagne, qui est de première qualité. M. Burgrave devient très-bruyant, M. Grébois très-gai; M. Coquelet supporte le vin sans qu'il y paraisse, et M. Bouffi s'endort sur sa chaise, après avoir laissé tomber son verre à ses pieds.

Les dames quittent la table.

— Si nous allions essayer le piano ? dit Euphrasie.

— Oh ! oui : si nous polkions un peu ! s'écrie Rosalvina.

— Nous pouvons toujours essayer, mesdames, dit Hortense; mais je doute que le piano soit en état de nous faire danser.

— Allons jouer au billard, dit M. Burgrave.

— Ah ! messieurs, dit Grébois, abandonner ces dames, ce ne serait pas galant...

— Moi, je ne tiens pas à être galant, dit Coquelet en allumant un cigare, et je veux bien jouer au billard... Concierge, allumez-nous le billard.

Le jardinier se gratte l'oreille et répond :

— Allumer le billard... mais, monsieur,... il y a, je crois, plus de trois ans qu'on n'y a joué le soir. Les quinquets ne sont pas en état, ils n'ont pas de mèches; il faudrait plus de deux heures pour les nettoyer.

— Diable ! mais vous pouvez nous mettre des flambeaux avec des bougies autour du billard ?

— Oh ! pour ça, oui, monsieur; seulement, je vous mettrai des chandelles parce qu'il n'y a plus d'autres bougies dans la maison.

— Avant tout, dit Grébois, il faut conduire M. Bouffi dans sa chambre et le coucher.

— C'est-à-dire qu'il faudra le porter dans sa chambre.

— Enlevons-le, avec sa chaise... Allons, messieurs... un coup de main.

Le concierge, qui est très-solide, prend un côté de la chaise, deux de ces messieurs tiennent l'autre. On emporte Bouffi qui ne se réveille pas, et on le dépose tout habillé sur son lit.

— Qui est-ce qui le déshabillera ? dit Grébois.

— Ah ! fichtre, ce ne sera pas moi.

— Ni moi ..

— Il se déshabillera bien lui-même quand il s'éveillera. Laissons-le dormir.

Euphrasie essaye en vain de jouer une polka sur le piano, beaucoup de touches ne veulent plus bouger; celles qui vont encore ne sont plus d'accord entre elles. M. Grébois, qui a trouvé un cor de chasse pendu dans le vestibule, essaye de souffler sur le même corridor, mais il ne parvient qu'à faire aboyer tous les chiens de la maison et du voisinage.

Au billard, les chandelles donnent une lumière si vague, si douteuse, que M. Burgrave, en voulant bloquer une bille, enlève un morceau du tapis.

— Vous avez fait un fameux accroc, dit Coquelet; quand M. Duvalloir viendra voir son billard, je doute qu'il vous vote des remerciments.

— C'est la faute des chandelles, la lumière vacille... cela m'a trompé.

— Tenez, mon cher monsieur Burgrave, je crois que ce que nous avons de mieux à faire, est d'aller nous coucher.

Ne pouvant ni danser, ni chanter au piano, nos dames viennent aussi de se faire conduire dans leurs chambres à coucher. Toutes les pièces sont au premier étage et ouvrent sur le même corridor. C'est la jardinière qui les conduit. En entrant dans la chambre qui lui est destinée, Rosalvina regarde avec effroi dans tous les coins et sous le lit, craignant toujours qu'il n'y ait quelque serpent caché.

Madame Coquelet fait la grimace en entrant dans la pièce où il y a deux lits; elle s'écrie :

— Mais ce n'est pas comme cela que je l'entendais... je voulais avoir une chambre séparée, pour moi seule.

— En vérité, dit Hortense en souriant, je ne comprends plus rien à votre conduite... comment ! vous craignez même que votre mari couche dans votre chambre... vous que j'ai vus tous deux comme des tourtereaux... Mais que s'est-il donc passé dans votre ménage ? est-ce parce qu'il fume que vous traitez votre mari avec tant de rigueur ?

Euphrasie regarde la concierge et entre dans son appartement en disant : Demandez à madame si je n'ai pas raison de traiter M. Coquelet comme je le fais.

— Que lui a-t-il donc fait que vous sachiez ? dit Hortense, qui est demeurée seule dans le corridor avec madame Jacquet.

Celle-ci se met à rire, en murmurant :

— Ah ! dame !...c'est un tantinet polisson, le monsieur... et tantôt, si sa femme n'était pas arrivée, j'avais beau lui donner des tapes... c'est qu'il me pressait joliment... il allait m'embrasser !

— Quoi !... c'est pour cela !... que cette femme est jeune !.. faire tant de bruit pour si peu de chose.. Je verrais M. Bouffi embrasser toutes les jolies villageoises du pays, que cela ne me fâcherait pas du tout, je vous assure !..

— Oh ben ! alors, c'est que madame est faite d'une autre pâte... Moi, si je voyais Jacquet embrasser une jeune femme... je lui grifferais la figure... Voilà votre chambre à coucher, madame... vous y trouverez vot' bougeoir, on l'y a porté tout à l'heure.

Hortense entre dans la chambre, et, apercevant son mari qui dort tout habillé sur le lit, elle s'écrie :

— Comment ! ils ne l'ont pas déshabillé !... mais je ne pourrai jamais y parvenir toute seule. Madame la concierge, venez donc, je vous en prie...

La jardinière, qui était déjà partie, revient en courant.

— Qu'est-ce qu'il y a donc, madame ?

— Il y a que je ne pourrai jamais, seule, déshabiller mon mari qui dort profondément. Vous allez m'aider, s'il vous plaît.

— Vous aider... à déshabiller un homme ! oh ben ! par exemple !... qu'est ce que Jacquet dirait, si j'en déshabillais un autre que lui... et encore ! il ôte ben sa culotte tout seul. Non ! non !.. je ne sommes pas concierge pour déshabiller ceux qui viennent coucher ici... merci ! ce monsieur dormira tout habillé, voilà tout.

Madame Jacquet est partie.

— Ces paysannes sont stupides, se dit Hortense ; mais après tout, je vais lui ôter sa cravate... ses souliers... son paletot. Et je le peux... et ma foi, il dormira avec le reste... Pourquoi s'est-il grisé au point de ne plus pouvoir se coucher ?.. Un homme comme lui... si c'est affreux... et je n'y conçois rien, car M. Bouffi n'aime pas le vin.

Il est minuit; tout le monde dort, ou du moins est couché

depuis plus d'une heure dans la propriété de M. Duvalloir, lorsque tout à coup le silence est troublé par des cris qui partent de la chambre des époux Bouffi. C'est la belle Hortense qui fait entendre ces mots :

— Du monde !... quelqu'un !... du secours, s'il vous plaît... mon mari est malade... il a fait... des choses affreuses sur le lit... je ne puis pas coucher là-dedans.

Aux accents de cette voix qui lui est si chère, M. Grébois accourt le premier, vêtu seulement de son paletot qu'il a passé à la hâte ; puis Euphrasie vient en jupon court, avec un fonlard jeté sur ses épaules ; puis Rosalvina, qui n'est plus reconnaissable sans crinoline, et se tient enveloppée dans une courte-pointe qui l'enveloppe fort mal, les cheveux épars comme une femme sauvage. Tout ce monde se rencontre dans le corridor.

— Qu'y a-t-il ? qu'y a-t-il ? se demande-t-on de tous côtés.

— Mon mari est malade... le dîner aura achevé de l'indisposer... il ne l'a pas gardé... vous comprenez...

— Il faut lui donner du thé.

— Oui, oui, il lui faut du thé.

— Je cours réveiller les concierges, dit Grébois, et les prier d'en faire sur-le-champ.

— Voulez-vous que j'aille avec vous ? s'écrie Rosalvina, qui laisse à chaque instant s'échapper un coin de la courte-pointe qui lui sert de manteau, et lait alors voir des charmes qui ont trop de laisser-aller depuis qu'un corset ne les contient plus.

Mais M. Grébois s'est sauvé sans avoir l'air d'entendre. Alors les deux dames entrent dans la chambre avec madame Bouffi ; mais elles en ressortent bien vite en s'écriant :

— Ah ! quelle odeur !...

— Il n'y a pas moyen d'y tenir...

— Cela sent le cabaret.

— Eh quoi, mesdames, vous me quittez ? dit Hortense.

— Ma chère amie, on ne peut pas rester près de votre mari.

— Je me trouverais mal, moi...

— Je ne comprends pas comment vous y tenez.

— Mais je compte bien ne pas y rester... certes, je ne passerai pas la nuit à cette odeur-là. Ah ! voilà M. Grébois qui revient... eh bien ?

— J'ai eu beaucoup de peine à réveiller les concierges, ces gens-là ont un sommeil de plomb ; enfin on m'a répondu. J'ai crié : Faites du thé sur-le-champ pour quelqu'un qui est malade... ils ont répondu : « Tout de suite, nous allons allumer du feu. » Maintenant, mesdames, retournez-vous coucher, je me charge de soigner M. Bouffi.

— Mais sa femme ne peut pas retourner coucher avec lui ; cela empeste dans cette chambre.

— Venez avec moi, dit Euphrasie, j'ai un lit à part.

— Mais votre mari couche dans la même pièce ; non, cela serait inconvenant.

— Si madame veut accepter ma chambre ? dit Grébois ; justement, je ne m'étais pas encore couché, j'avais trouvé un livre intéressant, et je lisais.

— Ah ! j'aime mieux cela ; mais cela vous privera, monsieur Grébois.

— Nullement, madame ; je passerai la nuit près de M. Bouffi, je lui ferai prendre du thé.

Ces dames, n'ayant plus rien à faire là, se retirent chacune dans leur chambre ; mais madame Coquelet fait la réflexion qu'il est bien singulier que M. Grébois ne se soit pas encore mis au lit, puisqu'il n'a que sa chemise et son paletot.

L'ex-avoué va courageusement s'établir près du malade qu'il parvient à déshabiller. Puis le concierge arrive enfin avec une énorme théière. Il verse de son contenu dans une tasse et parvient à le faire boire à M. Bouffi.

— Vous êtes donc déjà mis du sucre ? dit Grébois.

— Du sucre ! je n'en mettons jamais là-dedans, ça se prend sans sucre.

— Mais non, le thé ne se prend pas sans sucre.

— Ah ! monsieur, faites excuse, mais nous n'avions pas de thé dans la maison, pas un brin, et je crois qu'on aurait de la peine à en trouver par ici.

— Mais alors que faites-vous donc boire à Bouffi ?

— C'est de la graine de lin, monsieur.

— De la graine de lin, malheureux !... mais vous allez le rendre bien plus malade ; ce n'est certainement pas un digestif que la graine de lin.

— Monsieur, je vous assure que quand nous sommes malades nous ne prenons pas autre chose, soit par en haut, soit par en bas. Vous allez voir que ça va le soulager.

En effet, la graine de lin ne tarde pas à agir comme l'eau chaude, et M. Bouffi se débarrasse de tout ce qu'il avait encore sur l'estomac. Alors il se sent beaucoup mieux, remercie Grébois, ne s'informe pas de sa femme, et se rendort profondément.

— Eh ben, qu'est-ce que je vous disais ! s'écrie Jacquet, le voilà guéri, grâce à ma graine de lin.

— C'est vrai, mais j'avoue que je n'aurais jamais employé ce remède-là.

— A c't' heure, je pense que je peux aller retrouver ma femme ?

— Allez, mon cher, allez.

Le concierge parti, le banquier endormi, Grébois passa-t-il toute la nuit auprès de lui ? c'est ce qu'on n'a jamais pu savoir.

XXXI

COLÈRE D'HORACE.

En s'éveillant le lendemain matin, M. Bouffi voit Grébois qui a l'air de dormir dans un fauteuil près de la cheminée ; seulement ce monsieur est complètement habillé.

— Comment ! mon cher ami, vous avez passé la nuit près de moi ? dit le banquier.

— Mais sans doute ; vous étiez malade, il fallait bien vous soigner.

— Et ma femme ?

— Madame votre épouse a bien voulu accepter la chambre que l'on m'avait destinée ; franchement, vous étiez dans un état si... désagréable, qu'une dame ne pouvait pas rester près de vous.

— En effet, je me rappelle à présent. C'est ce maudit homme, ce gros marchand de bois, qui m'a fait boire, en me disant toujours : « Cela ne vous fera pas de mal, » et, comme je n'ai pas l'habitude de boire, cela m'a complétement étourdi ; et puis le dîner, il me semble qu'on a aussi bu de différents vins ?

— Oui, et tous fort bons ; il paraît que M. Duvalloir a laissé en partant une cave très-bien garnie.

— A propos de ce monsieur, vous ai-je dit qu'il était marié ?

— Non ; mais c'est sans doute cela que vous vouliez toujours nous dire et que la mémoire vous faisait défaut. Ah ! ce monsieur est marié ?

— Oui, je l'ai appris dans le village ; sa femme est, dit-on, jeune et jolie, elle habitait avec lui cette propriété.

— Et où est-elle maintenant ? est-ce qu'ils sont séparés ?

— On n'en savait pas plus. Ils ont tout à coup quitté cette maison tous les deux, voilà ce que j'ai appris.

— C'est assez singulier, il y a quelque chose de mystérieux dans tout ce qui touche de M. Duvalloir.

— Mais il faut que je m'habille bien vite, pour aller ici à côté, avant le déjeuner.

— Vous n'allez pas vous laisser encore entraîner à goûter du vin ?

— Oh ! il n'y a pas de danger, mon cher Grébois. Croyez que je suis bien reconnaissant de tout ce que vous avez fait pour moi cette nuit.

— Vous plaisantez, je suis tout à votre service, et prêt à recommencer si l'occasion se présentait.

— Oh ! je vous certifie qu'elle ne se représentera pas, je suis si honteux de ce qui m'est arrivé hier... On a dû bien rire à mes dépens ?

— Mais non, mais non ; d'ailleurs, à table, vous étiez encore très-convenable.

— Vous cherchez à m'excuser, mais moi, je ne m'excuse pas. Oh ! les gens de la campagne ! ce sont de fins matois !

Le banquier s'est habillé à la hâte et rendu chez le propriétaire de la Prairie aux Coquelicots. Bientôt tout le monde est levé et on se réunit au salon : là, belle Hortense a les yeux battus et le teint pâle, ce qu'elle attribue à l'inquiétude que lui a causée l'indisposition de son mari ; la jeune madame Coquelet conserve avec le sien son air moqueur et dédaigneux, car qui annonce que les époux ne se sont pas réconciliés ; enfin Rosalvina, qui a perdu une partie des fleurs qui ornaient son immense chapeau, jette de temps à autre des regards courroucés sur son mari, en disant :

— Ah ! monsieur Burgrave !... que vous êtes dormeur !... vous ronflez maintenant d'une façon bien incommodante ! Que vous

Croyez-vous que je souffrirais qu'Oswald eût des amourettes avec ma sœur?—Page 77.

êtes changé, monsieur! autrefois vous ne ronfliez pas ainsi près de moi.

— C'est l'air de la campagne qui produit cet effet-là, chère amie.

— Il ne vous est pas bon, monsieur...

— Et vous n'avez vu aucun serpent cette nuit, madame? demande Coquelet d'un air goguenard.

— Oh! non, monsieur! je n'ai pas vu de serpent, pas le plus petit, pas la moindre apparence.

L'ex-avoué s'empresse d'apprendre à la société la grande nouvelle :

— M. Duvalloir est marié, sa femme est jeune et jolie.

Aussitôt les conjectures vont leur train :

— Pourquoi n'est-il plus avec sa femme?

— Pourquoi ne dit-il pas qu'il est marié?

— Qu'est-ce qu'il peut avoir fait de sa femme?

— Ou plutôt, qu'est-ce que sa femme peut lui avoir fait?

— L'avait-il emmenée avec lui dans son grand voyage?

— Moi, dit Rosalvina, je crois cet homme-là capable de fort vilaines choses; puisqu'il ne parle plus de sa femme, puisqu'il ne dit même pas qu'il en a une, c'est que probablement il aura abandonné sa malheureuse épouse dans quelque île déserte.

— Pour qu'elle fasse le *Robinson* femelle, dit Coquelet en riant, c'est une heureuse idée, cela.

— Monsieur, vous riez, mais je crois que c'est très-possible; il a voulu faire disparaître sa femme, que sans doute il n'aimait plus, et se sera dit : « En la perdant au delà des mers, dans quelque contrée sauvage, je ne craindrai pas qu'elle reparaisse jamais. »

— Madame, on voit bien que vous en voulez toujours à ce pauvre M. Duvalloir dont vous faites sur-le-champ un traître de mélodrame. Quant à moi, qui n'ai aucune raison de lui en vouloir, bien au contraire, car ce serait mal reconnaître la manière dont on nous a traités ici, je ne partage pas votre opinion; et d'ailleurs, pourquoi mettre toujours les torts du côté du mari? comme si les femmes n'en avaient jamais! Qui vous dit que ce n'est pas parce que cette dame s'est mal conduite, que ce monsieur s'est séparé d'elle?

Les dames accueillent ces paroles par un hourra d'indignation, et Euphrasie y ajoute, en regardant son mari :

— Cela vous va bien, monsieur, de prendre la défense des hommes!

M. Coquelet tourne le dos à sa femme et va fumer.

M. Bouffi revient en se frottant les mains et l'air fort satisfait. On déjeune à la hâte, tout le monde ayant affaire à Paris. Puis, lorsque la société remonte en voiture, Jacquet et sa femme, qui se tiennent respectueusement sur la porte, disent au banquier :

— Monsieur est-il satisfait de la maison?... est-ce lui qui sera notre nouveau maître?

— La propriété est fort belle! répond Bouffi, et nous sommes fort satisfaits de la manière dont vous nous avez reçus... pour ma part, je ne manquerai pas de le faire dire à M. Duvalloir... quant au reste, je ne puis encore rien vous affirmer... vous pouvez toujours faire voir la maison.

La calèche part. En côtoyant la Prairie aux Coquelicots, le banquier la regarde comme un amant regarde une nouvelle maîtresse; et lorsque les dames disent : « C'est vraiment bien agréable de se promener, de courir, de se reposer là-dedans, » il se frotte encore les mains en s'écriant : C'est-à-dire que pour moi, cette prairie vaut à elle seule la Maison aux Sycomores et ses dépendances.

Pendant l'absence du banquier, Horace et Oswald avaient pu causer tout à leur aise, s'inquiétant fort peu que cela déplût ou non à M. Tirebourg.

— Ils sont allés voir la propriété de M. Duvalloir, avait dit le petit neveu à son ami, et il est bien probable que mon oncle va l'acheter.

— Ah! qu'ils sont heureux! s'écrie Horace, ils vont à Montagny! ils vont voir ma belle prairie!... Ton oncle aura bien raison d'acheter la Maison aux Sycomores... sans doute, il t'y mènera quelquefois... tu verras alors ce délicieux pays où je suis né... où ma sœur et moi nous avons passé notre enfance... où je brûle de retourner, car lorsque j'ai été plus d'un an sans revoir ma prairie, j'éprouve de ces accès... qu'on appelle, je crois, le mal du pays... Heureusement, grâce à la gaieté de mon caractère, ces accès ne

Il paraît que ce n'est pas encore là le bon endroit ! — Page 88.

durent pas... mais ils reviennent souvent... quoique je n'en dise rien.

Dans le courant de la journée, M. Duvalloir vient dans les bureaux du banquier, pour s'assurer si celui-ci est parti pour voir sa campagne.

— Et quoi, monsieur, vous n'êtes pas allé avec eux à Montagny? dit Horace, vous n'avez pas voulu leur montrer vous-même votre propriété?

— Ils la verront tout aussi bien sans que je sois là! répond M. Duvalloir en réprimant un soupir. J'ai donné des ordres au concierge pour que M. Bouffi et sa société soient bien traités... pour qu'ils ne manquent de rien.

— O! je n'en doute pas, monsieur... mais enfin, soi-même, on fait mieux voir tous les agréments de sa maison, tous les détours de son jardin... on sait où sont les plus jolis points de vue.

— J'ai oublié tout ce que cette propriété pouvait avoir d'agréable... à mes yeux, elle n'offre plus aucun charme... au contraire!

M. Duvalloir a dit ces derniers mots si tristement, et ses regards se baissent vers la terre avec une expression si douloureuse, que Horace en est tout ému; sans en deviner la cause, il se sentait touché, intéressé par la tristesse qu'il lisait constamment dans les yeux de ce monsieur, et de son côté, celui-ci était plus disposé à causer avec Horace qu'avec tout autre; on aurait dit qu'une secrète sympathie lui parlait en faveur de ce jeune homme, et que, près de lui, il éprouvait quelque soulagement aux peines qui l'accablaient.

— Ah! qu'ils sont heureux! reprend Horace au bout d'un moment; ils se promèneront dans ma prairie... je dis toujours *ma prairie!* comme si elle était encore à nous... à mon père... mais ils ne verront pas tout cela avec mes yeux... il y a des gens qui s'ennuient à la campagne... il me semble que M. Bouffi ne doit pas être très-champêtre... et je m'étonne qu'il songe à acheter une propriété aussi éloignée de Paris.

M. Duvalloir ne répondait pas, il semblait plongé dans ses réflexions. Horace continue :

— Après cela, je sais bien que les gens riches doivent toujours avoir une campagne, quand même ils iraient s'y ennuyer. Mais vous, monsieur, c'est plus que de l'ennui que vous paraissez avoir pour votre belle propriété... c'est comme de l'aversion!... il semblerait que maintenant vous détestez ce pays-là.

— Oh! oui... oui, je le déteste, en effet! et pourtant il fut un temps où je l'aimais bien... où j'y étais si heureux!... mais ce temps-là a si peu duré!

— Ce ne peut pas être la faute du pays, si vous y avez eu des chagrins.

— Vous avez raison, mais il n'en est pas moins vrai que la vue des lieux où nous avons été frappés dans nos plus chères affections nous rend ce souvenir plus présent, et renouvelle alors nos peines... puis, quand à cela se mêle encore un autre sentiment...

M. Duvalloir s'arrête tout à coup, comme s'il craignait d'en trop dire, puis il reprend d'un ton non moins triste :

— C'est singulier, nous éprouvons chacun des sentiments bien opposés... je désire ne plus aller à Montagny, vous, au contraire, vous seriez heureux d'y être... le souvenir de ma propriété me pèse... m'attriste! le souvenir de la vôtre vous est bien doux, vous le caressez dans votre pensée... Eh bien, malgré cela... j'éprouve comme du plaisir à causer avec vous... et pourtant notre conversation roule presque toujours sur ce sujet que je cherche à éloigner de ma pensée... Ne trouvez-vous pas comme moi qu'il y a là-dedans quelque chose de bizarre, et dont il est difficile de se rendre compte?

— Ma foi, monsieur, dit Horace, je vous avouerai que je n'ai jamais cherché à analyser mes sentiments; lorsque je me sens porté à éprouver de l'affection pour quelqu'un, je cède à ce que j'éprouve, sans me demander pourquoi je l'éprouve. Il me semble que nous ne sommes pas plus maîtres de nos sympathies que de nos aversions, elles viennent d'elles-mêmes : c'est comme un secret instinct qui dit à notre cœur qui nous devons aimer et qui nous devons haïr. Je m'estime heureux, monsieur, si j'ai pu vous inspirer cette préférence qui vous porte à prendre quelque plaisir dans ma conversation, et de mon côté, je puis vous assurer que je la partage.

M. Duvalloir cause encore quelque temps avec Horace, puis il part, en disant à Oswald qu'il reviendra bientôt savoir si son oncle veut s'arranger de la maison.

— Je connais bien peu ce monsieur, dit Horace, j'ignore ce qui le rend si morose et pourquoi il a pris maintenant en aversion sa propriété... mais je ne sais pourquoi il m'intéresse... je voudrais pouvoir adoucir ses chagrins... c'est drôle cela, n'est-ce pas, Oswald?

— Ce qui est plus drôle, répond le petit neveu du banquier, c'est que M. Duvalloir cause plus avec toi dans un quart d'heure qu'il ne pendant toute une soirée qu'il passe chez mon oncle.

— C'est qu'il n'y trouve personne qui lui inspire de la sympathie.

— Et que tu lui en inspires, toi?

— Probablement!... Dis donc, Oswald, je mois est recommencé, et ton oncle ne m'a pas parlé d'augmentation de mes appointements.

— Si tu crois qu'il va t'augmenter si vite!

— Mais s'il croit, lui, que je resterai son principal employé pour douze cents francs!

— Un peu de patience, mon cher Horace; cela ferait beaucoup de peine à ta bonne tante, si tu quittais ta place!

— Cela me ferait bien plus de peine à moi, si je passais ma vie à gagner douze cents francs par an.

La société est revenue à Paris sans accident, chacun est rentré chez soi, mais M. Bouffi n'annonce pas qu'il soit décidé à acheter la Maison aux Sycomores.

Ce n'est que huit jours plus tard que le banquier apprend à sa femme qu'il a fait l'acquisition de la Prairie aux Coquelicots et de la maison qui fait partie de cette propriété.

La belle Hortense paraît un peu surprise, elle s'écrie :

— Quoi, monsieur, ce n'est pas la campagne de M. Duvalloir que vous avez achetée?

— Non, madame, pour plusieurs raisons : d'abord elle est trop chère, ensuite elle n'est d'aucun rapport... l'autre maison est fort jolie, fort élégamment meublée; elle vous plaira, je n'en doute pas... les jardins sont moins grands... mais à quoi servent des jardins si vastes?... je ne me promène jamais partout... et puis il y a cette prairie... cette délicieuse prairie qui vaut bien le parc de M. Duvalloir; enfin c'est une affaire faite.

— Du moment que c'est une affaire faite, je n'ai plus rien à dire. Cette propriété était donc aussi à vendre?

— J'ai appris que le propriétaire ne serait pas éloigné de s'en défaire... et j'ai saisi l'occasion... c'est une bonne affaire.

— Et quand pourrai-je aller m'installer dans cette villa, monsieur?

— Je fais faire quelques travaux, quelques améliorations dans la maison... mais c'est peu de chose; dans une dizaine de jours vous pourrez prendre possession de notre maison de campagne.

Au dîner, le petit neveu apprend l'acquisition faite par son oncle, et le soir, dès qu'Horace arrive à son bureau, il s'empresse de lui dire :

— C'est fini, mon oncle a acheté une maison de campagne.

— Celle de M. Duvalloir... Tant mieux, j'en suis bien aise pour ce monsieur, puisqu'il tenait tant à s'en défaire!

— Mais non... ce n'est pas celle-là que mon oncle a achetée... Tu vas être bien surpris... c'est la tienne, je veux dire celle qui était à ton père... enfin c'est la Prairie aux Coquelicots qu'il a achetée.

Horace change de couleur, puis il dit d'une voix émue :

— Ton oncle a acheté la Prairie aux Coquelicots... ce n'est pas possible... elle n'était pas à vendre.

— Je ne sais pas comment cela s'est fait, mais je puis bien t'assurer que je ne me trompe pas : j'ai bien entendu ce qu'il disait... les détails qu'il donnait sur la propriété; il a nommé celui à qui elle appartenait... attends... M. Boudignon.

— Boudignon... oui, en effet, c'est le nom de celui qui avait en dernier lieu notre propriété... et il a été trouver cet homme pour la lui acheter?

— Probablement!

— Oswald!... ton oncle est un... Ah! tiens, je ne veux pas dire le mot à cause de toi... mais c'est un vilain monsieur.

— Pourquoi cela... parce qu'il a acheté la Prairie?

— Oui... oui... parce qu'il a acheté ce qui n'était pas à vendre... parce qu'il agit en sous-main, en sournois... enfin parce qu'il a des intentions... que je devine... en voulant être possesseur de la Prairie... Ah! je voudrais qu'il ne pût y faire un pas sans se casser le nez!

— Je ne comprends rien à ta colère! Qu'est-ce que cela peut te faire, que ce soit mon oncle ou tout autre qui possède ce domaine, puisque tu ne peux pas l'acheter, toi?

— Hélas! non, malheureusement! je ne peux pas l'acheter; mais tu ne vois pas, toi, petit serin, que grâce à ton bavardage et à celui de ma tante, ton oncle sait ce que tous les autres ignorent, qu'il y a un trésor caché dans la Prairie aux Coquelicots.

— Comment! tu te figures que c'est pour cela que mon oncle a acheté cette propriété?

— Je ne me le figure pas, j'en suis sûr, j'en ai l'intime conviction; mais je le connais déjà mieux que toi, ton oncle!... et ta tante aussi... si une raison secrète ne l'avait pas poussé, pourquoi aurait-il été demander à acheter une maison qui n'était pas en vente? il ne connaissait ni le pays, ni ce M. Boudignon; mais on lui a appris l'existence d'un trésor, et il aime tant l'argent... il est capable de bien des choses pour s'en procurer; je m'en aperçois d'ailleurs à la manière dont sont tenus certains comptes... entre autres celui de M. Duvalloir, parce qu'on a vu sur-le-champ que c'est un homme confiant, et qui n'entend rien aux affaires. Ah! monsieur Bouffi! vous voulez avoir mon trésor!... Oh! mais, je ne le veux pas, moi, il m'appartient; je ne veux pas que vous le trouviez. Ah! si ton oncle était là, tiens, je crois que je lui jetterais cet encrier à la tête.

— Si c'est comme cela que tu veux te faire augmenter, tu prends un joli moyen.

— A lui, ma belle prairie, à lui! tout mon espoir dans l'avenir... oh! je suis furieux! je ne me sens pas de colère!

En ce moment le banquier entre dans ses bureaux, et pour examiner un compte va justement au pupitre sur lequel écrit Horace. Oswald devient tremblant et regarde son ami d'un air suppliant; mais celui-ci, dès qu'il aperçoit M. Bouffi, lui dit d'un air ironique :

— Mon compliment, monsieur, vous avez fait une bonne affaire : vous avez peut-être payé cela un peu cher, mais il y a des terrains qui méritent bien que l'on fasse des sacrifices pour les posséder.

— Qu'est-ce que c'est? de quoi me parlez-vous, monsieur Bermont? répond le banquier tout en continuant de feuilleter un grand-livre.

— Je vous parle... de la maison de mon père... de la Prairie aux Coquelicots, que vous avez achetée, quoiqu'elle ne fût point à vendre.

— Eh bien, monsieur, en quoi cela peut-il vous intéresser? la maison n'était plus à vous depuis longtemps, qu'elle soit à moi ou à un autre, que vous importe!

— Mais vous teniez beaucoup à la posséder, cette prairie, vous, monsieur.

Cette fois, M. Bouffi lève les yeux sur son jeune commis, et lui répond d'un ton fort sec:

— C'est possible, monsieur, mais de quoi vous mêlez-vous? faites donc vos écritures au lieu de vous occuper de cette campagne.

— De quoi je me mêle... de quoi je me mêle...

Horace articulait ces mots avec colère, et Oswald, s'approchant doucement de son bureau, en avait déjà emporté l'encrier; mais le banquier étant rentré dans son cabinet, cette précaution devenait inutile.

XXXII

UN DIMANCHE AU BUREAU.

Quelques jours s'écoulent pendant lesquels Horace n'a point l'occasion de se retrouver seul avec le banquier; mais chaque matin, en arrivant à son bureau, il s'empresse de s'informer à Oswald si son oncle est parti pour sa campagne, et il n'est satisfait qu'en apprenant que M. Bouffi n'a pas quitté Paris.

Cependant, depuis qu'il a connaissance de l'acquisition faite par ce dernier, il est moins gai, moins disposé à rire de tout; sa sœur et sa tante s'aperçoivent de son changement d'humeur, toutes deux s'en inquiètent et lui en demandent la cause.

— La cause! dit Horace en faisant signe à madame Rennecart de prendre son cornet, la cause, c'est vous, ma tante!

— Comment! c'est moi qui te rends triste, mon ami?

— Oh! sans le vouloir assurément; mais si vous n'aviez pas bavardé, tout cela ne serait pas arrivé.

— Qu'est-il donc arrivé?

— Que M. Bouffi, votre propriétaire et mon banquier, vient d'acheter la Prairie aux Coquelicots.

— Il serait possible ! Elle était donc à vendre?

— Non, elle n'était pas à vendre ; mais quand on veut avoir une chose et qu'on a de l'argent, il est toujours facile d'y parvenir en faisant des sacrifices... Et pourquoi M. Bouffi a-t-il absolument voulu acheter cette propriété ? Parce que son neveu lui a conté qu'il y avait un trésor caché dans la prairie... et par qui Oswald savait-il cela ? par vous ! Voilà comment tout s'enchaîne dans ce monde, et comment un mot dit imprudemment peut avoir des suites graves...

— Oswald ne l'a certainement pas fait exprès, dit Virginie ; il aura dit cela sans y attacher d'importance.

— Sois tranquille, je n'en veux pas à Oswald, je n'en veux même pas à ma tante... ce n'est qu'au Bouffi que j'en veux ; mais j'aurai l'œil sur lui... c'est un homme de mauvaise foi d'ailleurs... il a une singulière manière de faire la banque.

— Ah ! mon Dieu ! tu vas encore te faire renvoyer de ta place !

— Renvoyer ! oh ! non, ma tante, je m'en irai bien de moi-même ; vous voyez bien qu'il ne m'augmente pas, ce monsieur.

— Mais il n'y a pas encore deux mois que tu es chez lui.

— C'est plus qu'il n'en faut pour s'apercevoir que je vaux plus de douze cents francs.

— Horace, mon ami, songe que les places sont si rares.

— Pas les mauvaises.

— Mon ami, si tu te fâches avec ce monsieur, il ne voudra jamais que son neveu m'épouse.

— Oh ! parbleu ! il ne le voudra pas davantage si nous ne nous fâchons pas ; mais sois tranquille, Oswald t'épousera, parce que je le dresserai à ce qu'il aura à faire, et qu'après tout, un oncle n'est pas un père. Mais c'est assez nous occuper de ce vilain monsieur, passons à des choses plus agréables : ma tante, votre jolie petite dame du quatrième, madame Huberty, est-elle venue vous voir?

— Elle ne vient jamais qu'à l'époque du terme.

— Et vous n'allez pas chez elle?

— Pourquoi irais-je? elle ne m'y a pas invitée.

— C'est dommage ; vous auriez dû tâcher de faire sa connaissance, cela vous aurait fait une société.

— C'est cela, tu voudrais voir cette dame ici pour lui faire la cour, n'est-ce pas, mauvais sujet?

— Ma tante, on n'est pas un mauvais sujet parce qu'on est amoureux d'une petite dame bien gentille, qui vit toute seule, ne reçoit personne, et qui par conséquent est libre aussi.

— Tu es donc amoureux de cette dame, mon frère?

— Ma petite sœur, faites vos bonnets, rêvez à vos amours, et ne vous occupez pas de celles de votre frère ; ça vous mènerait trop loin.

— Vois-tu, Virginie, Horace est vexé parce qu'il a essayé d'être reçu chez cette dame, et qu'elle a refusé ses visites.

— Qui est-ce qui vous a dit cela, ma tante?

— Le voisin du carré, le joueur de clarinette, qui a entendu ta conversation sur le palier avec cette dame.

— Décidément il y a dans ce vilain monde une vraie maison, ma tante : ô joueur de clarinette, tu écoutes ce qu'on dit sur le carré ! je tâcherai que tu rencontres encore des saucisses sous tes pieds. Eh bien, oui, j'étais monté chez madame Huberty, lui demander si elle n'avait pas quelques réparations locatives à faire faire.

— De quoi te mêles-tu ? si par hasard cette dame avait dit que oui, comme M. Bouffi n'en veut faire aucune, il aurait fallu qu'elle les fît faire à ses frais.

— C'est donc un vrai vautour que ce propriétaire !

— Oh ! il n'est pas aimable avec ses locataires... enfin cette dame t'a mis à la porte?

— A la porte ! fi donc ! elle m'a reconduit fort poliment jusque sur le carré, en me déclarant, toujours très-poliment, qu'elle ne voulait recevoir personne. Mais à son âge, toujours seule, est-ce que c'est vivre, cela !... Virginie, est-ce que tu pourrais vivre comme cela, toi?

— Oh ! nan, je m'ennuierais trop, je tomberais malade.

— Entendez-vous, ma tante ! ma sœur tomberait malade ; donc, c'est ce qui arrivera à cette dame, si vous n'allez pas un peu la voir.

— Je ne vais pas chez les gens malgré eux, répond madame Rennecart en posant son cornet sur une table.

Alors Horace s'écrie :

— Ah ! quand on a l'oreille dure, cela gagne le cœur.

M. Duvalloir ne tarde pas à revenir chez le banquier ; mais celui-ci n'est pas dans son cabinet quand il s'y présente ; alors ce monsieur revient près d'Oswald et d'Horace, et dit au premier :

— Je n'ai reçu aucune nouvelle de monsieur votre oncle ; achète-t-il ma campagne ?

— Non, monsieur ; il la trouve fort belle, ainsi que toutes les personnes qui étaient avec lui, mais...

— Mais il en a acheté une autre ! s'écrie Horace, et vous ne devineriez jamais laquelle, monsieur.

— Mais je ne la connais pas, sans doute.

— Pardonnez-moi, car c'est la propriété qui est voisine de la vôtre... c'est celle où je suis né ; enfin c'est la Prairie aux Coquelicots.

M. Duvalloir baisse les yeux et murmure : — Ah ! je ne savais pas que cette propriété était à vendre.

— Tout le monde a dit cela comme vous, monsieur. Non, la prairie n'était pas à vendre, mais M. Bouffi a voulu absolument en devenir propriétaire, il avait pour cela de secrètes raisons.

— De secrètes raisons? répète M. Duvalloir d'une voix altérée. Et quelles peuvent donc être ces raisons? le savez-vous?

— Oui, monsieur, je le sais... mais je ne puis pas le dire ; d'ailleurs cela n'intéresse que moi.

Ces derniers mots semblent calmer l'inquiétude que paraissait éprouver M. Duvalloir ; il reprend au bout d'un moment : — Après tout, si ma maison ne convenait point à M. Bouffi, il a bien fait de ne point l'acheter... un autre s'en accommodera... rien ne me presse, je puis attendre.

— Oui, monsieur, pour vous ce n'est qu'une légère contrariété ; mais, pour moi, c'est un grand malheur de savoir notre belle prairie devenue la propriété de M. Bouffi.

— Pourquoi donc? puisque vous êtes employé ici... sachant que vous aimez tant cette campagne, il est probable que M. Bouffi vous y mènera quelquefois avec lui.

— Oh ! non, monsieur, il ne m'y mènera pas ; mais j'irai bien sans lui, je ne lui demanderai pas la permission pour cela. Oh ! il m'y trouvera!

M. Duvalloir considère quelques instants Horace qui vient de prononcer ces mots avec une énergie qui annonce une résolution bien arrêtée ; puis il salue les jeunes gens en leur disant : — Il est maintenant inutile que j'attende M. Bouffi, puisque j'ai appris tout ce que je désirais savoir.

— On voit bien qu'il est riche, celui-là, dit Oswald, après que M. Duvalloir est parti. Peu lui importe qu'on achète ou qu'on n'achète pas sa campagne ! il s'en moque !... Ah ! quel dommage qu'il ne soit pas mon oncle!

— Oui, je crois, en effet, que tu ne pourrais pas gagner au change. Où est-il ton oncle? est-ce que par hasard il serait allé à Montagny?

— Mais non, mais non ; il est chez un de ses confrères, et doit être ici à quatre heures. Cependant, hier, en dînant, il a dit à ma tante qu'il irait bientôt à sa nouvelle propriété, voir si les travaux qu'il y fait faire avancent.

— Ah ! il fait faire des travaux... dans la prairie?

— Non, dans la maison, puisqu'il faut que ce soit terminé pour que ma tante puisse s'installer.

Horace ne répond rien, mais il brise avec colère sa plume sur son bureau, et Oswald se dit : Je crois que c'est heureux que mon oncle ne soit pas là !

Le dimanche suivant, Horace, qui ne va jamais à son bureau ce jour-là, s'aperçoit que la veille, il doit y avoir laissé son porte-monnaie, à moins qu'il ne soit tombé de sa poche en chemin ; dans le doute, et voulant s'assurer qu'il n'a pas perdu son argent, il se décide à se rendre à son bureau.

Il est une heure de l'après-midi, pas un seul employé n'est dans les bureaux ; le vieux Tirebourg même n'est pas venu. Horace se hâte de se rendre à sa place, il ne voit point tombé de sa poche en porte-monnaie. Enchanté de n'avoir point perdu son bien, il le met dans sa poche et va repartir, lorsqu'il entend parler à haute voix et comme si on se disputait. Horace a bien vite reconnu la voix de M. Bouffi et celle du grand Floquart. Le bruit se rapproche, on est sorti du cabinet, on est dans les bureaux. Sans l'avoir prémédité, Horace, qui occupe un renfoncement, peut entendre tout ce qui se dit sans être vu, à moins qu'on ne s'avance de son côté. Mais c'est ce qu'on ne fait pas ; on s'est arrêté en parlant et la conversation continue. Le jeune commis reste à sa place, mais il a bien soin de ne faire aucun bruit, afin qu'on ne se doute pas qu'il y a du monde dans les bureaux.

— En vérité, mon cher, vous devenez très-embêtant! dit Floquart; quand on vous demande de l'argent, il semble qu'on vous déchire le cœur.

— De l'argent!... de l'argent!... on n'en a pas toujours de disponible!

— Quelle plaisanterie!... ou r ce n'est pas vous qui êtes jamais à court, et pour une misérable somme de quinze cents francs!...

— Misérable somme!... quinze cents francs!... on voit bien que vous ne connaissez pas la valeur de l'argent! et quand cela se renouvelle souvent!...

— Cela se renouvelle quand j'en ai besoin; et sacrebleu! cela m'ennuie à la fin d'avoir à essuyer votre mauvaise humeur chaque fois que je vous fais une semblable demande. Vous n'avez donc pas de mémoire, Bouffi, puisque vous oubliez ainsi nos conventions?

— Pardonnez-moi, j'ai très-bonne mémoire.

— Il n'y paraît guère; aussi je suis venu exprès aujourd'hui dimanche, jour où je sais que vos commis ne viennent pas au bureau, afin de vous trouver seul et de pouvoir, sans être dérangé, m'expliquer avec vous.

— Mon Dieu! nous n'avons pas d'explication à avoir; je sais très-bien ce que vous pouvez me dire.

— Alors pourquoi faites-vous tant de façons quand il s'agit de tenir vos promesses?

— Je les tiens mes promesses... et au delà!...

— Ça n'est pas vrai!

— Monsieur Floquart!...

— Oh! ne prenez pas de grands airs! cela ne m'impose pas, moi. Vous voudriez me flouer comme les autres... mais je ne suis pas de la pâte de vos clients... et si vous ne donnez pas gentiment ce que je vous demande, je saurai bien vous forcer à le faire.

— Oh! me forcer... me forcer... je ne le crois pas!

— Vous ne croyez pas... vous avez donc oublié certaine convention que je vous ai fait signer? et bien m'en a pris. Si je n'avais pas pris cette précaution, il y a longtemps que vous m'auriez envoyé paître lorsque je vous aurais demandé de l'argent... Vous êtes un ingrat, mon cher... j'ai fait votre fortune, et vous me marchandez quelques billets de banque; c'est pleutre, c'est rat!...

— Vous amplifiez beaucoup en disant que vous avez fait ma fortune; lors de l'affaire en question, j'étais déjà en fort bonne position.

— C'est-à-dire que, quand votre frère est mort, vous étiez encore un petit agioteur. Grâce à moi, vous avez encaissé trois cent mille francs. Hein, c'était joli cela. Vous les avez parfaitement fait valoir... oh! je vous rends cette justice; grâce à vos opérations de banque et de bourse, vous avez plus que triplé vos capitaux... je gage que vous avez à présent au moins cinquante mille francs de rente.

— Oh! non, oh! non...

— Mon Dieu! ayez-en le double, j'en serai charmé... mais sacrebleu! payez-moi ce dont nous sommes convenus. Sur les trois cent mille francs, il m'en revenait bien la moitié, puisque c'est moi qui vous ai arrangé l'affaire. J'ai préféré vous laisser ma part, à condition que vous m'en payeriez la rente. C'était fort sage de ma part, car je me connaissais, j'aurais mangé mon capital dans l'année. Eh bien, c'est donc sept mille francs de rente que vous êtes convenu de me faire... Est-ce bien cela?

— Sans doute; mais vous me demandez chaque année plus de sept mille francs.

— Je ne crois pas; d'ailleurs, quand je vous demanderais mille francs de plus, ne voilà-t-il pas une belle bagatelle!

— J'aimerais mieux vous donner une fois une somme ronde, et tout serait fini.

— Nous verrons, nous pourrons arranger cela un de ces jours. Voyons, me donnez-vous mes quinze cents francs?

— Il le faut bien, car vous criez tout de suite.

— Oh! parbleu! je peux crier aujourd'hui; vos commis ne s'amusent pas à venir le dimanche travailler.

— Oh! non, ils s'en garderaient bien. Tenez, voilà vos quinze cents francs.

— Allons donc! quel homme dur à la détente!... Ah! je n'ai pas été heureux au jeu depuis quelques jours, mais il faudra bien que la chance tourne.

— De quel côté allez-vous?

— Au Café Anglais.

— Je vais avec vous.

On se remet en marche; mais au lieu de sortir par le cabinet, ces messieurs vont sortir par les bureaux; par conséquent, ils passent devant Horace, qui est tranquillement assis devant son pupitre. En apercevant son jeune employé, le banquier s'arrête comme pétrifié; de son côté, le grand Floquart demeure aussi stupéfait. Quant à Horace, il se met à compter l'argent qu'il renferme son porte-monnaie, sans avoir l'air de faire attention à ces messieurs.

— Ah! il y avait du monde ici, dit enfin Floquart, c'est une surprise qu'on vous ménageait, Bouffi... vous avez des commis animés d'un beau zèle... ils viennent le dimanche, même quand on n'a pas besoin d'eux. C'est magnifique! à votre place, je leur donnerais des gratifications...

M. Bouffi, qui paraît fort contrarié de trouver là Horace, lui dit avec humeur : — Que faites-vous donc là, monsieur?

— Vous le voyez, monsieur; je comptais ce que je possède d'argent dans mon porte-monnaie.

— Et c'est pour vous livrer à cette occupation que vous êtes venu au bureau un dimanche?

— Pas précisément, monsieur; mais j'avais laissé par mégarde mon porte-monnaie dans mon pupitre, je suis venu pour l'y chercher.

— Mais pourquoi donc ne faisiez-vous aucun bruit? on ne vous entendait ni remuer, ni bouger.

— Je m'en serais bien gardé, monsieur, cela aurait pu troubler votre entretien avec M. Floquart.

Le banquier échange un coup d'œil avec son ami intime, puis reprend : — C'est-à-dire que vous écoutiez ce que nous disions, Floquart et moi?

— On n'a pas besoin d'écouter pour entendre, monsieur, à moins de se boucher les oreilles; et franchement, l'envie ne m'en est pas venue.

— Venez, Floquart, partons.

Une fois hors des bureaux, M. Bouffi dit à Floquart : — Ce jeune Bermont a entendu notre conversation!

— Eh bien! après... qu'a-t-il entendu?.... que je vous ai fait faire une affaire où vous avez gagné trois cent mille francs... voilà tout... ceci est une chose simple... cela n'a rien de compromettant.

— C'est vrai; au fait, vous n'avez dit que cela. C'est égal, je suis fâché qu'il ait entendu notre conversation. Ce jeune homme commence à me déplaire, il avait un air sardonique en me répondant.

— Je vous ai déjà dit que c'était un impertinent, vous n'avez pas voulu me croire. Vous commencez à vous apercevoir que j'ai raison; c'est heureux!

— Oui, il a un ton qui ne me convient pas; je pense qu'il ne fera pas un long séjour dans mes bureaux.

— Mettez-le donc bien vite à la porte; c'est ce que vous avez de mieux à faire.

Pendant que ces messieurs discouraient ainsi sur Horace, celui-ci regagnait la demeure de sa tante, en se disant : — M. Bouffi et son Floquart sont deux filous; il y a longtemps que je m'en doutais. Quel dommage qu'ils n'en aient pas dit davantage! ces trois cent mille francs que le banquier a encaissés à la mort de son frère, j'ai bien dans l'idée qu'ils revenaient à ce pauvre Oswald, qu'on a eu l'air d'élever par bonté, par humanité. Mais ils n'en ont pas dit assez, et je ne dirai rien de cela à Oswald, parce que, n'ayant aucune preuve à fournir contre son oncle, on me traiterait de calomniateur. C'est égal, je suis toujours bien aise d'avoir entendu cette conversation; cela pourra me servir... le hasard me sert très-bien; d'un côté, la femme, de l'autre, le mari. Ce sont des époux assortis.

XXXIII

CHANGEMENT DE POSITION.

Horace n'a rien dit chez sa tante de l'entretien qu'il a entendu entre M. Bouffi et son ami Floquart; mais les conséquences de la mauvaise humeur du banquier ne tardent pas à se faire sentir.

Deux jours après, en arrivant à son bureau, Horace voit Oswald venir à lui avec des larmes dans les yeux et balbutiant : — Ah! mon ami! j'ai une nouvelle bien fâcheuse à t'apprendre.

— Quoi donc? ton oncle me renvoie? mais cela n'a rien de fâcheux pour moi, puisque je n'avais pas l'intention de rester. Ainsi il n'y a pas de quoi t'affliger.

— Non, non, ce n'est pas cela. J'aurais moins de chagrin si c'était cela.

— Qu'est-ce donc alors? voyons parle, au lieu de pleurnicher. Est-ce que les hommes doivent pleurer, d'ailleurs.

— Mon oncle m'a chargé d'aller dire à ta tante, qu'à dater du 1er juillet prochain, et c'est dans huit jours, elle n'était plus principale locataire de sa maison de la rue du Temple; que, par conséquent, elle ne serait plus logée gratis, et que, si elle restait dans sa maison, il mettait son loyer à huit cents francs.

Horace froisse dans ses mains un cahier qu'il tenait, en disant :

— Le gredin! renvoyer ma tante. La chasser presque... car mettre à huit cents francs un logement qui n'en vaut pas quatre, c'est lui dire de ne pas rester. Oh! mais il n'aura pas le plaisir de me renvoyer, moi, car dès aujourd'hui je lui annoncerai que je quitte ses bureaux à la fin du mois.

— Horace... réfléchis... peut-être, au contraire, devrais-tu rester...

— Je n'ai pas besoin de réfléchir pour savoir que ton oncle est une canaille. Oh! j'en sais sur son compte plus long que tu ne crois. Rester chez un homme qui fait une sottise, une méchanceté à ma tante!... allons! tu n'y penses pas. D'ailleurs, sois bien sûr que, si je ne donnais pas ma démission, c'est ton oncle qui me la donnerait. J'aime infiniment mieux le prévenir.

— Il m'a chargé d'aller dans la journée annoncer cela à madame Rennecart... quelle pénible commission! je ne pourrai jamais...

— Ne te dérange pas, je me charge d'apprendre la chose à ma tante, et j'arrangerai cela de manière à ce qu'elle ne s'en afflige pas. J'en fais mon affaire.

— Oh! tu me rends un grand service.

— Mais avant tout, il faut que je parle à ton *doux maître*, à ton généreux oncle. Est-il dans son cabinet?

— Non, il est sorti, il ne sera ici que vers deux heures.

— Ce sera pour deux heures, alors. Nous aurons une petite conversation qui sera piquante. Tiens, une idée! C'est une occasion pour lui demander tout de suite son consentement à ton mariage avec ma sœur.

— Plaisantes-tu? Quand tu vas lui dire que tu quittes la place!

— Raison de plus!... Je suis bien aise d'en finir tout de suite avec lui, afin que la situation soit bien nette.

— Mais pourtant...

— Mais... mais... laisse-moi agir comme je l'entends. Je t'ai déjà dit que je te marierais à Virginie, ne t'inquiète pas du reste.

Le temps sembla long à Horace jusqu'à deux heures. Enfin, on entend le banquier qui est entré dans son cabinet; quelques étrangers y causent avec lui; dès qu'il est certain que M. Bouffi est seul, Horace se rend près de lui.

— Que me voulez-vous, monsieur? dit M. Bouffi d'un ton arrogant en voyant Horace. Celui-ci, auquel les grands airs du banquier n'imposent nullement, répond d'un ton railleur : — Est-ce que vous ne vous en doutez pas un peu, monsieur?

— Mais apparemment que non, puisque je vous le demande.

— Alors, monsieur, je vais avoir le plaisir de vous le dire. Je viens d'abord vous faire compliment de votre manière d'agir avec ma tante. Elle remplissait fort ponctuellement son emploi de principale locataire, jamais elle n'était en retard pour les loyers, elle les payait de sa poche lorsque les locataires ne la payaient point, elle; enfin, jamais personne n'a eu la plus petite plainte à formuler contre elle. C'est sans doute pour cela que vous lui retirez l'emploi qu'elle avait.

— Ah! madame Rennecart est votre tante! c'est vrai, je me le rappelle à présent!...

— Oh! je suis bien persuadé que vous ne l'aviez pas oublié!

— Monsieur, votre tante trouve toujours mauvais que je veuille augmenter mes loyers. Elle me fait un tas de doléances touchant la position des locataires... tout cela m'ennuie beaucoup. Je suis le maître de gérer ma maison comme bon me semble, je n'ai besoin de personne pour faire percevoir mes loyers, je les toucherai bien moi-même; donc je n'ai plus besoin d'une principale locataire, ni par conséquent de vos observations sur ce sujet.

— Très-bien, monsieur. Vous annoncez aussi à ma tante que vous mettez à huit cents francs les deux chambres qu'elle occupe.

— Oui, monsieur, je mets à huit cents francs l'appartement

qu'elle occupe au second, ce n'est pas trop cher. C'est à prendre ou à laisser.

— Oh! elle le laisse, monsieur, soyez tranquille, elle le laisse. Vous le lui auriez donné pour rien, d'ailleurs, qu'elle ne serait pas restée dans votre maison.

— A son aise, monsieur; elle est libre.

— Et moi, monsieur, je viens vous avertir que je fais comme ma tante, je ne veux point rester chez vous. Je finirai le mois qui n'a plus que huit jours, parce que je veux toucher mes appointements intacts; mais le 1er août, j'aurai bien l'honneur de vous saluer.

Le banquier se mord les lèvres avec dépit d'avoir été prévenu par Horace, il répond : — Vous faites tout aussi bien de vous en aller de vous-même, monsieur; vous ne faites qu'aller au-devant de mes désirs, car mon intention n'était pas de vous garder. Vous avez un petit ton... qui ne me convient pas; vous êtes impoli... vous vous êtes conduit d'une façon très-impertinente avec M. Floquart.

— Ah! votre cher ami Floquart!... je conçois que vous y teniez, à cet ami-là, parlons-en! Un homme qui vous fait avoir des affaires... où l'on gagne tout de suite trois cent mille francs! Peste! c'est gentil!... trois cent mille francs d'un coup.

Le banquier devient écarlate, il ronge ses ongles et balbutie : Eh bien, monsieur, après?... qu'y a-t-il d'étonnant à ce qu'on gagne trois cent mille francs dans une opération de banque? Cela arrive assez souvent.

— Je ne sais pas si c'est dans une opération de banque... En tout cas, il paraît que ce cher Floquart vous a fait payer un peu cher son courtage. Sept mille francs de rente... fichtre! c'est un joli capital!

Le banquier se tortille sur sa chaise, il donne des coups de canif sur son bureau, et reprend d'une voix sourde : — Monsieur, quand on fait tant que d'écouter, il faudrait tâcher de bien entendre. Je ne sais ce que vous voulez dire avec votre pension de sept mille francs. Après tout, mes affaires avec M. Floquart ne vous regardent pas.

— C'est juste, monsieur, ce n'est pas moi que cela regarde. Cela peut regarder un autre, mais pas moi.

— Je pense, monsieur, que vous n'avez plus rien à me dire. A la fin du mois, vous serez remplacé.

— C'est entendu, monsieur.

— Et madame votre tante quittera son logement le 15. Je lui donne jusqu'au 15.

— Vous n'avez pas besoin de lui donner jusqu'au 15, elle s'en ira le 1er.

— Comme elle voudra. A présent, monsieur, retournez à votre besogne. Je pense que vous n'avez plus rien à me dire.

— Pardonnez-moi... encore quelque chose... qui va vous faire bien plaisir, je le gage.

— Voyons, monsieur, qu'est-ce encore?

— Monsieur, il faut que vous sachiez que j'ai une sœur qui s'appelle Virginie, qui a dix-sept ans et qui est extrêmement gentille.

— Eh bien, monsieur, en quoi cela peut-il m'intéresser que votre sœur soit ou non gentille?

— Ah! voilà. De votre côté vous avez un neveu, il est gentil aussi. Ces enfants se sont vus, ils se sont plu... Bref, votre neveu adore ma sœur.

— Voilà qui m'importe peu. Tous les jours des jeunes gens ont des amourettes... Cela n'a aucune conséquence sérieuse.

— Dites donc, monsieur, est-ce que vous croyez, par hasard, que je souffrirais que Oswald eût des amourettes avec ma sœur? Est-ce que la fille de mon père est faite pour devenir la maîtresse de quelqu'un?... Ah! bigre! je voudrais voir cela.

— Eh bien, monsieur, finissons-en; où voulez-vous en venir?

— Monsieur, je vous demande la main de votre neveu pour ma sœur. Ces jeunes gens s'aiment, il faut les marier; vous établirez votre neveu d'une façon digne de vous, et cela fera un petit ménage charmant.

M. Bouffi se renverse sur sa chaise et se met à rire en s'écriant: — Oh! pour le coup, celle-ci est trop fort!... cela passe la permission. Je ne m'attendais pas à celle-là.

— Je suis bien aise que ma proposition vous mette en belle humeur, dit Horace; alors, vous consentez?... ce mariage vous va.

— Monsieur! cette plaisanterie... car je ne puis prendre cela que comme une plaisanterie, est bien digne de vous. Quelle dot donnerez-vous à votre sœur, pour que mon neveu ne fasse pas un sot mariage?

— Quelle dot? rien pour le moment ; mais plus tard... vous savez bien... le trésor de la prairie... nous finirons par le trouver.

Le banquier frappe avec force sur son bureau en disant : — La prairie est à moi, maintenant, et je vous défends d'y mettre le pied, monsieur.

— Oh! vous me défendez... C'est bientôt dit; mais je me moque de votre défense. D'abord, il y a un petit sentier qui la traverse, et vous ne pouvez empêcher personne d'y passer. J'y serai en faction toute la journée.

— Vous comptez donc aller habiter Montagny?

— Je n'attends que votre départ pour vous y accompagner.

— C'est bien, monsieur, nous verrons.

— Mais, oui, je crois que nous verrons par là de très-jolies choses. Vous ne consentez pas au mariage, parce que ma sœur n'a rien encore ; mais si vous dotiez votre neveu, cela reviendrait au même. Par exemple, si vous lui donniez ces trois cent mille francs... que vous avez gagnés si vite à la mort de votre frère... du père de ce pauvre Oswald.

Cette fois M. Bouffi change de visage, il devient verdâtre ; il se lève, marche à grands pas dans son cabinet, et balbutie d'une voix altérée par la colère : — Monsieur, je vous ordonne de sortir de mon cabinet. Vous pouvez même passer à ma caisse... et quitter votre place sur-le-champ... on vous comptera le montant de votre mois.

— Ma foi, monsieur, je le veux bien, et je ne regarde pas cela comme un cadeau que vous me faites, car, comme je ne touchais pas ce que vaut la place, ceci n'est qu'un léger dédommagement. Sans adieu, monsieur Bouffi. J'aurai le plaisir de vous revoir à Montagny.

Horace sort du cabinet, laissant le banquier bouleversé par ce qu'il vient de lui dire ; il se rend à la caisse, touche son mois, prend son chapeau et serre la main d'Oswald en lui disant : — Je suis plus heureux que je ne l'espérais. Au lieu de m'en aller dans huit jours, je quitte ma place tout de suite.

— Comment... déjà?

— Viens ce soir chez ma tante, je te conterai tout cela ; adieu.

— Oh! j'ai touché juste, se dit Horace, j'ai mis le doigt sur l'endroit sensible, en lui parlant de son frère. Si je pouvais en douter encore, son trouble, sa fureur, enfin l'effet produit par mes paroles suffirait pour me convaincre. Le banquier n'a pas été maître de cacher la crainte que je lui inspire. Il a fallu cela pour qu'il se décidât à me payer huit jours que je n'ai pas faits. Maintenant, il s'agit d'apprendre à ma tante... ce qui la concerne. Pauvre femme! ça lui fera du chagrin ; mais je lui donnerai du courage, moi. Et d'ailleurs, c'est une femme qui sait supporter les coups du sort. Elle est philosophe, elle prendra son parti.

Malgré cela, Horace se sent ému, embarrassé en entrant chez sa tante qui lui dit : — Tiens, tu quittes ton bureau au milieu de la journée, toi?

— Oui, ma tante, oui... parce que... j'ai une bonne nouvelle à vous annoncer.

— Une bonne nouvelle! On a augmenté tes appointements?

— Non, pas précisément, mais on me les a payés. Tenez, voyez-vous les jaunets... Cent francs... Oh! votre neveu est très-riche... sans compter qu'il a toujours sa réserve.

— On t'a payé tes appointements et nous ne sommes qu'au 23! Qu'est-ce que cela veut dire?

— Cela veut dire que nous quittons tous deux nos emplois chez M. Bouffi ; vous, parce qu'il vous met à la porte ; moi, parce que je lui ai donné son compte.

— Il me met à la porte?...

— Oui, ma tante, oui ; ce digne M. Bouffi, pour vous récompenser de votre zèle, de votre exactitude, vous ôte votre emploi de principale locataire, et ne vous laisse ce logement que si vous voulez le payer huit cents francs par an.

— Ah! mon Dieu! il serait possible!

— Oui, ma tante. Direz-vous encore que ce Bouffi n'est pas un canaille, un misérable? Et de plus, je sais, moi, que c'est aussi un fripon. D'après ce à quoi je pouvais pas m'en vouloir d'avoir quitté ma place. J'aurais été un lâche en restant chez lui. N'est-ce pas, ma tante, que j'ai bien fait?

— Mon ami, mon Dieu, je suis si étourdie par tout ce que tu m'apprends. Perdre mon logement... c'était tout ce que je gagnais à être principale locataire. Mais c'est beaucoup dans ce moment où ils sont si chers. Ah! mes pauvres enfants! comment ferons-nous? Ce n'est pas pour moi que je m'inquiète... c'est plutôt pour ta sœur et toi. Prendre un loyer sur neuf cent cinquante francs de rente! que nous restera-t-il pour vivre?

— Encore une fois, chère tante, ne vous inquiétez pas. Je suis en fonds pour quelque temps... je pourvoirai à tout. D'abord, nous ne resterons pas à Paris, il y fait trop cher vivre, et puis, je veux absolument retourner à Montagny.

— A Montagny! mais il n'y a pas de logements par là. On n'y loue pas, on y vend de petites maisonnettes, des chaumières ; mais nous ne pouvons pas en acheter.

— Oh! nous trouverons bien un petit endroit pour nous loger.

— Nous n'y connaissons plus personne.

— Moi, j'y connais du monde, soyez tranquille, fiez-vous à moi. Il faut quitter Paris à la fin du mois.

— Et ton logement... tu n'as pas donné congé?

— Au contraire ; comme je voulais retourner à Montagny depuis que je sais que ce Bouffi a acheté notre prairie, j'avais dit à mon concierge de mettre l'écriteau. Un monsieur et une dame sont venus voir ma chambre un jour qu'il y avait une noce chez Chapart. Probablement ces gens-là aiment la danse, car en entendant l'orchestre du traiteur, la femme a fait une pirouette, le monsieur un entrechat, et ils ont loué tout de suite.

— Puisqu'il en est ainsi, nous irons vivre à Montagny. Oh! ce n'est pas que cela me fasse de la peine... nous avons été si heureux là, du temps de mon pauvre frère! Mais Virginie?

— Virginie viendra avec nous ; à coup sûr nous ne la laisserons pas seule à Paris.

— Je le sais bien, mon ami ; mais sa lingère, elle allait commencer à gagner.

— Sa lingère est, m'avez-vous dit, une dame très-obligeante, elle donnera de l'ouvrage à faire à ma sœur, elle lui en donnera pour quinze jours au moins, et tous les quinze jours Virginie viendra à Paris avec moi, rapportera son ouvrage et en emportera d'autre.

— Allons, tu arranges tout cela parfaitement ; mais crois-tu que cela ne chagrinera pas ta sœur d'aller vivre à la campagne, où elle ne pourra plus voir celui qu'elle aime?

— D'abord, cela ne peut pas chagriner Virginie de retourner dans un endroit où elle est née ; ensuite elle y verra encore quelquefois Oswald, parce que nous ne sommes qu'à douze lieues de Paris et que les chemins de fer doivent surtout avoir été inventés pour les amoureux. Enfin, je dirai à ma sœur qu'en retournant à notre prairie nous travaillons à son mariage, et elle ne demandera qu'à partir. Soyez tranquille, ma tante, dès ce soir je lui ferai comprendre tout cela.

En effet, lorsque la gentille Virginie revient le soir de son magasin, son frère lui dit tout ce qui est arrivé et ce qu'il a décidé avec sa tante. En apprenant qu'elle va s'éloigner de Paris, la jeune fille verse d'abord des larmes, en murmurant : — Et Oswald... et Oswald?

— Oswald viendra nous voir très-souvent à Montagny : puisque son oncle a acheté notre ancienne demeure, tu penses bien que le neveu y sera souvent ; ainsi au lieu de t'éloigner de lui, cela vous rapproche.

— Ah! c'est vrai, répond Virginie qui sourit aussi vite qu'elle pleure. Son oncle a acheté la prairie!

— Oui, et c'est pour cela que je veux être là, moi, afin de ne pas perdre de vue ce monsieur qui veut nous voler notre trésor, avec lequel je veux te marier ; tu vois bien que dans l'intérêt de ton amour il faut toujours que nous allions tous demeurer à Montagny.

— Mais mon magasin?

— Nous avons tout prévu. Tu n'emporteras pas ton magasin avec toi ; mais tu emporteras de l'ouvrage que tu feras tout aussi bien là-bas qu'ici. Maintenant que tout est convenu, ma tante, si vous m'en croyez, vous vendrez une grande partie de vos Bibelois, je veux dire de ces vieux meubles ; ne gardez que vos deux lits, nous remplacerons aisément tout le reste là-bas.

— Dans tout cela, dit madame Rennecart, il n'y a qu'une chose qui m'inquiète, c'est de savoir où nous logerons dans ce pauvre petit village.

— Soyez donc sans crainte à ce sujet, ma tante... ne savez-vous pas que l'Écriture dit : Cherchez et vous trouverez. Eh bien! nous chercherons.

XXXIV

BONHEUR IMPRÉVU.

Le petit neveu de M. Bouffi ne tarde pas à se rendre chez madame Rennecart pour savoir comment on a pris la fâcheuse détermination de son oncle. On lui fait part de ce qu'on a résolu; en apprenant que toute la famille va quitter Paris pour aller demeurer à Montagny, le pauvre Oswald se désole et s'écrie : — Je ne vous verrai plus... ma fiancée Virginie m'oubliera!... elle en aimera un autre là-bas!...

— Non, Oswald, je n'en aimerai pas d'autre... je penserai sans cesse à vous! reprend la jeune fille, qui a aussi envie de pleurer, pour faire comme son amoureux.

— Tu es un petit trembleur! dit Horace à son ami; d'abord, je ne sais pas trop où... dans le village que nous allons habiter, ma sœur trouverait un galant digne d'être remarqué, à moins que ce ne soit un laboureur ou un farinier; ensuite, il est probable que ton oncle te mènera dans la propriété qu'il vient d'acheter, et là, tu seras tout près de nous.

— Je ne sais pas si mon oncle m'emmènera à sa campagne; depuis la conversation qu'il a eue avec toi, il est d'une humeur horrible, il brusque tout le monde, et moi surtout... on dirait qu'il ne peut plus me voir...

— Je conçois cela; mais cela se passera. Et les travaux qu'il faisait faire à sa campagne?

— On est venu lui dire que tout était fini, et je crois que ma tante doit aller s'installer à Montagny à la fin du mois.

— Très-bien, nous y arriverons tous en même temps.

— Mais enfin, reprend Oswald en s'adressant à Virginie, quand j'irai dans ce pays pour vous voir, où vous demanderai-je où je logerez-vous?

— Je ne sais pas; demandez à ma tante.

Oswald s'adresse à madame Rennecart, qui lui répond : — Oh! pour vous dire où nous logerons, je n'en sais rien; demandez à mon neveu.

Le jeune homme se tourne alors vers Horace, qui lui dit : — Je ne sais pas encore au juste où nous demeurerons; mais nous ne sommes pas des inconnus pour le pays, et dans le village il y a encore beaucoup d'habitants qui ont connu mon père; qui nous ont vus enfants ma sœur et moi; ceux-là n'ont pas oublié le nom de Berment, et quand tu t'y informeras de nous, sois tranquille, ils sauront bien te dire où nous serons.

— Vous allez donc habiter une chaumière? dit Oswald en poussant un gros soupir.

— Mon cher ami, une chaumière dans un endroit qui nous plaît, vaut mieux qu'un riche hôtel où l'on s'ennuie. Un auteur a dit avec raison : La patrie est partout où l'on est heureux... mais quand on est heureux dans sa patrie... on l'est alors autant qu'il soit possible de l'être ici-bas... Hein! tu ne t'attendais pas à ces réflexions-là dans ma bouche... non plus... mais le court séjour que j'ai fait dans les bureaux de ton oncle m'a donné une nouvelle connaissance du monde, et cela m'apprend à réfléchir.

Depuis qu'il ne va plus chez le banquier, Horace a le temps de flâner; et, comme il pense toujours à madame Huberty, il passe une partie de son temps dans l'escalier de chez sa tante; il s'est promis de ne point partir sans avoir fait ses adieux à la petite dame du quatrième; mais trois jours s'écoulent, et il n'a rencontré dans les escaliers que les fils Machabée, leur mère et le garçon charcutier qui se nomme Auguste et à ses entrées chez sa maîtresse même quand elle fait sa toilette.

Le quatrième jour, Horace se dit : — Ma foi, il en arrivera ce qu'il pourra, puisque je ne rencontre pas cette dame dehors, je vais aller chez elle. Après tout, il est assez naturel que j'aille lui apprendre que, désormais, elle n'aura plus affaire à ma tante à l'époque du terme; et ma visite ne pourra pas la fâcher; d'ailleurs, je puis lui dire que c'est ma tante qui m'a chargé d'aller la prévenir de ce changement.

Et, sur le champ, Horace grimpe lestement au quatrième et sonne chez la jeune dame. Celle-ci ouvre et fait une mine sévère en reconnaissant le neveu de madame Rennecart; mais celui-ci se hâte de dire : — Madame, pardonnez-moi de vous déranger, mais c'est ma tante qui m'envoie vers vous.

— Est-ce encore pour savoir s'il y a des carreaux cassés, monsieur?

— Non, madame... non... c'est un motif plus sérieux. Ma tante

va quitter cette maison; le propriétaire, un fort vilain monsieur, lui retire son emploi de principale locataire, enfin il la renvoie.

— Il se pourrait!... ah! j'en suis très-fâchée.

— Je crois en effet qu'on regrettera ma tante; vous n'aviez jamais eu à vous plaindre d'elle, n'est-ce pas, madame?

— Oh! jamais, monsieur, bien au contraire. Et quel motif donne ce propriétaire pour renvoyer madame Rennecart?

— Il n'en donne aucun, madame; c'est son bon plaisir, voilà tout.

— Ah! ce que vous m'apprenez là me contrarie beaucoup. Et madame votre tante quitte cette maison?

— Oui, madame, cette maison et même Paris. Nous allons vivre tous à la campagne, à Montagny, près d'Ermenonville. Nous partons à la fin du mois.

Le nom du village a frappé la jeune femme, elle éprouve une vive émotion et montre une chaise à Horace, en lui disant :

— Asseyez-vous donc, monsieur.

Le jeune homme, enchanté de cette proposition, s'empresse de s'asseoir, en disant : — Volontiers, madame, car je suis un peu las... j'ai beaucoup marché aujourd'hui.

— Ah! vous allez habiter Montagny, monsieur?

— Oui... madame... c'est là que nous sommes nés, ma sœur et moi. Oh! c'est un bien joli pays.

— Je le sais... je le connais.

— Vous le connaissez, madame?

— Oui... je l'ai habité... quelque temps... je m'y plaisais beaucoup.

— Vous l'avez habité? Alors vous connaissez la charmante Prairie aux Coquelicots qui était à mon père?

Madame Huberty devient très-pâle et balbutie : — Oui, monsieur, la Prairie aux Coquelicots... je l'ai traversée quelquefois...

— Mais à quelle époque étiez-vous donc dans ce pays, madame?

— Il y a quatre ans... cinq ans même...

— Ah! nous n'y étions déjà plus, nous autres. Il y a près de treize ans que nous l'avons quitté.

— Alors vous n'avez pas connu...

— Qui cela, madame?

— Non... je me trompais... Vous ne pouviez pas connaître... la personne dont je veux parler.

— De quel côté logiez-vous, madame?

Cette question semble embarrasser la jeune femme, qui répond au bout d'un moment : — Je demeurais... chez une amie... qui avait une propriété... dans les environs.

— Du côté d'Ermenonville, sans doute; il y a de charmantes maisons de campagne par là. Puisque vous vous plaisiez dans ce pays, madame, vous devriez bien retourner cet été passer quelque temps chez votre amie. Alors, j'aurais peut-être le bonheur de vous rencontrer; cela me rendrait si heureux... car vous ne vous figurez pas, madame, toute la peine que j'éprouve à m'éloigner de cette maison que vous habitez... à me dire que je ne vous reverrai peut-être plus.

Madame Huberty reprend son air sévère et se lève en disant : — Monsieur... vous recommencez à me tenir des discours que je ne dois pas écouter. Je vous ai déjà dit que vous perdriez votre temps en me faisant la cour.

— C'est vrai, madame... vous me l'avez dit. Mais ce qu'on dit un jour, on peut fort bien ne plus le vouloir un autre.

— Moi, monsieur, je ne changerai pas. J'ai pris la liberté de vous retenir, parce que j'étais heureuse de parler d'un pays... que j'aimais.

— Et y retournerez-vous, madame? Vous ne pouvez pas trouver mauvais le plaisir que j'aurais à vous rencontrer.

— Oh! non, monsieur, je ne retournerai pas à Montagny... jamais!... jamais!...

— Jamais! Comme vous dites cela tristement... madame! Mais il y a un auteur... je ne sais plus lequel, qui prétend qu'il ne faut jamais dire : Jamais! Et au fait, il a raison!... Est-ce qu'on peut prévoir les événements?

— Adieu, monsieur; avant que madame votre tante parte, je descendrai pour l'embrasser et lui faire mes adieux.

— Alors... vous me renvoyez, madame?...

— Mais, oui, monsieur.

— Et ce pauvre Horace partira ainsi... sans un mot d'espoir... de consolation...

— D'espoir, non!... de consolation... vous en trouverez facilement, monsieur; vous êtes dans un âge où l'amour... vient si vite lu...

— Et s'en va de même, n'est-ce pas, madame?

— J'allais le dire, monsieur.

— Oh! ce n'est pas celui que vous inspirez qui peut passer ainsi!...

La jeune femme fait un profond salut à Horace et va ouvrir sa porte en disant : — Adieu, monsieur; mes respects à madame Rennecart, jusqu'à ce que moi-même j'aille les lui présenter.

Horace éprouve un moment de dépit; il se dirige vivement vers la porte, salue et s'éloigne, sans dire un seul mot. Mais il n'entre pas chez sa tante, il éprouve le besoin de prendre l'air, de se promener pour calmer ses sens, pour dissiper son chagrin. Et, tout en marchant, il se dit : — Oublions-la!... puisque décidément il n'y a pas moyen de faire une brèche à son cœur... oublions-la!... puisqu'elle ne veut pas qu'on l'aime. Ah! quel dommage!... je l'aurais si bien aimée.

Il y avait longtemps qu'il se promenait; quand on est fortement préoccupé en marchant, il est rare que l'on n'aille pas se heurter contre quelqu'un, c'est ce qui arrive à Horace; mais il est tout surpris lorsqu'il s'entend dire : — Je gage qu'en ce moment vous pensez à vous trouver une autre place?

Horace lève les yeux et reconnaît M. Duvalloir, qui reprend : — Je viens de chez M. Bouffi; en entrant dans les bureaux, j'ai vu à votre place quelqu'un qui m'était inconnu; j'ai demandé au jeune Oswald ce que cela voulait dire, et il m'a appris que vous aviez donné votre démission à votre banquier... Quel motif vous a donc fait prendre ce parti?

— J'en ai eu plusieurs, monsieur : d'abord, pour moi, M. Boufft est un fripon. Cette accusation vous semble un peu forte, peut-être. Je désire qu'un jour vous n'appreniez pas à vos dépens qu'elle était l'exacte vérité. M. Boufft se trouve être depuis six mois, je crois, le propriétaire d'une maison de la rue du Temple, dont ma tante était principale locataire. Ma tante est aussi honnête que bonne; jamais elle n'était en retard pour rendre compte de ses termes; et pour cela, l'ancien propriétaire lui donnait un logement gratis. C'était quelque chose pour une femme qui ne possède pour toute fortune que neuf cent cinquante francs de rente, et qui, avec cela, a trouvé moyen de nous élever, ma sœur et moi; eh bien, M. Boufft lui a signifié qu'elle n'était plus principale locataire et qu'elle devait à l'avenir payer son loyer, qu'il élève à un prix ridicule. Vous comprenez, monsieur, que je ne devais pas supporter cette sottise faite à ma tante. D'ailleurs, j'occupais chez ce monsieur une place où il payait deux mille huit cents francs à un employé qui, certes, ne me valait pas; et moi, monsieur, ce n'est qu'avec peine qu'il a consenti à me donner douze cents francs. Trouvez-vous que je devais rester chez lui?

— Non... Sa conduite avec votre tante me donne, je l'avoue, une fort triste opinion de son cœur.

— Son cœur! oh! il n'en a pas, monsieur; ni conscience non plus.

— Mais enfin que comptez-vous faire maintenant?

— Monsieur, nous allons, ma sœur, ma tante et moi, retourner dans notre cher Montagny... dans le village où mon pauvre père repose... A la campagne, il fait moins cher vivre qu'à Paris.

— Sans doute, mais encore faut-il avoir de quoi vivre... et trois personnes avec neuf cent cinquante francs, cela me paraît bien difficile.

— Ma sœur travaille pour une lingère, j'espère qu'on lui confiera de l'ouvrage qu'elle fera là-bas; moi, je tâcherai de trouver aussi de l'occupation. S'il le faut, je travaillerai aux champs... je labourerai la terre et je n'en rougirai pas... c'était l'état de nos premiers parents... c'est le plus honorable de tous.

— Mais enfin, où comptez-vous loger par là? vous avez donc encore une petite maisonnette à votre disposition?

— Hélas! non, monsieur; ni maisonnette, ni chaumière, pas même une cabane! Ah! j'avoue que c'est là ce qui me tourmente le plus, car il faut bien que ma pauvre tante et ma sœur aient un logement. Moi, à la rigueur, je percherais sur un arbre, mais des femmes, ça ne se peut pas... Enfin, il se trouvera bien par là de bonnes gens qui nous loueront un petit coin dans leur masure.

— Monsieur Horace, ce sera un vrai plaisir pour moi de pouvoir vous tirer d'embarras et d'inquiétude à ce sujet. Vous savez que je possède la propriété voisine de celle qui vous appartenait?

— Oui, monsieur, la Maison aux Sycomores, une superbe demeure.

— Eh bien, la Maison aux Sycomores est libre, puisqu'on ne l'a pas achetée; elle n'est habitée que par un jeune concierge et sa

femme, faites-moi le plaisir d'aller vous y installer avec madame votre tante et votre sœur. Vous n'aurez que l'embarras du choix pour les appartements, car il y a beaucoup de logement, et le concierge avec sa femme n'occupent que le pavillon qui est près des communs. Vous voyez donc que vous serez là tout à votre aise, et quant aux meubles rien ne vous manquera.

— Ah! monsieur, vous êtes vraiment trop bon, mais je ne dois pas accepter... votre maison est en vente, d'un jour à l'autre on peut l'acheter... alors il faudra toujours en partir... et...

— Permettez-moi de vous dire que nous voici bientôt au mois de juillet, que la saison étant avancée, chacun a déjà choisi sa campagne; ma maison ne sera certainement pas achetée cette année. D'ailleurs, je ne tiens pas du tout à ce qu'elle le soit; il m'est beaucoup plus agréable d'y loger vous et votre famille. Vous pouvez donc être certain que vous ne serez pas dérangé de bien longtemps. J'ajouterai qu'en acceptant ma proposition, c'est presque un service que vous me rendrez; ce concierge, ou plutôt ce jardinier et sa femme, sont de jeunes villageois qui s'entendent fort peu, je crois, à l'entretien d'une maison. Celle-ci n'étant pas habitée, doit être privée d'air, de soleil, enfin de tout ce qui assainit une propriété; je suis bien certain qu'avec vos dames il n'en sera pas ainsi : elles veilleront à l'entretien de ma maison. Enfin, je vous répète que je serai heureux si vous acceptez cette offre. Voyons, me refuserez-vous encore?

— Ah! monsieur, vous arrangez les choses d'une façon si délicate... non, non, je ne vous refuse plus... et je ne vous cacherai pas maintenant que je suis bien content, que vous me mettez une grande joie au cœur.

— Tant mieux, ce n'est pas tout... le jardin donne une énorme quantité de fruits, le potager est amplement fourni de toutes sortes de légumes; il y a aussi des poules, des œufs... il faut user de tout cela comme de votre propriété... je l'entends ainsi.

— Ah! monsieur, par exemple!...

— Mais remarquez bien que vous ne me faites aucun tort... je ne vais plus à Montagny, je n'emploie pas tous cela : le concierge et sa femme ne peuvent pas tout consommer, puisque Jacquet m'avait offert de vendre de mes fruits et de mes légumes; je ne l'ai pas voulu et lui ai dit d'en distribuer à ceux du village qui en manquaient. Vous voyez donc bien que ce serait une susceptibilité mal entendue qui vous empêcherait d'en prendre tant que vous en voudrez.

— En vérité, monsieur, vous me rendez tout confus! comment avons-nous mérité que vous soyez si bon pour nous!...

— Vous exagérez le service que je vous rends, et qui par le fait ne me coûte rien. Ah! il y a aussi beaucoup de vin dans les caves, car j'avais fait de grosses provisions, croyant séjourner longtemps dans cette demeure. Si on ne le boit pas, il se gâtera.

— Oh! pour le vin! permettez-moi de vous dire que vous pouvez le vendre avec votre maison.

— On ne vend jamais le vin ce qu'il vaut, et les acquéreurs ne le prennent que par-dessus le marché... Enfin, vous ferez ce que vous voudrez. Je vais dès ce soir écrire à mon concierge Jacquet, pour le prévenir de votre prochaine arrivée, et lui dire que vous et votre famille devez en mon absence être regardés comme les maîtres de la maison. Ainsi, à dater d'après-demain, vous serez attendus.

Horace prend la main de M. Duvalloir, il la presse avec force dans la sienne; il est si heureux, si ému, que c'est à peine s'il peut balbutier : — Monsieur, comment reconnaîtrai-je jamais ce que vous faites pour nous!

— C'est bien, c'est bien!... je vous répète que cela me rend service de vous voir habiter ma maison avec votre famille. Adieu, je vais écrire à Jacquet.

— Ah! monsieur! votre adresse, s'il vous plaît, que je puisse aller vous voir quand je viendrai à Paris?

— La voilà : Hôtel des Étrangers, rue Richelieu... Venez me voir, mais que ce ne soit pas pour me remercier, ou je me fâcherai. Adieu!

M. Duvalloir s'est éloigné, après avoir échangé une bonne poignée de main avec Horace. Celui-ci est resté sur le boulevard, regardant aller celui qui vient de le quitter, et se disant : — Voilà pourtant un homme qu'au premier abord on croirait dur, insensible... Ah! combien on a tort de juger sur les apparences!... Mais c'est un cœur d'or que cet homme-là!... Ah! c'est ceux qui ont fait du chagrin... c'est ceux qui le rendent toujours triste qui sont méchants, ingrats envers lui!... oui, ingrats! le parieriais; car, en général, ce ne sont pas les mauvais procédés de ce enne-

L'âne, piqué par les épines d'acacia, fait un bond... — Page 98.

mis qui nous attristent, de leur part on s'y attend ; mais ce qui nous blesse, ce qui nous atteint au cœur, c'est l'abandon des personnes que nous aimions, c'est l'ingratitude de ceux que nous avons obligés.

Puis, tout à coup Horace se frappe le front, en se disant : — Ah ! mon Dieu ! et ma tante, ma sœur, que j'oublie... elles vont être si heureuses en apprenant ce qui nous arrive. Courons !... diable ! mais je suis à la Madeleine... c'est bien loin... montons dans un omnibus. Justement en voilà un qui va partir.

Horace veut grimper aux places de l'impériale, il n'y en a plus : il est forcé d'entrer dans l'intérieur de la voiture, qui est bientôt complet aussi, ce qui fait que les voyageurs peuvent à peine bouger, parce qu'on fourre là-dedans trop de monde, surtout depuis que les toilettes des dames prennent double place.

Ne pouvant ni remuer, ni se retourner, le jeune homme se met à rêver à son prochain séjour dans la Maison aux Sycomores, et ce qui l'enchante, c'est qu'il pense bien que M. Bouffi sera furieux de l'avoir pour voisin, et de lui voir habiter une propriété plus élégante que la sienne.

Et, tout en rêvant, Horace ne s'aperçoit pas que la voiture va toujours. Quand elle s'arrête, il est à la Bastille. Alors il est désolé, et se décide à remonter dans une voiture qui va à la Madeleine ; mais cette fois il fait attention ; ne voulant point passer sa soirée en omnibus, il se fait descendre rue du Temple.

Il est nuit depuis longtemps lorsqu'il arrive chez sa tante, où il trouve, outre sa sœur, la jolie voisine du quatrième, qui est venue faire ses adieux à madame Rennecart.

Horace entre en sautant, en dansant, en criant : — Ma tante, réjouissez-vous ! Virginie, fais bien vite tes paquets. Ah ! vous allez être joliment contentes ! Chantons !... Virginie, viens polker avec moi.

Madame Rennecart regarde son neveu en murmurant : — Mais qu'est-ce que tu as donc, Horace ? est-ce que tu deviens fou ?

— Non, ma tante, non, soyez tranquille ; mais c'est la joie, le contentement. Je vous ai trouvé un logement à Montagny, et un fameux logement,

— En vérité ! et chez qui donc, mon ami ?

— Est-ce que c'est dans le village même ? demande Virginie.

— Non, ce n'est pas dans le village même, c'est dans une propriété que vous connaissez bien.

— Serait-ce dans notre ancienne demeure, par hasard ?

— Allons donc ! ne savez-vous pas que cet honnête M. Bouffi l'a achetée ? et ce n'est pas lui qui nous offrirait un logement dans sa propriété. Ma tante, ma sœur, vous allez habiter la Maison aux Sycomores, la superbe propriété de M. Duvalloir ; vous serez logées, meublées comme des marquises... vous aurez la jouissance du jardin, du parc, de la basse-cour... vous aurez des légumes, des œufs, des fruits tant que vous en voudrez... et tout cela ne vous coûtera rien. Ah ! il y a même du vin dans les caves, on le met encore à notre disposition. Eh bien, chère tante, que dites-vous de cela ? avais-je tort de compter sur la Providence, d'espérer dans l'avenir ?

— En vérité, mon ami, je n'en reviens pas ! ce que tu nous apprends là est si extraordinaire, j'ose à peine y croire.

— J'étais comme vous, ma tante, je croyais rêver ; tout cela est cependant bien vrai.

— Mais comment se fait-il ?...

— Mon Dieu ! c'est bien simple. J'ai rencontré sur le boulevard M. Duvalloir, il venait de chez Bouffi ; il savait que j'avais quitté ma place, et m'en demanda la raison que je lui expliquai. « Maintenant, me dit-il, que comptez-vous faire ? — Retourner vivre dans notre village ; seulement je ne sais pas encore où nous trouverons à nous loger. » C'est alors qu'il m'a dit : « Allez chez moi, la maison est libre, occupez-la, jouissez de tout ce qu'elle renferme. » Vous pensez bien, ma tante, que d'abord je ne voulais pas accepter... je craignais d'être indiscret ; mais il prétendit que vous lui rendriez un grand service en habitant sa maison... qu'une demeure s'abîme quand elle n'est pas habitée, que vous en auriez bien plus soin que le jardinier. Enfin, il fit tant, que je ne pouvais plus refuser. Ah ! quel digne homme que ce M. Duvalloir, et quel bon cœur il cache sous une enveloppe sévère ! Je l'aimais déjà un peu, à présent je me jetterais dans le feu pour lui.

6

Eh bien, ma tante, êtes-vous contente, et n'avais-je pas raison de chanter et de danser ?

— Viens m'embrasser, Horace ; tiens, décidément, à l'avenir, je me fierai à toi. Oh ! oui ! c'est une bonne nouvelle que tu nous as apportée là.

Après avoir embrassé sa tante, Horace se tourne vers madame Huberty et lui dit : — Excusez-moi, madame, si je ne vous ai pas encore dit bonsoir depuis que je suis entré, mais ce que j'avais à dire ici était si pressé, il s'agissait de rendre heureuses ma tante et ma sœur, je ne pouvais pas différer, n'est-ce pas, madame ?

La jolie dame, qui a écouté le récit du jeune homme avec un trouble toujours croissant, est d'une extrême pâleur et balbutie d'une voix entrecoupée : — Oui, monsieur, oui... vous avez bien fait... je ne puis que vous approuver...

— Mon Dieu ! madame, mais vous êtes bien pâle... vous avez l'air souffrant... seriez-vous indisposée ?

— Non, monsieur, ce n'est rien... un léger malaise... je vais remonter chez moi.

En disant cela, madame Huberty se lève et va presser la main de madame Rennecart et de sa nièce ; mais ses regards semblaient toujours chercher Horace, et ils avaient une expression si singulière, que celui-ci en est frappé. La petite voisine allume sa bougie et dit adieu, puis elle s'éloigne lentement. Virginie veut reconduire cette dame jusqu'à la porte, mais son frère la repousse, et c'est lui qui se charge de cet emploi. Arrivés sur le carré, madame Huberty dit bien bas et bien vite à Horace, en serrant sa main dans la sienne, qui est tremblante : — Monsieur... je vous attends chez moi... tout à l'heure... j'ai à vous parler... ne manquez pas de venir, je vous en supplie !...

— Oh ! madame ! il n'y a pas de danger que je manque ! répond Horace, tout surpris de ce qu'il entend. Et la petite voisine reprend : — Du silence !... Je vous attends !...

Puis elle monte vivement l'escalier ; quant à Horace, tout étourdi de ce qui lui arrive, il rentre dans l'appartement, ayant encore peine à croire à ce rendez-vous qu'on vient de lui donner.

XXXV

COMMISSION MYSTÉRIEUSE.

On doit penser avec quelle impatience Horace attend le moment de se rendre à l'invitation de madame Huberty ; il en a été tellement surpris, qu'il y a encore des moments où il craint de s'être trompé et d'avoir mal entendu ce que la jolie dame lui a dit tout bas en partant. Mais il se rappelle sa pâleur, son émotion et sa main qu'elle a pressée fortement en lui disant : « Je vous attends. » Et ce doigt qu'elle mettait sur sa bouche pour lui recommander le silence, tout cela n'est point un rêve ; il est donc bien vrai que cette dame l'a prié de monter chez elle... chez elle ! où elle ne voulait point le recevoir, d'où elle l'avait à peu près congédié ; pour qu'un tel changement se soit opéré dans sa résolution, il faut une cause inattendue, mystérieuse, et c'est cette cause que le jeune homme brûle de connaître.

Aussi Horace se dispose-t-il à quitter sa tante et sa sœur beaucoup plus tôt que de coutume.

— Qu'est-ce qui te presse donc ce soir ? lui dit madame Rennecart.

— Ma tante, je vais commencer à faire mes malles de voyage.

— Tes malles... tu n'en avais pas seulement une quand tu es arrivé de Rouen, et il n'y a pas si longtemps.

— Oui, ma tante ; mais depuis ce temps-là je me suis monté ma garde-robe... je me suis acheté des faux-cols et des foulards. Virginie, j'espère que tu ne seras point en retard pour tes paquets...

— Nous partirons donc bientôt ?

— Je l'espère... une maison magnifique qui nous attend, un jardin charmant, un parc, une pièce d'eau... est-ce que tout cela ne te séduit pas ?

— Si, mon frère ; mais mon fiancé ?...

— Ton fiancé viendra nous voir là-bas... nous aurons de la place pour le recevoir, je le ferai pêcher dans le bassin.

— Il n'est pas très-longtemps...

— Son oncle lui aura donné de là besogne pressée probablement ; il viendra demain. Ma tante, c'est aujourd'hui mercredi, nous partirons samedi, n'est-ce pas ?

— Je le veux bien, mon ami ; pourvu que ce ne soit pas un vendredi, les autres jours me sont indifférents.

— Vous êtes superstitieuse, ma tante ?

— Je n'aime pas le vendredi, mon ami.

— Vous en avez bien le droit. Après tout, chacun a ses idées, ses croyances, ses antipathies... les plus grands hommes ont eu leurs superstitions... ont cru aux augures... excepté César ! et il a eu tort de ne pas croire aux corneilles... il vivrait peut-être encore... Ah ! en voilà une bêtise... n'est-ce pas, ma tante ?... et là-dessus, bonsoir, bonne nuit, et à demain.

— Je vais t'éclairer, mon frère.

— Non, non, c'est inutile... je n'aime pas qu'on m'éclaire, moi ; je suis superstitieux aussi, je préfère l'obscurité ; d'ailleurs, je suis comme les chats, j'y vois mieux la nuit.

Et, après avoir embrassé sa tante et sa sœur, le jeune homme se hâte de les quitter, ayant soin de bien fermer la porte après lui. Arrivé sur le carré, il s'arrête, écoute quelques instants pour être sûr qu'on ne le rappelle pas pour quelque chose qu'on aurait oublié de lui dire, mais personne ne bouge ; alors il gravit rapidement les deux étages qui le séparent de la voisine. En se trouvant devant la porte de madame Huberty, son cœur bat avec tant de force, qu'il est obligé de s'arrêter, en se disant : — Mon Dieu ! est-ce qu'elle m'aimerait à présent ?... ce serait trop de bonheur à la fois !... Mais non, cela ne peut pas lui avoir pris comme un coup de foudre ; enfin, je vais savoir mon sort.

Et il frappe légèrement à la porte, qui s'ouvre presque aussitôt. La jeune dame le fait entrer dans la pièce du fond, elle lui montre un siège ; elle paraît si vivement émue, qu'elle est elle-même obligée de s'asseoir ; enfin elle tâche de se remettre et dit : — Je vous remercie, monsieur, de vous être rendu à mon invitation.

— Ah ! madame, vous ne pouviez pas en douter !

— Il s'agit de me rendre un service, un grand service, monsieur... vous m'avez témoigné de l'intérêt, vous pouvez me prouver qu'en effet vous avez un peu d'amitié pour moi ; cela me donne l'espoir que vous ne refuserez pas ce que je vais réclamer de vous.

— Madame, tout ce qu'il sera en mon pouvoir de faire, vous pouvez être certaine que je le ferai.

— Monsieur... d'après ce que j'ai appris ce soir, vous connaissez M. Duvalloir ?

— Oui, madame, oui, je le connais, répond Horace, tout surpris de ce que ce soit de M. Duvalloir que madame Huberty veut lui parler, et voyant déjà toutes ses espérances s'évanouir.

— Monsieur, j'aurais besoin de parler à... cette personne... je désire bien vivement avoir un entretien avec elle...

— Elle... M. Duvalloir ?

— Oui... oh ! je vous en prie, monsieur, obtenez qu'il ne se refuse pas à ma demande... si vous saviez combien je vous en serais reconnaissante... Ah ! vous serez un frère pour moi.

Le nom de frère n'était pas fait pour ranimer les espérances du pauvre amoureux, qui répond : — Madame, pourquoi doutez-vous que M. Duvalloir vous accorde l'entretien que vous demandez... il me semble qu'on doit s'estimer trop heureux... lorsqu'une dame... comme vous... nous donne un rendez-vous ; je pense, moi, que ce monsieur s'empressera de se mettre à vos ordres.

— Vous vous trompez ; il est bien possible au contraire que... M. Duvalloir me refuse.

— Oh ! non, madame ; ce monsieur est trop poli pour cela.

— Ah ! monsieur, vous ne savez pas... vous ne pouvez pas savoir pourquoi j'ai cette crainte.

— Si vous me le disiez, madame, je le comprendrais.

— Ah ! je ne puis pas vous dire cela, monsieur ; non, je ne le puis pas.

— Excusez-moi, madame ; j'aurais dû deviner que ma question était indiscrète, en effet.

— Monsieur... voilà une lettre... que j'ai écrite... elle est pour M. Duvalloir... Seriez-vous assez obligeant pour vous charger de la lui remettre ?

— Donnez, madame ; ne vous ai-je pas dit que je ferais tout ce que vous m'ordonneriez ?

— Ah ! que vous êtes bon, monsieur !... combien je rends grâce au hasard qui m'a appris que vous connaissiez M. Duvalloir... que je ne croyais pas à Paris !

— Il n'y a pas très-longtemps qu'il y est, madame ; il paraît que pendant trois ans et demi ce monsieur a beaucoup voyagé.

— Ah !... et sa santé n'a point souffert de ces longs voyages ?

— Je ne crois pas, madame ; mais en revanche, si vous l'avez connu d'une humeur gaie... ah! vous le trouveriez bien changé! M. Duvalloir est presque toujours triste, rêveur; si en causant vous parvenez à lui arracher un sourire, il s'efface bientôt de sa physionomie, qui reprend vite son air de mélancolie habituel.

La jeune femme porte son mouchoir sur ses yeux; pendant quelques minutes, elle garde le silence, et Horace n'ose pas la troubler. Enfin, madame Huberty a essuyé ses yeux, dans lesquels on voit encore des larmes, et elle murmure : — Ainsi, monsieur, vous me promettez de remettre cette lettre à M. Duvalloir?

— Oui, madame.

— Bientôt, n'est-ce pas?

— Dès demain matin, je me rendrai à son hôtel, rue Richelieu.

— Ah! merci!... merci!...

— Est-ce là tout, madame?

— Mais si vous vouliez bien ensuite venir ici, me dire ce que M. Duvalloir vous aura répondu.

— Oui, madame; je viendrai sur-le-champ vous le dire.

— Dans ma lettre, je prie M. Duvalloir de m'accorder un moment d'entretien, soit ici, soit ailleurs; et, s'il ne pense pas qu'il me réponde par écrit, alors il vous dira... où... et quand je pourrai lui parler... à moins... qu'il ne me refuse cette entrevue.

— Ah! madame! est-ce que cela est possible!

— Eh bien, alors... à demain, monsieur Horace...

— A demain, madame.

— Désormais je vous regarderai comme mon meilleur ami. Ah! croyez-moi, monsieur Horace, une amitié sincère vaut mieux que ces amours... qui passent bien vite.

— Je ne suis pas tout à fait de votre avis, madame!

Et le jeune homme pousse un gros soupir, mais presque aussitôt il se lève, et, pressant dans les siennes la main que la jeune femme lui présente, il la salue respectueusement et la quitte en lui disant : A demain, madame.

Puis Horace rentre chez lui, songeant à tout ce qu'il vient d'entendre et se disant : — Autant que je puis supposer, d'après ce que m'a dit cette dame, elle a beaucoup connu M. Duvalloir avant ses voyages... Il est bien probable qu'ils se sont aimés... puis quittés... quel est celui qui le premier a quitté l'autre? Ordinairement ce sont les hommes qui commencent... pas toujours, cependant!... Elle paraît désirer bien vivement le revoir... elle l'aime toujours. Oh! oui, elle l'aime... Ce monsieur a bien dix ans de plus qu'elle... mais il peut plaire encore... et puis il n'a pas dû être toujours si triste. Ah! mon pauvre Horace!... je crois que tu n'as rien à espérer pour tes amours... enfin je serai son ami, m'a-t-elle dit... l'ami d'une femme jeune et belle... rien que l'ami! ça me semblera drôle... mais ça me changera.

Le lendemain, sur les dix heures du matin, Horace se rend à l'hôtel où demeure M. Duvalloir. Il s'est dit en route : Je désire prouver à ce monsieur ma reconnaissance pour tout ce qu'il fait pour nous; peut-être cette jeune dame m'en a-t-elle fourni l'occasion... si la commission dont elle m'a chargé est, comme je n'en doute pas, agréable à ce monsieur, cela me consolera de mes illusions perdues.

M. Duvalloir lisait ses journaux lorsqu'il voit Horace entrer chez lui. Il lui tend la main en souriant et lui dit : — Vous venez savoir si je n'ai pas oublié d'écrire à Jacquet... non, mon jeune ami, soyez tranquille, le concierge doit maintenant avoir reçu ma lettre... et vous êtes attendu à Montigny.

— Oh! monsieur, ce n'est pas pour cela que je viens, répond Horace qui éprouve un certain embarras pour faire sa commission. Certainement, monsieur, je suis bien content de vous voir... de vous remercier encore; mais peut-être ne serais-je venu de si matin... si je n'avais été chargé... près de vous, de... quelque chose.

— Qu'est-ce, mon ami? expliquez-vous... si je puis encore vous rendre quelque service, parlez sans crainte, c'est un plaisir que vous me procurez.

— Vous êtes mille fois trop bon pour nous, monsieur; mais cette fois ce n'est pas de me rendre service qu'il s'agit; au contraire, c'est moi qui... c'est-à-dire je présume... mon Dieu, je m'embrouille. Tenez, monsieur, voilà tout simplement la chose : Dans la maison dont sa tante était principale locataire, loge une petite dame... fort gentille... qui peut avoir, à ce que je crois, de vingt-six à vingt-sept ans... elle vit seule, très-retirée, ne reçoit personne, et ne va chez personne... elle est très-jolie, cette dame... mais cela ne fait rien à l'affaire.

M. Duvalloir écoute attentivement; mais déjà son front s'est rembruni; son air est devenu plus soucieux. Horace continue :

— Hier au soir, en arrivant chez ma tante et ma sœur, vous pensez bien, monsieur, que mon premier soin a été de leur apprendre le bonheur qui nous arrivait, enfin tout ce que vous faisiez pour nous. Cette jeune dame était là, elle était venue exprimer à ma tante ses regrets de ce que celle-ci cessait d'être sa principale locataire. Naturellement en parlant de vous, de tout ce que nous vous devions, j'avais plus d'une fois prononcé votre nom; lorsque cette dame s'éloigna, elle me dit bien bas qu'elle avait à me parler et me priait de monter chez elle; je ne manquai pas de m'y rendre, alors...

— Pardon, dit M. Duvalloir en interrompant Horace; mais vous ne m'avez pas encore dit le nom de cette dame?

— Ah! c'est vrai, monsieur; elle se nomme madame Huberty.

— Huberty!... c'est bien, continuez.

— Je me rendis donc hier au soir chez cette dame, que je trouvai très-émue; très-agitée... et dont les yeux semblaient avoir versé des larmes. Elle me dit : « Vous connaissez M. Duvalloir, vous me rendriez un grand service en me procurant un entretien avec lui... il faut absolument que je lui parle... » Moi, je répondis que j'étais tout prêt à me charger près de vous de cette commission; alors elle tira de son sein une petite lettre qu'elle me donna... et que voici; en me priant de vous la remettre. Tenez, monsieur; cela vous expliquera sans doute mieux que moi ce que l'on attend de vous.

Horace présentait sa lettre à M. Duvalloir, mais celui-ci ne la prenait pas, il détournait les yeux, et sa physionomie était plus sombre que jamais. Le jeune homme, étonné de ce qu'il ne s'empressait point de prendre le billet que lui envoyait la jolie dame, tenait toujours la lettre en murmurant : — Monsieur, la voilà cette lettre... elle est bien pour vous... prenez-la donc... cette dame m'a tant recommandé de vous la donner... à vous-même... et... elle avait des larmes dans les yeux en me la remettant.

Après avoir hésité encore quelques instants, M. Duvalloir se décide enfin; il prend brusquement la lettre en fronçant les sourcils d'une façon qui annonce le déplaisir qu'il éprouve en recevant ce billet, puis il se retire à l'écart pour le lire.

En remarquant de quelle façon ce monsieur vient de recevoir la lettre dont il s'était chargé, Horace se dit : — J'espérais être agréable à M. Duvalloir en venant ici de la part de cette dame... et il me semble que j'ai produit un effet tout contraire... Après tout, ce n'est pas ma faute... j'ai fait ma commission... mais je n'aurais jamais cru qu'une lettre d'une si jolie femme pût être accueillie ainsi; ah! si elle m'avait écrit, à moi!...

Après avoir lu le billet qu'on lui a remis, M. Duvalloir le froisse dans sa main, revient près d'Horace et lui dit d'un air irrité : — Puisque vous vous êtes chargé de la commission de... de cette dame... dites-lui qu'à l'avenir, elle se dispense de m'écrire... ce serait tout aussi inutilement... car je ne veux pas la voir... je ne veux pas l'entendre... et jamais... vous m'entendez, jamais je ne reviendrai sur cette résolution.

Horace demeure tout consterné, et il balbutie : — Cela suffit, monsieur... je répéterai à cette dame vos paroles... mais... mon Dieu... si j'avais su... si j'avais pu prévoir que mon message vous fût... désagréable, je ne m'en serais certainement pas chargé, monsieur... Moi, qui tiens tant à vous témoigner ma reconnaissance, est-ce que vous allez être fâché contre moi, maintenant, parce que je vous ai apporté cette lettre?...

M. Duvalloir reprend son air habituel, et presse affectueusement la main du jeune homme, en lui disant : — Non, mon ami, non, je ne suis pas fâché contre vous... le ton avec lequel je vous ai parlé tout à l'heure, n'était que la suite de l'émotion que j'éprouvais... cela ne vous regardait en rien, mais seulement... j'ai une prière à vous adresser.

— Une prière... à moi!... ah! parlez monsieur...

— C'est, à l'avenir, de ne plus vous charger d'aucune commission pour moi, de la part de... de cette dame... enfin de ne jamais me reparler d'elle... vous me le promettez, n'est-ce pas?

— Oui, monsieur... du moment que ce sujet de conversation vous contrarie... oh! soyez tranquille, je ne vous en parlerai plus.

— Adieu, mon ami; maintenant Horace, allez vous établir dans la Maison aux Sycomores avec votre famille, regardez-vous là comme chez vous; et puissiez-vous y être heureux, c'est mon plus ardent désir.

— Merci mille fois, monsieur; mais quand je viendrai à Paris, vous me permettrez de venir vous voir quelquefois?

— Oui, sans doute... en vous souvenant de ce que vous m'avez promis tout à l'heure.

— Oh! je ne l'oublierai pas, monsieur.

Horace a pris congé de M. Duvalloir, mais il s'en revient tout triste, car il faut qu'il aille dire à madame Huberty quel est le résultat de sa commission; et, en apprenant de quelle manière on a reçu sa lettre, en sachant que M. Duvalloir refuse de la voir et de l'entendre, il ne doute pas qu'elle n'éprouve un vif chagrin.

— Que peut-elle donc avoir fait à ce monsieur, pour qu'il soit aussi irrité contre elle? voilà ce que le jeune messager se dit tout le long du chemin; puis il soupire, ne comprenant pas que l'on puisse garder rancune à une femme aussi jolie.

En pensant tout cela, Horace est arrivé devant la demeure de sa tante. Il s'arrête devant l'allée, il se demande s'il montera tout de suite chez madame Huberty, puis il s'y décide en se disant :

— Les mauvaises nouvelles doivent être dites bien vite... c'est comme une médecine à prendre : il faut se hâter de s'en débarrasser.

La petite dame du quatrième attendait Horace avec anxiété; mais, à peine lui a-t-elle ouvert la porte et jeté les yeux sur lui, qu'elle s'écrie : — Ah! vous n'avez pas obtenu l'entrevue que je demandais... on me la refuse... je lis cela sur votre visage.

— Hélas! madame, il n'est que trop vrai... et vous me voyez désolé de ne point vous rapporter une réponse favorable.

— Ah! je devais m'y attendre... j'y étais presque préparée. Cependant... vous lui avez remis ma lettre?

— Il faisait d'abord quelques difficultés pour la prendre... enfin, il s'y est décidé...

— Et... il l'a lue?

— Oh! oui, madame, il l'a lue, j'en suis certain.

— Et, après l'avoir lue... que vous a-t-il dit?... Ah! ne craignez point de me rapporter ses paroles... telles qu'elles sont sorties de sa bouche, je suis préparée à tout.

— Puisque vous le voulez...

— Je vous en prie instamment!...

— M. Duvalloir, après avoir lu votre billet, avait l'air très-irrité, et il m'a dit : « Que cette dame se dispense à l'avenir de m'écrire encore... ce serait inutile... car je ne veux ni la voir, ni l'entendre, et jamais je ne reviendrai sur cette résolution. »

La jeune femme ne peut plus se contenir; elle éclate en sanglots et couvre son visage avec son mouchoir, en s'écriant : — Jamais!... il ne veut plus me voir... oh! mon Dieu! que je suis malheureuse!...

La douleur de cette dame fend le cœur d'Horace qui se sent prêt à pleurer comme elle, et murmure : — Ah! madame, moi aussi je suis malheureux, puisque je vous vois tant de chagrin et que je ne puis pas vous consoler.

Au bout de quelques minutes, madame Huberty se calme; elle essuie ses larmes et dit à Horace : — Pardonnez-moi, monsieur, de m'être ainsi, devant vous, abandonnée à ma douleur... je devrais avoir plus de courage; mais je n'ai pas été maîtresse de mes sensations; je vous ai fait de la peine, veuillez m'excuser.

— Ah! madame... c'est moi qui suis désolé de n'avoir pas été plus heureux dans ma commission... j'ai fait ce que j'ai pu, mais M. Duvalloir avait l'air si irrité...

— Ne parlons plus de cela, monsieur; ce que je n'oublierai jamais, moi, c'est l'obligeance dont vous avez fait preuve... Je vous avais chargé d'un triste message... ce n'est pas votre faute si... ce monsieur a mal accueilli ma demande; mais je le sais assez juste pour ne point faire retomber sur vous l'irritation que ma lettre... que ma demande a pu lui causer; j'espère que cela ne vous aura pas brouillé avec lui.

— Oh! non, madame, M. Duvalloir m'a témoigné la même amitié, et dans deux jours, nous allons nous installer dans sa propriété.

— Vous habiterez la Maison aux Sycomores... puissiez-vous y être heureux.

— M. Duvalloir m'en a souhaité autant, madame... Est-ce que vous ne viendrez pas un jour nous y voir, madame?... cela ferait bien plaisir à ma tante... je n'ose pas dire à moi.

— Pourquoi donc? je vous ai dit que je vous regardais comme un ami, comme un frère...

— Eh bien, on va ordinairement voir son frère...

— Je ne sais si je pourrai; mais si j'ose aller à Montagny, soyez certain que je vous y verrai. Adieu, monsieur Horace, et recevez encore tous mes remercîments.

La jeune dame tend sa main à Horace, qui la presse avec tant de force, qu'elle se hâte de le congédier, en lui disant encore : « Merci! »

A TOUS LES CŒURS BIEN NÉS!...

Horace a fait emballer sur le chemin de fer les quelque meubles que madame Rennecart a voulu absolument conserver; elle a aussi emporté le grand pantin qui cachait sa glace, et qui peut ailleurs reprendre son emploi. Virginie a fait ses paquets et emporté une assez grande provision d'ouvrage que sa lingère lui a confié, puis on a dit adieu à la maison de la rue du Temple, à la famille Machabée, à sa perruche, à la clarinette; aux fabricants de saucisses; et par une belle matinée, on va gagner le chemin de fer de Strasbourg qui déballe les voyageurs à Ermenonville.

Est-il nécessaire de dire que, la veille au soir, Oswald est venu faire ses adieux à sa fiancée? Les deux amoureux ont pleuré en se quittant, mais Horace leur a tant répété qu'il allait travailler à hâter leur mariage, qu'ils ont souri sous leurs larmes.

Puis, Oswald s'est écrié : — Je crois quand elles me semblent plus arrivée; je suis sûr que cela fera bien plaisir à M. Bouffi, c'est une surprise que je lui ménage.

— Très-bien, dit Horace, nous serons là pour saluer leur arrivée; je suis sûr que cela fera bien plaisir à M. Bouffi, c'est une surprise que je lui ménage.

Avant de partir, Horace était monté chez madame Huberty, pour lui dire encore adieu, mais il n'avait trouvé personne, ou on ne lui avait pas ouvert.

Enfin on est en wagon, et assez sérieux pendant les premiers moments du voyage, chacun pensant à l'avenir; madame Rennecart se disant : Nous allons loger dans la propriété de ce M. Duvalloir, c'est fort bien pour le moment; mais un de ces jours, la propriété se vendra, et alors... que deviendrons-nous?

La jeune Virginie soupirant, parce qu'elle s'éloigne de son amoureux, qu'elle ne le verra plus que rarement, et qu'elle craint qu'il ne cesse de penser à elle. Toutes les femmes veulent que l'on pense sans cesse à nous... mêmes quand elles ne songent plus à nous. Enfin Horace réfléchissant aussi qu'il n'a pas été heureux dans ses amours, et se demandant s'il sera plus heureux dans la recherche du trésor que son père a amassé pour lui.

Mais, lorsqu'on a quitté le chemin de fer, lorsqu'on se retrouve en pleine campagne, dans ces champs délicieux qui entourent Ermenonville, lorsqu'on approche du village de Montagny, et que l'on foule cette terre où l'on a essayé ses premiers pas, alors toutes les appréhensions disparaissent, toutes les tristesses s'évanouissent pour faire place à un sentiment de bonheur, de bien-être que peut seul donner l'air que l'on respire quand il est né. A chaque instant, Virginie reconnaît un bosquet, un vieil arbre, un sentier qu'elle a vus son enfance, elle pousse des cris de joie en disant : — Ah! nous venions promener par ici avec vous, ma tante... nous nous sommes assises sur ce gros noyer... là je cueillais des noisettes, des mûres sauvages.

— Par ici, je venais chasser avec mon père, dit Horace, c'est-à-dire, je ne chassais pas, moi, mais il m'emmenait avec lui, et souvent je rapportais le lièvre qu'il avait tué.

— Oui, oui, mes enfants, dit madame Rennecart, je reconnais aussi tous ces sites... tous ces beaux points de vue... ah! cela me fait plaisir de les revoir... Tenez, ici, il me semble qu'on respire mieux qu'à Paris.

— Oh! oui, ma tante... Et puis, quelle différence, ici, l'air est embaumé, parfumé par les fleurs, les plantes, les herbages; tandis qu'à Paris, le bitume qu'on fait cuire, les voitures qui emportent les immondices, les bornes décentes... ah! franchement, tout cela n'embaume pas... ce qui prouve que la ville la plus belle ne pourra jamais lutter avec la campagne, pour le bon air et la salubrité.

Mais c'est lorsqu'on aperçoit la Prairie aux Coquelicots, que la joie devient presque du délire, surtout pour Virginie, qui n'avait pas revu leur ancienne propriété depuis l'âge de neuf ans. Dès que ses yeux reconnaissent cette belle pelouse toute fleurie, elle la montre à sa tante, à son frère, en poussant des cris de joie; puis elle s'élance, elle court, jusqu'à ce que ses pieds foulent cette terre chérie, puis elle sautille de côté et d'autre, comme au temps de son enfance, et enfin se laisse tomber sur l'herbe et y reste assise en disant : — Ah! qu'on est bien comme cela!... ah! quel plaisir... Ma belle prairie, que je suis contente de te revoir !

Madame Rennecart, qui ne court plus, arrive enfin près de sa nièce, et lui dit : — Comment! mademoiselle, vous vous roulez sur l'herbe comme si vous n'aviez encore que huit ans... une grande fille qui en a dix-sept.

— Laissez-la faire, ma tante, dit Horace, elle retrouve les lieux où elle a si souvent joué dans son enfance; n'est-il pas tout naturel que son premier mouvement soit d'y jouer encore? Va, ma sœur, ne te gêne pas... saute, cours dans la prairie, ne crains pas de fouler aux pieds le trèfle, le thym, le serpolet... si le nouveau propriétaire n'est pas content, c'est à moi qu'il aura affaire.

Virginie se relève, mais elle est devenue sérieuse, et elle murmure : — Ah! c'est vrai... la prairie n'est plus à nous, je l'avais oublié...

Et le frère et la sœur s'arrêtent pour saluer le domaine où ils sont nés, où ils ont passé leur enfance, où leur père est mort... puis ils se regardent se et comprennent : ils iront bientôt prier sur son tombeau, dans le modeste cimetière du village... là, il n'y a point de fastueux monuments, point de ces tombes embellies par l'art, qui dénotent plutôt la vanité des vivants que l'amitié que l'on portait à ceux qui y sont couchés! Au village, le champ du repos est simple, tout y respire le calme, la paix. On va s'y promener pour prier, et non pas pour admirer des monuments; suivant moi, plus un cimetière est modeste et plus il est beau.

Mais on est arrivé devant la grille de la Maison aux Sycomores, et Horace s'écrie : — Voilà notre nouvelle demeure ! elle n'est pas laide non plus.

— Oh! c'est bien beau là! dit madame Rennecart, et il me semble qu'on a encore beaucoup embelli cette maison depuis huit ans que nous avons quitté le pays.

— Je crois que vous avez raison, ma tante, ce n'était pas si élégant de notre temps. Mais nous n'aurons pas la peine de sonner, voilà un gros gaillard qui accourt nous ouvrir, c'est le jardinier sans doute.

— Et une villageoise bien gentille là-bas, dit Virginie, ce doit être la jardinière.

C'était en effet Jacquet et sa femme qui attendaient avec impatience les personnes que M. Duvalloir leur avait annoncées.

Les villageois se confondent en salutations ; le mari s'écrie : — Entrez, monsieur, mesdames. C'est vous qui êtes M. Horace Bermont, sa tante et sa sœur?

— Oui, répond Horace en souriant ; voilà ma tante, ma sœur, et moi Horace Bermont : nous sommes au complet. M. Duvalloir vous a fait savoir...

— Oui, monsieur, oui, que je dois vous regarder comme mes maîtres... que vous êtes ici chez vous.

— Oh! pas tout à fait.

— Pardonnez-moi, monsieur, puisque vous avez acheté la propriété.

— Qui est-ce qui vous a dit cela?

— On ne me l'a pas dit, monsieur, mais M. Duvalloir m'a ordonné d'ôter l'écriteau et défendu, dès à présent, de faire voir la maison à personne; alors, ça prouve bien que vous devez l'acheter.

Horace regarde sa tante qui ouvre de grands yeux et dit à Jacquet : — M. Duvalloir est toujours votre maître, et cette propriété est toujours à lui ; mais enfin puisqu'il veut bien que nous l'habitions en son absence, ayez la complaisance de nous faire voir les chambres dans lesquelles nous pourrons nous loger.

— Toutes les pièces de la maison sont à votre disposition; madame, vous choisirez; ma femme va vous conduire. Ohé! Jeannette.

La jeune jardinière s'avance en faisant force révérences, et son mari lui dit d'un air joyeux : — Jeannette, v'là nos nouveaux maîtres, c'est pas les autres; t'es contente, n'est-ce pas? t'avais si peur que ce soit les autres.

— Oh! ma fine oui; je crois que nous aurions eu de la peine à nous arranger avec eux.

— De quels autres parlez-vous? demande Horace.

— Oh! monsieur... nous vous expliquerons ça plus tard.

— Oui, oui, plus tard, dit madame Rennecart; mais nos chambres d'abord, car nous sommes venues à pied depuis le chemin de fer, nous avons des paquets et je suis excédée de fatigue.

Madame Jacquet se hâte de conduire la compagnie dans la maison. On monte sur-le-champ au premier étage où sont les chambres à coucher. La jardinière en ouvre plusieurs; en entrant dans chacune, la tante et la nièce s'écrient : — Quelle élégance !...

quels beaux meubles!... cette chambre est trop belle, montrez-nous-en une autre.

— Mais, mesdames, toutes les chambres sont meublées de même ; vous aurez beau chercher, vous n'en trouverez pas de plus vilaine.

— Alors je prends celle-ci, dit madame Rennecart en déposant ses paquets sur un meuble.

— Et moi celle en face ! s'écrie Virginie en courant dans une jolie pièce toute tendue en rose et qui donne sur les jardins.

Quant à Horace, il est monté au second étage et il a bientôt choisi pour sa chambre une petite pièce bien simple, qui servait de lingerie, mais dont la fenêtre donne sur la prairie, si bien que l'on peut, en s'y plaçant, l'apercevoir tout entière. Vainement madame Jacquet dit au jeune homme qu'il n'y a pas de lit dans cette chambre, et à peine de la place pour en placer un, qu'il sera beaucoup mieux logé au premier étage; Horace persiste ; il a ses raisons pour vouloir, d'un coup d'œil, embrasser sa chère prairie, et le concierge reçoit l'ordre d'y monter un lit.

Après s'être reposés quelques instants, le frère et la sœur regardent leur tante qui leur dit : — Je vous comprends, mes enfants, il faut aller voir votre père ; il faut, en allant saluer sa dernière demeure, le remercier du bonheur qui nous arrive dans ce pays qu'il aimait tant ; bonheur qu'il vous envoie sans doute, car, de là-haut, un père doit toujours veiller sur ses enfants.

On se rend au cimetière qui est de l'autre côté du village. En route, plusieurs habitants de Montagny reconnaissent madame Rennecart, parce qu'elle est peu changée depuis neuf ans ; mais il n'en est pas de même de Virginie et de son frère, qui avaient, l'une neuf ans, l'autre treize, lorsqu'ils quittèrent le pays. Au lieu d'une enfant et d'un gamin, c'est un jeune homme fort et beau garçon, c'est une demoiselle bien faite, jolie, gracieuse, qu'ils ont devant les yeux. En apprenant que ce sont les enfants de M. Bermont, que tout le monde aimait et estimait dans le village, c'est à qui leur parlera, leur témoignera du plaisir de les voir; les femmes embrassent Virginie, les hommes serrent fortement la main d'Horace. Le frère et la sœur sont vivement touchés de ces témoignages d'amitié et en remerciant les villageois; la bonne tante a aussi sa part de ce bon accueil, et, lorsqu'ils sont tous les trois devant la tombe de celui qu'ils regrettent, ils le remercient des bons souvenirs qu'il a laissés sur la terre, car une mémoire justement vénérée y fait souvent plus de bien que beaucoup de gens très-vivants.

Lorsqu'ils reviennent à la Maison aux Sycomores, la jardinière accourt au-devant d'eux en leur disant : — Quand vous voudrez vous mettre à table, le dîner vous attend.

— Le dîner! s'écrie madame Rennecart, mais qui donc nous traite ?

— Madame, d'après les ordres de M. Duvalloir, tout ce que produit la maison est à votre disposition... nous en profitons bien, Jacquet et moi, qui ne sommes que les concierges, il est trop juste que vous en jouissiez aussi, vous qui devenez les maîtres ; il y a dans la propriété une vache, une basse-cour, des légumes, des fruits, vous n'avez donc comme nous que du pain à acheter... pour l'instant le jardin nous donne des petits pois, des asperges, des choux, de l'oseille, de la salade, des radis, des cerises, des groseilles, des amandes... avec un poulet et des œufs, vous voyez, madame, qu'on trouve de quoi manger et même à boire, car il y a tout plein de vin dans les caves... Ça, nous n'avions pas le droit d'y toucher... mais nous avons reçu l'ordre de vous en donner...

— Et j'en ai tout de suite été chercher, dit Jacquet.

— Mais c'est donc le pays de Cocagne, que cette maison !...

— Ma tante, s'écrie Horace, vous qui me demandiez comment nous aurions assez pour vivre ici ; mais c'est-à-dire que vous allez y amasser, y faire des économies ! En attendant, remercions M. Duvalloir, et allons dîner, car l'air de ce pays me donne un superbe appétit.

Le couvert est dressé dans la belle salle à manger du rez-de-chaussée, et Jeannette dit à ses nouveaux locataires : — Quand vous préférerez dîner dans le jardin, sous la tonnelle qui est à l'entrée, vous me le direz, et j'y mettrai le couvert...

— Ma chère dame, dit madame Rennecart, ce que nous voulons avant tout, c'est que vous ne vous croyiez pas obligée de nous servir; mon neveu et ma nièce sont jeunes, et j'ai encore de bonnes jambes ; nous n'avons pas besoin de domestique ; vous avez bien assez à travailler dans le jardin, que je n'ai pas encore parcouru, mais qui m'a paru immense.

— Oh ! le jardin, ça me regarde, dit Jacquet. Not' femme a encore le temps de reste, et, quand vous aurez besoin d'elle, faut pas vous gêner, car, Dieu merci, vous ne serez pas comme les autres, vous.

— Mon cher monsieur Jacquet, dit Horace après avoir goûté le vin qui est excellent, est-ce que vous ne pourriez pas maintenant nous expliquer quels étaient ces autres, dont le souvenir ne paraît pas vous être très-agréable ?

— Oh ! pardonnez-moi, monsieur, v'là l'histoire : Il y a un mois à peu près, M. Duvallon nous a écrit qu'il allait nous arriver du monde de Paris pour voir la propriété qu'on voulait acheter, et là-dessus, ordre de traiter ce monde-là de notre mieux. En effet, il nous arrive le lendemain une calèche avec sept personnes, sans compter le cocher, trois dames et quatre messieurs : je les recevons de not' mieux, mais fallait voir comme les dames faisaient des manières !... l'une... une déjà ben mûre... et qui avait un chapeau de paille grand comme un parapluie, ne me dit-elle pas qu'il y avait des serpents dans le jardin ?... c'est pas vrai... demandez à Jeannette ; la plus jeune courait partout à travers les plates-bandes et cueillait toutes les fleurs... la troisième... ah ! je ne sais pas ce qu'elle faisait.

— Elle se promenait toujours dans les endroits sombres avec un monsieur, dit la jardinière en soufflant.

— Mais les hommes, c'est autre chose : l'un veut jouer au billard, où il a fait un accroc énorme ; un autre, qu'on appelait le banquier, va se promener je ne sais où et revient gris pour aller enfin le troisième... ah ! si je l'avais su... c'est celui-là qui aurait eu son affaire !... mais Jeannette ne me l'a pas dit alors...

— Diable ! qu'a-t-il donc fait, celui-là ?

— Eh ben, figurez-vous que celui-là, qu'on appelait Coquu, Coqu... Coquelet... ne s'est-il pas avisé de rôder autour de ma femme et de lui pincer la fesse... sauf vot' respect !

— Oh ! oui, s'écrie la jardinière, mais je l'ai joliment arrangé... il a reçu le plus fameux soufflet... je vous réponds qu'il en a vu, trente-six chandelles !

— C'est égal, c'est pas assez, dit Jacquet : fallait me conter ça et je vous aurais un peu roulé, moi, ce farceur-là !

— Bah ! sa femme qui s'est trouvée là quand il a reçu la gifle ! ça valait ben mieux !

— Comment ! madame Coquelet ?

— Elle a surpris son mari comme je le corrigeais ; elle m'a remerciée... et lui s'en est allé tout penaud.

— Mais c'est pas tout : est-ce que la nuit, celui qui était gris n'a pas été malade... on est venu nous réveiller... il lui fallait du thé, je lui ai donné de la graine de lin !

— Et la femme qui voulait que je l'aide pour déshabiller ce monsieur... lui ôter son pantalon... Nenni, madame, je lui ai dit : Nenni, madame, je n'ôte ça qu'à mon homme, et encore il l'ôte lui-même.

— Eh v'là-t-il du joli monde !... Vous concevez bien, monsieur et mesdames, que lorsque M. Duvallon nous a écrit dernièrement qu'on allait venir habiter la maison, nous avons eu une fameuse venette que ce ne soit queuqu'un de ces gens-là. D'abord, si c'avait été M. Coquelet, moi et ma femme nous ne serions pas restés ici, n'est-ce pas, Jeannette ?

— Je crois ben !... c'est que j'aurais jaboté comme un dindon... dame !... il n'entend pas qu'on pince sa femme.

— Et il a bien raison !... mais avec nous, j'espère qu'il est tranquille...

— Aussi nous sommes bien satisfaits, bien heureux de vous avoir pour maîtres ; et nous ferons de notre mieux pour que vous soyez contents de nous.

— Ils veulent absolument que nous soyons leurs maîtres, dit Horace, quand Jacquet et sa femme sont éloignés. Puisque cela leur fait tant de plaisir... laissons-les dire, n'est-ce pas ma tante ?

— Mon ami, mon séjour dans cette maison me semble un rêve... M. Duvallon qui veut aussi nous nourrir.

— Eh bien, ma tante, puisque cela lui fait plaisir... laissons-nous rendre heureux... acceptons le bien qui nous arrive... soyez tranquille, nous trouverons toujours assez de gens qui ne nous en devront pas.

Après le dîner, les nouveaux habitants de la propriété vont parcourir les jardins et le petit parc. Quand ils rentrent dans la maison, ils vont au salon qu'ils n'ont pas encore visité. Horace pousse un cri de joie en apercevant un piano.

— Comment ! est-ce que tu en sais jouer, mon frère ? dit Virginie.

— Mais oui, un peu ; pendant mon séjour à Rouen, j'allais souvent chez une dame musicienne, c'est là que j'ai commencé à tapoter sur le piano ; puis, comme j'adore la musique, cette dame m'a montré ; j'apprenais très-vite... et voilà comment il se fait que je touche assez le piano pour le faire danser ou t'accompagner si tu chantes.

— Et pour me l'apprendre aussi, j'espère...

— Oui, tous les soirs tu auras une leçon.

— Ah ! quel bonheur ! nous ne le dirons pas à Oswald, et un jour je chanterai devant lui en m'accompagnant.

Et Virginie saute de joie, tandis que son frère fait la grimace en essayant les touches qui ne vont pas, mais qu'il espère bien dérouiller en touchant dessus tous les jours.

On se sépare de bonne heure parce qu'on est fatigué du voyage. Chacun va prendre possession de son nouveau domicile. On se couche et l'on fait de jolis rêves, car les rêves sont toujours les reflets des sensations de la journée.

XXXVII

HORACE ET BOUFFI DANS LA PRAIRIE.

Dès six heures du matin, Horace était à la fenêtre de sa chambre ; de là on dominait sur les environs, et l'on pouvait apercevoir la prairie presque tout entière. C'est là surtout que le jeune homme porte ses regards ; il examine avec la plus scrupuleuse attention les bosquets de noisetiers, les arbres isolés, qui de loin à loin coupent l'uniformité de la prairie, et il se dit : — Le trésor est pourtant là... car mon père n'aurait pas voulu se moquer de sa sœur en lui disant : « J'ai caché par là un trésor pour mon fils. » Et dire que nulle indication ne fait reconnaître l'endroit où il faut fouiller. Lorsque, sans le dire à ma tante, je suis revenu par ici, il y a près de quatre ans, j'ai remué la terre au pied des quelques arbres épars dans la prairie, puis j'ai fouillé sous ces bosquets de noisetiers. C'est même sous ce joli bosquet... là... en face... que j'ai reçu une balle dans le côté... sans savoir de qui, ni d'où elle me venait... probablement quelque chasseur maladroit qui aura fait partir son fusil sans le vouloir... car il n'y avait pas d'ennemis dans ce pays. Et on ne rencontre jamais de voleurs par ici... et puis, si le coup avait été tiré sur moi par des malfaiteurs, comme je suis tombé en me sentant blessé, ils se seraient empressés de venir me dépouiller, et, au lieu de cela, je n'ai entendu que les pas d'une personne qui se sauvait... Oh ! certainement cet accident est la suite d'une maladresse... Heureusement la blessure était légère ; j'ai eu plus de peur que de mal ; mais je n'ai pas découvert mon trésor. Enfin, nous voilà logés en face de ma chère prairie... j'aurai le temps de chercher, de fouiller partout. Espérons que je serai plus heureux.

Horace descend ; sa tante et sa sœur dorment encore, mais le jardinier travaille déjà aux espaliers de la cour : il va trouver Jacquet, et lui dit : — Ne pourriez-vous pas me prêter, je pourrais presque dire me donner, car j'en aurai besoin tous les jours, un petit instrument aratoire, moins volumineux qu'une bêche, mais avec lequel cependant on puisse remuer la terre ?

— Ah ! pour défricher, pour ôter les mauvaises herbes...

— Oui, justement.

— Tenez, v'là une binette ; d'un côté c'est pointu, de l'autre c'est carré ; le manche est long, de façon qu'on n'a pas besoin de se baisser pour s'en servir : ça fait-il votre affaire ?

— Oh ! parfaitement... Vous appelez cela une binette ?

— Oui, vous pouvez garder celle-là, j'en ai d'autres.

— Merci, monsieur Jacquet.

— Ah ! no' maître peut ben m'appeler Jacquet tout court.

— Vous tenez donc absolument à ce que je sois votre maître ?

— Pardi !... je sommes ben sûr que monsieur le sera un de ces jours, s'il ne l'est pas déjà.

— J'en accepte l'augure ; alors, Jacquet, j'emporte la binette.

— Tout ce qui est ici est au service de monsieur.

Horace se rend dans la prairie ; il s'y promène longtemps ; il sonde encore la terre dans différents endroits. Ce travail pouvait se faire facilement sans témoin ; cette partie de la campagne était assez éloignée du village, il passait par là fort peu de monde, et lorsqu'un villageois se dirigeait du côté de la prairie, comme on le voyait venir de très-loin, on n'avait qu'à s'éloigner de quelques pas de la place où l'on avait fouillé la terre, et celui qui passait ne s'apercevait de rien. On ne pouvait être reçu à la maison aux Sycomores [...] Horace [...] M. Bouffi; mais [...] la seconde n'était pas encore [...]

Après avoir [...] dans la maison [...] été plus heureu[x] [...] à l'endroit [...] recherché [...] habite mai[...] ces beaux [...] ces majestueux [...] il ne peut [...] qui veut [...] trop heureux [...] le vrai maître [...]

— On attend [...] Horace lui présente [...]

La tante [...] nouveau domicile; elle [...] bitude, dans leurs [...] à être bien! En [...] madame Jacquet [...] madame Rennecart avait [...] qu'elle faisait [...] montrait si contente [...] de la maison, qu'il [...]

— Diable! dit Horace en se mettant à table, des radis à la crè[me...], que, des radis, du beurre frais [...]

— Et tout à l'heure du bon café à la crème, dit Jeannette.

— Et tout cela est de la récolte de la maison?

— Oui, monsieur; excepté le café, le sucre et le pain.

— Quoi! ce beurre délicieux?...

— C'est moi qui le fais, monsieur; nous avons plus de lait et de crème que nous n'en pouvons consommer, c'est tout naturel de faire du beurre.

— Décidément nous sommes dans le pays de Cocagne... moins les [...]

— Monsieur, dit Jacquet en entrant d'un air effarouché dans la salle à manger. Je savais bien que la propriété à côté n'appartenait plus à M. Bondighou [...] dans le père Thomas, le jardinier, vient de me dire qu'on attend toujours les nouveaux propriétaires, et que ce sont des personnes qui ont contrarié [...] il y a un mois...

— [...] c'est la tante [...] le père Thomas ne vous a pas trompé [...]

— Ah! sapristi!.. est-ce que ce serait le monsieur qui a pincé ma femme [...] lui [...]

— Rassurez-vous, ce n'est pas monsieur... Coquelet, comme vous savez [...] qui a la liberté la prairie et la maison voisine... c'est M. Bouffi le banquier, celui qui a été indisposé [...]

— Et à qui j'ai fait boire de la graine de lin!.. Ah! bien, j'aime mieux ça, et toi aussi, n'est-ce pas, Jeannette, parce que du mein [...] homme [...] le griser... cela lui fait plaisir... ça ne regarde personne [...]

— [...] monsieur et ces dames recevront souvent la visite de... leurs voisins qu'une autre [...]

— Non, madame Jacquet, non; nous ne sommes pas amis. Avec les nouveaux propriétaires d'à côté. Je vous certifie qu'ils ne viendront pas nous voir.

— Eh bien, j'aime mieux ça aussi, moi, parce que la femme de ce monsieur pourrait encore vouloir que je démanche son mari...

— On rassurez-vous, il n'y a pas l'habitude de se griser, c'était un cas exceptionnel; mais je répète qu'ils ne viendront pas nous faire visite.

Sur les deux heures de l'après-midi un jeune homme entre dans la Maison aux Sycomores, et court au jardinier, en criant: — M. Horace, mam'zelle Virginie... à sa tante, s'il vous plaît...

— Là-bas? j'y cours...

Virginie pousse un cri de joie, car c'est elle qui la première a aperçu Oswald accourant. Le neveu du banquier est bientôt près d'eux. Il embrasse madame Rennecart, ce qui était un moyen assez adroit pour embrasser ensuite Virginie; il presse la main d'Horace et leur dit: — Nous voilà, nous arrivons... Dieu merci, on m'a

emmené. On s'en serait bien gardé, si l'on avait su que je vous retrouverais ici... car mon oncle m'a fait une scène... sur ce que je suis amoureux de ta sœur... Il m'a traité d'imbécile, de crétin... [...] répondre qu'il vaut mieux être crétin, être im-[...]

— [...] défendu de te [...] alors? dit Virginie d'un air [...] mademoiselle... Quand j'aurais cent oncles qui [...] fiancé? votre [...] à l'heure...

[...] emmène mademoiselle [...] Pierre de domes-[...] une grande ca-[...]

[...] tout à fait? [...] lait; c'est-à-dire [...] demain matin [...] convoi [...]

retournes à ton bureau, c'est tout simple; mais [...] quelques jours ici [...] tante y restera [...] on visite le jardin; moi, [...] bien vite vous voir. Mais c'est char- [...] Ah! comme M. Duvalloir [...] mon oncle sera furieux quand [...] surtout... car c'est une surprise que je [...] de danger, il me ferait tout de suite repartir [...]

[...] Oswald dans les jardins, dans le parc; on lui fait [...] Horace le fait même jouer au billard, [...] que madame Jacquet a raccommodé tant bien que mal le tapis où M. Burgrave avait fait une accroc; les jeunes amoureux voudraient bien aller se promener seuls dans le jardin, mais madame Rennecart ne juge pas convenable de laisser tant de liberté aux deux fiancés, car, bien que le petit neveu soit fort timide, fort peu entreprenant, on doit toujours craindre les idées, les sensations que font naître la campagne, la verdure, l'ombrage et les bosquets [...]

Oswald est obligé de quitter ses amis pour aller dîner, et comme on n'a pas d'autre société que le sienne, il présume que son oncle le gardera le soir pour faire sa partie de trictrac; mais il promet de ne point partir le lendemain sans venir dire adieu à sa fiancée qui soupire déjà en le voyant s'éloigner et murmure: — À peine si nous avons eu le temps de nous dire quelque chose... La campagne croissait déjà un effet sur le cœur de la jeune fille.

Horace présume bien que le banquier ne choisira pas ce qui reste de la journée pour aller dans la prairie... il ne le fera pas, pour demain de grand matin; mais je ne le manquerai pas.

Le lendemain, dès cinq heures du matin, Horace est à sa fenêtre; le temps est beau, le ciel sans nuages; tout annonce une matinée superbe, et le jeune homme examine avec attention la prairie, mais personne n'y paraît encore.

Je sais bien que les Parisiens ne se lèvent pas de si bonne heure, se dit Horace; cependant lorsqu'on a un violent désir en tête, cela vous... et pour se dire à l'oreille... j'aurais bien voulu que M. Bouffi ne fût pas encore aussi bien endormi...

En effet, quelques [...] à peine écoulées, que le banquier sort de sa maison de campagne, en jaquette, en casquette, coiffé en petite tenue de campagne; il porte sur son épaule une large bêche, qu'il tient absolument comme s'il était un fusil de munition. Il marche droit vers la prairie, entre dedans, regarde quelques instants à droite et à gauche, ayant l'air de se demander de quel côté il dira d'abord; enfin il se décide pour le bosquet de noisetiers qui est à deux cents pas devant lui, il y marche résolument.

Horace n'a pas perdu un mouvement de M. Bouffi.

— J'étais sûr qu'il commencerait par... le midi, et le voyant se diriger vers le bosquet... Ce n'est pas adroit; il devrait bien penser que cet endroit a été [...]

Puis, prenant sa lunette, le jeune homme descend à son tour, prend le sentier qui coupe la prairie [...] il arrive en face de M. Bouffi tourne le dos. Le monsieur, à peine arrivé au bosquet se met à bêcher, à remuer la terre avec tant d'ardeur, que bientôt de grosses gouttes de sueur inondent son visage. Au bout de

Sentinelles, prenez garde à vous ! — Page 99.

cinq minutes il est obligé de s'arrêter, il prend son mouchoir et essuie son front; alors une voix, qui part de derrière lui, s'écrie :
— Il paraît que ce n'est pas encore là le bon endroit...

M. Bouffi se retourne si brusquement, qu'il en fait tomber sa casquette et il reste stupéfait en apercevant à cent pas de lui, Horace qui, appuyé sur sa binette, le contemple d'un air moqueur.

— Comment, monsieur, vous êtes là!... dit enfin le banquier, d'une voix où perce la colère.

— Comme vous voyez, monsieur; mais il me semble que cela ne devrait en rien vous surprendre, car je vous avais prévenu que je serais toujours ici en même temps que vous.

— Qu'est-ce que cela signifie, monsieur? D'abord, de quel droit êtes-vous sur mon terrain? cette prairie est à moi, je vous défends d'y mettre les pieds, entendez-vous !...

— Oh! oh! vous défendez! comme je m'en moque de vos défenses... Mais d'abord, en ce moment je ne suis pas dans votre prairie, je suis sur le chemin qui la coupe... chemin que vous êtes obligé de laisser libre, qu'il vous est défendu d'interdire à personne... Oh! mais, c'est que je connais aussi bien que vous les droits, les servitudes, les obligations de cette propriété.

Bouffi rugit de colère et s'approche du jeune homme pour s'assurer si en effet il n'est que dans le sentier. Horace le regarde faire et lui rit au nez.

— Je ferai fermer ce sentier-là, répond le banquier avec dépit.

— Non, monsieur, vous ne le pouvez pas... le maire s'y opposerait... je vous répète que je suis au fait des redevances!... puisque ce terrain appartenait à mon père.

— Je ferai élever un mur de chaque côté de ce sentier, de cette façon ceux qui passeront ne verront plus dans ma prairie.

— Ah! pour ceci, c'est différent, vous en avez le droit, et même à votre place, pour que nul œil profane ne puisse vous voir bêchant la terre et retournant votre luzerne, je ferais entièrement entourer de murs ma prairie... ou plutôt mes deux prairies, parce que le sentier étant clos par un mur, cela vous fera deux prairies au lieu d'une seule, deux morceaux mesquins au lieu d'un beau... Vous me direz qu'il faudra pas mal de mur pour entourer vingt

et un arpents; mais quand on est riche, quand on gagne des trois cent mille francs d'un coup de filet, on peut se permettre cette dépense.

Le banquier se ronge les ongles et ne dit rien. Horace reprend:

— A la vérité, si vous mettez les maçons après le terrain, ils vont y fouiller pour faire des fondations, et c'est dangereux, car un trésor peut tout aussi bien être caché au bord du chemin que dans l'intérieur de la pièce, et les maçons ne sont pas toujours disposés à partager ce qu'ils trouvent; mais vous avez encore un moyen, c'est de faire vous-même les fouilles pour les fondations de votre mur. Ce sera un peu long, cela vous éreintera pas mal, vous y gagnerez au moins un lombago... mais personne ne trouvera votre trésor. Eh bien, que dites-vous de cela? j'espère que je suis gentil... je vous donne de bonnes idées.

M. Bouffi ne répond rien, les railleries d'Horace le démontent, il ne se sent pas de force pour lui tenir tête. Après quelques instants de silence, il dit:—Vous logez donc dans le village, monsieur?

— Dans le village!... oh! fi donc!... il n'y a que des maisons de paysans... cela ne nous aurait pas convenu. Je demeure là... tout près de vous, avec ma sœur et ma tante.

— Comment!... là?...

— Sans doute, dans cette superbe propriété.

— Chez M. Duvalloir?

— Justement, dans la Maison aux Sycomores qu'il a mise à ma disposition, en me suppliant de m'y regarder comme chez moi.

— Vous êtes donc ami avec M. Duvalloir?

— Ami intime. Oh! c'est un homme charmant, qui gagne beaucoup à être connu.

— Ah! vous connaissez M. Duvalloir... Je ne m'étonne plus alors s'il m'a fait redemander les fonds qu'il avait chez moi.

— Il vous a fait redemander ses fonds, ma foi... je n'en savais rien. Mais, parole d'honneur, s'il m'avait demandé mon avis, je le lui aurais conseillé.

Le banquier devient écarlate et s'écrie : — Des insultes!... voilà tout ce que vous savez dire.

— Vous faites mieux que cela, vous, monsieur.

Il ouvre ses bras à sa femme, qui s'y précipite... — Page 105.

— Heureusement, elles ne sauraient m'atteindre.

— Je n'ai fichtre pas envie de vous atteindre... car ça me mettrait à votre niveau.

— Floquart avait bien raison quand il me disait de vous mettre à la porte de chez moi.

— D'abord, monsieur, on ne met à la porte que ses valets ; on renvoie un commis. Mais vous ne m'avez pas même renvoyé, c'est moi qui vous ai lâché, et bien vite. Ensuite, vous n'êtes pas heureux dans vos réflexions... Pourquoi diable allez-vous parler de Floquart.... l'homme que vous pensionnez... Ah ! ah ! ah ! ce cher Floquart... qui a un petit secret pour vous soutirer de l'argent ! Ah ! voilà encore que vous rugissez... Allons, calmez-vous. Tenez, je ne suis pas méchant, voulez-vous que nous soyons bons amis ? Eh bien, laissez-moi chercher tranquillement le trésor de mon père, et je vous promets de vous en donner quelque chose.

— Monsieur, je vous réitère la défense de mettre le pied dans ma prairie, sous peine d'amende très-forte.

— C'est comme cela. Très-bien ; et moi, je déclare que vous n'y remuerez pas la terre sans que je le voie, que vous n'y donnerez pas un coup de bêche sans que je sois derrière... ou devant. Je vous épierai continuellement : ça ne m'amusera pas beaucoup, mais ça vous embêtera encore davantage ; et là-dessus, au revoir ; je vais rentrer dans ma délicieuse maison, car on y est très-bien, chez M. Duvalloir. Mais vous devez en savoir quelque chose, vous y avez logé... seulement, il parait que vous y étiez trop bien... il vous fallait du thé... on vous a donné de la graine de lin, ça attaque moins les nerfs. Ah ! ah ! ah !...

Cette dernière plaisanterie achève d'exaspérer M. Bouffi, qui rentre chez lui en faisant avec sa bêche des gestes menaçants, tandis qu'Horace revient en riant près de sa tante et de sa sœur.

XXXVIII

LE BOUT DE L'OREILLE PASSE.

Un mois s'écoule. M. Bouffi fait de fréquentes apparitions à sa campagne, mais il ne peut jamais y rester plus de deux jours, ses affaires l'obligeant à revenir à Paris. Pendant le temps qu'il passe à Montagny, il ne manque pas chaque matin d'aller avec sa bêche visiter et fouiller sa prairie ; et chaque fois Horace est là qui l'examine et qui pour cela n'a qu'à se tenir dans le sentier ou bien sur une des routes qui encadrent la pièce de terre. Pour être plus éloigné de son espion, Bouffi se tient souvent dans le milieu de la prairie et très-loin du sentier ; mais il a beau faire, le terrain aux coquelicots étant tout en longueur, lorsqu'on se tient au milieu, on n'est jamais assez loin de la route pour pouvoir cacher ce qu'on y fait.

Cependant les fouilles n'ont encore amené aucune découverte, et, après s'être inutilement fatigué à remuer la terre, le banquier a encore le désagrément d'entendre Horace rire à ses dépens, et lui crier : — Nous serons peut-être plus heureux à la prochaine fois.

Lorsqu'on sait que M. Bouffi n'est pas à la campagne, et Jacquet le sait facilement par le jardinier voisin, Virginie se risque à courir un peu dans la prairie, à s'y asseoir, à y cueillir des coquelicots qui sont là en abondance et d'une espèce qui fleurit beaucoup plus tard que les autres. Horace accompagne souvent sa sœur, cependant il n'est plus si gai, il soupire souvent en voyant que c'est en vain qu'il cherche le trésor, car, lorsque le banquier est à Paris, le jeune homme ne se gêne pas pour remuer la terre avec sa binette.

En l'absence de son mari, la belle Hortense sort peu de sa propriété, mais elle y reçoit souvent des visites, et M. Grébois n'est pas un des moins assidus à venir faire compagnie à cette dame.

Madame Rennecart se trouve extrêmement heureuse dans la Maison aux Sycomores ; Virginie s'y plaît aussi ; elle regrette seulement que son fiancé ne l'y vienne pas voir plus souvent ; mais M. Bouffi emmène rarement son neveu à la campagne ; alors, pour voir celle qu'il aime, Oswald y vient en cachette après le départ de son oncle, et pendant qu'il y est, il a bien soin de ne point sortir de chez ses bons amis, afin de ne pas être aperçu par le banquier ou quelqu'un de sa maison.

Une seule fois, depuis leur retour à Montagny, Horace est allé à Paris avec sa sœur. Pendant que cette dernière est chez sa lin-

g^tre où elle reporte son ouvrage et attend qu'on lui en donne d'autre pour emporter, Horace se rend chez M. Duvalloir pour le remercier encore de toutes les douceurs dont sa famille et lui jouissent
dans leur nouvelle demeure. Mais M. Duvalloir est absent de son
hôtel; on ignore quand il rentrera, et Horace, après avoir laissé
son nom, s'éloigne en regrettant de ne point avoir vu cet homme
qui est si bon pour lui. Avant d'aller rechercher Virginie, il se re-
tend chez la lingère; Horace quelques pas au avant, et se
disant: — J'ai bien envie d'aller retrouver ma sœur, mais peut-être
m'attend pas de côté. Pendant que je suis à Paris, pourquoi
n'irais-je pas voir madame Huberty? elle aura peut-être quelque
commission. Il est d'ailleurs ne m'a-t-elle pas dit que
maintenant il me regardait comme son frère. Et il est tout naturel qu'un frère aille s'informer de la santé de sa sœur. Ah! j'ai
bien de la peine. Ah! n'a-t-elle que comme une sœur...

Horace double à une maison qu'habitait
sa tante, rue du Temple, entre vivement dans la monte
lestement l'escalier. Madame, un petit deux des frères Machefer
qui, avec leur sœur, faisaient la dinette sur le carré,
il arrive au quatrième et sonne, il attend avec impatience
qu'on lui ouvre. Il demande encore s'il sera bien reçu. Enfin des
pas lourds et traînants se font entendre.

— Elle a donc pris une bonne, se dit Horace, car certainement
ce n'est pas elle qui marche ainsi.

La porte s'ouvre, une vieille femme paraît; elle a l'air rogue, la
figure revêche, et la parole sèche comme toute sa personne.

— Madame Huberty est-elle chez elle? demande le jeune homme
qui croit avoir affaire à une bonne. La vieille femme se redresse
le regarde comme si elle voulait l'égratigner et répond : — Madame
Huberty? Qu'est-ce que c'est que ça?... Il est vrai que je suis ici
qu'elle soit chez elle ou qu'elle n'y soit pas. Madame, je je la
garde... Je suis chez moi, vous le voyez bien. Ça me suffit... Je
ne vais pas sonner aux portes pour savoir si les autres sont chez eux...

— Pardon, madame, nous ne nous comprenons pas. Je vous
demande madame Huberty, parce que cette dame logeait ici,
elle y était encore il y a un mois environ... Est-ce qu'elle n'y demeure plus?

— Vous voyez bien que non, puisque c'est moi qui loge ici.

— Depuis peu de temps alors?

— Depuis quinze jours, et même que je n'y resterai pas longtemps... car, si j'avais au le train qui se fait dans cette maison,
certes je n'y aurais pas loué. Une clarinette qui ne perruche qui
ne cessent pas de la journée... Quel charivari!... Et des moutards
qu'on rencontre sans cesse dans l'escalier... C'est du propre!...

— Pourriez-vous me dire où demeure madame Huberty?

— Est-ce que vous me prenez pour la portière?... Est-ce que j'ai
l'air d'une portière?... Est-ce que je suis obligée de savoir où vont
ceux que je remplace?... Eh bien, merci, il ne manquerait plus que
ça... qu'on vienne sonner chez moi, me déranger pour me demander des adresses... Allez donc vous promener!

Et la vieille femme referme sa porte avec colère, et Horace lui
crie. — Vous êtes une vieille grenouille et pas autre chose.

Mais cela ne lui apprend pas où la jolie petite dame est allée demeurer; il redescend un étage, retrouve les enfants qui font la dinette.
Ma-chefer lui rit au nez, comme à l'ordinaire. Horace lui frappe
sur l'épaule en lui disant : — Péchez-vous toujours des saucisses?

Le petit garçon lui tire la langue et répond : — Qu'est-ce que ça
vous fait?

— Voyons, soyons gentil; j'ai là des pastilles de chocolat, je
vous en donnerai si vous me répondez bien...

— Où sont les pastilles?

— Tenez, les voilà.

— Ah! donnez-m'en.

— Une minute... La petite dame du quatrième est donc déménagée depuis peu?

— Madame Putiphar?

— Non, la jeune, la jolie madame Huberty.

— Ah! oui! elle a fait son paquet.

— Savez-vous son adresse?

— Non, je ne suis pas facteur.

— Qui est-ce qui remplace ma tante, ici?

— Ma tante, elle vend des lorgnettes et de la pommade pour
les cors, au Temple.

— Je ne vous parle pas de votre tante, mais de la mienne, qui
demeurait ici dessous, au second.

— Ah! c'est madame Barbaroux... elle ne veut pas qu'on
mange dans l'escalier, mais je lui dis zut !

— Eh ! allons donc !... je vois que cette dame a l'inspection de
la maison, je vais la trouver. Merci, jeune Jonas; tenez, voilà des
pastilles de chocolat pour vous, votre frère et votre sœur.

— Non, non ! je garde tout pour moi.

— Ce n'est pas fraternel, mais c'est bien porté !

Horace va sonner au second. Une dame d'un âge mûr, mais
grasse, fraîche, mise coquettement et qui fait des petites mines
enfantines ouvre et fait un sourire et une révérence. — Mille
pardons de vous déranger, madame, dit Horace, j'ai un simple
renseignement à vous demander.

— Donnez-vous la peine d'entrer, monsieur.

— C'est inutile, madame, c'est tout savoir.

— Entrez donc, monsieur, je vous en prie.

— Mais, madame, c'est seulement pour m'indiquer...

— Entrez, monsieur, ou vous me mortifieriez.

— Il paraît que cette dame tient à ce qu'on entre chez elle, se
dit le jeune homme qui se décide à pénétrer dans le logement
qu'il connaît bien et à prendre la chaise qu'on lui présente; puis
il arrive sur-le-champ au sujet qui l'amène. — Madame, c'est ma
tante qui était principale locataire de cette maison, je présume
que vous la remplacez?

— Ah! c'est madame votre tante... Débarrassez-vous donc de
votre chapeau.

— C'est inutile, il ne me gêne pas, madame...

— Oui, monsieur, je suis principale locataire, c'est-à-dire, j'ai
la surveillance, car le propriétaire, M. Bouffi, veut tout voir par
lui-même. Mais votre chapeau vous embarrasse.

Horace fait un mouvement d'impatience et retient avec force son
chapeau que cette dame veut lui prendre, puis il s'écrie : — Madame, je suis pressé... le chemin de fer n'attend pas. Vous aviez
ici au quatrième, une jeune dame nommée Huberty, pouvez-vous
me donner sa nouvelle adresse? Elle vous a donc quittée bien
brusquement et avant le terme?

— Oui, monsieur... oh! très-brusquement. Si vous le mettiez
sur cette chaise qui est libre.

— Par grâce, madame, veuillez me répondre et ne plus vous occuper de mon chapeau... Madame Huberty?...

— Monsieur, elle est venue me payer le terme entier, je n'avais
rien à exiger de plus; d'ailleurs le logement a été loué de suite.
Cette dame a fait venir un tapissier, vendu tout son mobilier, et
elle est partie.

— Sans dire où elle allait?

— Sans rien dire absolument. Ah! que cela me contrarie, donc
de voir que vous ne voulez pas vous débarrasser de votre chapeau.

Mais cette fois, Horace n'en écoute pas davantage; il se lève,
salue, prononce quelques mots d'excuses et se sauve, trouvant
qu'il y a des personnes aussi insupportables avec leurs politesses
que d'autres avec leur manque de savoir-vivre.

— Elle est partie!... et je ne sais où la trouver, et je ne la
reverrai peut-être jamais, se dit Horace en allant chercher sa
sœur. Ah! ce n'est pas bien, se cacher de moi, qu'elle disait regarder comme un frère... et cela, sans doute, parce que M. Duvalloir a refusé de la voir, de l'entendre, comme si c'était une faute
à moi! Oh! les femmes! tous nos plaisirs et nos ennuis viennent
d'elles... elles rendent malheureux ceux qu'elles aiment et trouvent encore moyen de faire de la peine à ceux qu'elles nomment
leurs amis.

Le frère et la sœur retournent à Montagny, dans leur élégante
demeure, où ils seraient si heureux si leur cœur ne formait point
de secrets désirs; mais c'est au cœur qu'est presque toujours le
défaut de la cuirasse.

Par une belle matinée du mois d'août, un monsieur qui porte
un chapeau à grands bords, et baisse la tête en marchant, comme
s'il craignait de laisser voir sa figure, entre tout à coup dans le
salon où madame Renneval travaillait avec sa nièce, tandis
qu'Horace tâchait de faire mouvoir les touches du piano.

— Monsieur Duvalloir! dit le jeune homme en poussant un cri
de joie et courant au-devant de celui qui arrive, tandis que la tante
et la nièce, qui ne connaissaient point ce monsieur, se lèvent et le
saluent avec respect.

— Ah! monsieur! quelle aimable surprise vous nous faites, dit
Horace. — M. Duvalloir salue les deux dames en demandant :
— Que ma présence ne vous dérange en rien, mesdames, je
vous en prie, continuez vos occupations.

— Ah! monsieur! répond madame Rennecart, puisque nous avons enfin, ma nièce et moi, le bonheur de vous voir, vous nous permettrez bien de vous remercier de l'hospitalité que vous nous accordez dans cette belle propriété, et de tous les bienfaits que vous y joignez, en nous permettant de profiter de ce qu'elle produit.

— Assez, de grâce, madame, ou vous pourriez croire que je suis venu chercher ici des éloges... que je ne mérite pas. C'est vous qui me rendez service en habitant cette maison. Tenez, voilà votre neveu qui joue déjà un peu d'accord à ce piano, qui devait être dans un bien triste état. Etes-vous contentes de mes concierges, mesdames? sont-ils pour vous aussi serviables, aussi empressés que je le leur ai recommandé?

— Ce sont de très-bonnes gens, monsieur, et nous n'avons qu'à nous en louer.

— Très-bien; je suis charmé qu'il en soit ainsi.

— Vous venez passer quelque temps ici avec nous, n'est-ce pas, monsieur? dit Horace.

— Non, mon ami, non; je me reposerai un peu; mais je repartirai dans une heure.

— Si vite que cela... quoi... par une si belle saison! nous tâcherions de vous amuser: moi, je jouerais au billard avec vous, ma sœur chanterait; elle n'est pas musicienne, mais elle a une jolie voix; ma tante ferait votre partie, si vous aimez les cartes.

M. Duvalloir sourit en répondant: — Je suis bien persuadé que je ne m'ennuierais pas avec vous et votre famille, mais je ne puis rester ici; cette demeure qui vous plaît tant me rappelle à moi de trop pénibles souvenirs... j'y ai été bien heureux pourtant... mais ce bonheur... ah! je l'ai payé trop cher... et tenez, malgré moi, en me trouvant dans ce salon, en voyant ce piano, ah! je sens que mes souvenirs m'oppressent... me déchirent. Horace, voulez-vous venir avec moi faire quelques tours de jardin? j'ai besoin de prendre l'air...

— Je suis à vos ordres, monsieur...

— Mais si monsieur prenait quelque chose auparavant.

— Merci, madame, je n'ai besoin de rien... Recevez mes adieux, ainsi que mademoiselle, car il est probable que je ne vous reverrai pas.

— Quoi! monsieur, vous partirez sitôt?

— Et je vous le répète, madame, regardez-vous dans cette demeure comme chez vous, disposez de tout, agissez, ordonnez en conséquence, ce sera le plus grand plaisir que vous puissiez me faire.

M. Duvalloir fait un profond salut à madame Rennecart et à Virginie, puis il sort du salon, suivi par Horace, qui dit en passant à sa sœur: — Petite niaise... comment, tu n'as pas trouvé un mot à dire à ce monsieur?

— Oh! non, mon frère, je n'ai pas osé; tu lui diras ça de ma part.

Dans le jardin, vers lequel il porte ses pas, M. Duvalloir est aperçu par Jacquet et sa femme, qui s'empressent de venir lui demander ses ordres.

— Je n'en ai point d'autres à vous donner que celui de regarder M. Horace Bermont comme un second maître, et de continuer à le bien servir, ainsi que toute sa famille.

— Et si l'on venait pour voir la maison?

— Qui voulez-vous qui vienne, puisqu'il n'y a plus d'écriteau? Au reste, si des gens curieux, de ces personnes qui n'ont rien à faire, vous demandaient à visiter cette propriété, vous ne les laisseriez pas y entrer.

— Ça suffit, monsieur.

Et le jardinier se penche vers sa femme pour lui dire à l'oreille: — Vois-tu bien que c'est le jeune homme qui a acheté la maison, il ne veut pas en convenir; mais puisqu'elle n'est plus à vendre, faut ben qu'elle soit achetée.

M. Duvalloir s'est dirigé du côté du petit parc. Il marche lentement et paraît absorbé par ses réflexions, par ses souvenirs; de temps en temps il pousse de gros soupirs, en jetant des regards autour de lui, et Horace, qui marche à son côté, s'essaye en vain de le distraire et d'entamer la conversation. Ce monsieur n'a pas l'air de l'entendre; car il ne lui répond pas; enfin, arrivé devant un petit kiosque qui est au milieu du parc, il s'arrête, porte son mouchoir sur ses yeux, et se laisse tomber sur un banc de gazon en murmurant: — Ah! la vue de ces lieux est trop cruelle... je ne serai donc jamais assez fort pour oublier... pour chasser mes souvenirs!

— Vous souffrez, monsieur, dit Horace en se plaçant aussi sur le banc; et je ne puis rien pour alléger vos peines... Voilà ce qui me désole...

— Pardon, mon jeune ami, dit M. Duvalloir en pressant la main d'Horace, pardon... je ne suis pas raisonnable... je dois vous paraître d'une société bien maussade.

— Ah! monsieur!...

— Je voulais cependant causer avec vous... j'avais à vous parler... à vous demander...

— Dites, monsieur, je suis à vos ordres.

M. Duvalloir hésite, on voit qu'il ne sait comment aborder ce qu'il veut dire; enfin: — La dernière fois que vous êtes venu me voir, vous étiez porteur d'une lettre... de la part...

— De madame Huberty, oui, monsieur.

— Madame Huberty... c'est cela... c'est le nom qu'elle porte à présent...

— Est-ce qu'elle en a un autre, monsieur?

M. Duvalloir garde le silence, puis reprend au bout de quelque temps: — En me quittant, vous avez probablement été chez... cette dame, pour lui rendre compte de ce que je vous avais dit... de la réponse que j'avais faite à sa demande?

— Oui, monsieur, j'y suis allé tout de suite en vous quittant; d'ailleurs elle m'en avait prié.

— Et... en apprenant que je refusais l'entrevue qu'elle me demandait, qu'a-t-elle dit?

— Oh! monsieur... elle n'a pas parlé d'abord... mais elle a pleuré... elle paraissait si peinée, si désolée... si vous l'aviez pu voir alors, vous n'auriez plus, j'en suis sûr, refusé de l'entendre. Je lui ai répété vos paroles ainsi que vous me l'aviez recommandé... je lui ai dit que: « Jamais!... jamais vous ne consentiriez à la revoir... » J'ai bien fait, n'est-ce pas, monsieur?

— Sans doute... puisque je vous l'avais dit... et alors... elle a versé des larmes?...

— Oh! elle a beaucoup pleuré.

— Ensuite... elle ne vous a rien dit de plus?

— Elle m'a remercié de ce que j'avais fait sa commission... elle a ajouté qu'elle vous savait assez juste pour être sûre que vous ne m'aviez pas... que j'en avais été chargé.

— Et pourquoi vous en voudrais-je? Et puis... est-ce là tout?

— Oui, monsieur... cette dame m'a dit adieu... et je suis parti.

— Mais depuis... l'avez-vous revue?

— Monsieur, quand je suis allé à Paris avec ma sœur, il y a quelques jours, je suis entré dans la maison où que cette dame demeure; puis, j'ai voulu savoir des nouvelles de cette dame... je l'avais laissée si désolée... je pensais que je devais m'informer de sa santé. Oh! mais, si elle avait voulu me charger encore d'une lettre pour vous, je ne l'aurais pas prise... car je me rappelle bien que vous me l'avez défendu.

— Ah!... vous croyez... que je vous l'ai défendu?

— Certainement... vous m'avez même bien recommandé de ne jamais vous parler... d'elle.

— Qui... je me rappelle... on dit cela... dans le premier moment... Vous l'avez revue?...

— Non, monsieur... elle n'habite plus dans la maison... elle a quitté brusquement son logement sans dire où elle allait... en sorte qu'il m'a été impossible de savoir ce qu'elle est devenue.

— Ah! elle est partie! et on ne sait pas où elle est?

M. Duvalloir laisse retomber sa tête sur sa poitrine, pendant longtemps il garde le silence; enfin il murmure: — Alors, il est probable que vous n'aurez plus de ses nouvelles, que vous n'entendrez plus parler d'elle. Ah! cela vaut mieux ainsi!

Ces dernières paroles sont accompagnées d'un profond soupir, qui semble annoncer qu'elles n'expriment pas les véritables sentiments que l'on éprouve. Horace, qui croit lire dans le cœur de M. Duvalloir, lui dit: — Cependant, monsieur, si par hasard je revoyais cette dame... si elle venait dans ce pays... qu'elle connaît déjà, à ce qu'elle m'a dit... faudrait-il tâcher de savoir où elle habite maintenant, et faudrait-il vous le dire... si on l'appenait?

M. Duvalloir hésite, puis balbutie: — Oh! elle ne viendra pas dans cette campagne... non... vous ne la verrez plus... Allons, je vais partir... je vais retourner à Paris.

— Si vite, monsieur!...

— Oui... je vous le répète, la vue de ce parc... de ces jardins... de cette maison... tout cela me rend trop malheureux.

— Monsieur veut-il me permettre de l'accompagner jusqu'au chemin de fer?

— Je ne suis pas venu par le chemin de fer, mais avec mon cabriolet; je l'ai laissé avec mon domestique, du côté d'Ermenonville; si vous voulez m'accompagner jusque-là, vous me ferez grand plaisir.

— Si je le veux !... oh ! je ne demande pas mieux.

M. Duvalloir, au lieu de retourner du côté de la maison, se dirige vers une petite porte qui, du parc, ouvre devant la Prairie aux Coquelicots. Mais, au moment d'ouvrir cette porte, il pâlit et s'arrête en murmurant :

— Ah !... je ne voulais plus passer par là !...

— Encore un triste souvenir, monsieur ? dit Horace en remarquant la vive émotion de son compagnon.

— Oui... bien triste... bien plus cruel que les autres, celui-là...

— Un peu de courage, monsieur !

Et le jeune homme court lui-même ouvrir la porte. On sort du parc, on se trouve devant la prairie. Horace s'apprête à la traverser, mais M. Duvalloir lui dit : — Non je ne passerai point par là, suivons ce petit chemin.

— Mais, monsieur, pour aller à Ermenonville, cela abrége beaucoup de traverser la prairie. Est-ce que vous craignez de fâcher M. Bouffi ? mais nous prendrons le sentier tracé.

— Non... ce n'est pas cette raison... mais je ne veux point passer là.

— Comme vous voudrez, monsieur ; je suivrai le chemin qui vous plaira... Mais, tenez... voyez-vous comme la luzerne est abîmée... comme la terre est remuée, labourée en différents endroits de la prairie ?

— En effet... d'où cela vient-il ?

— C'est M. Bouffi qui a fait cela avec sa bêche.

— Il bêche cette prairie... dans quel but ?

— Je vais vous l'apprendre, monsieur, car avec vous qui êtes si bon pour nous, je ne dois pas avoir de secrets. Il faut que vous sachiez que mon père a eu la fantaisie de cacher un trésor dans notre prairie.

— Un trésor ?

— Du moins, c'est ce qu'il a dit à ma tante. « Un trésor pour son fils... » Voilà ses propres paroles... mais, hélas ! il est mort presque subitement... nous ignorons donc dans quelle partie de cette pièce de terre est enfoui le trésor ; ensuite, nous avons été dépossédés... plus moyen de chercher... Mais en causant, ma tante avait conté cette particularité à Oswald, le neveu du banquier, un garçon bien gentil, et qui est amoureux de ma sœur... malheureusement Oswald a rapporté cela à son oncle... ne se doutant pas que celui-ci y attacherait de l'importance... et pourtant, c'est depuis qu'il a su l'existence de ce trésor que M. Bouffi a formé le projet d'acheter notre ancienne propriété. Elle n'était pas à vendre, mais en payant cher, on a tout ce qu'on veut ; et lorsqu'il est venu dans ce pays avec sa société, ce n'était pas pour voir votre maison, il s'en moquait pas mal... c'était pour acheter la prairie ; et en effet, il y est parvenu.

— Voilà qui est singulier ; en effet, cette précipitation à acheter un domaine qui n'était point à vendre, semblerait indiquer que vos suppositions sont bien fondées.

— C'est lorsque j'ai appris cette indigne manœuvre de M. Bouffi, que je lui ai annoncé que je ne restais pas dans ses bureaux ; mais je ne lui ai point caché que je connaissais ses intentions, et je l'ai averti en même temps que je viendrais dans le village aussitôt que lui, que je serais sans cesse sur ses pas, et qu'il ne serait point une seule fois dans la prairie sans m'avoir devant ou derrière lui ; j'ai tenu parole, monsieur ; grâce à vous, qui nous avez donné l'hospitalité dans votre propriété, je puis, de la chambre que j'ai choisie, voir ce qui se passe dans la prairie ; dès le point du jour, je suis à mon poste, et lorsque M. Bouffi est dans sa maison de campagne, je ne tarde pas à le voir arriver, muni d'une bêche ; il entre alors dans cette pièce de terre et il se met à la remuer, à la fouiller dans l'espérance d'y trouver ce trésor que mon père a caché pour moi. Mais je suis là, toujours là, dans le sentier, ou sur les bords du chemin, et s'il trouvait quelque chose... oh ! je vous assure qu'il faudrait bien que j'en aie ma part !...

— Et depuis qu'il fouille, le banquier n'a encore rien découvert ?

— Non monsieur ; dame ! vingt et un arpents de terre ! ce sera long à remuer... d'autant plus que ce monsieur ne peut pas se faire aider, parce qu'il se garderait bien de mettre quelqu'un dans sa confidence ; mais vous devez penser quelle a été sa colère quand il a su que j'habitais dans votre propriété, tout près de lui, pouvant à mon aise voir tout ce qu'il fait ; il ne vous pardonnera jamais cela.

— Je ne suis plus content d'avoir mis ma campagne à votre disposition. Quant à M. Bouffi, j'ai retiré de sa maison les fonds que j'y avais mis, et je ne veux plus avoir aucun rapport avec lui.

— Vous ferez bien, monsieur, car cet homme-là n'est pas loyal, j'ai des raisons pour dire cela, et si quelque jour je pouvais acquérir des preuves de sa mauvaise foi, hom ! je ne le ménagerais pas.

— Vous m'avez dit, je crois, que le neveu du banquier aimait votre sœur, pourquoi ne mariez-vous pas ces jeunes gens ?

— Ah ! monsieur, je le voudrais bien, mais tant que je n'aurai pas trouvé le trésor, je n'aurai point de dot à donner à ma sœur. De son côté, Oswald n'a rien... à ce que lui a dit son oncle.

— J'aperçois mon cabriolet ; adieu, mon jeune ami, puissiez-vous trouver votre trésor... mais cela me semble bien douteux.

— Oh ! j'ai toujours de l'espoir, moi. Adieu, monsieur... Si... si je revoyais par hasard... cette jeune dame... faudrait-il vous le faire savoir ?

M. Duvalloir ne répond rien ; mais, avant de s'éloigner, il presse fortement la main d'Horace, et celui-ci se dit : — Il ne m'a pas répondu, mais j'ai deviné.

XXXIX

MADAME DUVALLOIR.

Horace venait de quitter M. Duvalloir, il s'en revenait à la Maison aux Sycomores et ne se pressait point pour arriver, parce qu'il savait que M. Bouffi n'était pas à sa campagne, et par conséquent ne craignait pas qu'il allât sans lui bêcher dans la prairie. Comme il approchait du village, il rencontre un habitant de Montagny qui l'aborde en lui disant : — Bonjour, monsieur Horace... ça va toujours bien cette santé ?

— Pas mal, père Jérôme, merci.

— Dites-moi donc, je vous ai vu passer tout à l'heure avec un monsieur... est-ce que ce n'était pas M. Duvalloir ?

— Si fait ; c'était lui-même.

— Ah ! je me disais aussi : Mais il me semble bien que c'est le bourgeois de la belle propriété où vous demeurez à c't heure.

— Vous connaissez donc ce monsieur ?

— Pardi !... pendant qu'il habitait sa maison, nous avons eu le temps de le voir... d'autant plus qu'il se promenait souvent du côté de mon champ de roses avec sa femme.

— Sa femme !... sa femme !... est-ce que M. Duvalloir serait marié ?

— Très-certainement. Comment ! vous le connaissez et vous ne saviez pas qu'il était marié ?

— Non ; je l'ai toujours vu seul et il ne m'a jamais parlé de sa femme.

— Après ça, il est peut-être veuf, sa femme est peut-être morte.

Horace réfléchit ; une idée soudaine le frappe et il s'écrie : — Vous avez connu aussi la femme de M. Duvalloir, père Jérôme ?

— Puisque je vous dis que je les voyais très-souvent se promener bras dessus bras dessous dans les environs. Alors ils avaient l'air de deux tourtereaux. Oh ! on voyait qu'ils étaient heureux... M. Duvalloir surtout... il dévorait sa dame des yeux... Mais dame ! plus tard, ça n'était plus ça... il se promenait seul, le pauvre monsieur ; il avait l'air triste... puis, un beau jour, ils ont quitté tous leur maison... et on ne les a plus revus.

— Comment était madame Duvalloir ?... faites-moi exactement son portrait.

— Ma fine, c'était une jolie petite femme ; pas grande, mais bien tournée, bien mignonne.

— Son âge ?

— Oh ! elle était plus jeune que son mari de dix ans au moins.

— Blonde ou brune ?

— Brune... des cheveux bien noirs... des yeux... je ne sais plus trop de quelle couleur... mais c'était de jolis yeux... un nez... pas fort... de belles dents... et comme elle riait souvent, on les voyait tout à son aise.

— C'est elle ! oh ! c'est bien elle, se dit Horace.

Le villageois reprend : — Puisque vous ne saviez pas que M. Duvalloir était marié, il faut donc que maintenant il soit séparé d'avec sa femme.

— C'est probable, père Jérôme... Et vous n'avez jamais su quel motif a pu les faire partir tous deux et si précipitamment de ce village ?

— Ma foi, non. Moi, je n'allais jamais chez eux. Je vends des légumes, mais ils en ont assez dans leur propriété, ils ne m'en achetaient pas. Leur jardinier venait rarement au village ; cependant il y a Gervaise, la femme au grand Guillot, qui allait queuquefois aux Sycomores vendre des lièvres, qu'elle élève, à ce qu'elle dit, et je crois ben plutôt que son homme les prend au trébuchet.

— Eh bien, cette Gervaise?

— Les femmes, c'est malin, voyez-vous... elles voient... ce que nous n'apercevons jamais, nous autres; si ben que Gervaise avait remarqué un beau jeune homme blond... un élégant de Paris, qui venait souvent chez M. Duvalloir... qui des fois y restait plusieurs semaines sans quitter... et Gervaise disait comme ça, que c'était depuis que ce beau blondin venait aux Sycomores que M. Duvalloir n'était plus aussi gai, et qu'il se promenait moins avec sa femme. Et là-dessus, les langues d'aller leur train; mais vous comprenez... des propos en l'air... faut pas trop y faire attention.

— Et ce jeune homme blond, cet élégant, qu'est-il devenu?

— Ah! je ne pourrais pas vous dire. Quand les bourgeois sont partis, probablement qu'il est parti aussi.

— Il y a longtemps de cela?

— Ma fine, il y a quatre ans: c'était dans le mois d'août; seulement c'était vers la fin, et nous ne sommes qu'au commencement.

— Depuis ce temps avez-vous revu madame Duvalloir par ici?

— Jamais... pas une seule fois.

— Et le beau jeune homme?

— Pas davantage... personne... et c'est aujourd'hui la première fois que je revois M. Duvalloir, aussi ça m'a étonné... Voilà pourquoi je vous ai arrêté pour vous demander si je ne m'étais pas trompé.

— Non, père Jérôme, c'était bien lui.

— Il a l'air d'être en bonne santé, j'en suis bien aise, car c'était un brave homme. Au revoir, monsieur Horace; excusez si je vous ai demandé cela.

— Oh! il n'y a aucun mal, père Jérôme. Au revoir.

Le paysan s'éloigna. Horace réfléchit à ce qu'il vient d'apprendre; le portrait que Jérôme lui a fait de madame Duvalloir est exactement celui de madame Huberty; d'ailleurs, en rapprochant toutes les circonstances, toutes les paroles qui sont échappées à M. Duvalloir, il ne lui paraît plus douteux que la jolie petite dame qui vivait seule et si retirée dans son modeste logement du quatrième, ne soit la femme de ce monsieur. Suivant toutes les apparences, elle a commis quelque faute bien grave, puisque son mari qui l'aimait tant est séparé d'avec elle, et puisque maintenant il refuse de la voir et de l'entendre. Mais sa profonde tristesse, les larmes qu'il a versées en se retrouvant dans les lieux qu'il habitait avec elle, enfin les questions qu'il a adressées à Horace à son sujet, tout cela prouve qu'il aime encore sa femme et qu'il ne peut bannir son souvenir de son cœur.

— Eh bien, sapristi, il faut que je réconcilie ces époux-là, se dit Horace; il faut que je parvienne à obtenir le pardon de la petite femme. Elle a fait une faute, c'est probable; mais est-ce que les hommes n'en font pas aussi?... et bien plus souvent, bien plus longtemps. D'ailleurs, si elle a été coupable, cette jeune dame se repent... elle pleure, elle se désole... elle est malheureuse. Et lui, tout en refusant de la voir, il est aussi malheureux qu'elle. Il souffre en secret... il vit seul... il fuit le monde... et il pense sans cesse à elle. Ne sera-t-il pas cent fois plus heureux en pardonnant? Oui, oui, en les réconciliant, c'est leur bonheur que je ferai à tous deux; je reconnaîtrai ainsi les bontés de ce monsieur pour ma famille; et cette pauvre petite femme! elle me bénira... Ah! depuis que je sais qu'elle est l'épouse de M. Duvalloir... mon amour pour elle est devenu de l'amitié. C'est bien à présent que je veux être son frère, que je ne veux plus la chérir que comme une sœur. Elle pardonnera... oh! il faudra bien qu'il lui pardonne. Ah! oui... mais pour les réunir, il faut d'abord que je la retrouve, et j'ignore ce qu'elle est devenue. Ah! pourquoi a-t-elle quitté son logement? mais elle viendra ici... oui, elle voudra revoir cette campagne; quelque chose me dit qu'elle y viendra.

Madame Rennecart et Virginie attendaient avec impatience le retour d'Horace pour savoir si M. Duvalloir avait eu quelque confidence ou quelque recommandation à lui faire; malgré les assurances que ce monsieur leur avait données, elles craignaient sans cesse que, d'un moment à l'autre, il ne voulût revenir habiter sa propriété, et par conséquent il leur aurait fallu chercher un gîte ailleurs; et celui qu'elles occupaient était si beau, si élégant, commode, il leur offrait tant de jouissances, que souvent elles ne pouvaient s'empêcher de dire: — Mon Dieu! ce sera bien cruel quand il faudra quitter tout cela.

Mais Horace les rassure, et, tout en se gardant bien de leur faire part du secret qu'il a découvert, il montre tant de confiance dans l'avenir, que sa tante et sa sœur finissent par la partager.

Dans la journée Oswald arrive chez ses amis.

— Par quel heureux hasard te voit-on au milieu du jour et dans la semaine? lui dit Horace, serais-tu venu avec ton oncle?

— Non, je suis venu seul, mais par son ordre. J'ai apporté une foule de choses, entre autres un feu d'artifice, et j'avais toujours peur qu'il ne prît feu dans ma poche.

— Vous apportez un feu d'artifice, dit Virginie, est-ce que c'est pour notre mariage?

— Ah! mademoiselle! je le voudrais bien, mais malheureusement, nous n'en sommes pas encore là... c'est pour la grande fête que mon oncle va donner.

— M. Bouffi donne une fête? à quelle occasion?

— A l'occasion de la Sainte-Hélène, qui est la patronne de ma tante, qui s'appelle Hélène-Hortense; et puis je présume que mon oncle profite de cette circonstance pour faire connaître sa nouvelle propriété à toutes ses connaissances; c'est pour cela qu'il invite beaucoup de monde: il y aura ses gros clients, les capitalistes, puis les Burgrave, les Coquelet, M. Grébois, les Durchamp...

— Et l'intime ami Floquart, cela va sans dire.

— Non, je ne crois pas, je ne l'ai pas vu sur la liste d'invités, que mon oncle a faite; mais ils ont eu, je crois, une altercation fort vive, il y a quelques jours; M. Floquart était dans le cabinet de mon oncle, il élevait la voix; je n'ai pas entendu ce qu'il disait, seulement quand il en est sorti, il s'est écrié: « Je vous répète, Bouffi, qu'il faut en finir, que cela m'embête de venir ici pour des misères, et qu'il me faut une somme ronde. »

— Et puis, tu n'en as pas entendu davantage?

— Non: ce monsieur est parti, et il n'est pas revenu depuis.

— Et pour quand cette superbe fête?

— Pour le 18, jour de la Sainte-Hélène; c'est dans sept jours.

— Et vous allez rester avec nous jusque-là? s'écrie Virginie.

— Hélas! non, je repars demain matin; mais je pense que d'ici à la fête on aura besoin de m'envoyer souvent à ma tante, il y a tant de préparatifs à faire; mon oncle veut que cela dure trois jours, et il couchera chez lui tous ses invités; on doit dresser une tente pour les hommes dans le jardin.

— Diable! mais ce sera tout à fait asiatique. Oswald, si tu n'avais pas de place chez ton oncle, nous en avons ici, nous te donnerons l'hospitalité, mais à ton oncle, mais à nul autre n'amènemener un seul des convives de M. Bouffi, je n'en veux pas.

— Oh! sois tranquille, je n'amènerai personne, bien heureux si je puis moi-même venir. Il y aura bal, je suis chargé de retenir trois musiciens.

— Qu'on couchera aussi?

— Oh! ceux-là partiront le lendemain du bal; c'est pour le dernier jour la danse: le premier, concert et jeux; le second, feu d'artifice; le troisième, bal. Voilà l'ordre de la fête.

— Et où tirera-t-on le feu? dans la prairie, sans doute?

— Quant à cela, je l'ignore; mais n'importe de quel côté on le tire, vous aurez toujours ici des fenêtres d'où vous pourrez le voir tout à votre aise. Oh! décidément, c'est bien plus vaste ici que chez mon oncle, et il aurait mieux fait d'acheter cette propriété que l'autre.

— Ce n'est pas la maison qu'il tenait, c'est la prairie.

— Ma tante, qui connaît cette belle habitation, a déjà dit plusieurs fois à son mari qu'il avait eu très-tort de n'en point l'acheter, que M. Duvalloir la lui aurait donnée à très-bon marché.

— Elle ne sait donc pas l'histoire du trésor?

— Si fait, mais elle n'y croit pas; elle se moque de mon oncle lorsqu'elle le voit revenir avec sa bêche, et lui dit qu'il a manqué une bonne affaire en croyant à l'existence d'un trésor qui n'existe pas; si bien que, pour venir bêcher dans la prairie, mon oncle se cache de sa femme et fait toujours en sorte qu'elle n'en sache rien. Ce qui augmente encore la mauvaise humeur de ma tante, c'est qu'elle sait que toi et ta famille qui logez ici; aussi a-t-elle plusieurs fois répété à son mari: « Vous êtes cause que ce jeune homme, qui a été votre commis, occupe une propriété beaucoup plus belle que la nôtre. »

— Pauvre dame! je suis vraiment désolé de lui faire cette peine... que dirait-elle donc, si elle savait que le concierge veut absolument que j'en sois maintenant le maître?

— Quoi! Horace, tu as acheté ce beau domaine?

— Allons, le voilà aussi bête que Jacquet. Ah! si ce domaine m'appartenait je le donnerais sur-le-champ pour dot à ma sœur, et tu t'en contenterais, n'est-ce pas?

Pour toute réponse, Oswald baise la main de Virginie, puis les deux amoureux s'écrient ensemble : — Quand nous marie-t-on? nous n'avons pas besoin d'avoir une maison pour être heureux.

— Non, mais vous aurez besoin de dîner tous les jours, parce que l'amour n'ôte pas l'appétit, au contraire, il en donne, surtout quand il est satisfait; il faut donc attendre que votre pâtée soit assurée.

— Toujours attendre... c'est bien ennuyant...

— Eh! mes enfants, dit madame Bennecart, on ne fait pour ainsi dire que cela toute sa vie; car à peine a-t-on obtenu une chose, que l'on en attend une autre. Dînerez-vous avec nous, monsieur Oswald?

— Ma foi, oui, madame, je me risque... je dirai à ma tante que je suis allé me promener dans les environs.

— Bravo, s'écrie Horace; alors je vais descendre à la cave, et pour la première fois y prendre une bouteille de champagne, que nous boirons à la santé de nos jeunes époux en perspective.

— Comment, mon neveu! du champagne à M. Duvalloir.

— Il me l'a permis, ma tante... oh! voyez-vous, je puis faire tout ce que je veux ici... je suis bien sûr qu'il ne m'en voudra pas; il m'aimait bien, mais dans quelque temps, je veux qu'il m'aime encore davantage.

— Que feras-tu donc pour cela, mon ami?

— Ah! c'est mon secret, je me risque. Holà, Jacquet, conduisez-moi, nous allons nous rendre à la cave.

— Vous, notre maître, voilà! j'allume mon bougeoir.

— Jacquet, réjouissez-vous, mon ami; M. Coquelet et son épouse vont venir passer quelque temps à la campagne de M. Bouffi, on donne une fête.

— M. Coquelet!... ce t'y là qui a pincé le postérieur à not' femme?

— Justement.

— Ah! ben, qu'il y revienne encore... que je le voie seulement tourner autour de Jeannette, et je lui flanque mon pied où il aime tant mettre sa main.

XL

PREMIÈRE JOURNÉE DE LA FÊTE.

Pendant le temps qui s'écoule encore avant la fête, Oswald, ainsi qu'il l'espérait, est envoyé plusieurs fois à la maison de campagne, où l'on fait de grands préparatifs pour les trois jours que l'on veut consacrer aux plaisirs. La belle Hortense ne s'occupe que des toilettes qu'elle fera ces jours-là, mais c'est déjà une assez grande occupation, et mademoiselle Julie, la femme de chambre, est chargée de donner de nombreuses commissions au petit neveu, qui doit sans cesse passer chez la couturière, la modiste, le coiffeur et le parfumeur. Aussi est-ce à peine si Oswald a le temps de venir voir Virginie, car mademoiselle Julie, qui sait toujours tout ce qu'on fait et qui sont les moindres démarches du petit neveu, ne le trouve pas assez aimable avec elle, n'a pas manqué de dire à sa maîtresse qu'Oswald passait son temps dès qu'il pouvait s'échapper de la maison, et, lorsque celui-ci revient, madame Bouffi lui dit : — Vous venez de la propriété de M. Duvalloir?

— Oui, ma tante.

— Ce M. Horace Berment l'occupe donc toujours?

— Oui, avec sa sœur et madame Bennecart, sa tante.

— Mais comment se fait-il que M. Duvalloir ait installé ces gens-là chez lui?

— C'est que M. Duvalloir a beaucoup d'amitié pour... ces personnes-là.

— Il ne veut donc plus la vendre, sa propriété? on dit qu'il a fait retirer l'écriteau.

— C'est vrai, ma tante, et le concierge a l'ordre de ne plus la faire voir à personne.

— Cependant, ce n'est pas votre ami Horace qui achètera cette maison, car il n'a pas le sou, je crois, votre ami?

— Non, il n'a rien.

— Et vous, vous êtes amoureux de sa sœur et vous êtes assez bête pour vouloir l'épouser?

— Oh! oui, ma tante.

— Mais votre oncle ne consentira jamais à ce mariage, et il aura raison, je l'approuve; et si vous contractiez cette union sans sa permission, il vous abandonnerait, il ne ferait plus rien pour vous.

Oswald aurait pu demander à madame Bouffi si c'était faire beaucoup pour lui que de l'avoir pour commis... de ne point lui allouer d'appointements; mais il se contentait d'aller rapporter à Horace la conversation qu'il avait eue avec sa tante, et Horace le consolait en lui disant : — Sois tranquille, j'en sais plus long que ta tante ne le croit, et je lui ferai changer de langage.

Le jour de la Sainte-Hélène est venu; dans la matinée le banquier arrive avec son neveu dans sa calèche qui est remplie de cartons, de paquets, de boîtes et autres objets pour madame; une autre voiture la suit : celle-là appartient à la précieuse maison Chabot et Potelle; elle contient, outre tout ce qui constitue plusieurs excellents repas, les marmitons qui doivent les veiller et les servir. De sa fenêtre Horace se donne le plaisir de voir arriver tout cela; il se dit : — Aujourd'hui on n'ira pas bêcher dans la prairie, on a beaucoup trop affaire pour cela; il n'est pas même probable qu'on y aille demain, ni après-demain; au surplus je veillerai.

Sur les deux heures de l'après-midi, des équipages, des remises commencent à amener du monde à la villa du banquier. Ceux qui sont venus en chemin de fer ont pris ensuite le premier véhicule venu pour se faire conduire jusqu'à Montagny. Il y a même quelques personnes qui ont fait le trajet à pied, tentées par le beau temps et l'aspect ravissant de la campagne. Mais la chaleur est extrême, et ceux qui ont entrepris cette promenade arrivent en nage et très-fatigués.

De ce nombre sont M. et madame Burgrave. Madame, qui s'est fait accompagner de sa bonne qui porte plusieurs chapeaux et des robes de rechange, a été séduite par l'aspect des bois touffus, des sites ravissants qui entourent Ermenonville; ensuite M. Bichonneau, qui est au nombre des invités à la fête, se trouve dans le même wagon que les Burgrave; le monsieur Pique-Assiette, qui, depuis quelque temps, n'en trouve plus à piquer autant qu'il le désirerait, s'est avisé de faire les yeux tendres à la trop sentimentale Rosalvina, dans l'espérance de se faire ouvrir sa salle à manger. Avec une coquette le retour, un tel moyen est infaillible.

Madame Burgrave, enchantée des prunelles de M. Bichonneau, est sur-le-champ de son avis, lorsqu'en descendant du wagon, son mari, qui cherche toujours à ne point dépenser d'argent, s'écrie : — Oh! la belle campagne!... comme on doit être heureux de se promener là-dedans! Il n'y a, dit-on, que trois petits quarts d'heure de marche d'ici à Montagny, je ferai le chemin à pied, c'est bien plus agréable que d'aller dans ces espèces de coucous qu'on nous propose et qui doivent secouer horriblement.

— M. Bichonneau a bien raison! s'écrie Rosalvina, cette route est une promenade délicieuse; faisons-la à pied; voulez-vous, Ernest?

Ernest fait tout ce qu'on veut, c'est l'homme du monde le plus débonnaire. Il n'y a que la bonne qui fait une grosse moue, parce qu'avec ses trois cartons cela ne lui convient pas d'aller à pied. Mais madame lui dit de donner un des cartons à son mari, qui le portera au bout de sa canne; puis elle prend le bras de M. Bichonneau et s'appuie tellement dessus, que celui-ci en est presque à regretter de ne point avoir pris la voiture, d'autant plus que la chaleur est grande et que le bras de cette dame vaut trois degrés de plus.

La bonne ne cesse de murmurer : — Ah! que c'est loin!... ah! qu'il fait chaud!...

M. Burgrave, qui tient sur son épaule la canne après laquelle se balance un carton, répond : — Oui, il fait chaud, et à la longue les cartons sont plus lourds qu'on ne croirait.

Bichonneau dont le front ruisselle, parce que cette dame qui est à son bras se fait presque porter, tant elle met de laisser-aller dans sa démarche, s'écrie de temps à autre : — Si nous nous arrêtions un moment?

— Seriez-vous fatigué, monsieur Bichonneau? dit madame Burgrave d'un air étonné, et Bichonneau s'empresse de répondre : — Non, belle dame, bien au contraire; seulement je trouvais ce site si joli, je désirais l'admirer un peu...

Alors on s'arrête; la bonne s'assoit sur l'herbe; M. Burgrave change sa canne d'épaule et Bichonneau souffle comme un bœuf; il essaie de se dégager en laissant tomber son bras, mais c'est en vain, sa dame le tient toujours et ne le lâche pas.

— Comment se fait-il que ce carton soit si lourd, s'il n'y a que des robes dedans? murmure M. Burgrave, et la bonne répond : — Pardi! c'est qu'il y a aussi des pots de cosmétiques, des flacons d'odeurs, des pommades de toutes les façons.

— On ne vous demande pas tout cela ? s'écrie Rosalvina en lançant un regard foudroyant à sa bonne, et elle force Bichonneau à se remettre en route.

Enfin cette société est arrivée à la prairie ; mais au lieu de se diriger vers la maison achetée par le banquier, elle se rend à la propriété de M. Duvalloir. Car M. Bouffi a bien dit qu'il avait acheté à Montagny la Prairie aux Coquelicots ; mais les Burgrave sont persuadés que cette prairie dépend de l'élégante demeure où ils ont couché.

La grille de la Maison aux Sycomores étant presque toujours ouverte dans la journée, la société entre dans la cour et se dispose déjà à pénétrer dans la maison, qui n'est pas encore venu à Montagny, ne cesse de s'écrier : — Belle maison... superbe propriété... de magnifiques treilles... il doit y avoir ici de bien bons fruits.

— Il y a de tout et en abondance, dit Rosalvina. Quand nous y sommes venus il n'y avait que les cerises et les groseilles et de mûres, mais maintenant l'abricot doit donner...

— Oh ! l'abricot ! j'ai un grand faible pour l'abricot, surtout bien mûr.

Bichonneau accompagne ces mots d'un regard qui leur donne beaucoup d'à-propos et madame Burgrave lui donne de son coude dans les côtes.

Mais, au moment de monter le petit perron qui mène au vestibule, la compagnie est arrêtée par le concierge, qui arrive d'un air furibond à ce son râteau qu'il brandit en l'air en disant : — Eh bien ! où donc que vous allez comme ça, s'il vous plaît ? je vous trouve encore sans gêne d'entrer sans rien dire.

— Comment ! où nous allons ? dit Burgrave, mais nous sommes des invités, nous sommes de la fête.

— Vous ne nous reconnaissez donc pas ? dit Rosalvina ; nous avons cependant couché ici quand nous y sommes venus.

— Oh ! que si fait je vous reconnais bien : c'est vous, madame, qui prétendez qu'il y a des serpents dans le jardin.

— Mais oui... j'en ai presque vu.

— Et pourquoi que vous veniez donc ici... et avec des cartons ?... est-ce que vous croyez par hasard que c'est encore vous y coucher ?... mais non... pas de ça, Lisette. Ah ! c'est dommage que le concierge ne soit pas avec vous, je lui aurais râtissé le dos avec ma bêche.

— Ah ça mais, voilà un concierge qui nous accueille bien drôlement, murmure Bichonneau. Est-ce que c'est dans le programme de la fête ?

— Conduisez-nous à votre maître, M. Bouffi, dit Rosalvina d'un ton impérieux, et nous verrons s'il vous autorise à recevoir ainsi ses invités.

— M. Bouffi mon maître ! je n'ai pas de maître ici que M. Horace Bermont, sa sœur et sa tante, et ils ne donnent pas de fête du tout.

— Qu'est-ce que cela signifie ? est-ce que M. Bouffi de Nogent n'a pas acheté cette propriété ?

Jacquet se met à rire aux éclats, en disant : — Ah ! vous avez cru que ce monsieur... qui a été incommodé, avait acheté cette maison... mais non... c'est l'autre, côte à côte, à gauche, qu'il a achetée.

— Il se pourrait !... Oh ! alors, il y a erreur, car c'est chez lui que nous allons ; mais je ne comprends pas pourquoi il n'a pas donné la préférence à cette maison qui est bien plus belle que l'autre. Allons, messieurs, remettons-nous en marche.

La bonne, qui s'était assise sur un des cartons, s'écrie : — Comment ! nous ne sommes pas encore arrivés ! eh ben, c'est amusant.

— Oh ! vous n'irez pas loin, dit Jacquet, c'est ici à côté.

La compagnie sort de la cour, sans remercier le concierge ; mais Bichonneau dit tout bas à Rosalvina : — Ce jardinier a parlé d'un tou laid ?

— En effet, je l'ai remarqué.

— Pour qui donc disait-il cela ?

— Je ne sais... je vous jure que je ne le sais pas !... Ah ! attendez, il y avait les Coquelet avec nous, c'est ce nom-là qu'il aura voulu dire.

— Vous croyez ? c'est dommage !

— Comment, c'est dommage ? pourquoi ?

— Parce que... j'avais une autre idée.

— Taisez-vous !... vous êtes un profond scélérat... si Burgrave vous entendait, il me percerait de son revolver.

— Est-ce qu'il en a un sur lui ?

— Il en a acheté un, mais il ne l'emporte jamais.

On arrive devant la maison qui appartient au banquier. La grille est aussi ouverte.

— Cette fois, c'est ici, dit Burgrave.

— En êtes-vous sûr, Ernest ? prenez garde, j'ai peur de voir encore arriver un jardinier avec son râteau.

— Je vous répète que nous y sommes ; je vois là-bas M. Grangeville qui joue déjà au bilboquet.

— Oui, oui... je vois en effet beaucoup de personnes de connaissance.

Le banquier ne tarde pas à venir lui-même au-devant de son monde qu'il introduit dans la maison. Madame Burgrave s'empresse de lui dire : — Nous venons de la propriété de M. Duvalloir ; nous pensions que c'était celle-là que vous aviez achetée. Pourquoi donc avez-vous préféré celle-ci ? il me semble que l'autre est plus belle, plus grande.

— Madame, répond Bouffi en cachant son dépit sous un air aimable, il me semble, à moi, que vous ne pouvez pas encore savoir si cette propriété ne vaut pas l'autre, car vous arrivez et vous ne la connaissez pas.

— Oh ! c'est égal, on voit bien tout de suite ; d'abord l'entrée, et puis, là-bas, le salon est deux fois grand comme ici.

— Quelle grue que cette femme ! murmure le banquier en se tournant vers son ami Grébois qui sourit.

— Par exemple, dit Bichonneau, il y a là-bas un concierge qui est bien peu honnête ; il nous a reçus en nous menaçant de son râteau ; j'ai cru qu'il allait tous nous râtisser...

Madame Bouffi éclate de rire.

— Cela vous apprendra à vouloir aller dans l'autre maison, reprend le banquier qui se penche vers Bichonneau et lui dit à l'oreille : — Mon cher ami, allez visiter mes jardins, mon petit bois, vous verrez comme tout cela est joli ; et cette délicieuse prairie qui est devant ma maison, l'avez-vous remarquée ?

— Une prairie verte ?

— Il me semble que les prairies n'ont pas d'autre couleur !...

— Oui, oui, je l'ai admirée. Dieu ! quelle belle prairie !...

— Elle vaut à elle seule toute la propriété voisine... Mais madame Bichonneau ne comprend pas cela... elle parle... parle... sans savoir ce qu'elle dit la plupart du temps ; j'aime à croire que vous citerez ma prairie quand on parlera de jolies campagnes.

— Je n'aurai qu'elle dans la bouche, et ce sera justice. Quelle ravissante prairie !

L'arrivée de nouveaux invités change cette conversation : M. Durchamp descend de sa voiture avec sa femme qui semble encore plus jolie qu'à l'ordinaire, ce qui fait faire une grimace à la belle Hortense ; un grand jeune homme, très-joli garçon, les accompagne ; c'est un cousin de madame Durchamp, que l'on appelle Arthur Désiley.

— Madame Durchamp a maintenant presque toujours son cousin avec elle, dit Grébois d'un air malicieux.

— C'est son Arthur, dit M. Grangeville en remettant son bilboquet dans sa poche.

— En effet, je crois que vous avez raison et que c'est son Arthur. Mais ce qui me surprend, c'est que Durchamp, qui est fort jaloux de sa femme, traîne ainsi le cousin à la remorque.

— Il y a des maris qui trouvent que les cousins ne comptent pas.

Beau-toupier s'en vont ! Il paraît que Durchamp est du nombre.

On annonce M. et madame Coquelet, et Bichonneau murmure : — Le concierge d'à côté prononce bien mal le nom de ce monsieur.

D'autres invités arrivent ensuite. Bientôt il y a foule dans la villa du banquier ; et, après s'être rafraîchi et avoir réparé le désordre qu'un voyage de douze lieues apporte toujours dans les coiffures et les toilettes, on se répand dans les jardins, dans les salons. Les personnes qui savent vivre admirent tout et font compliment à Bouffi sur son acquisition, tandis que madame Burgrave ne cesse pas de répéter : — Oh ! si vous connaissiez la propriété d'à côté, c'est bien autre chose !... la maison, les jardins, le parc, c'est cela qui est admirable, c'est dix fois plus grand qu'ici... il n'y a pas de comparaison à établir. Moi, j'aurais acheté l'autre propriété ; je ne sais pas ce que celle-ci lui a coûté, mais j'aurais acheté l'autre.

Oswald est à la fête ; mais, pour lui, la plus belle fête serait d'être près de Virginie, et c'est à peine s'il a trouvé un moment pour s'échapper et aller voir ses bons amis ; car, à chaque instant, son oncle ou sa tante l'appellent et ont des ordres à lui donner; de plus, M. Bouffi lui a dit en arrivant : — Si vous mettez les pieds dans la maison à côté, si vous allez voir cet impertinent qui loge là avec sa famille, je vous préviens que je vous mets sur-le-champ à la porte de chez moi et de mes bureaux.

Cette défense n'a point empêché le petit neveu d'aller à la Maison aux Sycomores et de prendre encore plus de plaisir à se trouver avec Horace et sa sœur : effet immanquable du fruit défendu.

Cette première journée de la fête est consacrée presque entièrement aux promenades et aux jeux champêtres, tels que balançoire, arbalètes, chevaux de bois, car le banquier a réuni dans son jardin tous ces divertissements. Rosalvina, en voulant tirer de l'arc, envoie sa flèche dans le postérieur de M. Grangeville qui, cependant, se tenait à l'écart pour jouer au bilboquet; ce monsieur pousse un cri aigu en demandant si on le prend pour un faisan. On s'empresse d'aller retirer le dard qui a percé le pantalon et le caleçon et n'a fait ensuite qu'une légère piqûre. Ce qui n'empêche point M. Grangeville d'être fort irrité contre madame Burgrave qui ne cesse de lui répéter qu'il ne visait pas là.

Pendant que sa femme tire de l'arc, Burgrave est allé à la salle de billard; mais il en sort désolé, parce que le billard n'a point de blouses, et il court dire à M. Bouffi : — On vous a trompé; vous croyez avoir un billard, on vous a vendu une table à tapis... sans blouses.

— On ne m'a pas trompé, lui répond le banquier. C'est un billard à la mode, je l'ai voulu ainsi.

— Elle est jolie votre mode. Alors, en fait de billard, me voilà réduit à jouer au bézigue.

— Carambolez, mon cher, carambolez... faites des effets de queue.

— Je n'en ai jamais su faire... Ce n'est pas à mon âge que je commencerai.

Sur les sept heures, un dîner splendide, et dans lequel on reconnaît le talent culinaire de la société, Potelle et Chabot, est servi à la société sous une vaste tente, dressée à cet effet dans le jardin et ornée avec goût de guirlandes de fleurs et de feuillage. La chaleur excessive de la journée augmente le plaisir que l'on éprouve à dîner au grand air; aussi le repas se prolonge-t-il fort longtemps. On porte plusieurs toasts et naturellement celui de la Sainte-Hélène.

— Mais, dit Rosalvina, puisque madame Bouffi se nomme Hortense, pourquoi lui porte-t-on à la Sainte-Hélène ?

— Quand on a plusieurs noms, dit Grébois, on choisit celui qu'on veut pour sa fête.

— Moi, dit M. Coquelet, j'ai connu une dame qui avait pour prénoms : Marie, Madeleine, Adélaïde, Victoire, et elle se faisait fêter tous ces noms-là.

— C'est assez adroit.

— Moi, reprend madame Burgrave, je préfère Hortense à Hélène, c'est plus gracieux. Pourquoi avoir choisi Hélène ?

— Ce doit être à cause de *Ménélas*, murmure M. Grangeville; et Rosalvina, qui n'est pas forte sur l'histoire grecque, répond : Ah !... c'était son parrain, sans doute.

Sur les dix heures on quitte la tente pour rentrer dans la maison où des tables de jeu sont préparées; les homme font le whist ou la bouillotte; les dames se permettent un petit lansquenet; il y a bien quelques-unes de ces dames qui ne seraient pas fâchées d'aller se promener dans le jardin, à admirer les étoiles qui brillent au firmament en s'appuyant sur le bras d'un galant cavalier; mais tout le monde étant réuni dans le salon en ce moment, la moindre absence serait remarquée et commentée, il faut donc faire de nécessité vertu, mais plusieurs regards se croisent de ces messieurs à ces dames et semblent se dire : — Ce n'est que partie remise.

A une heure du matin, les dames se retirent dans les chambres préparées pour les recevoir, et les hommes font le jardin, sous des tentes où des couchettes sont dressées pour eux. Rosalvina ne se décide qu'avec regret à gagner sa chambre, elle s'écrie : — C'est bien plus gentil de coucher sous une tente, on doit se croire dans un champ... je demanderai une tente pour demain.

XXXXI

LES ANES. — LES COQUELICOTS ACCUSATEURS.

Oswald, que l'amour éveille de bonne heure, quitte la maison de son oncle où tout le monde dort encore et va raconter à ses jeunes amis tous les détails de la fête de la veille.

— Et aujourd'hui, que fera-t-on ? demande Horace.

— Aujourd'hui, après le déjeuner, il y a une grande promenade à ânes jusqu'à Ermenonville, où l'on veut visiter le tombeau de Jean-Jacques. Mon oncle a déjà retenu tous les ânes du pays.

— Comme cela fera plaisir à Jean-Jacques de voir tous ces ânes venir le visiter !

— Ah ! comme son tombeau est dans une île, je présume qu'on ne mettra pas les ânes dans le bateau.

— Ce n'est pas sûr. Je gage qu'il en passera plus d'un; et le soir ?

— Le soir, concert, puis feu d'artifice tiré dans le jardin; ensuite, jeu pour finir, car il y a de ces messieurs qui disent : Sans jouer, peut-on vivre un jour ?...

— Mon frère, tu me mèneras dans la prairie voir le feu d'artifice ?

— Oui, vraiment, nous pouvons nous y promener tout à notre aise, le Bouffi ne viendra pas nous déranger; mais je veux aussi voir passer la cavalcade à ânes; à quelle heure doit-elle se mettre en marche ?

— Les ânes sont retenus pour midi.

— Très-bien, nous guetterons le départ; Virginie, tu n'as jamais vu le cortège du bœuf gras, ceci t'en donnera une légère idée. Ce sera fort nombreux ?

— Excepté M. Grangeville et madame Volmérange, tout le monde en sera.

— Toi aussi ?

— Oh ! non, il aurait fallu me payer aussi un âne; mon oncle n'a pas voulu faire pour moi cette dépense, et j'en suis enchanté. Je resterai avec vous, et je me flatte que la promenade durera longtemps.

— D'autant plus qu'avec les ânes il arrive toujours des accidents.

Oswald retourne chez son oncle. Les dormeurs commencent à s'éveiller. Déjà M. Coquelet fume en marchant sur les talons de mademoiselle Julie, qui va et vient de la maison au jardin pour exécuter les différents ordres des dames, et, lorsqu'un de ces messieurs lui dit un mot égrillard, ne fait pas une mine sévère comme madame Jacquet, et ne donne point de soufflets quand on lui vole un baiser; ce qui prouve l'habitude du grand monde et les avantages de la civilisation.

Les dames descendent tard, parce qu'elles sont fatiguées du voyage de la veille. On ne déjeune qu'à onze heures et demie, et on est encore à table lorsqu'une immense quantité d'ânes entrent dans la cour de la maison où l'on a beaucoup de peine à les faire tenir.

L'aspect des coursiers fait beaucoup rire la société, et, pour achever de l'égayer, plusieurs de ces bucéphales se mettent à braire et commencent un concert qui devient tellement bruyant, que l'on est obligé de prier les âniers de faire sortir les ânes et de les garder dehors.

— On m'a assuré, dit M. Bouffi, que tous ces ânes étaient fort doux et faciles à conduire; je dis cela pour que ces dames soient sans crainte.

— Est-ce que l'on peut avoir peur sur un âne ! s'écrie madame Coquelet.

— Eh ! madame, ne vous y trompez pas, dit Grébois, c'est une monture qui n'est pas toujours commode; il y en a de si têtus, de si peureux... Quant à moi, je trouve qu'il est infiniment plus facile d'aller à cheval.

— Cheval ou âne, dit Rosalvina, je ne crains rien. Je suis si bonne écuyère, que je ferais dix lieues au galop, sans m'arrêter.

— Eh bien, mesdames, dit M. Grangeville, moi, qui ne suis pas de votre cavalcade, je parie que vous ne revenez pas ici sans qu'au moins deux personnes soient tombées...

Un hourra général s'élève contre la proposition de ce monsieur, et de tous côtés on s'écrie : — Ce n'est toujours pas moi qui tomberai...

— Ni moi...

— Ni moi...

— Ni moi...

— Enfin, qui est-ce qui tient le pari ?

— Le pari, dit Coquelet, écoutez-donc... c'est scabreux... on peut bien répondre de soi... Mais des autres ?

— Eh bien ! moi, je tiens le pari, dit Grébois, parce que je suis sûr de ces messieurs, et j'ai confiance dans le talent équestre de ces dames...

— Ah ! bravo, Grébois ! bravo !

— Voilà un homme galant...

Si le tiers du trésor peut vous faire plaisir; eh bien, je vous l'accorde. — Page 107.

— Et que parions-nous ?

— Ce que vous voudrez.

— Je ne veux pas être trop arabe, dit M. Grangeville. Cinq napoléons, cela vous va-t-il ?

L'ex-avoué fait une légère grimace, mais il n'ose plus reculer et répond : — Cinq napoléons, c'est convenu.

— Nous ferons en sorte de ne point vous faire perdre, dit Hortense.

— Ah ! belle dame, je voudrais être aussi sûr des autres personnes que de vous. Mais madame Burgrave me fait trembler avec ses bravades...

— Mettez deux cavaliers à côté d'elle pour la retenir en cas d'accident.

— Excellente idée... j'y songerai.

On se presse de déjeuner, on a hâte de monter à ânes ; ces dames demandent des houssines pour fouetter leurs bêtes, on leur donne à chacune une branche de lilas ; puis elles choisissent leur monture. Madame Bouffi prend l'âne qui lui semble le plus doux ; madame Durchamp veut le plus petit ; Rosalvina le plus grand, Euphrasie le plus fort ; enfin, toutes les dames ont fait leur choix et on les met en selle. Pour commencer, madame Burgrave fait tourner la sienne et est heureusement retenue par Bichonneau.

— Cela ne compte pas, dit M. Grangeville en riant.

— Monsieur, s'écrie madame Burgrave, ce n'est pas ma faute si mon âne est mal sellé, et si sa selle tourne !

— Aussi, madame, ai-je dit que cela ne comptait pas ; seulement, je vous conseille maintenant de vous assurer si votre âne est bien sellé.

Les hommes ont pris ce qui restait ; les uns montent à poil, les autres avec une selle, puis toute la cavalcade se met en marche.

— Oh ! la belle prairie ! s'écrie madame Durchamp ; je ne l'avais pas remarquée hier ; elle est émaillée de coquelicots, la traversons-nous ?

— Non, belle dame, ce n'est pas notre chemin, et d'ailleurs vos ânes n'y auraient pas le pied sûr. Il faut la côtoyer en suivant cette petite route.

— Nous allons passer devant la propriété de M. Duvalloir, dit Rosalvina, où nous avons été si bien reçus. Ah ! Dieu ! quelle belle habitation ! quel jardin !... un parc, un bassin, des grottes, c'est ravissant, c'est princier !...

— J'ai envie de piquer son âne avec une épingle, dit tout bas Bouffi. Cette femme-là est vraiment insupportable et d'une bêtise atroce. Décidément je rayerai elle et son mari de la liste de mes invités.

Puis le banquier, qui est resté en arrière, crie à son neveu : — Oswald, ne quittez pas la maison ; vous guetterez le piéton qui apporte les lettres, j'en attends une de Paris fort importante, vous me la donnerez aussitôt qu'elle arrivera.

Mais, au lieu de guetter le piéton, dès que la cavalcade est éloignée, Oswald court chez les voisins. Horace et sa sœur rient encore d'avoir vu passer la compagnie sur les ânes.

— Il y a de bien bonnes têtes là-dedans, dit Horace. Entre autres une dame qui avait une espèce de toque espagnole et qui tenait sa houssine comme une lance.

— C'est madame Burgrave.

— Et puis à côté d'elle un gros monsieur qui avait l'air bien malheureux sur son âne.

— C'est M. Bichonneau.

— Si tout ce monde-là revient sans qu'il y ait eu de chutes, cela m'étonnera beaucoup.

— C'est aussi ce que m'a parié un monsieur qui est resté à la maison. A propos, il paraît que mon oncle attend de Paris une lettre très-importante ; il m'a dit de guetter le piéton.

— Le piéton trouvera bien la maison sans vous, dit Virginie ; venez entendre comme je touche déjà bien du piano, c'est Horace qui me montre... je joue : *Ah ! vous dirai-je, maman !* des deux mains.

Les jeunes gens se rendent au salon où ils trouvent madame Rennecart. Oswald lui dit : — Vous plaisez-vous toujours bien dans cette maison, madame ?

— Si je m'y plais ! répond la bonne dame qui a pris son cornet,

7

mais c'est un paradis... Ah! je voudrais y passer ma vie .. et je n'ai qu'un chagrin, c'est de penser qu'un jour il faudra quitter tout cela.

— En vérité, ma tante, dit Horace, je m'étonne qu'une femme de votre caractère, gaie, philosophe même, se crée ainsi un chagrin en perspective.

— Mon cher ami, c'est que je deviens vieille, vois-tu, et qu'en prenant de l'âge on place le bien-être avant la philosophie.

Virginie se met au piano et prévient, en se trompant souvent, à jouer son air. Mais Oswald est enchanté. Ce que fait la femme que l'on aime est toujours bien, même lorsque c'est mal; l'amour nous change la vue et l'ouïe, bien heureux encore lorsqu'il ne fait pas un imbécile d'un homme d'esprit; cela s'est vu, mais par bonheur cela ne dure pas.

Ensuite Virginie chante, et, comme elle a une jolie voix et du goût, c'est alors que le jeune amoureux est ravi. Horace accompagne sa sœur, et, comme depuis qu'on joue dessus, le piano est redevenu en bon état, il se met ensuite à toucher une jolie une mazurke, et les deux fiancés se livrent à la danse, tandis qu'Horace s'écrie: — Et nous aussi, nous donnons bal, et je gage que nous nous amuserons autant et même plus que chez M. Bouffi de Nogent.

Le temps passe vite quand on prend du plaisir. Madame Bellenecart, qui a eu la bonté de s'asseoir contre une fenêtre afin de pouvoir, comme sœur Anne, dire si elle ne voit rien venir, s'écrie tout d'un coup: — Je vois une poussière qui tournoie derrière les arbres qui vendoient!...

— Serait-ce le retour de la cavalcade? dit Horace en courant à la fenêtre. On n'aperçoit encore que de la poussière... Oh! mais voilà un âne qui se détache, qui s'avance au galop, monté par un cavalier qui a l'air d'un écuyer de l'hippodrome.

— C'est M. Coquelet, dit Oswald; il va droit à l'âne, cousin. Je n'ai que le temps de rentrer... le revoir, ma fiancée... au revoir, tout le monde.

Oswald est parti. Cependant M. Coquelet, tout en faisant caracoler son âne, est arrivé devant la grille de la Maison aux Sycomores; il jette de fréquents regards vers la cour, probablement pour tâcher d'apercevoir la jardinière qui lui tient toujours au cœur, malgré le soufflet qu'elle lui a donné, ou peut-être à cause de cela, car les femmes qui résistent sont toujours celles après lesquelles on s'entête; mais tout à coup Jacquet, qui avait remarqué les manœuvres de ce monsieur et reconnu en lui ce Coquelet qui avait voulu séduire sa femme, sort de derrière une caisse d'oranger, court casser une branche d'acacia et va la fourrer entre les fesses de l'âne, qui est arrêté devant la grille, en disant: — C'est sans doute ma femme que vous guettez-là, eh bien, attendez, je vais vous faire galoper, moi.

Avant que le cavalier, tout surpris par la vue de Jacquet, ait eu le temps de répondre, son âne, piqué par les épines d'acacia, fait un bond, puis part comme un éclair en retournant vers le village; c'est en vain que Coquelet veut l'arrêter, tout ce qu'il peut faire pour ne point tomber est d'enlacer le cou de l'animal et de se retenir à sa crinière.

La cavalcade revenait, mais madame Burgrave était à pied, marchant avec peine, et sa petite toque espagnole avait reçu un renfoncement qui en avait fait une tourte. Bichonneau marchait à côté de cette dame, l'œil morne, la tête baissée, et se tenant le côté. Tout à coup Coquelet, qui ne peut pas retenir son âne, passe comme la foudre à travers la cavalcade, bouscule Bichonneau et le jette à terre. Tandis qu'on ramasse ce monsieur, Euphrasie rit aux éclats en voyant son mari emporté par son âne, et M. Grangeville, qui est devant la maison où il guette le retour de la cavalcade, s'écrie: — Eh bien! qui est-ce qui a gagné?

— Parbleu! c'est vous, dit Grébois; j'avais cependant placé MM. Bichonneau et Nerval aux deux côtés de chaque côté de madame Burgrave, mais en roulant à terre avec sa monture, elle a trouvé aussi le moyen de faire tomber ces deux messieurs.

— Pourquoi ne donne-t-on un âne qui se roule, série Rosalvina.

— Madame, tous les ânes se roulent quand on ne sait pas les tenir; mais vous ne cessiez pas de battre le vôtre avec votre houssine.

— Monsieur, vous voyez bien que ces ânes-là sont indomptables, puisque voilà M. Coquelet, un excellent cavalier, qui est emporté par le sien, et qui a renversé M. Bichonneau. Etes-vous blessé, monsieur Bichonneau?

— Non, madame; il n'y a que mon centre qui a porté.

En arrivant chez lui, le banquier s'empresse de s'informer si une lettre lui est arrivée de Paris; il fronce le sourcil en apprenant qu'on n'a pas vu le piéton. Ce n'est qu'au moment du dîner que revient Coquelet, pâle, défait, couvert de poussière, en s'écriant: — Sans un paysan qui lui a barré le chemin avec sa bêche, je crois que ce maudit âne me menait jusqu'à Senlis. Fichtre! quelle course au clocher!

Cette seconde soirée est consacrée à la musique. Après le concert on se rend dans le jardin où l'on a préparé le feu d'artifice. Madame Burgrave demande à faire partir la première fusée, mais on se défie trop de l'adresse de cette dame pour acquiescer à sa demande.

Après le feu on rentre dans le salon, et les hommes se remettent à jouer. Mais lorsque la compagnie est de nouveau réunie dans la maison, on s'aperçoit que la belle madame Durchamp n'est pas là, et que son cousin Arthur manque également à la réunion. Alors les petits mots malins commencent à circuler entre ces dames:

— Où est donc cette madame Durchamp?
— En effet, elle n'est pas rentrée avec nous.
— Elle se promène sans doute dans le jardin.
— Pas toute seule probablement.
— Oh! non, elle aurait peur.
— Mesdames, dit M. Grangeville, madame Durchamp a eu très-peur des fusées quand on a tiré le feu; je l'ai vue alors quitter sa place et se sauver du côté de la grille; mais son cousin Arthur courait après elle en lui criant: N'ayez donc pas peur; ma cousine, il n'y a pas de danger.
— C'est du moment que son cousin courait après elle, je ne suis plus inquiète de cette dame, dit madame Bouffi en accompagnant ces paroles d'un sourire qui laisse deviner sa pensée.
— Elle aura voulu se promener dans la Prairie aux Coquelicots, dit Rosalvina; elle voulait se faire un bouquet.
— On ne fait guère de bouquets la nuit, dit Euphrasie, surtout dans une prairie.
— Il est certain, dit M. Grangeville, que l'on pourrait rencontrer sous sa main autre chose que des coquelicots.

M. Durchamp, qui fait sa partie de whist, a été jusque-là trop à son jeu pour remarquer l'absence de sa femme. Cependant, pendant l'entr'acte d'un rob, il s'écrie: — Tiens, où est donc ma femme? je ne la vois pas.

— Elle est sans doute au jardin... elle prend le frais.
— Et peut-être le serin, murmure le vieux Grangeville.
— Elle avait envie d'aller se faire un bouquet.
— Comment!... seule,... ce serait fort imprudent.
— Rassurez-vous, monsieur Durchamp, il n'y a pas de voleurs dans le pays.
— D'ailleurs, son cousin doit être avec elle... car il n'est pas ici.
— Oh! si Arthur est avec elle, à la bonne heure, je suis tranquille.
— Il y a des grâces d'état, murmure M. Grangeville en s'adressant à Bichonneau qui lui répond: — J'ai très-mal au derrière... c'est la suite de ma seconde chute.

Enfin, au bout d'un quart d'heure, la belle madame Durchamp rentre seule dans le salon, tenant à sa main trois ou quatre coquelicots. On remarque que sa robe est passablement chiffonnée; mais lorsqu'elle se retourne, ces dames se montrent en chuchotant un pétale de coquelicot qui est collé à sa robe.

— D'où venez-vous donc, belle dame? dit Hortense en se pinçant la bouche, tandis que, jusque-là vous ici... on ne savait pas ce que vous étiez devenue.

— Mon Dieu! une fusée m'avait effrayée, je me suis mise à courir comme une folle, sans m'arrêter; je me trouvais avoir du feu après moi; je me suis trouvée dans la prairie, en face de votre maison; j'avais ce matin aperçu de rare espèce de coquelicots qui sont dans cette prairie. J'ai voulu essayer d'en cueillir... mais j'ai eu beaucoup de peine... le soir cela ne se distingue pas.

— M. Arthur a dû vous aider dans vos recherches, à ce qu'avec vous, je crois...
— Mon cousin! mais non, je ne l'ai pas vu.
— Ah! c'est singulier... nous pensions qu'il était avec vous, et cela nous tranquillisait.
— Il me cherchait sans doute d'un côté, tandis que j'étais d'un autre.
— Vous avez du coquelicot après votre robe... par derrière...
— Ah! c'est que je suis tombée en cherchant des fleurs.

Puis madame Durchamp s'approche de la table de whist et dit à son mari : — Eh bien, monsieur, qu'est-ce que vous faites ?

— Vous le voyez, ma chère amie, je fais le mort ; nous jouons à trois.

— Il a bien raison de faire le mort, dit madame Volmérange à une de ses voisines. C'est ce qu'il peut faire de mieux.

Cinq minutes après la rentrée de madame Durchamp, le bel Arthur arrive dans le salon en disant : — Ma cousine est-elle ici ? Ah ! elle est là !... en vérité cousine, j'étais fort en peine de vous.

— Rassurez-vous, Arthur, je ne suis pas perdue, comme vous voyez.

— Non... mais vous pouviez vous être égarée...

— On a le droit de s'égarer, dit M. Grangeville. Mais en ce moment, un nouveau chuchotement, mêlé d'éclats de rire mal réprimés, se fait entendre parmi les dames, qui se montrent le genou droit du beau cousin, auquel est collée une feuille de coquelicot.

— Il paraît que vous avez cherché votre cousine dans la Prairie aux Coquelicots, dit Coquelet en regardant Arthur d'un air plaisant.

— Pourquoi cela ?

— Mais c'est qu'il vous en est resté quelque chose après votre pantalon ; regardez votre genou.

Arthur rougit un peu en apercevant ce débris de fleur collé après lui, et s'empresse de l'ôter en disant : — C'est vrai... j'y suis entré... et même, j'ai glissé, je suis tombé sur mes genoux... c'est comme cela que j'aurai écrasé un coquelicot.

— Le cousin tombe en avant, sa cousine tombe en arrière... c'est bien singulier, dit Bichonneau.

— Vous trouvez cela singulier ? répond Coquelet ; moi je trouve cela tout naturel, au contraire. C'est la journée aux chutes... vous en savez quelque chose.

Et M. Grangeville se promène dans le salon avec son bilboquet, en murmurant : — Aimez-vous les coquelicots ? on en a mis partout !

XLII

TROUVAILLES PRÉCIEUSES.

Le dernier jour de la fête était arrivé, et celui-là devait être le plus beau ; puisque c'était celui du grand bal ; beaucoup d'invités, qui n'avaient pu venir aux deux jours précédents, avaient promis de ne point manquer ce jour-là.

En effet, dès le déjeuner, beaucoup de monde arrive de Paris. Le banquier se promenait devant la grille de sa maison, il paraissait fortement préoccupé, ce n'était pas seulement de la société qu'il attendait ; mais sur les deux heures, le piéton qui porte les lettres dans les environs vient enfin, et remet à M. Bouffi un paquet qui doit renfermer plusieurs lettres ; celui-ci le reçoit avec joie ; il se hâte de le décacheter, lit vivement une lettre, puis jette un coup d'œil sur une autre, et sa physionomie s'épanouit complétement.

En ce moment, plusieurs personnes sortent de la maison, en lui criant : — Que faites-vous donc là, Bouffi ? on vous cherche de tous côtés...

— Me voici... me voici... c'est que je regardais si mes musiciens pour le bal arrivaient.

Et le banquier, après avoir serré dans son portefeuille les papiers qu'il vient de recevoir, se hâte de rejoindre sa société et de faire les honneurs de sa villa.

Sur les neuf heures du soir, un orchestre délicieux faisait entendre les quadrilles les plus nouveaux ; le jardin de la villa Bouffi était illuminé à giorno, et les sons de la musique retentissaient au loin dans la prairie. Virginie s'y promène quelque temps au bras de son frère, puis Oswald s'échappe pour venir la rejoindre ; il danse avec sa fiancée au son de l'orchestre du bal. Mais le peu d'aveu ne peut se donner longtemps ce plaisir, car à chaque instant il fait que son oncle ou sa tante ont quelque ordre à lui donner.

A onze heures, Virginie est rentrée se livrer au repos, après avoir dit à son frère : — Quand donc nous feras-tu danser pour notre mariage ?

— Le plus tôt que je le pourrai, répond Horace, qui laisse sa sœur rentrer et reste encore dans la prairie, car la soirée est superbe ; après une journée étouffante, on est heureux de respirer un peu mieux, et les doux sons de la musique du bal ajoutent encore au charme que l'on goûte à se promener dans la prairie.

Cependant Horace est soucieux, il se dit : — Je promets à ces pauvres amoureux de les marier, et, en vérité, je ne sais pas comment je ferai pour y parvenir... ce diable de trésor, je ne le trouve pas, ni le banquier non plus, à la vérité ; mais lui n'en a pas besoin, tandis que moi, je comptais dessus pour marier ma sœur... et cette jeune femme... que j'espérais revoir... que je voudrais réconcilier avec son mari... car M. Duvalloir est son mari... j'en suis sûr... elle ne vient pas à Montagny... Ah ! si elle savait que M. Duvalloir est venu... qu'il m'a parlé d'elle... elle accourrait ici... mais impossible de le lui faire savoir... n'importe, dans quelques jours, je retournerai à Paris... je m'informerai... je la chercherai partout... je ne prendrai pas de repos que je ne l'aie retrouvée.

Minuit est sonné depuis longtemps. Horace se promène toujours dans la prairie, lorsque, de loin, il voit deux personnes qui sortent de la villa du banquier, et vont droit dans la Prairie aux Coquelicots, puis se dirigent vers le bosquet de noisetiers, comme des gens qui connaissent parfaitement le chemin, et savent d'avance où ils veulent aller.

Horace examine de loin ce monsieur et cette dame, et pense d'abord que ce sont des invités du banquier, qui sont bien aises de prendre le frais loin du tumulte de la fête, puis il réfléchit et se dit : — Des invités ne connaîtraient pas si bien dans la nuit l'endroit où se trouve l'épais bosquet de noisetiers ; ils n'y marcheraient pas si résolument... ce sont des personnes qui connaissent déjà fort bien l'itinéraire de la prairie.

Et, tout en faisant ces réflexions, le jeune homme, favorisé par l'ombre qui est de son côté, se rapproche assez du bosquet pour distinguer les tournures et entendre les voix ; il acquiert alors la certitude que c'est la superbe Hortense et le galant Grébois qui se sont enfoncés sous le bosquet. Devinant alors quelle espèce de conversation ils ont à tenir, Horace s'éloigne en fredonnant ce refrain d'une vieille chanson :

Ne dérangeons pas le monde,
Laissons chacun comme il est.

Mais, au bout de dix minutes, désirant savoir si le couple causeur est encore sous le bosquet, il s'en rapproche, et, lorsqu'il n'en est plus qu'à vingt-cinq pas, se met à crier de toute sa force et en grossissant sa voix : — Sentinelles ! prenez garde à vous !

Presque aussitôt, les personnes qui étaient sous le feuillage en sortent, et se sauvent à toutes jambes à travers la prairie, le monsieur d'un côté, la dame d'un autre, ce qui cause à Horace une envie de rire qu'il est quelque temps avant de pouvoir calmer.

— Parbleu ! je me suis amusé aussi, moi, se dit Horace, lorsque les fugitifs ont tout à fait disparu.

Puis, en se rapprochant du bosquet, il aperçoit sur l'herbe quelque chose qui brille, il s'avance et ramasse ce qu'il vient de voir. C'est une jarretière fort élégante en soie ponceau, avec une agrafe en argent, ciselé avec goût.

— Ah ! madame Bouffi, vous perdez vos jarretières sur le champ de bataille, dit le jeune homme, en serrant précieusement la trouvaille qu'il vient de faire. Fort bien, ça pourra nous être très-utile plus tard. Je n'ai pas perdu ma soirée.

Puis, se dirigeant vers sa belle demeure, Horace se décide à aller prendre du repos. Mais avant de se coucher, il examine de nouveau l'objet qu'il a trouvé, et voit avec plaisir que le chiffre de la femme de son banquier, un H et un B, sont gravés sur l'agrafe de sa jarretière.

On dort mal quand on est fortement préoccupé, bien qu'il se fût mis au lit très-tard, à six heures du matin Horace était déjà à sa fenêtre. Il regardait souvent du côté de la maison où il avait passé son enfance, et ne pouvait s'empêcher de se dire : — Je suis bien ici, mais je voudrais encore être là.

Bientôt la vue de M. Bouffi sortant de chez lui, avec sa bêche à la main, attire l'attention d'Horace.

— Il paraît que nous allons un peu fouiller notre prairie, se dit le jeune homme, c'est assez naturel, depuis trois jours on n'en a pas eu le temps, on était trop entouré de monde ; mais maintenant que toute sa société sommeille, maître Bouffi veut profiter de la liberté que cela lui donne... soit, allons chercher le trésor.

Et Horace, achevant bien vite sa toilette, descend et suit de loin la direction que prend M. Bouffi. Celui-ci marche assez longtemps dans la prairie, il s'arrête enfin près d'un petit tronc d'arbre tout dépouillé, tout rabougri, et là, examinant le terrain, commence à fouiller la terre. Horace peut, grâce à un bouquet d'arbres, suivre tous ses mouvements, sans avoir besoin de se montrer, et c'est ce qu'il fait.

M. Bouffi remue la terre avec ardeur; mais déjà le soleil se fait sentir, la journée sera brûlante comme celle de la veille, et le laboureur d'une nouvelle espèce est bientôt inondé de sueur; cependant quelque chose a probablement fait résistance à sa bêche, car, tout d'un coup, il ôte son habit et le jette à terre, afin de pouvoir piocher plus à l'aise.

— Diable! diable! se dit Horace, est-ce qu'il aurait trouvé le trésor? redoublons d'attention, et ne le perdons pas de vue.

Mais après avoir, avec beaucoup de peine, fait sortir de terre l'objet qui rendait un son sec sous sa bêche, M. Bouffi reconnaît qu'il n'a réussi à déterrer qu'une énorme pierre de meulière. Désolé, et surtout accablé de fatigue par le travail qu'il a fait, il reste quelque temps comme anéanti devant la grosse pierre, lorsque plusieurs voix se font entendre du côté de la villa. Ce sont des messieurs de sa société qui ont été éveillés de bonne heure, et veulent jouir des charmes d'une belle matinée. Craignant qu'on ne le surprenne dans son occupation nouvelle, le banquier remet à la hâte son habit, et se presse d'aller rejoindre ses connaissances de Paris.

Lorsque celui qu'il guettait est éloigné, Horace sort de l'endroit qui l'abritait, et va examiner la place que M. Bouffi vient de quitter. Il y a un assez grand trou fait dans la terre, à l'endroit où était la pierre; mais dans tout cela, pas la moindre apparence de trésor, et, après avoir encore quelque temps jeté un coup d'œil sur le terrain, le jeune homme va s'éloigner, lorsque son pied rencontre un objet qui résiste; c'est un portefeuille, celui du banquier, qui est tombé de sa poche, lorsqu'il l'a repris à terre et rendossé si précipitamment. Horace s'empresse de le ramasser, en se disant : — Je suis en veine depuis hier; mais je crois que cette trouvaille vaut encore mieux que la jarretière de madame Bouffi... le portefeuille de son mari... et un portefeuille qui semble bourré de papiers... quelque chose me dit que je viens de trouver ce qu'il me fallait pour marier ma sœur. Rentrons vite, afin d'examiner à mon aise ce que renferme ce portefeuille. Oh! soyez tranquille, monsieur Bouffi, s'il ne contient que des billets de banque, je vous les rendrai intact; mais on peut trouver des choses plus intéressantes, surtout s'il y a des papiers concernant votre neveu.

Horace marchait vivement; il allait mettre le pied hors de la prairie, lorsque dans la petite route qui côtoie le parc de M. Duvalloir, il aperçoit une dame qui est arrêtée, et semble l'attendre. Cette dame porte un chapeau sur lequel un voile est rabattu; elle s'entortille dans un grand châle, mais à sa tournure, à sa taille, et surtout à ce quelque chose qui fait plus vite battre notre cœur à l'aspect d'une personne que nous aimons, Horace a reconnu ou plutôt deviné madame Huberty; aussitôt, il ne court pas, il vole à sa rencontre; le portefeuille du banquier est entièrement oublié; il est si content, si heureux de revoir cette jeune femme, que toute autre pensée est bannie de son souvenir; en quelques minutes, il a franchi la distance qui le séparait de la personne arrêtée sur le chemin, il est près d'elle... elle soulève son voile... il ne s'est pas trompé, c'est bien la jolie petite dame du quatrième qui est devant lui.

— Enfin, vous voilà, madame! s'écrie Horace en pressant une main qu'on lui tend. Ah! si vous saviez avec quelle impatience je vous désirais!... mais vous avez déménagé... à Paris je ne vous ai plus trouvée, vous n'avez pas laissé votre adresse... je ne savais où vous chercher...

— Oui... mais je vous avais dit que je viendrais... Mon Dieu... je ne voudrais pas rester sur cette route... je crains toujours d'être vue.

— Eh bien, venez... entrez avec moi dans notre nouvelle demeure. Oh! vous la connaissez bien, cette maison-là!...

— Pourquoi dites-vous cela?... qui vous fait penser que je la connais?

— Ah! madame... de grâce! pardonnez-moi ce que vais vous demander... pourtant, je ne puis rester dans l'incertitude... donnez-moi votre confiance entière... avouez-moi si vous êtes la femme de M. Duvalloir.

Emma demeure tout interdite, puis elle baisse les yeux et murmure : — Oui... oui, je suis l'épouse de... celui que vous venez

de nommer... mais comment donc avez-vous découvert ce secret?... est-ce qu'on m'a déjà vue... reconnue dans le pays?... Ah! je vais repartir bien vite alors.

— Non, madame... personne ne vous a vue... je vous dirai comment j'ai présumé et presque deviné qui vous étiez... mais ne restons pas ici... venez... entrez chez vous...

— Chez moi!... oh! non!... ce n'est plus chez moi... je n'ose y entrer... je crains tous les regards...

— Le concierge et sa femme ne vous connaissent pas; vous ne pouvez craindre ma tante et ma sœur, auxquelles d'ailleurs je n'ai pas confié le secret qui vous concerne; venez, madame, et n'attendons pas que toutes les personnes de Paris, venues chez M. Bouffi pour une fête, sortent de sa propriété et viennent curieusement rôder autour de nous.

La jeune femme se laisse persuader. Elle baisse son voile, prend le bras d'Horace et se laisse conduire; mais elle est si tremblante, que c'est à peine si ses jambes peuvent la soutenir. On arrive bientôt à la grille, on entre dans la cour; mais Emma pousse un faible gémissement et perd entièrement connaissance. Horace la reçoit dans ses bras, l'enlève et la porte dans la maison; il la dépose sur un divan, et, comme sa tante et sa sœur dorment encore et que les concierges sont au jardin, il va lui-même chercher ce qu'il pense nécessaire pour faire revenir cette dame; mais lorsqu'il est de retour près d'elle, Emma avait déjà repris ses sens, son évanouissement n'ayant été causé que par l'émotion qu'elle avait éprouvée en se retrouvant dans la demeure qu'elle avait jadis habitée.

— Pardonnez-moi toutes les peines... tous les ennuis que je vous cause, dit Emma.

— Comment vous sentez-vous maintenant, madame?

— Beaucoup mieux... vous avez dû comprendre la cause de mon émotion... si vous saviez... si M. Duvalloir vous a appris combien je suis coupable...

— M. Duvalloir ne m'a rien confié, rien appris, madame... il ne m'a pas même dit qu'il était marié; c'est dans le village que je l'ai su, qu'un bon paysan me l'a appris, et alors, en me souvenant, en rapprochant certaines circonstances, il m'a semblé que vous deviez être sa femme...

— Mais alors...

— Oh! alors, je me suis dit : C'est un ménage qui est brouillé... j'ignore qu'est-ce qui a tort... mais je vois bien que ces deux époux sont malheureux... et je serais si content, si heureux de les raccommoder, car M. Duvalloir est si bon pour nous... et vous... vous, madame... ah! vous savez bien que je vous aime... oh! mais comme une sœur, madame... rien que comme une sœur, à présent... je vous le jure...

L'accent avec lequel Horace dit ces mots est si vrai, si bien du fond de son âme, que la jeune femme lui tend la main, en lui disant : — Je vous crois... oh! je ne doute plus de votre amitié; mais comment pouvez-vous espérer me réconcilier avec M. Duvalloir? Vous savez bien qu'il a refusé de m'entendre, de m'accorder une entrevue que je lui demandais... qu'il vous a défendu de jamais lui parler de moi.

— Oui, madame, il a dit cela alors... et dans le premier moment; mais depuis il a réfléchi sans doute, car il est venu ici... me voir... et c'est lui qui m'a parlé de vous.

— Il se pourrait!... vous l'avez vu?... il est venu ici? dans cette maison?...

— Oui, madame.

— Y a-t-il longtemps?

— Mais quinze jours, trois semaines à peu près.

— Oh! parlez, mon ami, mon frère!... de grâce, répétez-moi tout ce qu'il vous a dit alors... toutce qui s'est passé entre vous... n'oubliez rien...

— Eh bien, M. Duvalloir est arrivé un matin, il était seul, il avait l'air fort triste.

— Triste!... oh! je le crois.

— Ma tante et ma sœur ne le connaissaient pas; il leur a dit mille choses aimables, les priant de se regarder ici comme chez elles. Nous pensions qu'il allait rester quelque temps avec nous; mais pas du tout, il nous a tout de suite annoncé qu'il repartirait dans une heure... puis m'a prié de l'accompagner dans le jardin. Je le suis; il marche longtemps sans me rien dire... je lui parlais, il ne me répondait pas... il regardait tout autour de lui... il semblait rêver...

— Je comprends... oui... il rêvait... il se souvenait... continuez... continuez...

— Enfin, il me mène jusque dans le parc... où il y a un petit kiosque... puis là, il se laisse aller sur un banc de gazon... et se met à pleurer...

— Il pleurait... il pleurait !...

— Eh bien, voilà que vous sanglotez aussi, vous, madame... Ah ! si je fais couler vos larmes je ne pourrai pas continuer.

— Oh ! si, mon ami... si vous saviez... ces larmes me font du bien... elles me soulagent... il a pleuré, lui... Ah ! s'il pouvait m'aimer encore ! Tenez, Horace, je suis bien heureuse en ce moment... il me semble que vous avez fait rentrer un peu d'espérance dans mon cœur.

— Eh bien, après avoir pleuré, M. Duvalloir se décide à me parler de vous... Je voyais bien qu'il en grillait d'envie depuis longtemps... mais moi je n'osais pas commencer, parce qu'il me l'avait défendu.

— Eh bien, il vous a dit?... Oh ! n'oubliez pas un mot, mon ami.

— Il me demanda si je vous avais été trouver, après avoir fait votre commission... ce que vous aviez dit en apprenant qu'il avait refusé de l'entendre... je lui répondis la vérité, que vous aviez été désolée, désespérée de son refus... il était bien ému... Au bout d'un moment, il me demanda si vous aviez revue depuis ce jour-là ; et je lui appris qu'à mon dernier voyage à Paris, je m'étais rendu à votre demeure, mais que vous l'aviez quittée, que vous étiez partie sans dire aucune adresse ! enfin, que je vous avais cherchée vainement dans Paris. Alors, il parut plus triste, plus affligé...

— Il serait vrai ! oh ! mon ami !... ne me trompez pas !...

— Je ne vous dis que l'exacte vérité, madame. J'ajoutai cependant que j'espérais vous voir ici, que vous m'aviez presque promis d'y venir ; il ne disait rien, mais il ne perdait aucune de mes paroles... enfin, comme je le reconduisais jusqu'à son cabriolet, et au moment de le quitter, je lui dis encore : « Monsieur, si je revoyais cette dame, ne voulez-vous pas que je vous la fasse savoir ? » Il ne me répondit rien, mais il me serra la main avec une expression... j'ai bien compris qu'il serait enchanté d'avoir de vos nouvelles.

— Le croyez-vous, mon ami, le croyez-vous ?

— Je le crois si bien, que tout de suite après avoir déjeuné, je vais partir pour Paris et aller apprendre à M. Duvalloir que vous êtes à Montagny. Oh ! je suis bien certain qu'il me saura gré de ma démarche.

— Vous irez... ce matin?...

— Je partirai tout de suite après le déjeuner ; j'irai au chemin de fer, j'y serai pour le convoi qui passe à onze heures.

— Et vous reviendrez ici m'apprendre ce que M. Duvalloir vous aura dit ?

— Aussitôt après avoir vu M. Duvalloir je repars, je reviens ici.

— Ah ! mon ami! quelle reconnaissance je vous dois. J'ai été bien coupable, il est vrai...

— Ne me dites rien, madame ; j'ignore si vous fûtes coupable, mais je sais que vous êtes malheureuse, et que mon plus grand bonheur sera de mettre fin à vos chagrins.

La conversation est interrompue par l'arrivée de madame Rennecart et de Virginie, qui poussent un cri de surprise en trouvant dans le salon madame Huberty.

— Oui, dit Horace, c'est notre petite voisine du quatrième, qui vient nous voir, qui va déjeuner avec nous, puis qui restera ici, je l'espère ; ma tante, faites presser le déjeuner, il faut que je parte pour Paris par le convoi de onze heures.

— Eh ! mon Dieu ! que vas-tu donc faire à Paris, si vite ?

— Voir M. Duvalloir, lui apprendre quelque chose... qui lui fera grand plaisir... lui dire que... mais vous saurez le reste plus tard... je monte m'habiller.

— Bien, mon ami ; du moment qu'il s'agit d'être agréable à M. Duvalloir, nous allons nous hâter. Tout sera bientôt prêt.

Horace monte à sa chambre, change de toilette, parce qu'il ne va pas à Paris en jaquette. Il met une cravate, un paletot et se hâte de redescendre. Déjà le couvert est dressé dans la salle à manger. On se met à table ; il n'est que neuf heures, cependant Horace met les morceaux doubles.

— Tu as bien le temps, lui dit madame Rennecart ; tu ne mets que trois petits quarts d'heure pour gagner la station du chemin de fer.

— Qu'une demi-heure, ma tante.

— Eh bien, puisque le convoi ne passe qu'à onze heures.

— Cela ne fait rien ; j'aime mieux être en avance qu'en retard... je voudrais déjà être chez M. Duvalloir.

— Et quand reviens-tu ?

— Ce soir, je l'espère. Il y a un départ à cinq heures, je serai ici à sept et demie ; ayez bien soin de madame.

— Je la mènerai promener, dit Virginie.

— Justement, madame ne veut pas se promener.

— Ne vous inquiétez pas de moi, mon cher Horace, dit Emma, avec votre famille je serai toujours bien.

Enfin Horace a fini de déjeuner ; il prend son chapeau, dit adieu à tout le monde en lançant à la jeune femme un regard qui lui promet de réussir ; puis il part et gagne vivement la route qui mène à la station.

Lorsqu'il est au milieu du chemin, il se dit :

— Tiens ! et le portefeuille de M. Bouffû que j'ai oublié de visiter ; ma foi, il est resté dans ma jaquette, ce sera pour mon retour.

XLIII

ON MET LES POUCES.

Horace est arrivé bien avant le passage du convoi ; là, il regrette bien de ne point avoir emporté le portefeuille qu'il aurait eu tout le temps de visiter. Enfin, les wagons se montrent, il prend place dans l'un d'eux et au bout de cinq quarts d'heure il est à Paris, puis bientôt à la demeure de M. Duvalloir.

Mais celui qu'il a tant hâte de voir est sorti, et le garçon de l'hôtel ignore quand il rentrera. Horace s'installe alors dans la loge du concierge en disant :

— Tant pis ! je reste ici, je n'en bouge plus que M. Duvalloir ne soit revenu.

Le concierge, voyant l'air décidé du jeune homme, s'incline devant sa résolution.

Au bout d'une heure, qui a semblé bien longue à Horace, celui qu'il attend revient enfin et demeure tout surpris en l'apercevant.

— Je vous attendais, monsieur ! s'écrie Horace, car c'est pour vous seul que je suis à Paris.

M. Duvalloir lui fait signe de le suivre ; bientôt ils sont seuls chez lui ; alors il dit à Horace :

— Qu'avez-vous donc à me communiquer, mon ami ? J'espère que votre famille se porte bien, que vous n'avez éprouvé aucun accident fâcheux ?

— Oh ! non, monsieur, non ; d'ailleurs, ce n'est pas de moi qu'il s'agit, c'est... c'est...

— Vous êtes bien ému, mon ami ; remettez-vous...

— Oui, monsieur... je ne sais par où commencer ce que je veux vous dire... j'ai pensé que cela ne vous déplairait pas... si cependant cela vous fâche, vous me pardonnerez, n'est-ce pas, monsieur ?

— Enfin, de quoi s'agit-il ?

— De... de cette dame qui vous a écrit une fois...

— Emma !

M. Duvalloir a tressailli en prononçant ce nom. Sa physionomie devient sombre.

— Je ne savais pas qu'elle se nommait Emma, reprend Horace ; moi je l'appelle toujours madame Huberty...

— Eh bien, vous l'avez vue ?

— Oui, monsieur, ce matin.

— Où cela ?

— Là-bas... à la campagne... elle était sur la route devant votre propriété ; je l'ai reconnue, bien qu'elle eût un voile sur son chapeau... j'ai couru à elle, je l'ai engagée à entrer chez... vous... elle ne le voulait pas... et je ne sais pourquoi elle craignait d'être aperçue... enfin je l'ai tant priée, elle a consenti à m'accompagner dans la maison. Mais voilà qu'en passant la grille, elle pousse un gémissement et perd connaissance.

— Ah ! elle... s'est évanouie ?

— Oui, monsieur ; mais heureusement que j'étais là pour la soutenir. Je l'ai prise dans mes bras et je l'ai portée dans la maison... en revenant à elle... elle sanglotait... Ah ! cela me déchirait le cœur... car je ne puis voir pleurer une femme. Enfin, monsieur, elle m'a encore parlé de vous... elle voudrait tant vous voir... vous parler... ne fût-ce qu'un moment !... Ah ! monsieur ! si vous aviez comme moi été témoin de sa douleur, je suis sûr que vous consentiriez à l'entendre... je ne sais pas si vous aviez beaucoup à vous plaindre de cette dame, mais vous, qui êtes si bon, monsieur, est-ce que vous laisserez ainsi cette jeune dame passer sa vie à se désoler? On dit que c'est si doux de pardonner! pourquoi n'essaieriez-vous pas de vous donner ce plaisir-là?... Je vous demande pardon si je me permets de vous donner ce conseil; mais je ne sais quoi me dit qu'alors vous seriez plus heureux.

M. Duvalloir ne répond rien; mais on voit que plusieurs sentiments l'agitent tour à tour. Il se lève, marche dans la chambre; de temps à autre il s'arrête comme pour parler, et ses paroles expirent sur ses lèvres; enfin il se rapproche d'Horace et lui dit:

— Où est-elle, maintenant?

— Dans votre maison, monsieur. Oh! elle n'en bougera pas que je ne sois revenu... elle m'attend... pour savoir...

— Pour savoir?... achevez...

— Mais pour savoir si je vous ai vu... et si vous consentez enfin à lui accorder une entrevue. Que lui dirai-je, monsieur?... que lui dirai-je?...

En prononçant ces mots, Horace avait pris une des mains de M. Duvalloir et la pressait tendrement dans les siennes, tout en attachant sur lui des regards suppliants. Après quelques instants d'hésitation, M. Duvalloir répond:

— Eh bien... j'irai... j'irai... vous voir... je vous le promets...

— Ah! monsieur! que je suis content... comme je vais la rendre heureuse en lui disant cela!

— Ce n'est pas elle que j'irai voir... c'est vous.

— Oui, monsieur, oui, j'entends bien; mais elle sera là, vous la rencontrerez.

— Que personne ne sache!...

— Personne, monsieur; ma tante et ma sœur ne savent même pas que cette dame vous connaît; et quand viendrez-vous, monsieur?

— Dans quelques jours.

— Ah! le plus tôt possible, n'est-ce pas, monsieur? votre présence est si désirée! ne tardez pas trop, je vous en prie!

— Eh bien... oui... avant peu vous me verrez!...

— Quel bonheur!... A présent que j'ai votre parole, adieu, monsieur.

— Vous partez; où allez-vous?

— Faire quelques emplettes, puis prendre le convoi de cinq heures pour retourner là-bas. Oh! je voudrais déjà y être, je voudrais voyager par l'électricité; on n'en est pas encore là, mais on y arrivera. A bientôt, n'est-ce pas, monsieur?

— Oui, mon ami, à bientôt.

M. Duvalloir presse affectueusement la main d'Horace, et celui-ci s'éloigne en disant:

— J'aime autant le quitter tout de suite, il n'aurait qu'à changer de résolution.

A cinq heures du soir il repart pour Ermenonville; à six heures et demie, il quitte le chemin de fer et prend la route de traverse qui conduit à la Prairie aux Coquelicots. Il est à peine sept heures lorsqu'il y arrive, et ses premiers regards tombent sur M. Bouffi et sa femme qui sont dans la prairie, et ont l'air de chercher quelque chose.

En côtoyant la prairie, Horace se met à chanter afin d'attirer l'attention; mais le banquier est tellement absorbé dans ses recherches, que c'est à peine s'il jette un coup d'œil de son côté; il en est de même de madame, qui tourne et retourne dans le petit bosquet de noisetiers en regardant toujours à ses pieds.

— Voilà un portefeuille et une jarretière qui leur donnent bien de la tablature, dit Horace. Cherchez, mes bons amis, cherchez bien, vous ne trouverez rien; mais avant peu, moi, je vous donnerai des nouvelles de ce que vous avez perdu.

Horace rencontre sa tante et sa sœur devant le perron, et chacune lui adresse la même question:

— As-tu vu M. Duvalloir?... es-tu content de ton voyage?

— Oui, oui, je suis assez satisfait; mais laissez-moi avant tout parler à madame Huberty, où est-elle?

— Dans une petite chambre qu'elle a choisie au fond du corridor, au premier; c'est la plus petite, la plus modeste de cette maison; mais elle n'en a pas voulu d'autre.

— Fort bien; j'y cours.

La tante et cette nièce ne comprennent rien à ce qui se passe entre Horace et cette jeune dame; mais elles n'osent le questionner, car quelque chose leur dit que M. Duvalloir est mêlé dans tout cela.

Horace trouve la jeune femme plongée dans ses pensées; mais, en entendant quelqu'un entrer chez elle, en reconnaissant son jeune ami dont les yeux rayonnent de plaisir, elle devine qu'il lui apporte d'heureuses nouvelles et s'écrie:

— Ah!... vous l'avez vu?

— Oui... je l'ai vu, je lui ai parlé... il sait que vous êtes ici.

— Il le sait? Eh bien?

— Eh bien, il viendra... il me l'a promis.

— Il viendra. Oh! mon Dieu!... est-ce possible... et il consentira à m'entendre?

— Assurément, puisqu'il sait que vous n'êtes ici que dans l'espoir de le rencontrer, et qu'il consent à y venir, c'est qu'il veut bien vous voir.

— Et quand viendra-t-il?

— Ah! il n'a pas voulu me fixer le jour, et je n'ai pas osé insister! mais je l'ai tant prié de ne point trop attendre, que je suis sûr qu'il viendra bientôt.

— Ah! mon cher Horace! que ne vous dois-je pas! Hélas! je n'espère pas qu'il me pardonne; mais après m'avoir entendue, il verra peut-être que j'ai été moins coupable qu'il ne le croit.

— J'avais hâte de vous apporter cette bonne nouvelle, et maintenant je vais changer de toilette, me reposer, et surtout prendre connaissance de certaine trouvaille que j'ai faite.

Horace monte à sa chambre, endosse sa jaquette et retrouve dans la poche le portefeuille qu'il y a laissé; il s'empresse de le visiter. Après plusieurs notes insignifiantes, il trouve une lettre signée Floquart, qui en renferme une autre. La lettre du grand Floquart est ainsi conçue:

« Mon cher Bouffi, on me remet de votre part les trente-cinq mille francs que je vous ai demandés pour vous rendre la lettre que vous m'avez écrite et envoyée à Marseille, lettre qui vous compromettait diablement, puisqu'elle faisait savoir que vous aviez gardé pour vous les trois cent mille francs qui revenaient à votre neveu Oswald lors de la mort de son père Louis-Edmond Bouffi, votre frère. A la vérité, la lettre me compromettait aussi un peu, puisque c'est moi qui vous ai fourni le moyen de garder pour vous cette somme; mais moi, je n'ai rien à perdre, tandis que vous, vous êtes arrivé à une haute position, où la connaissance de cette escroquerie de famille pourrait vous faire beaucoup de tort. Maintenant c'est un compte réglé entre nous; je n'en suis pas moins à votre service.

« Floquart. »

« Paris, 20 août 1860. »

— Voilà qui est déjà bien précieux, se dit Horace en mettant la lettre de Floquart dans sa poche; maintenant passons à celle de M. Bouffi. Oh! celle-ci est ancienne, du mois de juin 1851; oui, c'est vers cette époque, à ce que nous a dit Oswald, qu'il perdit son père. Voyons cette lettre qui est adressée à M. Floquart, à Marseille.

« Mon cher Floquart, mon frère est mort, en effet, depuis six semaines; mais vous m'apprenez qu'un bâtiment, venant du Levant, lui apporte pour trois cent mille francs de marchandises, réalisables sur-le-champ. On vous a chargé de me l'apprendre parce qu'on sait que vous connaissez le frère du défunt; vous ajoutez que le capitaine du bâtiment ignore complètement que mon frère avait un fils, et que si je veux vous donner un intérêt dans l'affaire, vous ne direz pas un mot de ce fils. C'est chose arrangée entre nous, mon cher Floquart; d'ailleurs je saurai faire valoir cet argent, qui plus tard reviendra toujours à mon neveu. Dans deux jours je pars pour Marseille; prudence et discrétion.

« Bouffi. »

— O ma sœur! te voilà mariée!... et avec une jolie dot, je l'espère, s'écrie Horace transporté de joie après la lecture de ces deux lettres, à soin de ne point remettre dans le portefeuille; puis il redescend vivement trouver sa famille; il prend sa sœur par la tête, l'embrasse à plusieurs reprises, puis la fait danser, tourner en rond en lui disant:

— Tu vas être mariée, Virginie, c'est une chose qui ne rencontrera plus d'obstacles; dès demain je vais chez M. Bouffi et je lui demande qu'il donne son neveu et te le donne pour mari; s'il n'était pas si tard j'irais ce soir; mais non, il vaut mieux attendre à demain.

Madame Reppecart, qui n'a pas son cornet, ne comprend pas pourquoi le frère et la sœur ont l'air si joyeux, ni pourquoi madame Huberty ne veut pas aller promener et a peur d'être vue; mais son neveu lui crie dans l'oreille:

— Tout cela s'expliquera bientôt, ma tante, et vous verrez si votre neveu avait raison d'être confiant dans l'avenir.

Le lendemain, sur les dix heures du matin, Horace, après avoir soigné sa toilette, se rend chez le banquier, qui ne voulait point quitter sa villa avant d'avoir retrouvé son portefeuille, dont la perte lui causait de graves inquiétudes.

M. Bouffi était seul dans une salle du rez-de-chaussée, lorsque son jeune voisin se présente devant lui; à sa vue il n'est pas maître d'une vive émotion, car il tremble que son portefeuille ne soit pour quelque chose dans la visite qu'il reçoit.

— Monsieur, dit Horace en faisant au banquier une légère inclination de tête, je viens pour la seconde fois, mais celle-ci sera la bonne, je m'en flatte, vous demander de vouloir bien marier votre neveu Oswald à ma sœur Virginie Bermont; j'entends, de plus, que pour assurer l'avenir des jeunes époux, vous donniez à votre neveu cinquante mille francs comptant et la possession de cette villa où, probablement, ils se fixeront lorsqu'ils seront mariés.

M. Bouffi devient très-pâle, car en entendant ces propositions, en voyant surtout avec quelle assurance elles lui sont faites, il ne peut guère douter qu'il n'y ait là-dessous quelque chose de son portefeuille; cependant il s'efforce de dissimuler ses craintes et répond :

— Monsieur, je vous ai déjà dit que... ce mariage ne m'allait pas... et je ne comprends rien aux demandes... ridicules que vous y ajoutez.

— Ah! vous ne comprenez pas! ah! vous trouvez mes demandes ridicules!... eh bien, je vais me faire comprendre, je vais parler net et clair : Votre frère, après sa mort, avait encore des marchandises sur un vaisseau. Ce bâtiment lui apportait à Marseille trois cent mille francs, excellentes valeurs que vous avez réalisées et gardées, en en frustrant votre neveu, l'héritier légitime de cette somme... le tout d'après les conseils de votre ami Floquart, lequel a eu naturellement un crédit ouvert chez vous à cette occasion.

Le banquier devient encore plus pâle; il essaye en vain de faire bonne contenance et balbutie :

— Monsieur... voilà des histoires... je n'y comprends rien... qui a pu vous conter tout cela ?

— On ne me l'a pas conté... je l'ai su, monsieur, su dans la lettre de votre ami Floquart et la vôtre qui étaient dans ce portefeuille que vous avez perdu hier matin dans la prairie.

— Comment, monsieur, vous vous êtes permis de regarder, de lire ce qu'il y avait dans mon portefeuille ?

— Ah! ah! je me suis permis est charmant! vous vous êtes permis bien autre chose, vous! Tenez, monsieur, voilà votre portefeuille, je vous le rends avec ce qu'il contenait... Ah! excepté ces deux intéressantes lettres que je garde et dont je ferai bon usage.

— Monsieur, rendez-moi ces deux lettres; vous n'avez pas le droit de les garder.

— Aviez-vous le droit de voler trois cent mille francs à votre neveu, vous ? oui, voilà le terme est un peu dur : c'est cependant celui que j'emploierai devant les tribunaux, si vous me forcez à les faire juges dans cette affaire.

En entendant parler des tribunaux, le banquier sent ses forces faiblir; il balbutie :

— Monsieur, je consens à ce que mon neveu épouse mademoiselle votre sœur.

— Et vous lui donnerez cinquante mille francs comptant.

— Je... je... les lui donnerai.

— Et vous y ajouterez la possession de cette propriété... à laquelle d'ailleurs vous ne devez pas tenir beaucoup.

— Mais, pardonnez-moi, monsieur... j'y tiens.

— Ah! à cause du trésor; mais vous voyez bien qu'il est introuvable.

— Monsieur, je voudrais avoir le temps de réfléchir.

— Afin de chercher encore, n'est-ce pas ? soit, je vous donne huit jours pour vous décider; consentez à ce que je vous demande, et je vous rends vos lettres, votre aventure restera ignorée... même pour votre neveu, qui vous citera partout comme l'oncle le plus généreux... dans le cas contraire, je serai forcé...

— Assez, monsieur, de grâce; j'entends ma femme... elle ne comprendra rien à mon consentement à ce mariage...

— Vous croyez ? eh bien, elle va, elle-même, vous presser de le faire.

— Elle!... Hortense!... pas possible !

— Vous allez voir.

La belle Hortense entre dans la pièce où était son mari; elle paraît fort surprise d'y trouver leur ci-devant commis; elle daigne à peine répondre par une inclination de tête au profond salut qu'il a affecté de lui adresser, et dit à son mari :

— Ah! vous n'êtes pas seul, monsieur; je voulais savoir si vous alliez aujourd'hui à Paris... j'aurais quelques commissions... si vous vouliez vous en charger ? Est-ce que vous n'avez pas fini avec... monsieur ?

— Non, madame, monsieur n'a pas encore tout à fait terminé avec moi, dit Horace; cependant nous étions presque d'accord, cela tenait à fort peu de chose, et je suis persuadé que, grâce à votre influence, madame, si vous vouliez bien dire un petit mot en ma faveur, appuyer ma demande enfin, cela irait tout seul.

— Votre demande !... est-ce que je sais, moi, monsieur, ce que vous demandez à mon mari.

— Mon Dieu! madame, une chose... dont je crois vous avoir déjà parlé... qu'il marie son neveu Oswald avec ma sœur.

— Ah! ah! ah! quelle plaisanterie !

— Et de plus qu'il donne une jolie dot à son neveu; la future n'en ayant pas, cela compensera.

— Et ce sont de telles sottises pour lesquelles vous réclamez mon appui, monsieur.

— Oui, madame; j'avais même beaucoup d'espoir.

— Je vous trouve bien hardi de me dire cela.

— C'est votre dernier mot, madame ?

— Oui, monsieur, et je vous engage à ne point revenir sur ce sujet.

Horace fait deux pas en arrière, se retourne et se met à crier de toutes ses forces :

— Sentinelles, prenez garde à vous !

M. Bouffi ouvre de grands yeux, en disant :

— Que signifie cela ?

Mais la belle Hortense change de couleur, et devient si tremblante, qu'elle est obligée de s'appuyer contre un meuble.

— Pardon, dit Horace, c'est une habitude d'enfance, un cri qui m'échappe au moment où l'on y pense le moins... et qui, dernièrement encore, a beaucoup effrayé... un monsieur terrible... qui causait terriblement... avec une dame... qui...

— Monsieur... pardon! j'ai réfléchi, s'écrie Hortense, en interrompant Horace : en effet... si Oswald aime mademoiselle votre sœur... on fera bien de les unir... je ne m'oppose plus à ce mariage... au contraire, et j'appuie volontiers votre demande près de... mon mari.

C'est alors vers sa femme que le banquier tourne ses regards étonnés; Horace s'incline devant cette dame, et lui dit :

— J'espérais bien que vous reviendriez à de meilleurs sentiments... recevez, madame, tous mes remercîments, et permettez-moi de vous remettre un petit objet que je crois vous appartenir...

Il tire la jarretière de sa poche et la présente à madame Bouffi, qui se hâte de la prendre.

— Qu'est-ce que cela ? une jarretière ? demande le banquier.

— Oui, oui... c'est une jarretière que j'avais perdue... dans le jardin...

— Et je l'ai trouvée... à l'endroit où madame l'avait perdue.

Horace sourit en appuyant sur ces derniers mots; mais madame Bouffi jette sur lui un regard tellement suppliant, qu'il s'empresse de reprendre :

— Puisque le mariage de M. Oswald avec ma sœur est une chose arrêtée, monsieur Bouffi sera-t-il assez bon pour le dire à son neveu quand il ira à Paris ?

— Oui... aujourd'hui même, je le lui annoncerai.

Horace salue et prend congé; et cette fois, madame Bouffi répond par une profonde révérence au salut qu'il lui fait.

Virginie attendait derrière la grille le retour de son frère; celui-ci la prend encore par les deux mains, et la fait danser dans la cour en lui disant :

— C'est arrangé, plus d'obstacles; le banquier te donne son neveu... et vous serez riches... vous aurez une maison à vous... dans huit jours tout se terminera.

— Bien sûr, mon frère ?

— Oui, oui! c'est décidé.

Et Virginie court sauter et danser devant sa tante, en lui disant :

— Mon mariage est décidé avec une maison... dans huit jours... le banquier consent.

Et la jeune fille se sauve avant que sa tante ait eu le temps de prendre son cornet, si bien qu'elle ne sait pas pourquoi sa nièce est venue sauter devant elle.

Une seule personne ne partage pas l'ivresse générale, c'est Emma, qui voit la journée s'écouler sans que M. Duvalloir paraisse; mais Horace lui rend l'espérance en lui disant :

— Il viendra demain, madame, j'en suis sûr, quelque chose me le dit; fiez-vous à moi, je suis en veine de bonheur.

XLIV

UN GRAND HASARD.

Le lendemain, après le déjeuner, Emma s'est rendue dans le petit parc, près du kiosque, c'est là qu'elle aime à passer la journée, à rester livrée à ses pensées. La gaieté de Virginie fait trop disparate avec la tristesse de la jeune femme pour qu'Horace engage sa sœur à tenir compagnie à leur visiteuse. Il devine bien que celle-ci préfère être seule, et il conseille au contraire à Virginie de respecter la solitude de cette dame.

Mais vers le milieu de la journée, un monsieur pousse la belle grille de la cour, et Horace qui, d'une fenêtre du rez-de-chaussée, guettait et observait toujours, court au-devant de la personne qui vient d'arriver.

M. Duvalloir est encore plus pâle qu'à l'ordinaire, sa physionomie est plus mélancolique; puis, dans ses yeux, se lit une secrète inquiétude, une émotion qu'il ne peut surmonter. A l'aspect de son jeune ami, il lui tend la main, en essayant de sourire; mais il ne peut que soupirer.

— Enfin, vous voilà, monsieur, dit Horace : avec quelle impatience... on vous... je vous attendais... ne vous ayant pas vu hier, déjà on perdait l'espérance... déjà on se désespérait...

— Est-elle encore ici? murmure Duvalloir d'une voix brève.

— Sans doute, monsieur... elle n'en est pas sortie depuis avant-hier... mais elle recherche la solitude... elle fuit le monde... le concierge et sa femme même lui font peur... et pourtant, ce sont de bien bonnes gens.

— Elle est... dans la maison?

— Non, monsieur, elle passe presque toute sa journée dans le parc, près du kiosque... assise sur le même banc... où vous vous êtes reposé la dernière fois que vous êtes venu.

M. Duvalloir fait quelques pas du côté du jardin, puis s'arrête en disant :

— J'ai eu tort de consentir à cette entrevue... à quoi bon revenir sur des événements qui ont fait notre malheur? je ferais mieux de ne point la voir.

— Ah! monsieur! par grâce... si vous avez un peu d'amitié pour moi, ne revenez pas sur votre résolution, ce serait trop cruel... un peu de pitié, monsieur... on vous attend là-bas... venez... ah! venez...

Et, prenant M. Duvalloir par la main, Horace l'entraîne à grands pas vers la porte, puis, dans le chemin qui mène au kiosque; M. Duvalloir ne résiste plus, il se laisse conduire. Lorsqu'ils approchent du but de leur course, Horace aperçoit de loin la jeune femme assise au pied de l'arbre; aussitôt, lâchant la main qu'il tenait, il court en avant, arrive près d'Emma, lui glisse à l'oreille : « Le voilà! » puis, continuant sa course, s'enfuit et disparaît derrière le kiosque.

Emma est tombée à genoux, la tête baissée sur sa poitrine et le visage baigné de larmes; M. Duvalloir s'approche d'elle et lui dit :

— Relevez-vous, madame : ce n'est point pour que vous me parliez à genoux que j'ai consenti à vous entendre... relevez-vous, je le veux, et dites-moi pourquoi vous avez désiré cet entretien.

La jeune femme obéit à son mari; elle se relève, s'assied sur un banc, et lui dit, mais toujours sans oser lever les yeux sur lui :

— Monsieur... je sais que je suis bien coupable... ce n'est pas pour chercher à atténuer ma faute... mon crime, que j'ai désiré vous parler... mais pourtant... je voulais vous dire... ah! me croirez-vous? je voulais surtout que vous sachiez que je n'avais pas prémédité de fuir avec... celui qui m'a perdue... monsieur... voulez-vous me permettre de vous dire toute la vérité?

— Parlez, madame, je vous écoute.

— J'étais votre femme depuis trois ans, et vous me rendiez bien heureuse, monsieur, je n'avais pas un désir à former, vous les préveniez tous... votre amour pour moi était sans bornes, et peu de femmes auraient pu se flatter d'avoir un mari tel que vous; nous habitions depuis quelques mois cette campagne, lorsque nous y reçûmes la visite de M. Théodore Marville; ce jeune homme m'avait connue lorsque j'étais encore demoiselle ; il m'avait fait la cour, sans que j'attachasse aucune importance à ses discours ; puis il était tout à coup parti pour l'étranger... j'aurais dû vous dire cela quand M. Marville, qui vous était adressé par un de vos amis, vint nous voir, et que sur votre invitation, il revint souvent ici... je ne le fis point, ce fut mon premier tort. Ce jeune homme me dit qu'il n'avait jamais cessé de m'aimer, qu'il avait voulu mourir en apprenant mon mariage; enfin qu'il se donnerait la mort si je n'avais pas pitié de ses tourments... je ne devais point écouter ses discours... je le sais ; mais il était sans cesse sur mes pas... il épiait tous les instants où j'étais seule... pour me parler de son amour... de son malheur... Enfin... un jour, il abusa de ma faiblesse... mais je ne fus pas plutôt coupable, que, reconnaissant l'énormité de ma faute, je n'osais plus paraître devant vos yeux... La peine que je ressentais éveilla vos soupçons, et il vous fut bien facile de découvrir la vérité... Vous surprîtes M. Marville à mes genoux où il me suppliait de lui accorder un rendez-vous pour le soir dans le bouquet de noisetiers qui est dans la prairie ; à votre arrivée, M. Marville disparut, et je ne pus répondre que par des larmes aux justes reproches que vous m'adressiez, je n'étais pas assez habituée au mensonge... assez profondément criminelle pour chercher à nier ma faute. Vous me laissâtes en proie à ma douleur, à mes remords ; à peine étiez-vous éloigné, que M. Marville revint, me dit que j'étais perdue si je restais avec vous... que vous aviez juré de vous venger ; enfin, que je n'avais plus d'autre parti à prendre que de fuir avec lui... je ne sais ce que je lui répondis... je n'avais plus ma tête à moi. La nuit vint... vous n'étiez plus là... Tout à coup, j'entendis comme deux coups de feu qui partaient du côté de la prairie ; puis M. Marville accourut en me disant : « Venez vite, votre mari est armé; il veut vous tuer. » Je ne sais ce que je répondis; mais j'eus peur, je me laissai entraîner... une chaise de poste attendait à quelques pas de la porte du parc... on m'y fit monter, et je partis. Ah! j'aurais dû me laisser tuer par vous, cela m'eût épargné bien des douleurs.

Emma s'arrête un moment pour donner cours à ses sanglots, puis elle reprend :

— A peine avais-je fait quelques lieues dans la voiture qui m'entraînait, que je compris que mon séducteur comptait m'emmener en Angleterre et vivre avec moi. Ah! cette pensée me fit horreur ; je sentais que je n'étais plus digne d'habiter avec vous, monsieur, mais je ne voulais point rester avec celui qui m'avait perdue, et dont maintenant la présence m'était insupportable. Cependant je me décidai à lui cacher ma résolution, car il l'aurait combattue et m'aurait peut-être empêchée de la mettre à exécution. Nous nous arrêtâmes à Paris, c'est de là que M. Marville voulait prendre le chemin de fer qui nous aurait conduits à Boulogne. Mais pendant une courte absence que M. Marville fit, je m'échappai de l'hôtel où nous étions descendus, je courus chez une vieille dame qui avait été amie de ma mère ; je lui racontai tout ce qui m'était arrivé, je ne lui cachai pas ma faute, mais je pleurai dans son sein en lui disant : « Protégez-moi... gardez-moi chez vous quelque temps, je ne mettrai point les pieds dehors... celui qui m'a enlevée se lassera de me chercher, et alors, sous un autre nom, je pourrai me loger dans un petit coin bien retiré où je ne recevrai personne, où l'on ne me découvrira pas... » Cette dame fut touchée par mes larmes, par mon repentir... elle accueillit ma prière, et je passai trois mois chez elle, sans sortir une seule fois. Au bout de ce temps, je louai un petit logement au quatrième, et sous le nom de madame Huberty, dans une maison de la rue du Temple. Quand vous m'aviez épousée, j'avais trois mille francs de rente, qui me venaient de ma mère ; cette somme était plus que suffisante pour l'existence que je menais, et il y a un an, j'appris par ma vieille amie que M. Marville était mort en Angleterre, où, après de longs voyages, il était allé se fixer, et je craignis moins alors de sortir de ma retraite. Voilà toute la vérité, monsieur... la saviez-vous ainsi?

— On m'avait dit, en effet, madame, que l'on ne vous avait pas vue avec M. Marville; mais vous auriez pu y être et vous dérober aux regards...

— Je vous ai dit exactement ce que j'ai fait, est-ce que vous ne me croyez pas?

— Si... je vous crois... oui... je crois même à vos regrets... à votre repentir...

— Ah ! monsieur... si vous saviez combien j'ai pleuré sur ma faute... Ah ! vous auriez pitié de moi... et peut-être...

— Je pourrais vous pardonner, n'est-ce pas, Emma ? En effet, en songeant combien vous étiez jeune alors... en sachant que cet indigne Marville n'existe plus... en voyant surtout vos larmes... votre douleur... j'aurais pu... oui, je le sens, j'aurais pu vous pardonner... vous ouvrir encore mes bras... et songer que Dieu fit du repentir la vertu des mortels...

— Oh ! mon Dieu !... il se pourrait !...

— Oui... mais tout cela est impossible, madame... impossible !... parce que vous m'avez rendu criminel... parce que, en croyant punir votre séducteur, j'ai commis un crime... j'ai blessé... tué peut-être une personne qui ne m'avait nullement offensé... et voilà ce que, moi, je ne puis jamais me pardonner.

— Que voulez-vous dire monsieur ?... je ne vous comprends pas.

— Ecoutez-moi : lorsque je surpris ce Marville à vos pieds, il vous demandait un rendez-vous, il vous suppliait de vous rendre le même soir dans le bosquet de noisetiers qui se trouve dans la prairie et justement en face de la petite porte de ce parc.

— En effet, monsieur... oui... je me le rappelle ; mais je ne suis point allée à ce rendez-vous.

— Je le sais à présent, ni ce Marville non plus, malheureusement ; mais alors, persuadé que vous vous rendiez à ce rendez-vous, je chargeai mes pistolets et j'attendis la nuit avec impatience. Ah ! je ne vous le cache pas, mon dessein était de vous tuer tous les deux. La nuit étant venue, je sortis furtivement par cette petite porte, je gagnai la prairie, je me cachai dans le bosquet et, mes armes à la main, j'attendais que l'instant de me venger ; enfin un homme paraît, c'est sa taille, sa tournure, c'est votre séducteur enfin, j'en étais persuadé ; il vient vers le bosquet. « Tiens, misérable, dis-je, voilà le prix de ta séduction ! » et je tire sur lui mes deux coups de pistolet. Il tombe, et moi, égaré, bouleversé, je reviens ici, je demande à mon domestique où est madame, et il me répond : « Elle vient à l'instant même de monter en voiture avec M. Marville. » Avec M. Marville, c'est impossible, lui dis-je, tu t'abuses.

— Oh ! non, monsieur, car il y a longtemps que je le voyais en bas ; il vous guettait, et c'est quand vous avez été vers la prairie, qu'il a couru chercher madame... Ainsi donc plus de doute, je venais de tuer un innocent, je venais de commettre un homicide... et le misérable que je voulais punir échappait à ma vengeance... Désolé, désespéré de mon crime, je retournai à la prairie, muni d'une lanterne, je cherchai ma malheureuse victime... je vis de nombreuses taches de sang à la place où la personne était tombée, mais rien de plus. Infortuné ! qui a peut-être péri par ma faute... ah ! il ne sait pas quels remords m'ont poursuivi !...

— C'est moi !... c'est moi !... c'est fini... n'ayez plus de chagrin... je ne suis pas mort !... ma blessure n'était rien...

Ces mots qui arrivent si brusquement aux oreilles de M. Duvalloir et de sa femme, prononcés par Horace, qui est tombé comme une bombe au milieu d'eux et leur dit :

— Pardonnez-moi, je suis un curieux, c'est vrai ; c'était bien indiscret de ma part ; mais que voulez-vous ? après m'être donné tant de mal pour vous rapprocher, je tenais à savoir si j'avais réussi à vous réconcilier... me trouvant derrière ce kiosque où l'on pouvait entendre ce que vous disiez, ma foi, j'y suis resté... et bien m'en a pris, puisque je puis lever le seul obstacle qui s'opposait à l'oubli de vos chagrins... Oui, monsieur Horace, c'est moi qui passais il y a quatre ans... ce mois-ci, dans la prairie, je venais de chercher un peu mon trésor, lorsqu'en approchant du bosquet, pan ! pan ! deux coups de feu partent ; le premier ne m'atteint pas ; le second me frappe... là... ici, dans le côté. Ah ! dame ! un peu plus haut, il paraît que je n'en relevais pas ; mais, grâce au ciel, cela a été vite guéri.

— C'était vous, vous, mon pauvre Horace, que j'ai failli tuer... ah ! me pardonnerez-vous jamais !

En disant cela, M. Duvalloir pressait les deux mains à Horace et le regardait avec anxiété.

— Si je vous pardonne !... ah ! elle est bonne celle-là, si je vous pardonne !... ah ! oui, mais c'est à une condition...

Et Horace montre Emma, qui avait ses yeux encore pleins de larmes attachés sur son mari ; celui-ci a compris ce que veut le jeune homme, il ouvre ses bras à sa femme qui s'y précipite, et la tient longtemps contre son cœur.

— A présent, non-seulement je vous pardonne, dit Horace, mais je suis prêt à me faire tuer pour vous et madame si jamais l'occasion s'en présentait.

M. Duvalloir ne quitte sa femme que pour prendre Horace dans ses bras. Il ne peut se lasser de répéter :

— C'était vous, mon pauvre ami, et je fus presque votre meurtrier.

— Ne parlons plus de cela, monsieur, puisque cela n'a rien été.

— Oh ! n'importe ! je ne dois pas moins vous dédommager du mal que vous ai fait. Mon Dieu ! est-ce donc cette circonstance qui m'attirait vers vous, qui est cause que dès le premier jour que je vous vis, j'éprouvai le désir de vous connaître davantage.

— Et moi de même, monsieur ; il y a comme cela des sympathies dont on ne peut se rendre compte, et qui ont leur raison d'être, cependant.

— Vous m'avez fait renaître au bonheur ; grâce à vous, je ne suis plus poursuivi par la crainte d'avoir causé la mort d'un innocent, et je presse ma femme dans mes bras... vous me rendez le bien pour le mal ; maintenant, c'est à moi d'assurer votre félicité. Allons trouver votre famille ; je veux, avant de partir pour Paris avec ma femme, témoigner à votre respectable tante, à votre aimable sœur toute l'amitié que je leur ai vouée. Je n'ai pas besoin de vous dire, mon ami, que l'accident fatal, votre blessure, doit rester à jamais entre nous.

— Oh ! monsieur ! je ne suis bavard que pour ce qui peut faire plaisir à savoir... les autres choses je les oublie, je ne les sais plus, et ma tante aurait douze cornets à ses oreilles qu'elle n'entendrait jamais un mot sur cet événement. Mais vous allez donc encore nous quitter, monsieur ?

— Oui, mon ami, le séjour de cette propriété ne nous serait plus agréable, ni à ma femme, ni à moi ; nous allons retourner à Paris, puis, nous voyagerons pendant quelque temps : vous le voulez bien, n'est-ce pas, Emma ?

— Ah ! mon ami !... que je sois avec vous, que je ne vous quitte plus ; et je serai heureuse partout où nous irons.

— Lorsque nous reviendrons en France, mon cher Horace, croyez bien que mon premier soin sera de venir vous serrer la main.

M. Duvalloir prend le bras de sa femme ; on retourne à la maison ; on trouve au salon madame Rennecart et sa nièce, qui sont tout étonnées en voyant la petite dame du quatrième au bras de M. Duvalloir ; mais celui-ci fait cesser leur surprise en leur disant :

— Je vous présente ma femme.

— Votre femme !... quoi ! madame Huberty ?...

— Est en réalité madame Duvalloir... nous vivions séparés... à la suite d'une scène... fâcheuse... mais au fond du cœur nous nous aimions toujours. Votre neveu a découvert par hasard le lien qui nous unissait, et il n'a pas eu de cesse qu'il ne nous ait réconciliés.

— Comment, mauvais sujet ! tu as fait cela, toi !

— Oui, madame, je lui dois beaucoup, je lui dois mon bonheur ; aussi dès ce moment, vous êtes ici chez vous, madame, car je prie Horace de vouloir bien me permettre de lui offrir cette propriété.

— Ah ! monsieur ! que dites-vous ?... à moi ce beau domaine. Oh ! c'est trop !... c'est trop !...

— Ce n'est pas assez au contraire ; mais j'espère que vous me permettrez de doter votre sœur... et de contribuer ainsi à lever les obstacles qui s'opposaient à son mariage.

— Mais, il n'y en avait plus, monsieur...

— Si vous me refusiez, mon cher Horace, je croirais que vous me gardez rancune, et cela troublerait mon bonheur. Vous recevrez bientôt les titres qui vous mettront en possession de ce domaine... et maintenant adieu, souvenez-vous que nous serons toujours vos meilleurs amis.

M. Duvalloir presse Horace dans ses bras ; Emma embrasse la tante et la nièce, puis elle serre la main de celui qui vient de lui rendre son époux ; et tous deux quittent la Maison aux Sycomores, reconduits jusqu'à la grille par Horace, et salués par Jacquet et sa femme, auxquels M. Duvalloir dit en leur montrant le jeune homme :

— Voici maintenant votre seul maître, le seul propriétaire de la maison.

Et le jardinier dit à sa femme :

— Vois-tu, je savais ben qu'il avait acheté la maison.

— Est-ce un rêve ? dit madame Rennecart à son neveu lorsqu'il revient au salon. Cette superbe propriété est à toi ! M. Duvalloir t'en a fait don ?

— Ce n'est pas un rêve, chère tante, nous sommes ici chez nous ; tout nous appartient, même le vin qui est dans la cave, et ma foi, il me semble que c'est bien l'occasion de le fêter un peu. Eh !

justement voilà Oswald qui accourt; et je lis dans sa figure qu'il est content aussi, lui.

En effet, Oswald accourait soufflant, riant, sautant, ne pouvant pas parler tant il était joyeux, ce qui ne l'empêche point de courir sur-le-champ embrasser Virginie, puis de s'écrier :

— Ma femme !... c'est fini !... mon oncle consent, et me donne cinquante mille francs comptant; comprenez-vous cela? moi, je n'en reviens pas.

— Mon bon ami, dit madame Rennecart, nous en voyons bien d'autres ici... nous sommes dans la journée aux surprises... cette superbe propriété appartient à Horace, M. Duvalloir lui en a fait cadeau.

— Serait-il possible?

— Je ne sais pas si c'est possible, répond Horace en riant, mais je sais que cela est; de plus, M. Duvalloir veut doter ma sœur, et je suis bien certain qu'il le fera.

— Une dot à ta sœur! je n'en veux pas, dit Oswald; c'est toi, j'en suis sûr, qui es cause que mon oncle me fait présent de cinquante mille francs, c'est bien assez.

— Non, ce n'est pas assez, et je veux encore qu'il te donne la Prairie aux Coquelicots et ses dépendances.

— Y penses-tu? mais je n'ai pas besoin de tout cela.

— Et moi, je te dis que je veux que la prairie soit à nous comme autrefois; chère prairie, elle m'a toujours porté bonheur, et c'est à elle que nous devons encore tous notre félicité.

— A elle? comment cela? Est-ce que tu as trouvé le trésor?

— J'en ai trouvé plus d'un.

— Celui de notre père?

— Non, il n'y a que celui-là que je n'ai pas encore trouvé; mais un peu de patience, j'ai foi dans l'avenir.

XLV

LE TRÈFLE A CINQ FEUILLES.

Trois jours après ces événements, Horace recevait une lettre de M. Duvalloir, renfermant la copie d'un acte passé devant notaire, qui le faisait propriétaire de la Maison aux Sycomores et de toutes ses dépendances, et de plus une traite de soixante mille francs à vue, sur un des meilleurs banquiers de Paris. La lettre de M. Duvalloir ne contenait que ces mots :

« Daignez, mon cher Horace, recevoir ces témoignages de mon amitié, et songez qu'en les acceptant vous soulagez mon cœur et le débarrassez des remords qui le tourmentaient depuis quatre ans. Nous partons pour l'Amérique, ma femme et moi ; lorsque nous reviendrons en France, notre premier soin sera d'aller nous informer si vous êtes heureux. »

— Si je suis heureux ! s'écrie Horace, je serais bien difficile si je ne me trouvais pas heureux maintenant ; une propriété superbe... de l'argent de tous côtés... quand je dis de tous côtés, le banquier n'a encore donné que des promesses... mais encore quelques jours, et s'il ne s'exécute pas, gare à lui.

Horace a été montrer à sa tante la traite de soixante mille francs que M. Duvalloir vient de lui envoyer, avec l'acte de propriété du domaine qu'ils habitent, et la bonne madame Rennecart, qui tient son cornet fixé à son oreille, ne cesse de s'écrier : — Est-ce que j'entends bien ? est-ce que mon cornet ne m'envoie pas des paroles de travers ? Outre cette magnifique propriété, M. Duvalloir te fait encore présent de soixante mille francs ?

— Oui, ma tante, votre cornet ne ment pas.

— Mais qu'est-ce que tu as donc fait à ce monsieur pour qu'il te comble ainsi de bienfaits ?

— Je l'ai raccommodé avec sa femme.

— Ce n'est pas possible, il faut qu'il y ait autre chose. Je ne croirai jamais qu'un mari donne tant d'argent parce qu'on l'a réconcilié avec sa femme.

Virginie, qui était allée se promener dans la prairie, revient alors, tenant plusieurs petites feuilles dans sa main, et toute joyeuse, en s'écriant : — Je l'ai trouvé, en voilà, j'en ai... Oh! cela me portera bonheur... Oswald doit venir aujourd'hui de Paris, son oncle lui aura tenu parole.

— Qu'est-ce que c'est? qu'est-ce que tu as trouvé qui doit te porter bonheur?

— Mon frère, c'est du trèfle à cinq feuilles,

— Du trèfle à cinq feuilles... c'est donc une chose rare?

— Oui, le trèfle n'a ordinairement que trois feuilles ; vois plutôt celui qu'à chaque instant tu foules sous tes pieds dans la prairie, il n'a que trois feuilles. Cependant il y en a à cinq feuilles, et la preuve, c'est qu'en voilà ; mais c'est rare, fort rare d'en découvrir, et l'on assure que cela porte bonheur ; je dois le croire d'ailleurs, car notre bon père me le répétait souvent : « Quand tu trouveras du trèfle à cinq feuilles, » me disait-il, « fais-y bien attention, ma fille, remarque la place, il y a toujours un bonheur sous cette plante-là. »

— Mon père te disait cela! s'écrie Horace qui, depuis quelques instants semblait réfléchir en écoutant sa sœur.

— Mais oui, je t'assure qu'il m'a répété cela plusieurs fois.

— Et tu as trouvé ce trèfle dans la prairie ?

— Oui, presque en face de notre ancienne maison... ici tout près.

— Viens, Virginie, conduis-moi vite à l'endroit où tu as cueilli ce trèfle... Tu reconnaîtras la place, n'est-ce pas ?

— Oh! parfaitement, d'autant plus qu'il y en a encore, je n'ai pas tout pris.

— Je vais prendre une bêche; viens, viens, j'ai comme un pressentiment.

— Tu veux aller dans la prairie, mais je te préviens que M. Bouffi vient de revenir de Paris, je l'ai aperçu, tout à l'heure en rentrant, qui descendait de son cabriolet.

— Oh! cela m'est bien égal! Viens, te dis-je et ne perdons pas de temps.

Et, courant chercher une bêche, avec laquelle il remuera plus facilement la terre qu'avec sa binette, Horace sort avec sa sœur; tous deux se dirigent vers la prairie ; la jeune fille marche un peu en avant ; mais elle n'hésite pas, car de loin elle a déjà reconnu la place où elle a trouvé la plante rare. Elle y arrive, et, se mettant à genoux, arrache quelques trèfles et les montre à son frère, en disant : — Tiens, regarde, en voilà encore, il y a cinq feuilles... oh ! la place est bonne !

— Je l'espère... Ote-toi de là maintenant.

— Que veux-tu donc faire ?... Ah ! mon Dieu ! tu bêches... tu coupes la terre à cette place ; mais tu abîmes ce pauvre trèfle !

— Eh ! qu'importe le trèfle ; si je trouve dessous ce que je cherche. Oui, oui, je sens déjà quelque chose qui résiste sous ma bêche, qui rend un son dur. Je voudrais pourtant ne rien casser.

— Oh! mon frère ! est-ce que tu aurais trouvé le trésor ?

— Mais je l'espère bien.

— Ah! mon Dieu! voilà M. Bouffi, il t'aura vu fouiller dans sa prairie, il vient de ce côté.

— Tant mieux... qu'il vienne... je lui procurerai la vue du trésor.

Le banquier s'avançait, en effet, à grands pas. Il arrive tout contre Horace au moment où celui-ci était parvenu à retirer de son trou, sans le casser, un pot en grès, de la forme de ceux dans lesquels on met du tabac pour qu'il se tienne frais, et qui est fermé avec un énorme bouchon de liége recouvert d'une feuille de plomb, sur laquelle on a écrit au poinçon : « Pour mon fils Horace quand il sera en âge de s'en servir. »

— Monsieur! s'écrie M. Bouffi, ceci est le trésor trouvé sur ma propriété, il m'appartient.

— Une minute, monsieur, ne criez pas si fort, je vous en prie, répond Horace en s'emparant du pot de grès, lisez ce qu'il y a sur le couvercle... Pour mon fils Horace... Vous voyez bien que c'est à moi adressé. Mais s'il y a là-dedans un trésor... il est bien léger pour...

— Ce sont des billets de banque alors!

— Mon père n'aurait pas été assez niais pour enterrer des papiers qui, sous terre, se moisissent et deviennent en poussière!... Au reste, je suis aussi curieux que vous de savoir ce que renferme ce pot... et pour le savoir... je fais sauter le couvercle !...

A l'aide d'un couteau, Horace est parvenu à ôter le liége; il fouille alors sa main dans le pot et en retire... une pipe, puis une seconde, puis une troisième... mais toutes les trois parfaitement culottées; alors il regarde M. Bouffi en éclatant de rire. Celui-ci ne peut en croire ses yeux, il est persuadé qu'il doit y avoir autre chose dans le pot; il y fourre à son tour sa main... mais il cherche en vain... le trésor caché dans la prairie par M. Bermont père ne consistait qu'en trois pipes culottées !

— Décidément, mon père était un farceur! dit Horace. Mais, après tout, pour un ancien marin, trois bonnes pipes pouvaient être considérées comme un trésor ! et c'était vraiment un cadeau qu'il voulait faire à son fils... Mais je ne suis pas égoïste, moi !...

tenez, monsieur Bouffi, si le tiers du trésor peut vous faire plaisir, eh bien! je vous l'accorde!

Le banquier repousse la pipe que le jeune homme lui présente, et lui dit: — Veuillez, monsieur, avoir la complaisance de vous rendre chez moi dans une heure... muni des papiers... que vous savez, et nous terminerons l'affaire que nous avons à régler.

— Il suffit, monsieur, je serai exact, je ne me ferai pas attendre.

Horace rentre avec sa sœur; il s'empresse d'aller trouver sa tante, et dépose à ses pieds le pot de grès en lui disant: — Nous avons enfin trouvé ce fameux trésor enfoui dans la prairie par mon père... Le voilà, ma tante... il y a de quoi fumer!

— Qu'est-ce que cela!... des pipes!... mon frère avait enterré des pipes!... et il appelait cela un trésor.

— Ma chère tante, mon père a bien fait ce qu'il a fait... Ceci est devenu, en effet, un puissant auxiliaire pour nous... car ce soi-disant trésor a été la cause de notre bonheur... de notre fortune... puisque c'est en le cherchant que j'ai trouvé... ce qui nous a fait avoir tout cela... C'est donc toujours à l'idée bizarre de mon père que nous devons aujourd'hui notre félicité.

Horace s'empresse de se rendre à l'invitation du banquier, et celui-ci lui remet cinquante mille francs en billets de banque, ainsi que les titres de l'achat de sa maison de campagne, avec un acte sous seings-privés qui en transmet la propriété à son neveu. En recevant tout cela, Horace rend à M. Bouffi les deux lettres qui le compromettaient et lui dit: — Monsieur, si le séjour de cette villa vous plaît, songez bien que votre neveu ne vous dit pas de la quitter déjà; vous pouvez y passer tout l'été si cela vous convient.

— Non, monsieur, cette campagne n'a plus aucun charme pour moi, répond le banquier; ma femme ne s'y plaît pas non plus, et dans deux jours nous aurons tout à fait abandonné votre voisinage... A propos, mon neveu m'a dit que la Maison aux Sycomores vous appartenait maintenant... est-ce la vérité?

— Oui, monsieur; le propriétaire... M. Duvalloir m'a fait don de ce beau domaine...

— Je vous fais mon compliment, monsieur, vous entendez les affaires aussi bien que moi.

— Oui, mais d'une autre façon, cependant.

Deux jours après, M. Bouffi quitte la campagne avec sa femme, qui ne peut plus souffrir la prairie depuis qu'elle y a perdu une jarretière.

Puis, au bout d'une quinzaine, on célèbre l'union de Virginie et d'Oswald. Inutile de dire que le petit neveu a quitté les bureaux de son oncle pour se consacrer entièrement à sa femme et aux soins de son nouveau domaine.

Quant à Horace, qui reste avec sa tante dans la villa aux Sycomores, et va de temps à autre à Paris se livrer aux plaisirs de son âge, il soupire encore parfois en songeant à la petite dame du quatrième, redevenue madame Duvalloir. Mais il se dit. — Il vaut mieux que cela se soit arrangé comme cela!... rien au plus tard?... rien du tout!... mais d'une bonne action, il reste toujours quelque chose... quand ce ne serait qu'un doux souvenir.

Tenez-vous à savoir ce qui advint aux divers personnages qui ont passé sous vos yeux? M. Coquelet fume toujours, et sa femme aussi, mais d'une autre façon. M. Grangeville continue de jouer au bilboquet, en disant du mal de tout le monde, ce qui fait qu'il est très-recherché en société, où la méchanceté passe souvent pour de l'esprit et l'indulgence pour de la bêtise. Madame Burgrave est de plus en plus coquette, et porte des chapeaux qui font retourner tous les passants; elle ne doute pas que ce ne soit pour l'admirer. Son mari est mort de joie, en trouvant un billard à blouses dans lequel il a fait un bloque fumant; madame Durchamp ne va plus se promener avec son cousin dans les prairies où il y a des coquelicots. M. Grébois est toujours un homme terrible avec les dames, et la famille Machâbée s'est augmentée de quatre enfants, parmi lesquels le jeune Jonas se distingue toujours par son adresse à la pêche aux saucisses. Madame Putiphar, qui n'avait pas reparu chez elle depuis plusieurs jours, a été retrouvée dans une baignoire de son théâtre, où elle collectionnait des petits bancs. M. Bouffi fait tous jours des opérations de bourse avantageuses... pour lui, et le grand Floquet des spéculations avec l'argent des autres, moyen de s'enrichir fort en usage depuis quelque temps.

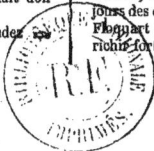

Paris. — Imprimerie Walder, rue de l'Abbaye, 22.

BIBLIOTHEQUE NATIONALE DE FRANCE

www.ingramcontent.com/pod-product-compliance
Lightning Source LLC
Chambersburg PA
CBHW060619100426
42744CB00008B/1438